以厚積薄發四字篆印一方
贈高等教育出版社

厚積薄發

李嵐清
二〇〇七年初秋

生也有涯
学無止境

任繼愈

教育部哲学社会科学研究后期资助项目

经营者集中救济制度

JINGYINGZHE JIZHONG JIUJI ZHIDU

韩立余 著

高等教育出版社·北京
HIGHER EDUCATION PRESS BEIJING

图书在版编目(CIP)数据

经营者集中救济制度/韩立余著.—北京:高等教育出版社,2011.2

ISBN 978-7-04-030792-4

Ⅰ.①经… Ⅱ.①韩… Ⅲ.①反托拉斯法-研究 Ⅳ.①D912.290.4

中国版本图书馆CIP数据核字(2011)第002097号

策划编辑 杨亚鸿 **责任编辑** 李江泓 **封面设计** 张 志
版式设计 王 莹 **责任校对** 王 雨 **责任印制** 毛斯璐

出版发行	高等教育出版社	**购书热线**	010-58581118
社　　址	北京市西城区德外大街4号	**咨询电话**	400-810-0598
邮政编码	100120	**网　　址**	http://www.hep.edu.cn
			http://www.hep.com.cn
		网上订购	http://www.landraco.com
			http://www.landraco.com.cn
经　　销	蓝色畅想图书发行有限公司	**畅想教育**	http://www.widedu.com
印　　刷	北京中科印刷有限公司		
开　　本	787×1092 1/16		
印　　张	21	**版　　次**	2011年2月第1版
字　　数	370 000	**印　　次**	2011年2月第1次印刷
插　　页	2	**定　　价**	55.00元

物料号 30792-00

总　　序

哲学社会科学是探索人类社会和精神世界奥秘、揭示其发展规律的科学，是我们认识世界、改造世界的有力武器。哲学社会科学的发展水平，体现着一个国家和民族的思维能力、精神状态和文明素质，其研究能力和科研成果是综合国力的重要组成部分。没有繁荣发展的哲学社会科学，就没有文化的影响力和凝聚力，就没有真正强大的国家。

党中央高度重视哲学社会科学事业。改革开放以来，特别是党的十六大以来，以胡锦涛同志为总书记的党中央就繁荣发展哲学社会科学作出了一系列重大决策，党的十七大报告明确提出："繁荣发展哲学社会科学，推进学科体系、学术观点、科研方法创新，鼓励哲学社会科学界为党和人民事业发挥思想库作用，推动我国哲学社会科学优秀成果和优秀人才走向世界。"党中央在新时期对繁荣发展哲学社会科学提出的新任务、新要求，为哲学社会科学的进一步繁荣发展指明了方向，开辟了广阔前景。在全面建设小康社会的关键时期，进一步繁荣发展哲学社会科学，大力提高哲学社会科学研究质量，努力构建以马克思主义为指导，具有中国特色、中国风格、中国气派的哲学社会科学，推动社会主义文化大发展大繁荣，具有十分重大的意义。

高等学校哲学社会科学人才密集，力量雄厚，学科齐全，是我国哲学社会科学事业的主力军。长期以来，广大高校哲学社会科学工作者献身科学，甘于寂寞，刻苦钻研，无私奉献，开拓创新，为推进马克思主义中国化，为服务党和政府的决策，为弘扬优秀传统文化、培育民族精神，为培养社会主义合格建设者和可靠接班人做出了重要贡献。本世纪头 20 年，是我国经济社会发展的重要战略机遇期，高校哲学社会科学面临着难得的发展机遇。我们要以高度的责任感和使命感、强烈的忧患意识和宽广的世界眼光，深入学习贯彻党的十七大精神，始终坚持马克思主义在哲学社会科学的指导地位，认清形势，明确任务，振奋精神，锐意创新，为全面建设小康社会、构建社会主义和谐社会发挥思想库作用，进一步推进高校哲学社会科学全面协调可持续发展。

哲学社会科学研究是一项光荣而神圣的社会事业，是一种繁重而复杂的创造性劳动。精品源于艰辛，质量在于创新。高质量的学术成果离不开严谨的科学态度，离不开辛勤的劳动，离不开创新。树立严谨而不保守，活跃而不轻浮，锐意创新而不哗众取宠，追求真理而不追名逐利的良好学风，是繁荣发展高校哲学社会科学的重要保障。建设具有中国特色的哲学社会科学，必须营造有利于学者潜心学问、勇于创新的学术氛围，必须树立良好的学风。为此，自 2006 年始，教育部实施了高校哲学社会科学研究后期资助项目计划，旨在鼓励高校教师潜心学术，厚积薄发，勇于理论创新，推出精品力作。原中央政治局常委、国务院副总理李岚清同志欣然为后期资助项目题字“厚积薄发”，并篆刻同名印章一枚，国家图书馆名誉馆长任继愈先生亦为此题字“生也有涯，学无止境”，此举充分体现了他们对繁荣发展高校哲学社会科学事业的高度重视、深切勉励和由衷期望。

展望未来，夺取全面建设小康社会新胜利、谱写人民美好生活新篇章的宏伟目标和崇高使命，呼唤着每一位高校哲学社会科学工作者的热情和智慧。让我们坚持以马克思主义为指导，深入贯彻落实科学发展观，求真务实，与时俱进，以优异成绩开创哲学社会科学繁荣发展的新局面。

教育部社会科学司

序　　言

《反垄断法》的颁行，标志着我国市场经济及其法治迈入了一个新的阶段。相应地，对反垄断法的研究也将向更为深入细致、更多结合中国实际的方向发展。我的同事立余，勤奋敬业，对反垄断法有浓厚的兴趣和很深的造诣，是一位上升中的学术新秀，近日完成他的新作《经营者集中救济制度》，弥补了国内反垄断法研究中的一个薄弱环节，受其约请，我十分高兴并乐于为之作序。

对垄断协议、滥用优势进行规制和经营者集中控制是反垄断法的三大支柱。相对于前二者，我国对经营者集中或企业结合控制的研究相对较早，也比较集中。《反垄断法》生效后，在经营者集中审查制度实施过程中，对具有或者可能具有排除、限制竞争效果的经营者集中，如何既发挥经营者集中的有利效果，又能消除或减轻其可能的不利后果，是反垄断执法机构面临的一项难题。《反垄断法》规定了对经营者集中可以“附加限制性条件”的批准制度。至 2009 年 10 月，我国反垄断执法机构禁止了 1 起经营者集中，附条件批准了 5 起经营者集中。当然，该难题并未得到根本解决，因而反垄断执法机构正在研究、起草相关规章。

随着经济全球化和跨国公司的发展，经营者集中逐渐成为企业经营的一种常规方式。在美欧等发达国家或地区，救济制度逐渐得到重视和应用，对可能产生不利竞争影响的经营者集中，越来越多地采取附条件批准的救济性方法，而不是直接禁止。在这种情况下，经营者集中救济制度在反垄断法暨经营者集中制度中所起的作用愈益增大。

我国虽然已有不少研究经营者集中的文章和专著，但对造成反竞争效果的经营者集中如何采取救济措施关注不够，甚至付之阙如。立余一直关注、跟踪前沿性课题，此次发表我国第一部专门研究经营者集中救济措施的作品，填补了空白，无疑具有很大的理论意义和实践价值。

如同整个反垄断法和经营者集中控制制度，对经营者集中救济的研究在我国仍需要深入持续地进行，立余的这本专著，只是一个局部性、阶段性成果，相信能够就此引出更多、更具体的反垄断法前沿性研究来。反过来，反垄断法研究的发展，也会进一步促进和完善我国反垄断法的实施。

毋庸讳言，由于我国《反垄断法》制定、实施的时间不长，相应的具体制度还没有建立或有待完善，立余对经营者集中救济的研究主要是关于欧美相关制度的介绍和评析，对这一领域的制度和规范还需要进一步的领会与深化。这一工作我期待立余今后继续来做，也盼望更多的学者在立余的基础上更深、更细地去做。我深信不疑的是，随着社会主义市场经济和法治进程的不断深化，我国的反垄断法学术研究一定能够持续地繁荣兴旺。

史际春

中国人民大学法学院教授、博士生导师

2010年初春于人大明德法学楼

目　　录

1 导言

1.1 研究背景

2007年8月30日，中华人民共和国第十届全国人民代表大会常务委员会第二十九次会议通过了《反垄断法》，中华人民共和国主席胡锦涛于同时签署第六十八号主席令，予以公布，自2008年8月1日起施行。《反垄断法》共八章，分为总则、垄断协议、滥用市场支配地位、经营者集中、滥用行政权力排除、限制竞争、对涉嫌垄断行为的调查、法律责任及附则。其中，第四章“经营者集中”确立了规范经营者集中的反垄断法制度，并在该法第28条、第29条、第45条和第48条规定了经营者集中的救济制度。自此，作为经营者集中制度组成部分的经营者集中的救济制度，正式在立法上得到确立。

自《反垄断法》于2008年8月1日起施行以来，到2009年10月，我国商务部反垄断局，作为经营者集中的执法机构，附条件批准了5起经营者集中案件，并禁止1起经营者集中案件。这样，经营者集中的救济制度，在实践中得到了实施。从救济的实际内容看，对救济措施的适用尚处于摸索阶段，虽然适用水平明显地逐步提高，但仍然缺乏制度性和理论性指导。目前商务部在正在起草有关经营者集中附条件批准的有关规范。

反观反垄断法发达的欧美地区，经营者集中制度越来越得到重视，经营者集中救济制度不断完善。美国联邦贸易委员会于1999年发布了《委员会资产剥离程序研究》报告，于2003年发布了《合并救济谈判》。美国司法部反垄断局于2004年发布《合并救济政策指南》。2002年美国和欧盟联席召开了合并救济制度国际研讨会。欧盟委员会竞争局于

2005年发布《合并救济研究》报告，欧盟委员会于2007年起草了新的救济制度，以取代2004年《合并条例》刚刚实施的救济制度。2008年10月欧盟正式颁布了新的《欧盟合并条例救济指南》。英国竞争委员会对合并救济制度进行滚动式研究调查，不断更新对已有合并救济案件实施效果的调查，并于2008年8月发布了最新的调查报告《理解过去的合并救济：案例研究报告》。英国竞争委员会2008年5月发布了《合并救济：竞争委员会指南磋商草案》，2008年11月正式颁布了《合并救济指南》。由各国竞争当局组成的“国际竞争网络”这一工作组织，于2005年发布了《合并救济审查》报告。上述这些政策或措施，无不表明合并救济（经营者集中救济）制度的重要性。

中国反垄断法的实践，特别是经营者集中的执法实践，提出了加强经营者集中救济制度研究的迫切要求。而发达国家有关经营者集中救济规则的不断更新，也要求及时追踪这些国家经营者集中救济制度的新变化，吸收新经验。

1.2 研究现状

我国目前对经营者集中救济制度的研究严重不足，或根本没有分析，或只是轻描淡写，缺乏专门的研究文章或书籍。即使像王晓晔教授这样的以研究企业并购的反垄断法规范为切入点的反垄断法领军人物，其著作中也几乎没有对经营者集中救济制度的分析与论述［如《企业合并中的反垄断问题》（法律出版社1997年版）、《欧共体竞争法》（中国法制出版社2001年版）、《竞争法研究》（中国法制出版社1999年版）］。另一较早出版的由曹士兵著的《反垄断法研究》（法律出版社1996年版）一书，根本没有论及这一制度。其他在后研究反垄断法以及企业合并反垄断规制的著作，亦基本没有单独提及经营者集中的救济制度。如，刘宁元等著的《国际反垄断法》（上海人民出版社2009年版）、徐士英等著的《竞争法新论》（北京大学出版社2006年版）。我国出版的国外反垄断法案例研究，如黄勇和董灵撰写的《反垄断法判例解析》（人民法院出版社2002年版），沈四宝和刘彤撰写的《美国反垄断法原理及典型案例研究》（法律出版社2006年版），鲜有经营者集中的案例，更不用说专门的经营者集中的救济制度。卫新江撰写的专门论述合并反垄断规制的《欧盟、美国企业合并反垄断规制比较研究》（北京大学出版社2005年版），在“企业合并规制的实体评价”一章中，单独一节介绍资产剥离，指出资产剥离已经成为欧盟、美国促进企业合并的重要手段，并指出了欧美在有效资产剥离要件上的共性和资产剥离上的差异。许光耀编著的三卷本欧共体竞争法系列丛书，包括《欧共体竞争法通论》(武汉大学出版社 2006 年版)、《欧共体竞争法经典判例研究》(武汉大学出版社 2008 年版)和《欧共体竞争立法》(武汉大学出版社 2006 年版)。除《欧共体竞争立法》这一欧共体竞争法规章翻译一书中含有救济规章外，其他两书根本就没有介绍经营者集中的案例或没有提及经营者集中的救济制度。许光耀在其之前出版的专著《欧共体竞争法研究》(法律出版社 2002 年版)中，同样没有提及经营者集中的救济制度。

就研究论文来看，基本上没有经营者集中救济措施的文章。以“中国知网”中的“中国期刊全文数据库”为例，在“政治军事与法律”和“经济与管理”两类文献中，以关键词查询相关文章。无论是输入“反垄断法救济”还是“经营者集中救济”，都显示没有任何文章。以“资产剥离”查询，可以查到 256 篇文章题目，但文章主要有关“不良资产剥离”、“上市公司资产剥离”、“国有企业资产剥离”。仅有的两篇涉及“并购与剥离”为题的文章中，都是从交易成本的角度分析上市公司并购与剥离的，而非反垄断法意义上的剥离。

尽管我国学者对经营者集中救济制度缺乏研究，但我国直接参与制定或执行反垄断法的政府工作人员，却已经认识到了经营者集中救济制度的重要性，并给予了关注。曾参与起草反垄断法的现商务部条法司副司长吴振国于 2007 年出版了《〈中华人民共和国反垄断法〉解读》(人民法院出版社)。在对《反垄断法》第 24 条的条文解读中，作者指出了集中救济制度的重要性，该制度在经营者集中控制过程中，为解决竞争问题发挥了重要的作用，如果没有集中救济制度，直接被禁止的经营者集中的数量将会很多。另外，在当前世界各国反垄断法不断强调保护效率的背景下，救济制度在整个反垄断法体系中也占据着越来越重要的地位。作者特别指出了这一制度的基本特点。经营者集中救济制度，是经营者集中反垄断审查制度的延伸，是在法律授权和指导下的一种合法行为，不同于法律上所讲的法律救济。它不同于反垄断法中其他领域的救济模式，有一套严格而复杂的实体标准和程序规则，是经营者集中当事人和反垄断法执法机关谈判的结果。集中救济措施有三种类型：结构性救济、行为性救济和混合性救济。作者进一步指出，我国《反垄断法》第 29 条虽然引进了经营者集中救济制度，但这一引进是非常初步的，只是概括地作出了简单规定，对于救济制度的提出和确定、救济措施的种类和实施中的重要实体问题和程序问题均未作出规定。这些问题有待于我国反垄断法的实施条例和指南作出进一步的明确规定。2008 年 11 月法律出版社出版了我国商务部反垄断局现任局长尚明主编的《企业并购反垄断控制——欧盟及部分成员国立法执法经验》，该书简要介绍了欧盟的救济措施及英国、意大利与葡萄牙的救济制度，算是我国比较多地涉及救济制度的著作。特别是对欧盟的救济措施，介绍了相关法律文件、救济措施的含义及分类、适用于救济措施的一般原则、各方对采取救济措施的职责和义务，并对剥离承诺相关的问题进行了介绍。剥离业务的条件和范围、资产分割和业务转移、独立受托人和剥离受托人、适合买受人、剥离期限及执行等。此外，还介绍了开放承诺和救济措施的时间问题。

目前，负责经营者集中执法的商务部反垄断局正在起草有关经营者集中救济制度的规范性文件。

在国外，经营者集中救济制度也是一个相对较新的研究议题。其主要原因在于，该制度存在的基础是经营者集中的事先申报制度，而在美国国会 1976 年通过《哈斯洛反垄断完善法》之前，并不存在合并的预先申报制度。在一定的执法实践和经验的基础上，经营者集中救济制度越来越得到了重视。但真正受到重视并成为关注的中心，只是最近这 10 多年的事，特别是进入 21 世纪以来的事情。2001 年美国《乔治华盛顿法律评论》冬季号集中刊登了有关经营者集中效力研讨会的相关文章，探讨了有效的剥离救济的要求、经营者集中救济的演变、美国反垄断法执法部门在经营者集中救济方面的经验与教训以及经营者集中救济的谈判问题。2002 年在巴黎举行了合并救济国际研讨会，会议主要围绕基本原则和程序、经济分析和高科技产业案例分析三个部分。 在一些有关竞争法的专著中，经营者集中救济，多以承诺（Undertaking）为题简单提及，只是介绍其法律依据和常见类型。

在欧美对经营者集中感兴趣的、表现积极的，更多的是表现为反垄断法的执法机构。美国联邦贸易委员会、美国司法部反垄断局和欧盟委员会竞争总司的官员，他们在多个场合，就包括经营者集中救济措施在内的竞争执法进行了探讨。除了进行国际性研讨、促进共识外，还在国内、机构内部举行研讨会。就经营者集中来说，救济制度是欧美反垄断执法机关的关注热点和重点，这也是这些机构不断出台、更新经营者集中救济规则的原因。

1.3 研究方法

严格意义上说，经营者集中的救济制度，属于经营者集中制度的一个组成部分，是经营者集中审查过程的组成部分和延伸。就一般情况而言，这一制度是以经营者集中的事先申报为基础的。因此，有关经营者集中审查的规则和救济措施的实施情况，是研究经营者集中的救济制度的最基本来源。在这一意义上，文本研究和案例研究是本研究的两种重要方法。

1976年美国国会通过了《哈斯洛反垄断完善法》，在世界上首先确立了经营者集中的事先申报制度。1989年欧共体通过了《合并控制条例》，借鉴了美国的这一做法。此后，在经过一段时间的实践经验的基础上，欧美制定了相应的经营者集中的救济规范，并不断对这一制度进行检讨、反思和完善。自2001年欧美倡导的旨在促进反垄断执法共识的“国际竞争网”（网络组织）成立后，对合并救济的审查成为该网络组织的一项任务，该报告完成后向各成员提出了相应的建议。之后主要发达国家根据各自的经验和情况，纷纷制定或更新了经营者集中救济规范。对这些文本进行的文本研究，构成了本研究的基础。

根据经验完善规则是主要发达国家完善经营者集中救济制度的共同特点。美国、欧盟、英国、澳大利亚、加拿大、国际竞争网等，对过去的经营者集中救济案件进行了实施效果的实证研究，有的单独出具研究报告，有的列入经营者集中救济规范作为说明示例。这些研究选择了有代表性的案例，对其成败得失或经验教训进行总结归纳，对于我们理解经营者集中救济制度非常有帮助。

本研究的案例法方法，还体现在对中国反垄断法执法机关实施的经营者集中救济措施案件的评析上。从《反垄断法》开始施行到现在，商务部反垄断局已经就5起案件采取了救济措施，有条件地批准合并，另外还禁止1起合并。鉴于这些案件是我国经营者集中救济的最初案件，它们具有风向标的作用。透过这些案件，我们可以看到反垄断局的观点、立场和方法。随着时间的推移，这些案件的作用可能会发生一定的变化，但至少对目前和最近的将来，这些案件具有重要指导作用。

对不同法域的经营者集中救济制度进行比较，是本研究采取的第三种主要方法。有比较才有鉴别。不同法域经营者集中救济制度的差异，与其经济发展水平、立法模式、执法经验以及文化价值观念有很大的关系。站在中国角度看，美国属于先行者，执法经验更多些，经历了其他法域的执法机构可能没有经历的问题；欧盟属于后起者，基于建立欧共体（欧盟）统一市场这一根本目标，其理念不完全同于美国，而其立法模式对中国更有亲和力。澳大利亚、英国和日本属于岛国，其市场特征不可能与美国、欧盟甚至中国相比。多角度进行比较、鉴别，有助于我们更好地理解经营者集中救济制度。

1.4 研究思路与内容

严格意义上讲，经营者集中的救济制度，属于经营者集中制度的范畴，是经营者集中审查的延伸或结果，属于一种处理措施。救济措施是以经营者集中竞争效果的评估为前提的。之所以单独以经营者集中救济制度为题进行专门研究，主要是因为其重要性和我国现有研究的缺乏。

基于这样的认识，本研究主要遵循下述思路：什么是经营者集中的救济制度？采取经营者集中救济应遵循什么原则？经营者集中救济措施主要有哪些类型？采取经营者集中救济的前提条件是什么？采取经营者集中救济时应注意哪些问题？跨境经营者集中的救济存在的突出问题及解决方法是什么？

遵循上述思路，本项研究除导言外，主要包括 11 章。大致可以分为 5 个板块。第 2 章至第 4 章，相当于总论部分，主要分析经营者集中救济制度的特点与实施原则，简要介绍救济措施的几种不同类型与特点。第 5 章至第 7 章，主要分析介绍经营者集中效果的评估，这是“量体裁衣”采取救济措施的必要前提。第 5 章介绍经营者集中的评估标准及反竞争效果理论，第 6 章分析经营者集中竞争效果评估的基本框架和要素，第 7 章单独分析作为竞争效果评估要素之一的效率。第 8 章和第 9 章主要分析两种常用但复杂的救济措施，即资产剥离和知识产权救济。第 10 章重点分析跨境经营者集中采取救济措施时应特别注意的问题。第 11 章结合前述分析，对中国现有的经营者集中救济案件进行评析，简要指出其中的特点与问题。最后部分是附录，包括我国《反垄断法》及与经营者集中效果评估和救济相关的规范性文件，为读者阅读和理解提供方便。

2 经营者集中救济制度的重要性

2.1 什么是经营者集中的救济制度

我国《反垄断法》第四章规定了经营者集中的法律制度，其中包括了有条件批准制度。对经营集中有条件的批准制度，就是我们所说的经营者集中救济制度。

《反垄断法》第 20 条规定："经营者集中是指下列情形：（1）经营者合并；（2）经营者通过取得股权或者资产的方式取得对其他经营者的控制权；（3）经营者通过合同等方式取得对其他经营者的控制权或者能够对其他经营者施加决定性影响。"第 28 条和第 29 条分别规定对经营者集中的不同处理方式："经营者集中具有或者可能具有排除、限制竞争效果的，国务院反垄断执法机构应当作出禁止经营者集中的决定。但是，经营者能够证明该集中对竞争产生的有利影响明显大于不利影响，或者符合社会公共利益的，国务院反垄断执法机构可以作出对经营者集中不予禁止的决定。""对不予禁止的经营者集中，国务院反垄断执法机构可以决定附加减少集中对竞争产生不利影响的限制性条件。"第 48 条规定了违法集中的法律责任："经营者违反本法规定实施集中的，由国务院反垄断执法机构责令停止实施集中、限期处分股份或者资产、限期转让营业以及采取其他必要措施恢复到集中前的状态，可以处五十万元以下的罚款。"

上述反垄断法的基本规定，构成了我国经营者集中救济制度的基本框架和基础。

我国《反垄断法》第 20 条规定的经营者集中，实际上是规定了经营者集中的几种形式。就其实质来说，经营者集中是指目前相关市场中的市场结构发生变化，导致独立经营的经营者数量减少，从而有可能排除、限制或削弱现有市场中的竞争。经营者合并直接导致独立经营的经营者数量减少。而通过取得股权或者资产方式，或者合同等方式取得经营权或施加决定性影响，形式上虽没有导致经营者数量减少，但由于一些经营者受到另一些经营者的控制，相互竞争的独立经营者数量减少了。因此，无论是合并还是取得（或丧失）控制权，都导致竞争程度削弱或竞争消失。

中国反垄断法体现的经营者集中的有关制度，实际是经营者集中控制制度，为叙述方便，我们仍然称之为经营者集中制度，外国有些法域称其为合并控制制度（Merger Control），或与经营者集中、经营者集中控制或集中控制（control of concentrations，concentrations）通用。在本书中，经营者集中与合并，根据所处的位置和上下文，交替使用。

使用经营者集中这一概念，可以更好地与公司法中的合并制度区别开来。[①] 公司法意义上的合并，规范公司组织形式和债权债务的承继问题以及公司内部的组织程序问题，它基本不关注合并对市场的影响问题。公司法意义上的合并，是商法意义上的合并，主要处理合并当事人的权利义务问题；经营者集中，是反垄断法意义上的合并，涉及非合并当事人的权益问题，即对市场竞争的影响问题。公司法和反垄断法通过不同的方式、根据不同的理念和价值，对同一交易进行规范，二者相互配合、补充而不排斥。一项合并，既要遵循公司法的要求，也要遵循反垄断法的要求。由于我国反垄断法律制度建立较晚，反垄断法适用前的公司合并，大多没有关注可能引起的市场垄断问题。但我国有关外商并购的法律制度中涉及反垄断问题。[②]

我国证券法亦规定了上市公司的收购制度。该法第四章“上市公司的收购”主要规定了对上市公司进行收购的方式和应遵循的实体要件和程序要件。收购方法、报告和公告制度，是这一制度的核心。这一制度涉及证券法上的强制披露、交易限制、股东平等，虽然也涉及对证券市场的影响，但更多的是从公开、公平、公正角度去规范证券市场，而不是规范企业间的市场竞争。因此，证券法上的收购制度，亦不同于反垄断法上的经营者集中制度。

---

① 我国《公司法》第 173 条规定：“公司合并可以采取吸收合并或新设合并。一个公司吸收其他公司为吸收合并，被吸收的公司解散。两个以上公司合并设立一个新的公司为新设合并，合并各方解散。”“公司合并，应当由合并各方签订合并协议，并编制资产负债表及财产清单。公司应当自作出合并决议之日起十日内通知债权人，并于三十日内在报纸上公告。债权人自接到通知书之日起三十日内，未接到通知书的自公告之日起四十五日内，可以要求公司清偿债务或者提供相应的担保。”

② 中华人民共和国商务部、国务院国有资产监督管理委员会、国家税务总局、国家工商行政管理总局、中国证券监督管理委员会、国家外汇管理局联合发布的自 2006 年 9 月 8 日起施行的《关于外国投资者并购境内企业的规定》，其第 5 章就是有关“反垄断审查”的规定。

一般而言，经营者集中具有降低成本、提高效率、促进创新的作用。但经营者集中也可能产生反竞争的效果。经营者集中，造成独立经营的经营者数量减少，有可能导致市场结构的根本性变化，并导致对市场竞争的排除和限制。例如，市场上仅有的两家企业进行合并或一家受到另一家的控制，这种情况下，完全消除了市场上的竞争。而在一个经营者数量众多、市场集中度低的市场中，一个或多个企业的经营者集中，可能不会对市场竞争产生不利影响，甚至还会增加市场的竞争程度。以我们身边的理发馆、餐馆为例。我们经常看到它们不断开张和倒闭，也看到餐饮集团或美发集团的扩张，但相关市场中的竞争仍旧十分激烈，没有损害消费者的利益。

有些经营者集中，限制竞争和促进竞争并存，例如在扩大经营规模、产生规模效益的同时，创新动机降低。这种情况下，适当的理想的方法是选取有利的方面、消除不利的方面，对阻碍竞争的问题采取救济措施。对于违反反垄断法、对市场产生反竞争效果的合并，反垄断执法机构视情形做出禁止或有条件批准的决定。对经营者集中给予有条件的批准，就是我们所说的经营者集中救济，相关制度就是经营者集中救济制度。

理论和实践告诉我们，并非每一经营者集中都导致对竞争的损害。因此，各国反垄断法对经营者集中基本上采取了原则允许、例外禁止的做法。例如，我国反垄断法采取了经营者集中申报制度。根据第21条的规定，经营者集中达到国务院规定的申报标准的，经营者应当事先向国务院反垄断执法机构申报，未申报的不得实施集中。第22条规定了无需申报的集中情形，包括公司集团内部企业的集中情形。根据国务院通过的《关于经营者集中申报标准的规定》，“经营者集中达到下列标准之一的，经营者应当事先向国务院商务主管部门申报，未申报的不得实施集中：（1）参与集中的所有经营者上一会计年度在全球范围内的营业额合计超过100亿元人民币，并且其中至少两个经营者上一会计年度在中国境内的营业额均超过4亿元人民币；（2）参与集中的所有经营者上一会计年度在中国境内的营业额合计超过20亿元人民币，并且其中至少两个经营者上一会计年度在中国境内的营业额均超过4亿元人民币。”① 由反垄断执法部门对于经营者集中的申报进行初步审查，必要时进行进一步审查，决定是否禁止、允许或有条件允许申报的经营者集中。②

禁止具有排除、限制竞争效果或者可能具有类似的效果的经营者集中，是对可能造

① 国务院《关于经营者集中申报标准的规定》第3条，中华人民共和国国务院令第529号，2008年8月3日公布。
② 参见中国《反垄断法》第25条、第26条、第28条和第29条。

成反竞争效果的经营者集中的一种救济措施，如同禁止其他违法行为、禁止侵权行为一样。这种禁止决定简单、确定、易于实施，一劳永逸地消除了经营者集中可能对竞争产生的不利效果，从根本上解决了可能违反反垄断法的根源。但其他法域经营者集中控制的实践表明，由于经营者集中存在的有利效果，这种救济实际上仅占经营者集中申报的极小比例。以欧盟为例。从1990年到2010年12月，共申报合并案件4 548起，第一审查阶段撤回案件100起，第二阶段撤回案件35起。在第一审查阶段中，直接批准的合并达3 950起，有条件批准的案件为204起。第二审查阶段发起审查的案件有195起，直接批准（无条件批准）47起，有条件批准94起，禁止20起，已实施但被裁定违反相关规定或其实施违反批准的条件而命令解散合并的案件4起。[①] 在4 548起申报合并中，除去经营者自己中途撤回的案件135起，另外有52起不属于合并控制条例的管辖范围外，在4 548起合并案件中，直接批准的合并为3 997起，占审查案件总数的87.88%，有条件批准的298起，占审查案件总数的6.66%，禁止的为20起，占审查案件总数的0.44%。有条件批准的合并案件是禁止合并案件的近15倍。如果仅从第二审查阶段涉及的案件看，有条件批准的案件是无条件批准案件的近2倍，有条件批准案件是禁止案件的4倍多。考虑到有竞争关系的经营者的经营者集中（横向集中或合并）与无竞争关系的经营者的经营者集中（纵向集中或合并以及混业合并）的差别（后者引起的竞争性关注通常较小），有条件批准合并案件所占的比重会更大些。

从广义上说，完全禁止经营者集中，属于对造成或可能造成市场竞争损害的救济性措施，但国外法域内经营者集中的救济措施或制度一般并不包括禁止措施，而是指有条件批准经营者集中所附加的条件或义务，并由相关当事人对申报的集中交易条件或内容予以修改。我国《反垄断法》第29条称其为对不予禁止的经营者集中“附加减少集中对竞争产生不利影响的限制性条件”。

《欧共体救济指南2001》明确规定，该准则的目的是对修改集中条件或内容提供指导，特别包括对修改集中条件的承诺提供指导。这种修改通常被称为“救济”（remedies），其目的是降低合并方的市场力量、恢复因造成或加强市场支配地位而被扭曲的有效竞争的条件。[②] 欧盟委员会新制定的救济指南用语虽然有所简化，但仍然坚持这一目标：准则的目的是对修改集中条件或内容提供指导，特别包括对修改集中条件或内容的承诺提供指

① *European Merger Control-Council Regulation 139/2004-Statistics*，21 September 1990 to 31 December 2010，http：// ec.europa.eu/competition/mergers/statistics.pdf，last visited 6 January 2011.

② *EC Remedies Notice 2001*，para.2.

导。这样的修改，通常称为“救济”，其目标是消除欧盟委员会指明的竞争关注。“竞争关注”，指对集中造成市场支配地位或加强市场支配地位而可能重大削弱有效竞争的严重怀疑，或对集中具有这一效果的初步裁决。[①] 欧盟委员会竞争局2005年发布的《欧共体救济研究报告》，[②] 基于《欧盟合并控制条例》这一法律框架，将“救济”定义为：相关企业，根据《欧盟合并控制条例》第6条第2款、第8条第2款，对集中做出的消除欧盟委员会在调查中指出的竞争关注的所有修改的总称，该修改使经营者集中与欧盟共同市场相符。[③]

在美国，作为反垄断法的执法机构，司法部反垄断局对于企业合并（经营者集中）没有直接做出处理决定的权力，而是对其认为可能产生反竞争效果的经营者集中作为原告向法院提起诉讼。决定是否提起诉讼成为执行机构掌握的对合并当事人产生重大影响的举措。为了避免诉讼带来的更大不确定性，执法机构和合并当事人会进行谈判寻求和解（settlements）。对执法机构认为可能产生竞争的问题，合并当事人往往会提出新的合并方案，以换取执法机构对经营者集中的批准或不起诉。在这一过程中，资产剥离救济（divestiture remedy）成为主要救济手段。因此，执法机构在对经营者集中的调查过程中，通过与当事人谈判的方法，达成旨在消除经营者集中产生的反竞争效果的和解条件，成为美国法域内对经营者集中的救济模式。

由多国竞争机构组成的国际竞争网（ICN）合并工作组对各国的合并救济做法发布了《合并救济审查报告》。[④] 该报告指出，合并救济是竞争当局可以利用的结构性和行为性措施和工具，以救济具体合并引起的竞争损害，即违反合并控制法的对竞争过程的损害。为此目的，禁止不视为“救济”，而视为对合并所做出的决定的另一种结果选择。[⑤]

我国亦有专家指出：“批准经营者集中所附加的条件和义务，在反垄断法中被称为经营者集中的救济措施，而对救济措施作为系统规范和指导的规则就是经营者集中救济制度。”[⑥] 本书亦在这一意义上使用经营者集中的救济措施和救济制度，为简便起见，统称经营者集中救济。

① *EC Remedies Notice Draft 2007*，and *EC Remedies Notices 2008*，para.2.

② *EC Remedies Study.*

③ *ECR emedies Study*，p.176.

④ *Merger Remedies Review Project.*

⑤ *Merger Remedies Review Project*，paras.1.3，and 1.6.

⑥ 吴振国：《〈中华人民共和国反垄断法〉解读》，人民法院出版社2007年版，第494页。

2.2 救济目的和作用

经营者集中救济的目的，在于维持市场有效竞争或恢复经营者集中可能扭曲的市场有效竞争。同时，有效救济最终旨在保护竞争，而非保护竞争者。① 美国最高法院多次强调，反垄断救济的目的是保护或恢复竞争。恢复竞争要求弥补因合并而丧失的竞争强度，而不仅仅是回到合并前的市场集中度。②

国内有学者总结指出："集中救济制度的重要作用主要体现在两个方面：一是修正经营者集中交易的结果，消除经营者集中交易可能对市场竞争产生的损害，从而维护市场的有效竞争；二是维持市场竞争的同时允许实现相关集中收益，因此得到比直接作出禁止或批准集中更好的结果。"③

与直接禁止经营者集中不同的是，经营者集中救济在保存经营者集中对竞争的促进作用的同时，消除或减少经营者集中可能对竞争带来的不利影响，从而实现福利最大化。可以说，经营者集中救济制度，对于某些利弊兼有的集中，是直接禁止和直接批准之间的最佳中间状态。根据美国联邦贸易委员会的调查，作为救济主要方式的资产剥离，能够恢复本因合并丧失的竞争。④

经营者集中救济这一制度的出现或必要性，是由经营者集中的效果评估决定的。换句话说，决定某一经营者集中是否合法的因素不是行为本身，而是这一行为造成或可能造成的后果。⑤ 而经营者集中对竞争引起的后果可能是多方面的，既可能促进竞争，也可能阻碍竞争，而经营者集中救济制度正是这种竞争效果权衡的结果，起到抑制损害竞争结果、维护促进竞争结果的扬弃作用。我国《反垄断法》第 29 条对不予禁止的经营者集中附加限制性条件，正是为了实现这一目的。而《反垄断法》第 27 条规定的经营者集中审查因素以及第 28 条对排除、限制竞争的经营者集中的例外批准规定，是效果评估的考虑和体现。这些审查因素及例外考虑因素包括：参与集中的经营者在相关市场的市场份额及其对市场的控制力，相关市场的集中度，经营者集中对市场进入、技术进步的影响，经营者集中对消费者和其他有关经营者的影响，经营者集中对国民经济发展的影响，经营者集中对竞争产生的有利影响明显大于不利影响，符合社会公共利益。在美国反垄断

---

① *CA Remedies Bulletin*，footnote 14；*US DOJ Remedies Guide*，p.5

② *US DOJ Remedies Guide*，p.5.

③ 吴振国：《〈中华人民共和国反垄断法〉解读》，人民法院出版社 2007 年版，第 494 页。

④ *FTC Divestiture Study*，p.14.

⑤ 套用刑法上的术语来说，经营者集中的违法是结果犯（结果违法），而不是行为犯（行为违法）。

法的适用实践中，美国法院曾经创造了“本身违法”和“合理原则”这种区分规则，但这种区分正发生变化。一方面真正适用“本身违法”的行为越来越少，另一方面在经营者集中这一领域，反垄断执法机构一直适用效果权衡的做法（类似“合理原则”），决定对经营者集中是否提起诉讼或采取救济，美国最高法院近几十年几乎无这方面的重要判决，而是听任美国反垄断执法机构的做法。这实际上是认可整体效果评估，而非根据行为本身决定批准或禁止。

经营者集中的这种效果评估与权衡，具有合理的经济学基础。当代反垄断法，特别是经营者集中控制制度，充分吸收、反映了当代经济学的发展成果，以经济学特别是产业组织的理论和原则为基础，形成了一种所谓“经济投入、法律产出”的法律制度。反垄断法是经济学和法学结合最密切、经济学对法学影响最深的法律部门。经济学中的竞争理论、效率理论极大丰富了反垄断法的理论基础。其中，规模经济理论是支持经营者集中的最有力的理论。“规模经济意味着公司规模增加，单位成本下降。”① 我国政府鼓励企业做强做大正是基于规模经济的一种考虑。但同时，如果出现垄断，如果“卖方对市场价格有着完全的控制能力，并且完全地支配某一特定无相似替代品的产品或服务的生产和销售”，“如果一个垄断者通过高的市场准入障碍阻止了潜在竞争者从而获得了保护，它就可以索要高价，获得高额利润。在这种情况下，垄断对经济可能是有害的……然而，仅有垄断事实并不能证明在任何经济条件下都会造成损害，如果进入障碍较小，实际竞争者的缺少可能不是大问题……市场竞争度（也就是进入障碍是否足够低的问题）在判断垄断的社会成本时是更加重要的”。② 经营者集中管制制度，是上述经济学理论的法学制度实践；对经营者集中的个案评估，也正是上述经济学理论的个案实施与实践。

经营者集中制度，是一种预防性救济制度。经营者集中事先申报制度，为经营者集中救济制度提供了条件和可能。美国国会 1976 年通过了《哈斯洛反垄断完善法》，③ 规定了强制性的合并前通知申报程序，开创了经营者集中制度的新时代。在制定合并申报法之前，政府常常是在合并完成几年后才寻求救济合并造成的竞争损害。这种救济成功的可能性极小，甚至毫无希望，因为这时资产已经合并、被并购方早已解体、相关人员早已解散，而市场结构已经发生了长久的变化。美国法官兼学者波斯纳根据其掌握的信息，曾对 23 个判令剥离的全国性市场垄断化案件中的 13 个案件结果进行了分析，认为“垄

① 英国布朗参考书出版集团编：《经济学精要》，张宏伟译，中国财政经济出版社 2004 年版，第 30 页。

② 英国布朗参考书出版集团编：《经济学精要》，张宏伟译，中国财政经济出版社 2004 年版，第 74 页。

③ Hart-Scott-Rodino Antitrust Improvement Act，HSR.

断化案件中的反托拉斯剥离的实际效果所呈留的这份记录是不足为训的”。在这 13 个案件中，只有美国电报电话公司的剥离案具有剥离的正效应。其他 12 个案件中，或者以地区性垄断代替了全国性垄断，或者被分拆后的公司继续进行共谋，或者被分离出的生产或业务对被分离公司没有影响，或者由于条件的变化使剥离失去了意义。①

目前，世界上拥有经营者集中控制制度的国家和地区中，绝大多数采取事先申报制度。② 根据事先申报制度，对于达到一定标准或规模的经营者集中，相关当事人事先必须向有关执法机构进行申报，在有关执法机构对该申报进行审查、批准进行集中之前，不得实施集中。达到规定标准或规模而不进行事先申报的经营者集中，或者没有得到执法机构的批准而实施的经营者集中，将受到有关执法机构的制裁，包括解散集中、处以罚款等。③ 事先申报，为执法机关对申报的经营者集中交易提供了时间和条件，也为经营者集中救济提供了可能。对集中申报的审查，一般分为两个阶段，即初步审查阶段和深入审查阶段，只有少数较为复杂的集中涉及深入审查阶段。在任何一个阶段，如果审查机构没有异议，则集中得顺利进行；如果审查机构提出异议，对集中可能产生的反竞争效果表达了关注，则当事人需要修改集中的交易条件或内容，以消除反竞争效果、使拟实施的经营者集中符合法律的要求。

反垄断法的域外适用，经营者集中的众多法域的多重管辖，为经营者集中救济制度提出了现实的要求。在经济日趋全球化、市场日趋统一化的今天，跨国公司越来越多、在经济和社会发展中发挥的作用也越来越大。因此，经营者集中越来越多地跨国进行，即使经营者集中不涉及某一特定法域内的具体公司，但集中的效果也可能会影响该法域内的市场竞争。有关政府部门需要对类似经营者集中进行管制，从而导致经营者集中越来越受到多国政府的多重管辖。例如，波音公司和麦道航空公司的合并，尽管二者都是美国注册的公司，但其合并却直接影响欧盟空中客车的利益，影响到整个民用飞机市场的竞争，美国国内两公司合并的效果溢出到欧盟。根据欧盟合并控制制度，欧盟委员会有管辖权。但如果美国反垄断执法机构同意波音公司与麦道航空公司的合并而欧盟予以完全禁止，则将对美国与欧盟间的关系产生影响，甚至不排除美国以后禁止欧盟公司合并的可能。适当的办法是既批准波音与麦道的合并，同时又对其合并设定一些限制性条件，

---

①［美］理查德·A. 波斯纳：《反托拉斯法》（第二版），孙秋宁译，中国政法大学出版社 2003 年版，第 125~129 页。

② 参见吴振国：《〈中华人民共和国反垄断法〉解读》，人民法院出版社 2007 年版，第 415~416 页。

③ 中国《反垄断法》第 48 条规定，经营者违反本法规定实施集中的，由国务院反垄断执法机构责令停止实施集中、限期处分股份或者资产、限期转让营业以及采取其他必要措施恢复到集中前的状态，可以处 50 万元以下的罚款。

消除或最大程度地减少这一合并对欧盟空中客车公司、对世界民用飞机市场的不利影响。事实上，欧盟委员会对波音与麦道的合并正是采取了这种有条件批准合并的做法，即采取了经营者集中的救济措施。这方面的案件越来越多。例如，加拿大汤姆逊公司与英国路透公司（包括我们熟知的路透社）的合并，欧盟委员会也采取了经营者集中的救济措施。因此，采用经营者集中救济措施或制度，是各国反垄断执法机构处理具有跨国影响的经营者集中的一种有效方法，这种方法为各国反垄断执法机构的合作与协调提供了可能。

2.3 经营者集中救济制度的特点

经营者集中救济，是对原经营者集中方案、条件、内容的修改，意在消除反垄断法执法机构对该集中表达的竞争关注，消除可能产生的反竞争效果。这一修改，在美国是由执法机构与当事人进行谈判达成的；在欧盟是由当事人主动提出修改、欧盟委员会予以批准形成的。这一过程，有时需要经过多次反复，甚至需要征求其他竞争者、消费者以及相关管制部门的意见，直至执法机构相信修改过的方案消除了集中可能产生的反竞争效果。无论是哪种情形，最后形成的结果都对集中当事人具有约束力。如果违反了所达成的协议（当事人的承诺），执法机构可以采取处罚措施，例如宣布集中违法、解散合并、罚款等。

由此可见，经营者集中救济，与我们通常所说的法律救济存在很大不同。通常所说的“无救济则无权利”，主要是从保护受到侵害的权利这一角度来说的。民商法意义上的违约责任、侵权责任，都是我们通常所说的救济形式。这些责任都以违反义务、造成损失或后果为前提，存在特定的权利和义务主体，特别是存在具体的被救济的权利主体（对象）。行政法和刑法中也存在救济措施，主要是指对被害人提供救济。在对外贸易法，存在贸易救济，包括反倾销措施、反补贴措施和保障措施，用于救济因倾销进口、补贴进口或进口激增而受到损害的国内产业。上述这些救济都存在行为人之外的其他人发起程序的要求。

经营者集中救济中，无具体的权利人或被救济对象主体。经营者集中救济是对可能受损害的市场竞争的救济，而非对集中当事人的竞争者的救济。竞争遵循优胜劣汰的法则，竞争越激烈，受到损害甚至倒闭的企业就越多。反垄断法关注的不是竞争激烈或残酷，而是不竞争、竞争丧失或竞争程度削弱。从程序上说，经营者集中由经营者自己申报，执法机构对申报的经营者集中进行审查，这时并无其他当事人（包括竞争者）的存在。换个通俗的说法，经营者集中救济，是集中当事人的“自残”，而非竞争者的直接获利或受偿。我国有学者从“无权利即无救济”出发，认为“法律救济必须以法律上的权利的存在为前提，通过法律救济，确认并维护权利，法律救济具有维权性的特点”。① 这一说法，对民商事法律关系适用，对行政或经济法律关系适用则可能存在一定的问题。经济法具有公益性，经济法体系下的经营者享有的权利主要是依靠其他经营者履行义务实现的，法律表现出来的主要是经营者的义务，这在反垄断法下更是如此。经营者集中救济是对可能违反义务的救济，而不是对权利主体权利损害的救济。

在经营者集中申报这一法律框架下，经营者集中还没有实施，排除、限制竞争的效果仅是一种可能，这时不存在经营者集中违反义务、承担责任的问题。从集中当事人的角度讲，经营者集中救济是为了能够进行拟定集中。经营者集中救济通常采用当事人承诺的方式，为或不为一定行为（包括处分营业、知识产权许可、不挖核心人员等）。如果经营者不做出这样的承诺或修改，其计划中的集中可能面临着被禁止的危险。从执法机构角度看，经营者集中救济是确保经营者集中合法的手段或措施。执法机构在对经营者提出的救济方案进行市场测试和效果评估后，决定是否基于经营者提出的救济方案批准这一集中。中国《反垄断法》第 29 条规定执法机构对不予禁止的经营者集中附加“限制性条件”，表面看是执法机构对合并当事人单方面强加的一种措施，但由于当事人可以选择放弃集中而非必须继续进行集中，上述“限制性条件”的实质仍然是合并当事人修改集中的结构、内容或条件，而不构成政府单方面的处罚措施。实质上，反垄断法在其第七章“法律责任”中，并没有包括这种“限制性条件”。经营者提出的救济方案是由执法机构同意或批准的，以政府机构决定的方式做出，② 性质上是一种政府决定，对经营者和政府机构都有约束力。反垄断执法机构应依法行政、严格执法，按反垄断法的相关规定对集中的竞争效果进行评估，而不能随意地拒绝或接受经营者提出的救济方案。如果执法机构枉法行政，经营者可以对执法机构的决定提出异议乃至诉讼。我国《反垄断法》第 53 条即规定了经营者对附条件决定异议的处理方式，原则上应先申请行政复议，对行政复议决定不服的，可以依法提起行政诉讼。③

---

① 翁国民：《贸易救济体系研究》，法律出版社 2007 年版，第 26 页。

②《反垄断法》第 30 条规定，国务院反垄断执法机构应当将禁止经营者集中的决定或者对经营者集中附加限制性条件的决定，及时向社会公布。

③ 顺便指出，考虑到经营者集中的复杂性，我国《反垄断法》第 53 条规定的针对合并决定的行政复议程序，其立法原意是先行政复议再行政诉讼（司法审查），以此区别于其他垄断行为的处理决定（见全国人大法律委员会关于《中华人民共和国反垄断法（草案）》修改情况的汇报——2007 年 6 月 24 日在第十届全国人民代表大会常务委员会第二十八次会议上，全国人大法律委员会副主任委员 胡康生）。但立法条文存在漏洞，没有表达出这一原意。根据第 53 条的现有条文，“可以先行依法申请行政复议”。“可以”这一用语实质上排除了行政复议这一先置程序的作用。

由于经营者集中救济的内容构成了执法机构（包括法院）最终决定的组成部分，经营者集中救济是“反垄断法中经营者集中审查阶段的组成部分和自然延伸”。[①] 因此，经营者集中救济这一做法或制度，是经营者集中控制这一制度所特有的。它既不同于上述其他部门法中的救济，也不同于反垄断法其他领域的救济。针对垄断协议这一行为，执法机构面临的选择是是否禁止、是否处罚的问题。在特殊的情况下，如果相关当事人承诺停止某些行为或从事某些行为，以此来消除其行为的反竞争效果，执法机构可以不予处罚；执法机构也可以责令其停止行为并进行罚款；如果垄断协议的当事人“自首”，向执法机构报告达成垄断协议的有关情况并提供重要证据，执法机构可以酌情对其减轻或免除处罚。在这里，虽然在某种程度上也存在当事人承诺或报告的因素，但我们看不到执法机构批准经营者继续其行为的因素。在滥用市场支配地位这一领域，通常的处理措施也是停止违法行为并进行罚款。此外，在救济的内容或形式上，经营者集中救济主要是结构性救济，或以结构性救济为主、行为性救济为辅，而针对垄断协议和滥用市场支配地位的救济则主要是行为性救济。美国微软案[②] 中，一审法院做出拆散微软公司的判决被上诉法院推翻。上诉法院的这一判决正是体现了经营者集中救济与反垄断法其他救济的不同。

在欧共体竞争法中，虽然对共谋、滥用市场支配地位采取的救济也包括结构性救济和行为性救济，但与合并控制中的救济的指导思想和原则不同。在前一种情况下，只有不存在同等有效的行为性救济，或者同等有效的行为性救济对相关企业造成的负担比结构性救济更重时，才可以实施结构性救济。[③] 企业结构的变化，只有在企业结构导致存在持续性违反规定或重复违反规定的重大危险的情况下，才可以实施相称的结构变化。而在后一种情形下，只有在结构性救济不可行或需要行为性救济起辅助作用时，才接受行为性救济。

2.4 经营者集中救济制度的建立和发展

如前所述，在美国国会 1976 年通过《哈斯洛反垄断完善法》之前，并不存在合并的

① 吴振国：《〈中华人民共和国反垄断法〉解读》，人民法院出版社 2007 年版，第 495 页。

② *United States v. Microsoft Corp.*，97F. Supp. 2d 59 C.D.D.C. 2000.

③ *EC Competition Implementation Regulation 2003*，p.9.

预先申报制度。反垄断法执法机构往往是合并发生后才知道有关企业的合并。对合并反竞争效果的控制，采取事后控制的方法。这时，由于合并已经完成，企业、资产、人员已经合并、解散或处分，执法机构很难找到能够充分恢复竞争的有效救济方法。即使采取了救济措施，其效果也存在疑问。《哈斯洛反垄断完善法》确立的合并事先申报制度，使执法机构有机会、有可能对合并可能造成的不利竞争效果进行评估，在合并实施之前采取相应的措施，消除或减轻合并对市场可能造成的不利影响。因此，真正意义上的经营者集中救济制度，是从1976年通过《哈斯洛反垄断完善法》之后开始的。

事先申报制度，赋予了执法机构有条件批准合并的权力，为采取救济措施提供了制度框架与合理机会。在允许企业实施合并之前，执法机构可以与合并当事人就其认为存在的竞争问题进行探讨，谋求解决相关问题的方法，从而一举改变了执法机构不能消除或减轻合并的反竞争效果的状况。

在通过《哈斯洛反垄断完善法》后，美国反垄断法执法机构对经营者集中采取了一系列的救济措施。1995年美国联邦贸易委员会发起了分析研究经营者集中救济效果的计划，并于1999年发布了《联邦贸易委员会资产剥离程序研究》报告。美国联邦贸易委员会还于2003年发布了《合并救济谈判》，作为采取救济措施的指导。① 美国司法部反垄断局于2004年发布《合并救济政策指南》。

欧盟的合并控制制度起步较晚，1989年才有合并控制条例，但其合并救济的制度却建立得相对较早。欧共体委员会于2001年3月2日发布了《合并控制救济准则》，② 就救济应遵循的基本原则以及可以接受的救济类型做出了规定。2002年欧盟与美国联合召开了合并救济制度国际研讨会。2003年5月2日，欧共体委员会又发布了《合并案件中的剥离承诺最佳准则》，③ 规定了剥离承诺的标准文本和受托人委托书标准文本及对这两个文件的解释，旨在帮助当事人及其律师与委员会接洽并进一步促进合并程序的效率和透明度。欧盟委员会竞争局于2005年发布《合并救济研究》报告。④ 欧盟委员会根据2004年的《合并控制条例》，于2007年起草了新的救济制度规则，2008年10月欧盟正式颁布了新的《欧盟合并条例救济指南》。⑤

① *US FTC Remedies.*

② *EC Remedies Notice 2001.*

③ *Best Practice Guidelines; The Commission's Model Texts for Divestiture Commitments and the Trustee Mandate under the EC Merger Regulation*, http://europa.eu.int/comm/competition/mergers/legislation/note.pdf, last visited 10 November 2009.

④ *EC Remedies Study 2005.*

⑤ *EC Remedies Notice 2008.*

英国竞争委员会对合并救济效果进行滚动式研究调查，不断更新对已有合并救济案件实施效果的调查，并于2008年8月发布了最新的调查报告《理解过去的合并救济：案例研究报告》。[①] 英国竞争委员会2008年发布了《合并救济：竞争委员会指南磋商草案》。2008年11月英国竞争委员会正式颁布了《合并救济指南》。[②]2009年4月，英国公平贸易局与竞争委员会联合发布了《合并评估指南》，其中包括了对合并采取临时措施和救济措施的方针。[③]2009年6月，英国公平贸易局发布了《合并：管辖与程序指南》，对该局审查阶段的合并救济作出了政策性规定。[④]

各国竞争当局组成了“国际竞争网络”这一工作组织，并于2005年发布了《合并救济审查报告》。[⑤]2008年国际竞争网通过的有关合并分析的建议，包括了救济方面的内容。[⑥]

可以看出，随着经济全球化的加强，经营者集中的救济制度越来越受到关注，欧美等救济规则更新、完善的频率加快。美国和欧共体的这些规定，是这些机构合并救济政策和做法的陈述，虽然它不属于严格意义上的立法或法规，但对于提高执法透明度、提高法律的确定性具有重要意义，也为我们了解合并救济制度提供了有力指导。

---

① Competition Commission，*Understanding Past merger Remedies*；*Report on Case Study Research*，Updated August 2008.

② *UK Remedies 2008.*

③ *Merger Assessment Guidelines*；*A Joint Publication of the Competition Commission and the Office of Fair Trading*，Consultation Document，April 2009.

④ Office of Fair Trading，*Mergers*；*Jurisdictional and Procedural Guidance*，June 2009.

⑤ *ICN Merger Remedies Review Project.*

⑥ *ICN Recommended Practices for Merger Notification Procedures*，XI Remedies.

3 经营者集中救济的原则

经营者集中救济，其目的是恢复因经营者集中而受到破坏的市场有效竞争。经营者集中救济的设计与实施，建立在对经营者集中竞争效果评估的基础之上。只有在确定申报的经营者集中可能“具有排除、限制竞争效果”之后，才产生对经营者集中救济的问题。如果审查机关认为经营者集中根本不会产生对竞争的损害效果，则相关当事人可按原计划顺利进行合并、集中。我国反垄断法对此也有明确的规定：“国务院反垄断执法机构作出不实施进一步审查的决定或者逾期未作出决定的，经营者可以实施集中。”① 如果某经营者集中具有排除、限制竞争的效果，又不具有任何有利效果（例如符合社会公共利益），审查机关会直接做出禁止集中的决定。在经营者集中兼有损害竞争的效果和促进竞争的效果时，为了抑损扬利，则需要对经营者集中进行救济。而这种救济必须足以解决经营者集中引起的竞争关注，否则这种救济就没有意义。考虑到生产商福利和消费者福利的联系与区别，在制定救济措施时，需要考虑消费者的利益。而反垄断法与一国产业政策的互动，使反垄断法的实施不可能脱离一国的产业政策框架，需要予以考虑、配合。

概括起来，经营者集中的救济，需遵循下述五项基本原则：必要性、充分性、有效性、消费者福利、与产业政策的协调。这五项原则又各含有不同的要素。

世界各国反垄断当局处理经营者集中的原则基本相同，具体表述可能存在差异。同时，在政党交替执政的国家，不同政府的理念可能有所侧重。而反垄断执法体制不同的

①《反垄断法》第 25 条第 2 款。

国家之间，经营者集中救济的设计与实施，在主导思想和程序方面表现出各自的特点。以美国为例。美国司法部反垄断局，主要通过将违反反垄断法行为向法院提起诉讼的方式进行反垄断执法，反垄断局本身没有决定权。有鉴于此，本世纪初，美国司法部反垄断局官员认为，在审查救济时，应遵循下述几项基本原则：第一，除非反垄断局相信存在需要救济的违反反垄断法的情形，反垄断局不考虑救济问题。反垄断局不会接受其不准备对之起诉的经营者集中的救济。第二，反垄断局必须尽其预期能力相信采取救济有效地解决违反反垄断法的情形。第三，反垄断局是一个执法机构，而非产业管制部门。救济的目标是为了消费者的利益，有效地救济对反垄断法的违反，维持合并前的竞争水平。一旦对违反反垄断法的情形予以救济，市场竞争会决定市场如何运作，优胜劣汰。第四，在当今的经济中，没有适合于所有救济的万能灵丹妙药。在设计救济中应灵活、富有创造性。第五，在设计救济时，反垄断局必须注意救济可能具有意想不到的市场后果。第六，合并救济不能是惩罚性的，其唯一目标是维持合并前的竞争水平。①

上述美国反垄断局官员表达的经营者集中应遵循的原则，表面上看与上述五项原则不同，但实际上从不同方面或角度反映了上述五项原则，分别代表了必要性、有效性、与产生政策关系及消费者利益、灵活性、可以接受的风险、充分性。

3.1 必要性原则

必要性(necessary),在中文的语境中指“不可缺少；非这样不行”。② 在英文中，指“that cannot be dispensed with or done without; requisite, essential, needful”，③ 比中文语境下的“非这样不行”弱化了一些色彩，另含有“有助于”之意。世界贸易组织争端解决机构对“必需”这一用语作了较为宽泛的解释，认为该用语不仅包括“不可缺少”这一含义，还包括“有助于”(making a contribution to)这一含义，并认为这两种含义构成了“必要”这一用语的两极。判断一项措施是否必要，如果不是不可缺少，则涉及对一系列因素的权衡和评估。④ 从经营者集中的竞争效果评估涉及损害竞争和其他有利因素的考虑这一角度

① Deborah Platt Majoras，*Antitrust Remedies in the United States*；*Adhering to Sound Principles in A Multi-faceted Scheme*，October 4，2002，http：//www.justice.gov/atr/public/speeches/200354.htm，2009-11-10.

② 中国社会科学院语言研究所词典编辑室编：《现代汉语词典》(第 5 版)，商务印书馆 2005 年版，第 74 页。

③ 摘自 *Oxford Talking Dictionary*，The Learning Company，Inc. 1998.

④ Korea-*Various Measures on Beef*，WT/DS161/AB/R，WT/DS169/AB/R，paras.161 and 164.

出发，“必要性”含有上述两种意义是合适的。换句话说，经营者集中的救济，在某些情况下，是消除损害竞争效果的不可缺少的条件；在另外一些情况下，特别是在抑损扬利的情况下，是减少损害竞争效果的必要条件，有助于减少损害竞争效果。

因此，经营者集中救济的必要性，是指在经营者集中效果评估认为该集中产生竞争关注的前提下，针对合并所产生的具体反竞争效果采取特定救济措施以消除或减少反竞争效果的需要。必要性原则包括下述几个方面：第一，经营者集中救济本身，为消除或减少反竞争效果所需要；第二，采取的具体救济措施为消除或减少反竞争效果所需要；第三，救济的程度为消除或减少反竞争效果所需要。简言之，救济需要、措施需要、程度需要等。

经营者集中反竞争效果的产生或可能产生，是经营者集中救济的前提。正是这种反竞争效果才引发了经营者集中救济的需求。鉴于经营者集中可能产生的规模效益，对经营者集中持有敌视态度、不分青红皂白地扼制、封杀经营者集中，违背经济发展的需求和社会公共政策。如前所述，经营者集中救济主要采取相关当事人“自残”的方式，经营者集中救济构成了政府批准经营者集中的条件，如果经营者集中没有反竞争的可能、没有违反反垄断法的可能性，以政府决定的方式指令企业“自残”，是对企业的摧残，既严重侵害了相关企业的利益，也不利于保护市场的有效竞争，进而促进价廉物美花色品种多样给消费者带来好处。反之，在经营者集中可能损害市场有效竞争、损害消费者福利的情况下，任由企业通过经营者集中形成垄断地位、强化市场垄断地位来“排除、限制竞争”，则是放纵相关企业对市场有效竞争和消费者福利的肆意侵害。

经营者集中的审查过程，是对经营者集中的竞争效果的评估过程，也是相关当事人与审查机关就存在的竞争问题寻求解决办法的过程，还是集中当事人与审查机关的互动过程。根据审查机关对集中表示的关注，针对审查机关提出的特定竞争问题，集中当事人可以及时地修改其集中方案与设计，审查机关可以及时地给出反馈意见。这种针对竞争问题的互动结果，很可能以审查机关对经营者集中的批准而告终。经营者集中方案的修改，就是经营者集中救济，而这种修改、救济无疑建立在解决竞争问题的需求之上。

经营者集中引起的竞争问题可能是多种多样的。经营者集中，可能消除了市场上仅有的竞争者，可能形成了相关市场上竞争者的集体垄断，可能为市场上的经营者协调行为（达成垄断协议）创造了方便和条件，可能造成上游产品或下游产品的垄断，可能导致潜在的竞争者难以进入市场，等等。解决这些不同的问题，就需要对症下药。因此，具体的救济措施需要能够治疗诊断出的“病症”。在经营者集中救济措施的选择和设计上，需要对症下药、制定出适合的手术方案。由于各种救济措施对竞争可能产生的影响不同，有必要选择合适的具体救济措施。“仔细地根据违反竞争效果理论设计救济，是确保救济消除竞争损害的最好方法。”① 拟采取的救济措施与认定的违法之间须存在密切的逻辑联系，适用于具体的违法情形，并符合反竞争效果理论。有效的救济能够尽可能地保持合并发生的效率，同时不削弱维持竞争市场产生的利益。

救济的范围和程度为解决经营者集中所产生的特定竞争问题所必要。这与采取必要救济措施类型的目的是相同的，不过是从两个不同方面来防止救济措施的过度或不足。行为救济不如结构救济效果明显，但在缚其手臂就可解决问题时，断其手臂无疑严重过度。在采取资产剥离的结构性救济时，剥离资产的范围对救济效果有极大的影响。集中当事人通常倾向于剥离、转让尽可能少的资产；有时剥离、转让不能够独立经营的“拼凑资产”。② 正因为存在这样的情形，才产生了“追加资产”（优质资产）③ 的要求。

经营者集中救济的必要性原则，与反垄断法、集中控制制度的目标与宗旨一致。反垄断法对经营者设立的义务，是不损害市场有效竞争。通过“预防和制止垄断行为”，来“保护市场公平竞争，提高经济运行效率，维护消费者利益和社会公共利益，促进社会主义市场经济健康发展”。④ 禁止垄断协议、禁止滥用市场支配地位、控制经营者集中，无一不体现了这一立法宗旨。但反垄断法并无强化或提高市场现有竞争的要求，也没有对企业设定类似的义务。经营者集中救济只是恢复经营者集中可能造成的竞争损害，将被扭曲的市场竞争恢复到原来的状态，而不是在原来竞争的基础上进一步强化竞争。我国《反垄断法》第29条“附加减少集中对竞争产生不利影响的限制性条件”这一规定中，使用了“减少……不利影响”的表述，正是体现了上述目标和宗旨。

3.2 充分性原则

经营者集中救济的必要性原则揭示了进行救济的需求。要实现救济目的，所采取的救济措施必须是充分的，必须足以解决认定的竞争损害。充分就是足够，充足就是多到

① *US DOJ Remedies Guide*，p.3.

② mix-and-match，carve out.

③ crown jewel.

④ 中国《反垄断法》第1条。

能满足需要。[①] 经营者救济的充分性，要求救济手段或类型充分，剥离资产充分，配套机制充分。“不分析救济是否足以解决违法而直接救济，对消费者是有害的。”[②]

经营者集中的救济目的是为了消除经营者集中对竞争的重大阻碍或削弱。在相关市场内再造一个有力的竞争者，或强化现有的市场竞争者，能够从根源上解决因经营者集中造成的市场结构变化问题。因此，结构性救济方式是最有效的救济方法，能够在最广泛、最深入的范围内消除竞争问题。在设计、选择措施时，首选结构性救济。只有不存在结构性救济或结构性救济不可行时，才考虑其他类型的救济。

但在某些情况下，单纯的结构性救济，仍然不足以消除反竞争的效果或恢复被破坏的竞争。以欧盟委员会审查的加拿大汤姆森公司并购路透公司案为例。合并当事人最初承诺剥离、出售一套数据库，由买主利用这套数据库进行竞争性业务。但剥离承诺的资产中没有包括经营业务所必要的资产。例如，升级程序、文件源、与数据索引相关的知识产权等。如果没有类似资产，出售的数据就会成为一套过时的数据、不能利用的数据，没有客户，自然也不能成为与集中方相竞争的对手。而在市场分析这一资讯中，如果没有资深名家撰稿人的供稿，买主买到市场分析资讯业务也会留不住客户。而资深名家撰稿人却不是可以剥离转让的资产。这时，就需要集中当事人与撰稿人达成一定协议或修改原有的排他性供稿协议，允许买主利用原有撰稿人提供市场分析。最终的救济方案包括了这几方面的考虑。[③]

剥离资产充分是资产剥离救济的最基本条件。资产剥离通常是独立经营业务的剥离，有时也会出现从集中当事人各自资产中分割出来的拼凑财产。无论是哪种情形，剥离资产都须“保证剥离资产足以允许买主在合理短的时间内开发或生产出有竞争力的产品”。[④] 资产充足能够使买主利用购买的剥离资产很快地成为市场上的有力竞争者。根据欧盟竞争局的《合并救济研究报告》，剥离资产范围不够，是所有救济设计或实施中最经常存在的问题。而剥离资产范围不够，主要体现为缺少剥离资产活力和竞争性所必要的核心资产。[⑤] 该报告进一步指出，在确定剥离资产的正确范围时，需要考虑下述几方面的因素：剥离资产与集中当事人保留资产之间的上下游联系；与可能不是同一相关市场的地理范围相比较，有活力和竞争性的剥离资产的地理范围；一揽子剥离资产的关键规模；

① 中国社会科学院语言研究所词典编辑室编：《现代汉语词典》（第 5 版），商务印书馆 2005 年版，第 188 页。

② *US DOJ Remedies Guide*，p.4.

③ Case No.COMP/M.4726 —Thomson Corporation/Reuters Group，19/02/2008.

④ Case No.COMP/M.4726 —Thomson Corporation/Reuters Group，19/02/2008，para.486.

⑤ *EC Remedies Study*，p.140.

产品周期的影响；被剥离的成熟产品与集中当事人保留的创新的新生代产品的竞争，没有解决的知识产权问题。①

在剥离的资产中，包括品牌、商标、核心设施、核心人员等核心资产不可缺少。在汤姆森公司并购路透公司案中，涉及的基本产品是金融信息服务。除其他因素外，金融信息服务提供者的品牌和信誉非常重要。这类企业的竞争力并不简单地取决于该企业有无豪华的办公条件等硬件设施，而是更多地取决于人力资源和相关知识产权等软件设施。因此，在剥离资产中不必包括计算机本身，剥离资产的买主可以从市场上轻而易举地买到这类无差别资产。同样，在该案中，集中当事人最初提出的剥离承诺中，只包括了对经营和开发软件有专长的核心人员，没有包括数据搜集、分析、整理和标准化的其他人员。这一方案在进行市场测试中被质疑，因为如果没有数据搜集整理等人员，作为剥离资产的数据库就会面临降级、中断等严重危险，这一业务也不可能对集中当事人形成有力的竞争约束。因此，在最终承诺中，集中当事人增加了有关核心人员之外的其他人员的承诺。

剥离资产充分或充足，还包括剥离资产的范围界定清楚、明确，具有确定性。剥离资产或业务是作为独立经营的资产而存在的。如果剥离资产与集中当事人保留资产的关系、范围界定不清，剥离资产的经营就会受到阻碍。正因为如此，欧盟合并救济准则中对剥离资产提出了活力或生命力的要求（viable，viability）以及准确和穷尽描述剥离资产的要求。② 在欧盟委员会制定的“剥离资产承诺范本”中，要求界定剥离业务、对其法律和功能结构进行详细的描述。③ 剥离资产的界定，通常以正面或肯定方式，来描述剥离资产中具体包括了哪些资产。但欧盟竞争局的调查报告发现，在某些情况下仅仅如此是不够的，建议欧盟委员会进一步完善其规则。例如，虽然集中当事人必须界定其拟剥离的资产，但却没有义务披露剥离业务活力和竞争性可能依赖的集中当事人保留的资产；剥离资产不充分，却无追加资产的规定，或无替代性剥离资产等。④ 而美国司法部指南则提出，在界定资产时，有必要考虑是否允许某种灵活性以及何时允许这种灵活性。例如，由于业务性质或潜在购买方的同质性等原因，可能需要对资产界定作出调整。但在最后批准时，需要剥离的资产应是确定的。⑤

配套机制充分是经营者集中救济充分性的另一要求。资产剥离是一个非常复杂的过

① *EC Remedies Study*，p.140.

② *EU Remedies Notice*，paras.14，46.

③ *EU Model Divestiture Commitments*，paras.4（a）-（d）.

④ *EC Remedies Study*，p.140.

⑤ *US DOJ Remedies Guide*，p.11.

程和交易。从过程上来说，在审查机关对申报的经营者集中提出竞争关注后，集中当事人提出救济方案，审查机关对这一救济方案进行市场测试和评估。如必要，审查机关会对这一救济方案提出新的竞争关注。而资产剥离的实质是集中当事人将其部分资产出售给第三方。这必然涉及对买主的选择及与买主的谈判。为了避免剥离资产出售给集中当事人的“自己人”，或出售给无经验、无能力的买主从而不可能对集中当事人构成有力竞争的结果，审查机关需要对买主或买主条件进行评估、进行市场测试。必要时，还需要任命剥离资产保管人，用以保管剥离资产的活力、竞争力，防止剥离资产的损坏、贬值等。同时，从剥离资产的出售到剥离产业业务的独立经营，通常需要一个过渡期，通常需要第三方监督资产剥离承诺的充分实现。如果涉及第三方权利或经营资格等，则需要第三方的配合。所有这些，构成了一个相互联系、相互影响、密切合作的配套机制。缺少其中任何一个部分，有可能导致救济措施不能实现预期的救济效果。例如，一个数据库长期不能升级，或者一个超市长期不能开业，一种产品的售后服务没有跟上，都会导致数据库、超市或产品不能形成有力的竞争源或竞争约束。欧盟竞争局调查报告就指出了实际实施的救济中存在的类似情况。例如，虽然欧盟委员会必须批准资产处分的销售协议，但却没有规定欧盟委员会批准销售协议范围之外的过渡性协议，这些过渡性协议通常是剥离业务在开办阶段活力与竞争力所不可缺少的；承诺获得审查机关批准后，却找不到合适的买主，这就需要存在预定买主（预购者）；① 转让品牌很可能导致市场份额的重大损失，因而需要特别考虑剥离资产的范围等。②

应该看到，尽管各国反垄断执法机构都普遍认可、强调救济必要性原则，但在具体案件中对必要的程度存在分歧。加拿大执法机构认为，必要时，可以超出恢复竞争所必要的水平。加拿大最高法院指出：“如果存在两种救济选择，一种是超出了恢复竞争所严格必要的接受水平，另一种是还没有达到所必要的水平，那么必须选择第一种。救济必须是有效的救济。如果干预性最低的有效救济有些过头，这可能是不幸的，但从法律角度看，这样的救济并非有缺陷。” ③ 但美国司法部指南告诫：“虽然救济总是应足以解决反垄断法的违反情形，但救济的目的不是促进合并前的竞争，而是恢复合并前的竞争。” ④

① up-front buyer，buyer up-front.

② *EC Remedies Study*，p.143.

③ *Canada（Director of Investigation and Research）v. Southam Inc.*，[1997] 1 S.C.R.748，*quoted from* CA Remedies Bulletin，para.3.

④ *US DOJ Remedies Guide*，p.4.

3.3 有效性原则

有效消除或减少经营者集中带来或可能带来的竞争损害，是经营者集中救济的根本目标和宗旨，也是经营者集中救济的根本性要求。一项救济如果没有实现预期的救济结果，该项救济就是失败的，就会造成资源的巨大浪费。因此，经营者集中救济的有效性，是各法域经营者集中救济制度中的普遍的根本性要求。

所谓有效，就是“能实现预期目的”、“有效果”。① 经营者集中救济的有效性，就是能够解决效果评估中所发现的竞争问题，进而恢复因经营者集中而受损的市场竞争。欧盟竞争局进行的合并救济调查报告发现，在欧盟委员会做出救济决定之后的3~5年内，超过2/3的严重性问题得到实际解决，比例达到70%；但也有59个问题没有得到解决。没有得到解决的问题中涵盖了各种情形，包括资产范围、第三方问题、资产拼凑、临时保管、转让、合适买主等。② 欧盟竞争局的上述调查结果表明，救济的效果问题需要进一步解决。

影响救济效果的因素很多。市场的变化、消费者消费习惯的变化、科学技术的发展等，都可能影响到救济效果。有些产品、服务市场可能会自动消失，因而即使存在救济措施，也不能起到恢复竞争的效果。例如，多年前曾经火爆的寻呼机市场，已经被手机、手机短信市场所取代。从救济措施的设计和实施来说，除上述因素外，前述充分性所涉及的问题，都可能影响救济的效果，而救济措施是否针对所发现的竞争问题，也直接影响救济效果。

根据国际竞争网合并工作组的《合并救济审查报告》，评估救济有效性需要考虑的因素是多方面的。主要包括：第一，综合性影响。救济应寻求处理拟实施合并所产生的所有竞争损害。第二，风险的可接受性。从某种程度上说，任何救济的最终影响都是不确定的。竞争当局寻求实施的有效救济，不能充分解决竞争损害的风险应当比较低。要考虑到救济不能按预期运作而竞争当局修改救济能力受到限制时的风险。第三，可行性。有效的救济应能在相关竞争当局的管辖领域内实际实施、监督和执行。这也意味着救济的实施和运作应有明确的规定。第四，适当的期限和时间。救济应在预期的期限内有效解决竞争损害。应选择迅速解决竞争关注的救济，不选择长时间才产生效果的救济或效果的时间性不确定的救济。③ 英国竞争委员会颁布的合并救济指南，在衡量有效性的因素上基本与上述因素相同，只不过使用了“对重大削弱竞争的影响及由此引起的不利效果”

---

① 中国社会科学院语言研究所词典编辑室编：《现代汉语词典》(第5版)，商务印书馆2005年版，第1654页。

② *EC Remedies Study*，pp.141–142.

③ *ICN Merger Remedies Review Project*，para. 2.5.

替代了上述的“综合性影响”。[①]

时间性无疑是经营者集中救济考虑的一个非常重要的因素。如前所述，美国《哈斯洛反垄断完善法》的制定、该法确立的经营者集中预先申报制度，为建立真正有效的经营者救济制度奠定了基础。对于已实施的合并，由于有效救济的最佳时机已经失去，采取救济措施的代价非常巨大。如果救济措施不能及时实施，就会产生有经营者集中之实而无有力竞争者之约束的情形，从而造成市场竞争损害的真正实现或扩大。迟迟不能找到剥离资产买主、迟迟不能签署和实施剥离资产出售协议、剥离资产因时间流逝而恶化、剥离资产买主迟迟不能进行良好经营，或者集中当事人拖延履行其做出的救济承诺，都影响救济的有效性。“迅速完成剥离具有两个明显的好处：第一，尽可能早地恢复合并前的竞争状况；第二，减轻过长的剥离程序引起的资产价值的潜在损失。”[②] 俗语说，迟到的正义不是正义；同样，完全可以说，迟到的救济不是救济。

与时间性因素相联系，有效的救济程序是有效的救济措施的保证。合理、易遵循的救济程序，统一连贯的救济做法，明确、透明、可以预期的行事规则，既为个案救济提供了具体的可以遵循的步骤，也为经营者集中救济制度提供了程序上的制度规范。正因为如此，美国司法部反垄断局、联邦贸易委员会都制定了自己的救济谈判规则，英国等其他国家颁布了自己的救济指南，欧盟委员会除专门发布了救济指南外，还提供了救济承诺范本。在具体个案中，各种程序的配合、有序的实施和监督是有效程序的重要内容。

救济成本是衡量救济有效性的重要因素。救济成本包括集中当事人、第三方、政府和其他监督机构成本（以及消费者福利，该问题在消费者福利原则部分介绍）。经营者集中竞争效果的评估本身就是一个得失相较、利损权衡的过程和运用。在经营者集中造成的损害远远大于经营者集中引起的所得的情况下，救济的必要性丧失。同样，在需要救济但救济成本很高，形成新的得不偿失的情况下，救济的必要性再次丧失。因此，救济成本是衡量救济有效性的一个重要因素。过度救济或为救济不计成本是不可取的，是以此害取代彼害。在一些国家的经营者集中救济制度中，特别是欧盟成员的这一制度中，存在着“比例性”（相称性）这一要求。[③] 如果两种救济措施都有效，则选择救济成本较小的救济措施。但国际上对这一所谓比例性要求或标准并无统一的认识。正如国际竞争网合并工作组报告所指出的，“竞争当局通常寻求实施负担最轻的、能够有效消除拟实施

① *UK Remedies Guidelines*，para.1.8.

② *US DOJ Remedies Guide*，p.29.

③ proportionality.

合并产生的具体竞争损害的救济或剥离方案。然而，一些竞争当局适用比例性原则，依据这一原则，如果即使负担最轻的有效救济与竞争损害的程度也不成比例，他们可以决定允许没有救济的合并。例如，在合并涉及非常小的市场时可能产生这种情况。然而，公认的是，在其他一些法域中，一旦裁决在任何相关市场存在竞争损害，设计救济时适用比例性这一概念是不适当的。”① 但无论各国是否对比例性这一要求存在共识，救济成本是设计和实施救济时不得不考虑的一个重要因素。从某种意义上说，救济成本的考虑实质上可以视为必要性要求的另一种表述方式，或一种合理性要求。

救济可行性是经营者集中救济有效性的另一个重要方面。得不偿失的救济固然不具有可行性，但救济可行性不仅仅是救济成本问题。可行性解决的问题是，针对经营者集中造成的竞争损害，在有必要采取救济性措施时，当前现实是否提供了成功实施这一救济的条件。例如，在资产剥离的情况下，是否存在合适的买主，买主是否有相关方面的经营经验和意愿；在拼凑资产的情况下，该资产是否具有活力、是否具有竞争性；在采取行为救济时，审查机关是否有能力、有机制进行监督；承诺内容、相关条款是否明确，设定的义务是否易于规避；如果集中当事人违反了承诺，是否存在迅速有效的处理机制，包括争议解决机制、处罚机制；在涉及第三方时，如何监督、约束第三方的行为。鉴于救济措施内在具有的不可确定性，如果在审查集中当事人提出的救济方案时，对其可行性抱有重大疑虑，或取决于很多不可控的条件，则该救济应认定为无可行性。

严格来说，任何经营者集中救济都存在不确定性风险。可行性的考察，也是对救济确定性以及可接受风险的考察，或包括了对这些问题的考察。确定性越高，风险性相应越小，可行性越大。但对风险的考虑，既要考虑到市场承受风险，也要考虑到消费者承受风险，还要考虑到产业政策承受风险。以资产剥离为例，经营者集中救济是否成功，取决于是否消除或降低了竞争损害，而不是买主是否盈利；最终的判断效果取决于消费者是否因该救济措施而受益。

3.4 消费者福利原则

经营者进行集中，其主要目的是扩大企业的生产规模、提高企业的生产经营效率。

① *ICN Merger Remedies Review Project*，para. 2.5.

企业在做大做强的同时，有可能产生对竞争的损害。防止企业垄断是反垄断法的目的。在允许企业做大做强的同时，对其进行一定的约束和限制，是反垄断法特别是经营者集中制度的目标。实现这一目标的方法是保护消费者福利（利益）。在对产生反竞争效果的经营者集中进行救济时，应遵循消费者福利原则。

自反垄断制度诞生以来，反垄断法的政策目标经历了从广泛到具体、从保护生产商到保护消费者的这样一个发展过程。受经济学说的影响及反垄断执法经验积累的影响，反垄断法逐渐从一个社会性立法发展到一个经济性立法，保护市场竞争成为普遍接受的追求目标。但竞争究竟是促进社会整体福利、生产商福利，还是消费者福利，仍缺乏统一的认识。社会整体福利似乎是比较理想的状态，但在采用社会整体福利标准时，很可能导致财富从消费者向生产商的转移，导致消费者福利的损失。如果仅考虑生产商福利则更如此，享有垄断地位的企业则可能不考虑其他竞争者、消费者的利益而任意行为。因而，经过长期的实践摸索和经验积累，在美国的影响下，世界各国逐步确立了以保护消费者福利为反垄断法的终极目标。

我国《反垄断法》第 1 条开宗明义地规定了《反垄断法》的目标和宗旨："保护市场公平竞争，提高经济运行效率，维护消费者利益和社会公共利益，促进社会主义市场经济健康发展。"根据这一规定，提高经济效率、维护消费者利益成为反垄断法的两大主旨。从长远说，从整个制度运行来看，提高经济效率与维护消费者利益是一致的，但就个案来说，却始终存在着生产商福利与消费者福利之间的矛盾问题，存在着生产效率与消费者福利的权衡与取舍问题。

我国《反垄断法》在垄断协议的管制方面，明确规定了消费者福利的优先性和不可缺少性。该法在一般性规定禁止垄断协议的基础上，规定了生产效率和社会公共利益的一般例外，同时规定消费者利益是享有这一例外不可缺少的重要条件："经营者还应当证明所达成的协议不会严重限制相关市场的竞争，并且能够使消费者分享由此产生的利益。"① 在滥用市场支配地位规范方面，反垄断法要求拥有市场支配地位的企业，不得以"不公平的高价销售商品"，除非有"正当理由"，不得从事下述类型的行为：低于成本销售，对交易相对人拒绝交易，限定交易，歧视，搭售。上述这些行为，虽然没有明确提到消费者利益，但实质都是对消费者福利有影响的行为。《反垄断法》没有规定何为"正当理由"，但根据反垄断法的上述两大目标和宗旨，规范垄断协议例外的事项可比照用作拥有市场支配地位

①《反垄断法》第 15 条第 2 款。

企业的行为的“正当理由”。具体到经营者集中，反垄断法规定，一般情况下，具有或者可能具有排除、限制竞争效果的经营者集中，应予禁止。“但是，经营者能够证明该集中对竞争产生的有利影响明显大于不利影响，或者符合社会公共利益的”，可以不予禁止。① 根据反垄断法对消费者利益的一般性要求，经营者集中审查中“对竞争的有利影响”或者“社会公共利益”应包含对消费者利益的考虑。而经营者集中的救济，则更集中反映了对消费者利益的关注。在经营者集中的救济措施的设计与实施中，必须考虑对消费者利益的保护。

在美国，20世纪80年代反垄断法目标大辩论后，经济效率说逐渐被接受。但这不表示反垄断法目标问题得以彻底解决。经济意义上的效率是多方面的。在某一特定的案件中，这些效率之间可能相互矛盾或冲突，消费者福利是协调经济效率间矛盾的重要考虑因素。美国1977年的Sylvania案被视为一件里程碑式的案件，它承认消费者的经济福利是反垄断的最主要目标。虽然这不是一件合并案件，但这一原则被合并制度接受。反垄断的一个假定是，如果生产商占有市场支配地位或垄断地位，生产商可能减少生产、提高价格。价格提高，消费者福利则受损。因而对合并效率的判断，还要受到消费者福利目的的制约和限制。对其他利益的保护，是因为它们或多或少地在某种程度上代表了消费者福利。比方说，消费者福利可以视为在一定程度上等同于与生产商相对的社会利益。消费者福利是反垄断法的终极目标。

在美国的合并准则中，反垄断执法当局在认可合并带来的效率时，或者在接受合并方提出的效率抗辩时，只有在效率可能转移给消费者的范围内才予以考虑。法院也持同样的态度。② 美国联邦贸易委员会在论述其反垄断执法的指导思想时，指出了与消费者福利相关的案件评估：所涉行为是否对消费者福利构成了最大威胁；涉及事项是否重大影响消费者的预算（如健康、食物）。这两项标准，与执法机构的经验以及事项所涉及的法律问题一起，构成了联邦贸易委员会决定是否进行反垄断指控的考虑因素。正是消费者福利作为反垄断法的终极目标已经普遍被接受，自1982年以来的基本分析方法获得了普遍的支持。2003年4月美国联邦贸易委员会执法官员在论述合并执法时指出，“我们继续依据同样的原则，使用同样的合并准则，以同样的方法适用，并总体上得出不可能不同于10年前或15年前得出的结论。”③

---

①《反垄断法》第28条。

② Thomas B. Leary, *Efficiencies and Antitrust; A Story of Ongoing Evolution*, November 8, 2002, http://www.ftc.gov/speeches/leary/efficienciesandantitrust.shtm, last visited 10 November 2009.

③ Josector J. Simons, *Report from the Bureau of Competition*, April 4, 2003, http://www.ftc.gov/speeches/other/030404simonsaba.shtm, last visited 10 November 2009.

英国2002年《企业法》要求竞争当局在决定救济这一问题时，需要考虑“相关客户的利益”（any relevant customer benefits），基于相关客户利益设计、修改救济措施。“相关客户”指生产和经销链任意点上的客户，而不仅仅限于最终消费者。[①] 用我国的术语表示，“相关客户”包括了产业消费者和最终消费者、企事业消费者和自然人消费者。根据英国《企业法》，相关客户的利益包括下述形式的利益：（1）市场中货物或服务的更低价格、更高质量或更多选择；（2）与该产品或服务相关的更大创新。制定、实施救济措施应予考虑的相关客户利益，还应同时满足下述两个条件：第一，合并对相关客户的利益须在合理期限内产生；第二，如果没有这一合并，则不会产生该利益。[②] 若合并不能在合理期限内对相关客户产生合并特有的利益，则不在竞争当局的考虑范畴之内。规模经济、基础设施网络效果、供应过程中间成本降低，在导致产品或服务价格更低、质量更高、选择更多、创新更大的范围内，属于对相关客户的利益；如果前述情形不能使消费者受益，则只能视为对生产商的利益。[③] 在设计剥离救济时，既需要解决重大削弱竞争的根本原因，也要考虑没有解决重大削弱竞争的风险，还要考虑剥离形式可能影响的相关客户利益。这是英国竞争委员会进行剥离资产救济所遵循的基本原则。[④]

2004年欧共体《合并控制条例》指出，在确定经营者集中对市场的影响时，适当考虑合并企业提出的集中可能产生的有依据的效率；效率可能抵消集中对竞争的不利影响，尤其是可能抵消对消费者的潜在损害。在对经营者集中进行竞争效果评估时，要考虑中间消费者和最终消费者的利益，对技术发展和经济进步考虑应建立在对消费者提供优势并不构成竞争障碍的基础上。[⑤] 合并方在申报合并时，应对拟实施的集中如何可能影响中间消费者和最终消费者的利益及技术发展与经济进步做出说明。设立合营企业，合营方需要对垄断协议的适用做出说明，如果合营能使消费者获得相当的利益份额，则有关垄断协议的规定不适用。[⑥] 这些规定，贯穿整个经营者集中审查始终，也必然影响作为审查一部分的经营者集中救济。

① *Enterprise Act*, Sections 35 (5), 36 (6), and 30 (4).

② *Enterprise Act*, Section 30.

③ See *UK Remedies Guidelines*, paras.1.14–20.

④ *UK Remedies Guidelines*, para.3.2.

⑤ *EC Merger Regulation*, recital 29, and Article 2.

⑥ *EC Merger Implementing Regulation*, Annex 1, Sections 9 and 10.

3.5 与产业政策的协调①

一部法律可能服务于多个目的，但不可能服务于所有目的、解决所有问题。另外，某一法律旨在解决某一问题，不表示其他法律不可以解决这一问题。以欺诈为例。欺诈造成的损害既可以通过民事救济来解决，也可以通过刑事救济来解决。产业内的竞争也是如此。产业政策对相关产业的市场结构具有决定性作用，由此必将影响该产业内的企业竞争；反垄断法主要调整特定市场中的企业竞争，但不排除其他法律或政策对竞争的影响或调控。产业政策，或者产业政策立法化的产业政策法，是一国较长时间内予以遵循的经济政策，一国政府根据这一政策采取具体的实施措施或手段。产业政策是一种管制手段，反垄断执法亦是一种管制手段。无论是产业政策，还是反垄断法，都是政府用于发展经济、依法施政的手段，它们之间不存在谁替代谁的问题，只是在具体适用范围、调整手段上存在着差别。

主张以反垄断法替代产业政策的理由之一，是行业管理部门与被管理企业有着密切的关系，可能反过来为企业所俘虏。实际上，这一推理同样也可以用到反垄断法的执法部门。因此，问题不在于是否存在被俘虏的可能性，而在于是否依法执法。如果行业管理部门依法执法，即使以损害其他利益相关者的利益为代价维护了被管理企业的利益，这种情形也不是执法部门的问题，而是政策制定的问题。如果说在产业政策制定过程中，更多地考虑了被管理企业的利益（甚至偏袒这些企业的利益），较少考虑到其他相关者的利益，如消费者的利益，这一问题是决策机制问题，而非产业政策本身的问题，而决策机制的完善取决于整个法律意识、法治水平的提高。

基于产品或服务的不同，随着对市场调控作用认知的不断深化，实施不同的产业政策或对某些行业进行管制。自 20 世纪以来，这种观点已经逐渐得到认可。不同的是，各个国家可能在不同的时期对不同的产业实施了不同的产业政策，有的强化、有的弱化，但没有消除。经济学家的不同流派、不同政府的不同执政理念，可能影响对某一特定产业的政策，但却不能消除产业政策做法本身。产业政策具有的宏观调控特征，在发展经济与产业方面，具有不可替代的作用。这一点，是反垄断法不可比拟的。但在区域经济集团内部，例如欧盟，为了实现区域内经济的融合、增加区域经济对外的竞争力，反垄断法（竞争法）成为限制欧盟成员国采取扭曲区域内竞争的产业政策的一个手段。而在

① 本部分内容主要参考韩立余：《反垄断法对产业政策的拾遗补缺的作用》，《法学家》2008 年第 1 期，第 19~22 页。

一些自由贸易协定或谈判中，要求对彼此产品适用反垄断法而非反倾销法，也是对国内市场保护的产业政策的限制，利用反垄断法调整进口国市场内的产品竞争关系，而不是利用反倾销法将进口产品挡在关境之外。这是市场开放政策决定的。

根据我国《反垄断法》第 1 条，反垄断法的宗旨是预防和制止垄断行为，“保护市场公平竞争，提高经济运行效率，维护消费者利益和社会公共利益”。因此，保护企业不是反垄断法的目的，至少不是明示目的。按照反垄断法比较发达的国家的反垄断法理论，反垄断法的作用在于保护竞争（过程），而非保护竞争者；保护消费者利益，而非保护企业利益。根据这一理论，在产业政策的实施过程中，有可能出现违反反垄断法的情形。这时，解决的办法不是简单地以产业政策代替反垄断法，或以反垄断法代替产业政策，而是要根据出现的问题，根据反垄断法或产业政策的规定，来寻求协调性的解决办法。而我国《反垄断法》第 4 条和第 7 条就是这样的规定。该法第 4 条规定：“国家制定和实施与社会主义市场经济相适应的竞争规则，完善宏观调控，健全统一、开放、竞争、有序的市场体系。”该法第 7 条进一步规定：“国有经济占控制地位的关系国民经济命脉和国家安全的行业以及依法实行专营专卖的行业，国家对其经营者的合法经营活动予以保护，并对经营者的经营行为及其商品和服务的价格依法实施监管和调控，维护消费者利益，促进技术进步。”“前款规定行业的经营者应当依法经营，诚实守信，严格自律，接受社会公众的监督，不得利用其控制地位或者专营专卖地位损害消费者利益。”这一规定，表明了产业政策的优先但非排他地位。它要求反垄断法的执法部门，在适用反垄断法时需要考虑相应的产业政策。产业政策不是排除反垄断法适用的理由，但它是限制反垄断法适用的一个条件。反垄断法的相关条款中体现了这一导向。《反垄断法》第 15 条规定了相关企业达成垄断协议不适用第 13 条和第 14 条的情形，这些情形主要包括：为改进技术、研究开发新产品；为提高产品质量、降低成本、增进效率，统一产品规格、标准或实行专业化分工；为提高中小经营者经营效率，增强中小经营者竞争力；为实现节约能源、保护环境、救灾救助等社会公共利益；因经济不景气、为缓解销售量严重下降或者生产明显过剩；为保障对外贸易和对外经济合作中的正当利益；除此之外，还包括了“法律和国务院规定的其他情形”。但是这种排除是反垄断法适用下的排除，需要满足反垄断法意义上的条件，即第 15 条第 2 款规定的条件：经营者应当证明相关协议不会严重限制相关市场的竞争，并且能够使消费者分享由此产生的利益。我国《反垄断法》第 28 条和第 29 条，对经营者集中也规定了类似的不禁止或有条件限制集中的规定。该法第 17 条对企业滥用市场支配地位的调整，也含有正当理由的限制。这些规定表明，反垄断法的适用也不是无条件的、绝对的；从另一角度说，这种有条件性和相对性，已经考虑到了与其他政策或法律的协调。它还说明，与其他法律或产业政策相比，在其他法律或产业政策已经明确规定的情况下，反垄断法应尊重其他法律的规定。但如果其他法律或政策没有明确的规定，在反垄断问题上，反垄断法就是普遍适用的法律。

尽管有的学者对中国《反垄断法》第4条和第7条的规定持否定态度，但这一规定并非中国所独有，即便在欧美也存在类似的规定。欧盟2004年《合并控制条例》第21条明确规定了该条例适用的有限性，承认其他相关利益的优先性："尽管有上述第2款和第3款（有关管辖权）的规定，成员国可以采取适当的措施，保护本条例所考虑的利益之外的、与欧共体法的一般原则和其他规定相符的合法利益。""公共安全、媒体的多样性和审慎原则，应视为前项意义上的合法利益。""在采取上述措施之前，对于任何其他公共利益，相关成员国必须向欧盟委员会通报，委员会对其与欧共体法的一般原则和其他规定的一致性作出评估之后予以认可。委员会应在该通报后的25天内将其决定通知相关成员国。"① 这一规定为欧盟的反垄断执法提供了灵活性。欧盟委员会竞争委员内莉·克勒斯（Neelie Kroes）针对第21条指出："无论是我们需要保护媒体的多样性还是保护金融制度的稳定性，合并条例第21条，为保护真正的战略部门提供了空间。""管制总是需要的。"②

美国反垄断立法尽管无类似的明确规定，但其对产业部门（例如劳工）的立法豁免，体现了产业政策的优先性。同时，决定美国反垄断法适用的司法判例，进一步协调和平衡反垄断法与产业管制的关系。总的来说，"政府管制处，反垄断靠边站"。③ 美国最高法院在2004年的Trinko案件中，表明了其对管制与反垄断关系的态度："必须仔细考虑普遍存在的联邦和州对产业管制这一特征。对其适用的管制行业的不同的经济和法律架构，反垄断分析必须敏感地承认和反映。""特别重要的一个因素是存在旨在阻碍和救济反竞争损害的管制结构。当存在这样的管制结构时，反垄断执法对竞争提供的额外利益趋小，预期反垄断法进行这种额外审查不尽合理。相反，在没有承担反垄断功能的管制机制的情况下，反垄断的利益使反垄断的相当不便物有所值……类似本案存在的管制框架证明，在某些情形中，管制极大降低了重大垄断损害的可能性。"④ "一言以蔽之，管制是反垄断

---

① *EC Merger Regulation*, Article 21, para.4.

② Neelie Kroes, *Competitiveness-the Common Goal of Competition and Industrial Policies*, Address at the Aspen Institute, Paris, 18 April 2008, http://europa.eu/rapid/pressReleasesAction.do?reference=SPEECH/08/207&format=HTML&aged=0&language=EN&guiLanguage=en, last visited 10 November 2009.

③ Herbert Hovenkamp, *The Antitrust Enterprise; Principle and Execution*, Harvard University Press 2005, p.227.

④ VerizonCommunications Inc., *Petitioner v. Law Offices of Curtis V. Trinko*, LLP, 540 US 398 (2004), at 411-412.

职能的有效监护人。"[1] "1996 年《电讯法》比反垄断法更雄心勃勃，它想消除 AT&T 当地分销商承继者享有的垄断；相反，《谢尔曼法》第 2 节只想阻止非法垄断。将这两个目标混同是严重错误的。《谢尔曼法》确实是自由企业的宪章，但当某种其他方法可能产生更大的竞争时，它并没有给予法官广泛的裁量权，要求垄断者改变其经营方式。"[2]

反垄断法与产业政策和管制的上述关系，自然在经营者集中救济制度中得到体现。这一点在英国体现得最为明显。英国竞争委员会直接将管制和行为建议作为一类救济措施。适用于某一市场的法律管制或行为可能直接禁止准入或限制市场结果。在这种情形下，竞争委员会有必要向政府或其他控制机构提出建议，改变管制要求，帮助解决重大削弱竞争问题，或控制合并的不利影响。正如美国法院所言，反垄断执法机构并非在所有市场都有广泛的有效的执法权限，来处理竞争问题。在英国也是如此。在英国竞争委员会缺乏管辖权实施有效的救济时，向政府其他部门提出建议，是一种比较适当的措施。[3] 英国公平交易局在对合并进行评估时，通常总是与管制部门进行磋商。在涉及公共利益案件时，国务大臣通过发布"公共利益干预书"的方式，进行干预。国务大臣可以据以干预合并案件的公共利益理由包括：国家安全，包括公共安全；报纸准确表达新闻和自由表达观点的需求；在合理和可行范围内，报上观点足够多样性的需求；媒体控制人员多样性的需求；高质量、多品味的广播的需要；从事、控制媒体事业的人员的需求；维持金融制度稳定的需求。[4]

3.6 透明和可预期性

世界各国普遍采取经营者集中申报制度。审查机构如何审查和评估，对经营者集中具有直接的重大的影响。因此，程序公正、透明，做法一致，成为对经营者集中审查的要求，也是对经营者集中救济的要求。国际竞争网合并工作组建议，经营者集中救济应遵循透明和连贯原则。在选择、设计和实施救济措施时，透明和一致原则，在产生公正结果、赋予结果合法性方面，具有重要意义；同时在优化救济的有效性方面也具有意义。[5]

---

① Verizon Communications Inc., *Petitioner v. Law Offices of Curtis V. Trinko*, LLP, 540 US 398 (2004), at 413.

② Verizon Communications Inc., *Petitioner v. Law Offices of Curtis V. Trinko*, LLP, 540 US 398 (2004), at 415.

③ See *UK Remedies Guidelines*, para.1.23.

④ Office of Fair Trading (UK), *Mergers; Jurisdictional and Procedural Guidance*, June 2009, paras.9.1, 9.4, and 9.5.

⑤ *ICN Merger Remedies Review Project*, p.5.

根据国际竞争网合并工作组的建议报告，“透明”意味着个案决定救济中的原则和主要问题对合并方清晰、易于了解，在适当时对其竞争者和客户也是如此；这些原则对个案的具体适用，在合并审查程序中应得以明确的解释。适当时，审查机构应对救济的有效性与第三方和客户进行磋商。救济做法的“一致性”，对公司决定和预期提供了可靠的基础。当然，透明并不意味着披露保密信息。有关国家在救济程序中都规定了保护商业信息的规则。

4 救济措施类型

经营者集中救济，旨在通过救济措施消除或减轻经营者集中对市场竞争带来的损害。不同类型的经营者集中，不同情形下的经营者集中，不同产业的经营者集中，不同市场的经营者集中，不同管制框架下的经营者集中，引起的竞争问题是不同的。这些问题可能是横向的竞争者之间的问题（横向合并），也可能是纵向的非竞争者之间的问题（纵向合并），或者是混合问题（混合合并）。同时，从反竞争效果理论看，不同的经营者集中引起的反竞争效果可能是单方效果，也可能是协调效果或混合效果。根据经营者集中引起的不同竞争问题和不同反竞争效果，对症下药，采取不同的有针对性的救济措施，是反垄断执法当局的主导思想。了解救济措施的不同类型及各自特点，是设计和实施救济措施的基础。各法域的执法机构，均基于本法域的法律框架和法律制度以及自己的执法经验，在其救济措施的设计和实施中，形成自己的特色。

根据不同的标准，可以对救济措施进行不同的分类。救济措施根据实施的时间，可以分为先行救济、临时救济和最终救济。根据救济内容是否涉及市场结构的变化，可以分为结构性救济、行为性救济和混合救济。根据救济所涉及的具体内容，可以分为资产剥离（包括营业转让）、技术许可、基础设施准入、核心人员转移等。根据救济所针对的竞争效果，可以分为横向性救济、纵向性救济和混合救济。其中，在纵向性救济中，又可进一步分为上游救济和下游救济。针对拟实施的经营者集中和已实施的经营者集中，可供选择的救济类型和力度存在很大差异，后者的选择很少，多是解散合并、退出资产或股份以及罚款。从严格意义上说，禁止合并也是对造成阻碍或削弱竞争效果的合并的一种救济，但由于禁止合并不涉及具体而又复杂的救济方案的设计、选择和实施，因而不是我们的研究对象。

4.1 结构性救济和行为性救济

在救济的所有分类中，结构性救济和行为性救济是最基本的分类。这种分类的根据是救济改变市场主体还是限制市场主体行为。“合并救济有两种基本形式，一种解决市场结构，一种解决合并企业的行为。”① 这一基本分类是由经营者集中制度本身决定的。与垄断协议和滥用市场支配地位不同，经营者集中制度关注的是因经营者集中而引起的市场结构的变化，该变化可能影响市场竞争。例如，市场中仅有的两个经营者的合并，对市场竞争的影响显而易见。在反垄断法理论中，所谓哈佛学派和芝加哥学派的分歧，主要集中于市场结构的作用问题，而后芝加哥学派的贡献在于更合理、更全面地看待市场结构与企业行为之间的关系。同时，市场结构上的救济是根本的，救济条件更明确、更确定，其效果是长期性的，夸张地说是一劳永逸的，实施成本也低。而行为性救济主要是对市场主体行为的控制，救济行为具有持续性特点，监管难度大、实施期限长、监督成本高。行为性救济的效果在一定程度上还取决于市场中其他企业的行为。垄断协议和滥用市场支配地位主要都是市场主体行为的问题，其解决措施也主要从行为入手。

结构性救济是一种通称。资产剥离是结构性救济的最常用方式，有时用“资产剥离”或“剥离承诺”这样的名称来代替结构性救济这一说法。国内有学者称为“业务剥离”。② 根据国际竞争网合并工作组的《合并救济审查报告》，“资产剥离，通过向新的市场参与者出售营业或资产的方式创造一个新的竞争来源，或者通过向独立于合并方的现有市场参与者出售的方式强化现有的竞争来源，寻求维护合并后相关市场内的竞争”。③ 欧共体将结构性救济分为资产剥离和其他结构性救济两类。其他结构性救济包括核心基础设施的非歧视准入或核心投入的非歧视准入。④ 欧盟竞争局《合并救济研究报告》使用了“资

---

① *US DOJ Remedies Guide*，p.7.

② 吴振国：《〈中华人民共和国反垄断法〉解读》，人民法院出版社 2007 年版，第 497 页。我国《反垄断法》在法律责任一章中，对违反反垄断法规定实施集中的法律责任，除废止实施集中外，还规定了“处分股份或资产”、“转让营业”等形式。此处的“处分股份或资产、转让营业”都属于我们所说的“资产剥离”的组成部分。

③ *ICN Merger Remedies Review Project*，para.3.8.

④ *EC Remedies Notice 2008*，para.17.

产剥离承诺”这一称谓。“资产剥离承诺”是转让市场地位（market position）的承诺和退出合营企业（或企业联合体）的承诺。而“转让”（transfer）则指卖方向买方实际移交剥离营业的资产，这一移交通常在剥离资产的法律上的所有权转让之后进行。①

从法律意义上说，行为包括作为和不作为、积极行为和消极行为、授权性行为和禁止性行为，还包括授权性行为与结果控制行为。而市场主体的经营行为或竞争行为又是多种多样的。因此，行为性救济的具体类型比较多。例如，提供基础设施的准入、供应关键投入、许可知识产权、提供兼容性信息、提供技术帮助、提供客户名单、提供核心人员等，都属于积极行为性救济；禁止签署排他性合同、禁止搭售、禁止再次引诱雇佣已经为竞争者雇佣的人员、禁止提高价格、禁止数量限制等，都属于消极行为性救济。

上述提供基础设施的准入、供应关键投入等，都属于授权性行为救济或授权条款；而控制价格、控制数量等，都属于结果控制。这样的分类，为解决经营者集中效果评估所发现的具体竞争问题，提供了方便。

由于认识角度或侧重点不同，各国对救济的具体分类并不相同。加拿大竞争当局将救济分为结构性救济、准结构性救济、混合救济和单纯行为救济。其准结构性救济是指对市场具有结构性影响的措施。例如，降低市场准入壁垒、提供必要的基础设施或核心技术，或者促进准入或扩张等。② 这些措施，根据另外一些国家的标准，实际上属于行为救济的范围。

相对于行为性救济，结构性救济（资产剥离）被普遍视为优先救济选择。各国执法机构都表达了这一观点。美国最高法院曾多次指出，“剥离一直被称为反垄断救济中最重要的救济。它简单、确定、易于管理。当裁定违反了克莱顿法第 7 条时，剥离总是出现在法官的头脑中”。“剥离是最适用于纠正反竞争合并罪恶的救济”，“剥离在合并案件中特别适当”。③ 企业合并救济的目的是为了恢复有效竞争，一劳永逸地解决合并所引起的竞争问题，因此，企业合并救济的本质在于建立能够恢复有效竞争的市场结构，而不在于约束合并方不采取妨碍竞争的行为，因而能够构成企事业合并救济的都是结构性措施，而非行为规范。它的直接表现是创造新的竞争者或方便新的竞争者的产生。从另一角度说，合并主管部门不想过多地干预企业的行为。“救济的速度、确定性、成本和功效，是潜在

① *EC Remedies Study*，Annex 1；Glossary of terms.

② *CA Remedies Bulletin*，para.42.

③ *Du Pont*，366 U.S. 330；*California v. American Stores Co.*，495 U.S. 271（1990）；*Ford Motor Co. v. United States*，405 U.S. 562（1972）. See David Balto，Lessons from the Clinton Administration；The Evolution Approach to Merger Remedies，69 *Geo. Wash. L. Rev.* 952（2001）

效力的重要方面。由于结构性救济相对彻底、确定，并且通常能够避免政府对市场的产生成本的干预，结构性救济优先于行为性救济。”① 结构性救济还被认为是从源头上解决竞争问题。“竞争是企业间长期赢得客户的动态对抗过程。通过重新确立无合并时预期的市场结构的救济来保存这一对抗过程，可以从源头上解决不利影响。这样的救济通常优先于试图控制企业行为的措施。”② “救济承诺的基本目标是确保竞争的市场结构。因此，原则上，结构性的承诺，例如出售业务单位，从合并控制条例的目标看，应优先选择，因为这类承诺能够长久地制止合并可能产生的竞争问题，同时不要求中长期监督措施。当然这并不自动排除其他类型的承诺也可能制止重大削弱竞争。”③ 鉴于结构性救济与行为性救济的不同效果，在使用结构性救济不可行或需要补充结构性救济时，才使用行为性救济。

许多反垄断执法机构都对行为性救济表达了担心和不安，认为风险高、成本大、充满很大的不确定性。美国司法部认为，与结构性救济相比，行为性救济具有四种潜在成本：第一，与监督合并企业的活动、确保合并企业遵守和解令相关的直接成本；第二，与合并企业遵守救济条文但规避救济“精神”的努力相关的间接成本；第三，行为救济可能潜在地限制促进竞争的行为，例如非歧视这样的要求；第四，即使有效，管制企业未来行为可能阻止对市场变化作出有效的反应。④

英国竞争委员会优先选择结构性救济的原因有三：第一，结构性救济通过恢复竞争对抗，可能从源头上直接和综合地处理重大削弱竞争及不利影响；第二，行为性救济对重大削弱竞争及其不利影响不具有有效的影响，可能产生市场结果的扭曲、产生重大成本；第三，结构性救济，一旦实施，通常不要求监督和执行。⑤ 英国竞争委员会认为行为性救济存在四种具体风险：第一，不具体性风险，行为的形式难以明确界定，例如“公平合理准入”要求；第二，规避风险；第三，扭曲风险，可能导致市场扭曲；第四，监督和执行风险。⑥ 只有在满足下述一个或多个条件时，英国竞争委员会才会考虑将行为性救济作为主要选择对象：第一，剥离或禁止不可行，或可行的结构性救济的相关成本远远超出了重大削弱竞争的不利影响的规模；第二，由于专利或排他性合同的剩余时

---

① *US DOJ Remedies Guide*，p.8.

② *UK Remedies Guidelines*，para.1.8.

③ *EC Remedies Notice 2008*，para.15.

④ *US DOJ Remedies Guide*，pp.8–9.

⑤ *UK Remedies Guidelines*，para.2.14.

⑥ *UK Remedies Guidelines*，*para*.4.2.

间有限，预期重大削弱竞争的持续时间较短（即 2~3 年）；第三，与合并的不利影响相比，相关的客户利益重大，这些利益基本可以通过行为性救济而非结构性救济得以保存。而在选择行为性救济时，优先选择准入性救济和消除障碍性救济，而不是结果控制性救济。①

根据英国竞争委员会救济指南对授权性措施的规定，一些行为性救济主要是通过消除竞争障碍或刺激潜在竞争来促进竞争。这类措施包括阻止合并方限制接触客户。这些措施可以限制合并方要求其客户签署长期合同或排他性合同的能力，限制制造客户转换成本的能力以及捆绑和搭售特定产品的能力。其中，在纵向合并的情形下，如果合并方控制其他企业进行有效竞争所需要的核心设施或投入，授权性措施可以包括：规范设施和产品的使用及定价，包括合并企业承诺在设施和投入方面对自己和竞争者一视同仁；限制合并企业使用竞争者应用合并企业的设施或产品而产生的保密信息（防火墙）。②

规定最高价格、供应承诺和服务水平承诺，控制或限制企业集中过程的结果，是一种特定类型的行为性救济，英国竞争委员会称之为控制结果的行为性救济。其目的是控制合并所产生的不利结果，而不是解决重大削弱竞争的根源。③ 控制结果的行为救济存在着明显的不利之处：第一，控制标准的界定存在困难，例如价格的规定；第二，直接改变市场本身的信号传导机制，产生重大的市场扭曲；第三，易于被规避；第四，监督和执行成本高。④

由于行为性救济是一种持续性措施，该救济的期限也是重要的考虑因素。

由于行为性救济具有上述诸多的风险与不足，在一些国家或法域中，行为性救济是作为一种例外来实施的。例如，欧共体委员会认为，与未来行为有关的救济承诺，只有在非常特定的情形下才能作为例外接受。特别是，不提高价格的承诺，降低产品范围或消除品牌的行为救济，通常不会消除横向重叠引起的竞争问题。只有其可行性得到有效实施和监督的充分保障，才能例外性地接受这类救济。⑤ 加拿大竞争当局对单纯的行为救济持保留态度。"竞争局极少接受单纯的行为救济。难以设计能够充分再现竞争市场结果的行为救济。即使能够以清楚、可靠的条款设计行为救济，与结构救济相比，其有效性

① *UK Remedies Guidelines*，paras.2.16–17.

② *UK Remedies Guidelines*，paras.2.8–10.

③ *UK Remedies Guidelines*，para.2.11.

④ *UK Remedies Guidelines*，para.4.30.

⑤ *EC Remedies Notice 2008*，para.17.

差、实施困难大。”“只有足以消除合并所产生的竞争的重大削弱，且无适当的合并救济时，才可能接受单纯的行为救济。”① 美国司法部救济指南认为，只有在有限的情形下，才接受行为性救济。这些情形包括：需要行为性救济促进向结构性解决办法的转变，或支持具有竞争性的结构性解决办法，如为使结构性救济有效，合并企业需要变更其行为；完全禁止合并可能会牺牲重大效率，而结构性救济亦会牺牲这样的效率，可结构性救济不可行。无论哪些情况，行为性救济的成本必须是可接受的。② 行为性救济是结构性救济的辅助措施，帮助实现结构性救济。如短期供应合同，对合并企业重新雇佣原人员的暂时限制。长期性的行为救济包括对具有某种特点的购买方的反垄断豁免。③ 据美国司法部反垄断局的统计，在 1993 年 10 月到 2003 年 9 月间，反垄断局提起的 113 个合并案件中，只有不到 10 个案件仅采取行为性救济而无任何结构性救济，且大多数案件处于受管制的通讯行业和国防行业。④

□ **案例：维利奥收购案⑤**

2000 年 3 月，维利奥提出申报，拟购并 MP 和 AM 两公司的合作奶业的奶业务。在芬兰，维利奥是多种奶制品的市场领先者，具有范围最广的奶制品产品。在并购前，芬兰竞争局已经调查认定维利奥滥用液体奶产品的市场支配地位，芬兰竞争局的这一决定得到了最高行政法院的维持。

合作奶业具有芬兰竞争局颁发的豁免令，允许在其产品的营销方面进行合作。乳品业遇到了经济困难，不能再向其牛奶生产商支付竞争性价格，这导致牛奶生产商离开作为并购目标的乳品业。并购方在并购申报中提出了退出企业抗辩，但为芬兰竞争委员会所拒绝，因为其已经查明的事实是，乳品业的困难主要是由于其在液体奶产品市场中进攻性的定价策略引起的。芬兰竞争局还查明，维利奥不是对相关乳品业感兴趣的唯一经营者，其他潜在的买主可能形成对竞争损害小的集中。

合并双方在一些市场中存在业务重叠，包括：(1) 从牛奶生产商购买和收集原料奶。(2) 对其他食品生产商销售原料奶。(3) 标准化奶。(4) 脱脂奶。(5) 液体奶产品（奶，酸奶，冰激凌，全脂酸奶）。(6) 奶粉。

---

① *CA Remedies Bulletin*，para.49.

② *US DOJ Remedies Guide*，p.18.

③ *US DOJ Remedies Guide*，pp.18–20.

④ *US DOJ Remedies Guide*，footnote 29，p.20.

⑤ *ICN Merger Remedies Review Project*，June 2005，Appendix F.

对竞争损害的认定

在从牛奶生产商收购原料奶的市场上，集中度已经达到了市场份额的75%~85%。维利奥已经拥有市场支配地位，并购将进一步加强这一地位。同时，芬兰的牛奶生产已经超出了奶制品需求的20%。一些市场经营者声称，维利奥的竞争者在获取足够的原料奶方面存在重大的困难。这一主张由下述事实得到证明：维利奥在原料奶采购中的市场份额超过了其在加工产品中的市场份额，维利奥的出口比例高于其竞争者的比例。

在原料奶向其他乳品业和食品生产商的销售市场中，维利奥集中的市场份额为30%~40%。一些第三方认为，其市场份额或许更高。维利奥似乎没有动机向其竞争者销售原料奶，因为存在将剩余奶加工成黄油和奶粉出口的可能性。其他乳品业不具备提高原料奶供应的能力，它们自己在采购足够的原料奶方面存在困难。市场上的集中被认为达到了市场支配地位。

在标准奶、脱脂奶和冰激凌（这些被用作食品产业的原材料）的市场上，也发现维利奥存在市场支配地位。由于竞争者在原料奶采购中的弱势，竞争者也不存在对维利奥市场力量的约束。

液体奶产品被认为是相关的产品市场，因为对食物零售商来说，拥有所有类型的液体奶产品（奶、酸奶、冰激凌、全脂酸奶）是销售所必需的。在这里，维利奥具有60%~65%的市场份额，而被并购乳品企业占有10%~15%的市场份额。竞争者或进口商在这一市场上几乎不存在对维利奥的市场约束。维利奥已经拥有的市场支配地位通过这一购并而得到加强。

在奶粉市场，维利奥也被认定存在市场支配地位。虽然奶粉的交易是国际交易，但由于食品的国内产地标签规则的要求，国内奶粉市场是一个单独市场。这些规则规定，为了对食品和半成品食品适用标签，生产中使用的牛奶必须是国内生产的。因而，想使用国产产品的食品生产商，受到了购买国产奶粉的限制。

救济选择和设计中的问题

提出合适的救济措施的责任在集中的通知方。在收到通知方提出的救济建议后，芬兰竞争局通过征求第三方的意见，对拟采取的救济措施的有效性进行了调查。

芬兰竞争局采用了范围很广的一揽子救济措施，其中大部分措施在性质上是行为性救济，但另外一些措施是结构性救济。这些救济包括：（1）维利奥的竞争者每年可从维利奥购买最多可达1.5亿升的原料奶，也可以购买脱脂奶、标准奶或冰激凌。

原料奶的销售价格等于维利奥自己的奶业的平均购买价格。（2）维利奥向其竞争者出售 AM 拥有的“Aito”和“Into”品牌。（3）维利奥根据市场价格合理地以差别性出口成本购买第 1 项提及的原料奶或加工产品。（4）维利奥同意许诺销售处于关闭威胁的生产工厂或相关设备，不作任何使用上的限制。（5）维利奥同意向其竞争者提供物流服务。（6）维利奥须为第 1 项提及的产品提供正常的奶加工和包装服务。（7）维利奥同意以欧盟地区的市场价格，向国内客户出售其生产的所有一般国内奶粉的品牌。（8）任命芬兰竞争局批准的独立专家监督承诺的实施。独立专家应对可能存在的冲突提出解决建议。

使用罕见的一揽子承诺的理由是，禁止集中或通常的结构性条件，不能达到预期的竞争效果。因为，不可能通过荷兰竞争局的决定来影响哪些牛奶生产商愿意向哪些乳品业提供牛奶。禁止这一交易可能导致牛奶生产商转而供应维利奥，因而对作为并购对象的合作企业的牛奶供应造成了重大短缺。

实施和执行问题

这一一揽子救济措施，很好说明了实施广泛的一揽子条件的困难和灵活解释这些条件的必要性。

条件 1 没有规定在需求超过 1.5 亿升时如何处理。这一问题对牛奶市场的运作产生了相当大的实际影响。

对于条件 2，当不存在对品牌感兴趣的买方时，芬兰竞争局有义务决定如何处理。芬兰竞争局改变了其决定，取消了出售品牌的条件，但同时命令维利奥也不能使用这些品牌。

条件 4 中出售关闭的生产设施的要求，在维利奥不拥有关闭设施但作为租用方控制这些设施时，需要进行解释。芬兰竞争局也需要考虑面临关闭威胁的生产线转让的可能性。

对于条件 6，芬兰竞争局必须就正常加工是否涉及高温处理奶的生产提出建议。

维利奥案件表明，广泛的持续性的一揽子承诺，容易导致解释的问题，竞争当局似乎应紧密控制条件的实施。

但需要指出的是，已经任命了受托人解决解释中的问题，其建议足以解决已经产生的分歧，但芬兰竞争局并未指令专家最终解决解释所引起的分歧。

2004 年维利奥从合作企业 M 购买了奶酪制造业务。这一购并含有一项约定，根据这一约定，M 企业应向维利奥出售其从牛奶生产商处收购的所有原料奶。2004

年10月8日，芬兰竞争局批准了这一集中，但也附加了条件。前述售给竞争者的1.5亿升原料奶的最高配额，提高到3.5亿升。对于该提高的数额，前述第3个和第6个条件同样适用。

经验与教训

在某些情形中，并不可能采取结构性救济。例如，所有的竞争者最终都宣布它们对购并需要剥离的业务没有兴趣。

芬兰竞争局也不想禁止这一合并，因为禁止的可能结果是牛奶生产商都转向维利奥。通过附条件的批准合并，芬兰竞争局希望保证进行竞争的奶制品生产商能够获取原料奶供应。禁止合并不可能做到这一点。

任命受托人证明是非常有效的。他的建议足以解决产生的分歧。芬兰竞争局并没有指令专家最终解决解释问题引起的分歧，因为这最终是执行芬兰竞争局行政决定的问题，芬兰竞争局不能将这些权力转让他人。

集中所附条件采取了一揽子的形式，这是很重要的。上述所说的任何单一条件本身都不能取得预期的效果。

根据美国司法部的救济指南，最常用的单纯行为救济形式有防火墙、公平交易、透明规定等。①

防火墙旨在防止企业内部信息泄露。信息泄露可能导致反竞争的共谋行为。与防火墙有关的问题是防火墙条款设计、该条款执行的监督，其不利之处可能破坏合并企业旨在取得的效率。因此，美国司法部反垄断局的做法中，使用防火墙是一种例外，而不是规则，在横向合并中最不常用（合并企业合作的风险大），在某些国防产业或纵向合并中，偶尔使用。②

公平交易条款既有潜在的好处也有潜在的害处。公平交易条款包括平等机会、平等努力和非歧视。非歧视要求可能会引发根据不同成本采取不同定价是否正当的复杂问题。不经过仔细分析，不应使用公平交易条款。③

美国反垄断局偶尔也会在纵向合并中使用透明条款作为唯一的行为救济。该条款通常要求合并企业向管制当局提供本不要求提供的某些信息。例如，通信行业提供收费信息。其理论是，额外的信息会帮助管制机构扼制企业采取规避管理的行为。但透明条款与其

① *US DOJ Remedies Guide*，p.22.

② *US DOJ Remedies Guide*，p.22.

③ *US DOJ Remedies Guide*，p.24.

他管理条款存在同样的问题。第一，难以设计不易被规避的条款；第二，它要求反垄断局教育管制者充分认识额外信息的重要性，并确保审查这样的信息；第三，要求反垄断局和法院花费相当的资源监督和执行这样的条款。由于这些原因，透明条款极少使用。①

其他类型的行为救济包括按竞争规则设立的合营企业（competitive-rule joint ventures，CRJV）、非竞争条款、长期供应合同、限制重新雇佣稀缺人员资产等。②

□ **案例：澳大利亚影院广告案**③

澳大利亚电影广告产业经过整合与退出后，2002 年只有一家全国性的经营者，拥有电视和媒体公司的瓦尔摩根。2002 年 12 月计划合并时，瓦尔摩根通过排他性广告合同，几乎控制了澳大利亚的全部影院广告。

影院广告涉及影院屏幕播放的广告的采购、生产、投放和展期。电影广告是影院广告的主要形式，比较典型的是按州谈判或全国性谈判达成的，而幻灯片广告仅限于当地地域。

影院广告者向广告代理人出售广告位置（电影屏幕和休息大厅广告）。影院放映商从影院广告者收取租金（通常根据长期合同谈判达成）。屏幕租金代表了影院放映商收入的相当大的一部分，独立放映商尤其如此。

2002 年 9 月，电视和媒体公司遇到了财务困难，试图与放映商重新就合同进行谈判。三家主要的放映商——霍伊茨、大联盟和乡村剧院（购并放映商）与澳大利亚竞争与消费者委员会（以下称澳大利亚竞争委员会）进行接触。这些放映商建议联合从电视和媒体公司买下影院广告业务。

就整个数额来说，这三家购并放映商控制或拥有全国影院屏幕 60% 的利益，经营大量的影院合营企业，并在影院电影经销中拥有利益。这三家购并放映商通过其合营企业，建议拥有和控制合同，调整支配其自己的以及其竞争者的广告权利和收入。

竞争损害的认定

在进行了仔细的调查和广泛的磋商后，澳大利亚竞争委员会得出结论，认为拟实施的并购将重大削弱竞争，理由如下：第一，主要放映商在多个影院放映的区域市场拥有市场力量；第二，主要放映商具有重大的纵向利益（包括在电影经销中的

---

① *US DOJ Remedies Guide*，p.25.

② *US DOJ Remedies Guide*，p.26.

③ *ICN Merger Remedies Review Project*，June 2005，Appendix C.

利益）和横向安排（影院合营企业和其他密切关系，包括相互间的部分所有权）；第三，拟实施的购并很可能提高影院产业中的纵向一体化水平，提高进入壁垒、损害独立放映商的利益；第四，只要主要放映商仍然受到控制，且与瓦尔摩根有效地联系在一起，在影院广告中出现新的进入者是非常不可能的；第五，拟实施的并购实施后，主要放映商作为瓦尔摩根的客户能够使自己拥有优惠条件，而损害独立放映商；第六，通过拥有瓦尔摩根，三个购并放映商对独立竞争者取得了重大力量，并且通过这一力量将拥有利用这一力量的能力和动机，使独立放映商处于不利地位。

与救济的选择和设计相关的问题

澳大利亚竞争委员会考虑的一个主要因素是，影院广告收入对影院产业竞争的财务影响。瓦尔摩根作为唯一的全国性影院广告服务的提供者，与澳大利亚的三家主要影院联营企业签订广告合同。它与主要放映商以及很多独立放映商谈判达成了对放映商比较有利的合同，由此导致的结果是很多放映商更依赖于影院广告收入作为主要的收入来源。

然而，影院广告收入是不可持续的，到2002年止瓦尔摩根财务上已经不能支付其合同债务，且处于严重困境中。人们意识到这样的风险：允许瓦尔摩根的业务失败可能会使影院广告业作为一个有活力的媒体长期陷入风险中，因为广告者可能转向其他媒体而不再返回影院媒体。

其他产业参与者或第三方救助该业务，依赖于其对现有合同重新谈判的能力。然而，主要放映商及其他放映商都不愿意单方面利用其自己的资源这样做。瓦尔摩根向更广的广告产业和金融市场所提出的建议，由于普遍认识到的困难而没有取得共识。然而，如果可以在与购并瓦尔摩根业务并恢复其活力的三个主要放映商联合的基础上进行，主要放映商愿意对现有的安排进行重新谈判，并承担业务后果。

澳大利亚竞争委员会认定，任何救济都需要通过下述方式解决其竞争关注及市场参与者的关注：提供重大保护，防止对独立放映商的歧视；提供瓦尔摩根与独立放映商之间的有关广告协议的争端解决机制，尤其是在缺乏广告权利的替代性买方时；解决影院放映产业对竞争问题的更广泛的关注，尤其是对纵向一体化、电影经销和有利于三家主要放映商的合营企业安排相关的关注。

2002年12月，澳大利亚竞争委员会接受了三家购并放映商提出的承诺。承诺包括：第一，两家放映商在购并后的18个月内剥离在瓦尔摩根的利益。剥离期限公开，在剥离前通知购并方的身份。第二，剥离时对瓦尔摩根与剥离放映商间的现有合同期限给予时间限制。这些合同的期限不能超过剥离后12个月。第三，对独立放映商提供有保证的服务和最低合同期限，净收入分配基本上相当于50：50。对于电影广告，承诺允许分级制度，以适应不同的影院对广告者的吸引力。分级根据地域进行。第四，对电影广告分配的保护。首先，瓦尔摩根承担继续根据购并前使用的原则分配电影广告收入的一般性义务。作为一个安全阀，在承诺的每一财政年度，支付给独立放映商电影广告收入的比例，至少应是2001—2002财政年度支付给它们的比例。第五，在承诺的头6个月内，独立放映商能够选择解除与瓦尔摩根的合同。独立放映商能够在任何时候与瓦尔摩根签署合同。第六，方便瓦尔摩根和独立放映商解决它们之间的合同和其他争议的争端解决程序。第七，对于审计和执行条款，向澳大利亚竞争委员会提供重大和详细的信息，使其监督和执行承诺的实施。独立放映商也有权对支付给它们的收入进行独立审计。第八，剥离前瓦尔摩根和剥离放映商之间的合同失效前（剥离后12个月），承诺一直有效。

澳大利亚竞争委员会的基本意图是，确保在规定的时间框架内克服购并的结构性问题，使澳大利亚竞争委员会的竞争关注降到最小，同时允许购并放映商有足够的时间使瓦尔摩根恢复活力。另外，承诺应保护产业中的经营者免于购并可能产生的任何潜在的反竞争偏袒。

主要放映商作为瓦尔摩根的共同所有人/经营者和与其他客户竞争的客户，主要结构性要求（剥离和有限的合同期限），被认为是限制二者之间利益冲突的方法。对两家主要放映商的参与限制，意在保持这样的一种可能性：一段时间之后，至少有两家主要放映商能够自由地与影院广告的新进入者签订合同。

旨在管制购并放映商行为的行为性承诺，在结构性解决办法实施之前，对所有的市场经营者提供一种确定性：它们将获得瓦尔摩根的公平的、一视同仁的对待。

实施争端解决程序

虽然澳大利亚竞争委员会预料到具体合同争议的可能性，但认为其没有时间、资源或专家来对这些问题做出裁定。相反，它接受了规定一般程序的争端解决条款，指明了相关的专家，并规定了程序和结果的效力。

争端解决程序的形式，要求在现有合同失效前30天内发出通知，或者无现有合同时，在最初请求的30天内发出通知。一旦接到通知，当事人必须根据承诺附表中规定的争端解决原则，做出决定。这些争端解决原则包括：（1）争端方在7日内选定一个具有适当资格的独立专家。（2）通知争端方在20日内向专家书面提供相关的细节。提交的材料副本应向对方提供，对方在收到后的10日内作出答复。(3)专家向争端的任何一方合理要求提供信息、帮助或合作，所有争端方必须遵循这种要求。专家有权确定争端的所有问题，包括从独立放映商获得展出电影广告的权利所依据的条款。(4)除非另有约定，专家必须在通知后的40个营业日内作出决定。这一决定可以追溯适用，但不得早于承诺开始日。专家必须作为专家而不是仲裁员行为。(5)争端方承诺遵循专家作出的决定，并根据该决定取得和提供展出影院广告的权利。决定及使用的所有信息和其他材料，当事人应予以保密。

经验和教训总结

纵向合并中使用结构性救济和行为性救济。一般来说，澳大利亚委员会更倾向于具有确定性结果的结构性救济。类似剥离这样的结构性救济具有时间的确定性，并且具有永久性效果，能够减轻合并后的集中度，并保留了新进入者进入的可能性。然而，在本案的情形中，有必要采取行为性救济来补充结构性措施，以防止对纵向合并外的经营者进行歧视。

使用行为性救济。这样的救济在范围上仅限于具体的行为，具有可指明的结果和确定的时间框架，针对具体的竞争关注实施，不阻碍更大的市场发展。

使用争端解决程序。争端解决救济的设计，应确保共同的框架和充分的信息来源，以便大多数的问题得以以最低的成本解决。这要求从调解到仲裁逐步升级，在详细的程序与有效的实际实施之间达到平衡。

4.2 混合救济与知识产权许可

经营者集中救济基本类型分为结构性救济、行为性救济和混合救济。混合救济则指二者的结合，即同时含有资产剥离和行为性救济的救济。在这种情形下，行为性救济能够对资产剥离起到补充的作用，从而使资产剥离更加有效。例如，短期供应协议、技术援助、放弃限制客户的条款，等等。严格意义上说，资产剥离也是由许多措施组成的，除了资产出售这一核心救济外，围绕这一核心的还有一些其他措施，例如保持待剥离资产不受破坏这一措施也是行为性的，只不过其属于同一结构性救济措施而已。

欧共体委员会2001年救济指南中特别指出了一揽子救济，其实质是混合救济。由于特定集中在许多市场中引起的竞争问题的特殊性，当事人可能只能提供包括剥离救济和促进市场准入的其他救济在内的一揽子救济。这种一揽子救济，对救济通讯和媒体部门的集中所产生的具体排斥问题，是适当的。另外，主要影响一个产品市场的交易中，只有包括其他多种承诺在内的一揽子救济，才能够在总体上解决救济特定集中所提出的竞争问题。①

知识产权是资产的组成部分。与一般资产通常采取出售而非租赁不同，知识产权的权利人一般通过许可方式而非卖断方式获取利益，不会放弃知识产权的所有人身份。因此，知识产权这种资产的使用、处理方式具有自己的特点，从而导致与知识产权有关的救济不同于一般资产的救济。知识产权救济既可能是结构性救济，也可能是行为性救济，依具体案件情形而定。“知识产权的完全出售也可构成结构性救济。它通常被认为是业务剥离的特殊形式。另外，知识产权的许可使用既可以构成结构性救济，也可以构成行为性救济。其中的关键问题是知识产权许可使用后，许可人和被许可人之间是否存在实质性联系，其联系的程度有多大。”② 由于知识产权的资产属性，由于知识产权的独特性，在涉及知识产权的救济时，可能出现混合性救济的特征，而非纯粹的资产剥离或单纯的行为救济。

根据英国竞争委员会发布的救济准则，结构性救济包括资产剥离和直接禁止以及可能的知识产权救济；行为救济包括了授权条款和结果控制以及可能的知识产权救济。③ 知识产权救济成为兼具结构性救济和行为性救济特色的救济形式。因而可以说，知识产权救济是一种特殊形式的资产剥离。④

欧盟采取的救济措施主要分为三大类：资产剥离、消除与竞争者的联系和其他救济。资产剥离主要是将独立的有竞争力的业务出售给合适的买主，形成新的竞争源。资产剥离也可以用于消除合并方与竞争者之间的联系，例如退出合营企业。不退出企业但放弃在合营企业中董事会的代表权、放弃否决权和寻求信息的权利，也可成为救济的选项。终止与竞争者之间存在的经销协议、供应协议等，可消除与竞争者的联系。其他救济主要指非结构性救济的行为救济，如核心基础设施准入或关键投入物的供应、长期的排他性合同变更等。⑤

美国执法机构过去对接受诸如许可和供应合并这样的救济有些担心，坚持“硬资产”

---

① *EC Remedies Notice 2001.*

② 吴振国：《〈中华人民共和国反垄断法〉解读》，人民法院出版社 2007 年版，第 497 页。另参见国际竞争网合并工作组《合并救济审查报告》第 3.18 段。

③ *UK Remedies Guidelines*，p.9.

④ *UK Remedies Guidelines*，para.2.7.

⑤ *EC Remedies Notice 2008*，paras.58–61.

（hard assets）（如工厂或办公室）的剥离。其一直存在的主要担心是，这样的救济易于受到当事人的操纵，通常要求合并方与收购方之间保持持续的联系，不像剥离救济那样有效。然而，随着以新技术为代表的新经济的来临，许可安排（可能导致部分结构性救济）、供应协议以及其他诸如防火墙和非歧视的行为性救济方式，逐渐多了起来。在今天的经济中，某些产业中的竞争可能完全依赖于这样的合同安排，不需要太多的剥离。

4.3 先行救济、临时救济和最终救济

这一分类主要是基于实施救济的时间而作出的分类。调查过程中采取的救济措施为先行救济或临时救济，调查结束后实施的救济为最终救济。美国、英国、加拿大、澳大利亚，主要采取法院主导的反垄断执法制度。反垄断执法机关不具有处分权，而是通过向法院提起诉讼的方式，通过法院发布裁决、命令，对违反反垄断法的行为进行规范。对于可能引起反竞争效果的合并，反垄断执法机关可以以不提起诉讼为条件，要求合并当事人修改合并方案。在行政部门主导执法的国家中，反垄断执法机关亦存在类似的做法：在做出正式决定之前，要求合并方修改其合并方案，采取相应的救济措施。

美国反垄断局在审查救济的充分性时，主要考虑它能否恢复因合并而丧失的竞争。在某些情况下，修改措施就可以解决竞争性关注；在另外一些情况下，反垄断局认为向法院提起诉讼、获得法院的和解令是必要的。先行救济，① 是交易方重新设计本来存在问题的交易结构，不需要提起司法申诉、获得和解而解决反垄断局的竞争性关注的一种救济。当适当的救济是明晰的结构性变化时，例如出售资产，先行救济优于和解令。当需要非结构性救济时，或者存在时间性关注且当事人不能及时指定买主或要出售的资产时，和解令更优越些。如果不能清楚分割需要剥离的资产，例如要求技术许可的救济或涉及其他知识产权问题的救济，和解令也可能更好些。在这样的情况下，反垄断局需要实施伴随和解令的协议。② 美国反垄断局的这一做法是与反垄断局是一执法机构相联系的，是否禁止合并由法院最终决定。当然，如果合并当事人以解决了反垄断局的竞争性关注的方式对其交易做出变更，反垄断局不会指控不再违反法律的交易。

① fix-it-first remedy.

② R. Hewitt Pate, *Antitrust Enforcement at the DOJ—Issues in Merger Investigations and Litigation*, December 10, 2002, http://www.justice.gov/atr/public/speeches/200868.htm, last visited 10 November 2009.

美国法律框架下的和解令（a consent decree），是美国司法部反垄断局与被告签订的有约束力的协议，和解令向联邦地区法院备案、登记，成为有约束力的法院令（court order）。先行救济，是合并方在实施合并前修改或完善交易以消除竞争关注。在先行救济的情况下，既没有原告，也无法院登记。① 先行救济恢复合并前的竞争，消除了诉讼的必要性，允许反垄断局更有效地利用其资源，节省成本。先行救济可以提供更大的灵活性，设计适当的剥离方案。由于不同的购买者可能需要不同的资产，先行救济允许针对特定的购买方量身定做。与此相反，和解令须指明所有的资产，提供任何潜在的购买方。② 但救济需要监督时，不接受先行救济。③

根据欧共体合并条例，表明合并重大削弱竞争是欧盟委员会的责任。欧盟委员会将其对竞争问题的关注传达给合并方，允许它们提出适当的、相应的救济方案。而合并方则需要提出承诺，欧盟委员会不能单方决定批准合并所附加的条件，只能在合并方提出的承诺基础上做出这样的决定。欧盟委员会对合并方提出的救济承诺提出初步意见。但如果合并方不能有效地提出足以消除竞争关注问题的救济方案，欧盟委员会唯一的选择是禁止合并。④ 需要时，欧共体委员会也接受预购者或先行救济安排。⑤

在执法机关发布有条件批准的决定之后、合并方实施合并之前，即在实施救济措施的这一期限内，需要对拟剥离的资产、知识产权、人员等采取保护措施，防止资产或人才的流失或资产贬值。这些保护措施有助于保证最终救济措施的实施，如同法院对相关财产采取的临时保全措施，以保证法院判决获得执行一样。相关的救济措施研究报告表明，临时救济的充分运用对于保障救济的有效性具有重要的作用。

最终救济是相对临时措施和先行救济而言的，指合并方提出的、执法机构批准的、在执法机构决定后实施的救济。大多数的救济都是这种最终救济。

4.4 对政府主管部门的建议

英国竞争委员会发布的救济准则中，其救济类型除了各法域均包括的结构性救济和

① *US DOJ Remedies Guide*，p.1.

② *US DOJ Remedies Guide*，p.27.

③ *US DOJ Remedies Guide*，p.28.

④ *EC Remedies Notice 2008*，para.6.

⑤ *EC Remedies Notice 2008*，paras.53–57.

行为性救济之外，还包括向有关部门提出管制和行为建议。[①] “在得出相关合并重大削弱竞争的结论后，需要考虑并决定是否采取措施救济、减轻或阻止竞争的重大削弱或其他不利后果。竞争委员会还需要决定是否由自己采取这样的措施，或者建议其他部门（如政府、管制部门或其他公共部门）采取类似的措施。”[②] 例如，修改准入条件或许可条件，等等。对管制部门提出管制建议，构成了英国经营者集中救济的重要特色。这突出表明了反垄断执法与产业政策的互补关系以及反垄断执法部门与其他政府部门间的合作关系。这也体现了救济措施与产业政策协调的要求。“通常，只有在竞争委员会自己无权实施有效救济时，才使用建议措施。”[③] 根据英国竞争委员会的这一准则，反垄断执法部门提出建议，由管制部门最终决定是否按建议采取措施，而反垄断执法部门在提出建议之前，也会同管制部门磋商。在涉及准入许可的管制行业，例如电信、电力行业，反垄断执法部门通常缺乏对行业进行结构性变革的权限。

但英国竞争当局向其他主管部门提出建议的次数并不多。在 Draeger 购并 Hill-Rom 的案件中，涉及婴儿保暖用品。英国竞争委员会希望采取一项提高受影响市场功能的救济措施，而不是只解决不利效果的救济措施。它试图通过向英国卫生部及其采购单位提出建议，加强买方的购买力和促进市场进入，来实现这一目的。英国竞争委员会提出的建议包括：第一，通过确立一系列的框架性协议，来提高卫生部采购部门的买方力量。包括规定最高价格、各采购单位的信息分享等。第二，调查英国市场的潜在进入者，这些企业的英国市场份额，尤其是提供潜在的英国经销者的信息。第三，促进相关利益者网络的发展，允许专业协会、诊所和采购部门间分享信息。这些建议与卫生部门及其机构采取的方法是一致的。英国卫生部门投入了很多的时间和努力来实施英国竞争委员会的建议，基本上采纳了竞争委员会提出的所有建议。在初始阶段，取得了较好的效果。但卫生部门经过内部职能部门重组后，实施竞争委员会建议的职责变得模糊不清。英国竞争委员会在对该案救济措施的实施结果的调查后认为，在对其他政府机构提出建议时，有必要对其他机构的实施情况进行持续性监督。相关部门职责的变化，对旨在促进市场进入和现有企业扩张的活动产生了不利影响。由于竞争当局没有特定义务监督其他政府部门的活动，这种建议需要进一步的交流和追踪，以取得持续的有

① *UK Remedies Guidelines*，para.2.12.

② *UK Remedies Guidelines*，para.1.7.

③ *UK Remedies Guidelines*，para.2.18.

利效果。[①]

英国法中的这一救济模式，对中国很有借鉴意义。一方面，中国反垄断法中存在反垄断执法机关的建议制度。中国反垄断法规定了禁止滥用行政权力排除、限制竞争的制度，滥用行政权力实施排除、限制竞争行为的，反垄断执法机构可以向有关机关提出依法处理的建议。这一建议制度尽管仅适用于行政垄断，但这种建议做法可以扩大适用。另一方面，中国反垄断法明确规定了反垄断法与行业管理的关系，反垄断执法机构的竞争建议是落实这一关系的方式之一。中国《反垄断法》第4条规定了宏观调控下的竞争、有序的市场体系，第7条规定了行业管理制度。这些规定指出了反垄断法制与行业管理的关系，凸显了二者之间的互补性。因此，即使在非行政垄断的案件中，反垄断执法机构向主管部门提出处理建议，也是反垄断法的立法目的和精神所许可的。

□ **案例：森特利卡购并能动**[②]

2003年2月，森特利卡购并能动公司的交易移交给英国竞争委员会。此时已经完成合并。

森特利卡成立于1997年，是英国天然气公司拆分后形成的两公司之一，拆分后形成的另一公司是BG。森特利卡负责供应英国天然气公司的居民用户和森特利卡的商业客户的天然气和电力。这一交易的被并购对象能动公司是美国的一家公司，该公司于2001年购并了BG的ROUGH的天然气存储设施。作为购并能动公司的交易的一部分，森特利卡也一起购并了ROUGH。

ROUGH是英国迄今最大的天然气存储设施，占英国天然气存储能力的76%，很大程度上代表了英国天然气产业的机动性来源，对冬天的国内市场尤其重要。

竞争委员会关注合并会进一步促进森特利卡的纵向一体化。它可能意味着森特利卡具有其他任何经营者无可匹敌的综合实力（portfolio），包括上游生产、天然气存储、国内零售、工业和商业的天然气供应。

竞争委员会审查了森特利卡是否会使用这一强化地位推动天然气批发价格上涨，将这一批发价格的上涨转移给国内消费者，或者通过限制自己的国内价格挤压下游竞争者的利润幅度。竞争委员会的审查结论是，虽然森特利卡可能有这样做的

① *UK Merger Remedies Case Study*，pp.45–55.

② Competition Commission（UK）. *Understanding Past Merger Remedies: Report on Case Study Research*，updated August 2008，Appendix.

能力，但因为相对于成本和涉及的风险，这样做的潜在收益很小，因而其不存在这样做的强烈动机。竞争委员会也指出，如森特利卡被认为操纵市场，其名誉会受到重大伤害。

森特利卡拥有ROUGH，可能对公共利益有利，因为从经营经验、商誉和财力上看都是已知量，而其他可能的替代则是不确定的。但预期产生的对公共利益的损害可能超过这一利益。尤其是，森特利卡会在客户获取ROUGH的能源方面，对客户实施歧视；自己使用从ROUGH经营中获取的敏感信息；不披露有关ROUGH的经营信息；在推销ROUGH的产品方面创新性不足；对开发ROUGH的产能投资不够。

救济措施的选择与设计

竞争委员会建议采取一揽子的行为性救济。这些救济措施包括：对ROUGH的客户采取非歧视的条件；在天然气年度开始之前，以无保留价拍卖ROUGH的所有剩余产能；限制森特利卡自己使用ROUGH天然气的存量，第1年为20%（略低于合并前的使用水平），以后每年降低1%，最后达到15%的最低额；与集团的其他部分独立进行存储经营；促进二级市场的开发；按年度合同至少提供ROUGH的20%产能。

这些承诺的执行，由森特利卡的审计委员会进行独立审查，该委员会向公平交易局和电力市场办公室（Ofgem）提交年度报告。

竞争委员会对剥离救济进行了审查。在审查快要结束时，电力市场办公室采取了支持剥离的立场。但是，这一支持似乎反映了电力市场办公室对森特利卡操纵天然气批发市场价格的能力和动机的关注，而这一点并不属于竞争委员会认定的不利影响。其他各方很少一致同意剥离措施。竞争委员会承认，剥离是一种可行的救济，存在可能的购买者；但竞争委员会意识到下述风险：剥离可能引发声誉比森特利卡差的经营者拥有核心战略资产这样的可能性。竞争委员会的最终结论认为，由于已经认定的不利影响可以通过行为性救济得到有效的解决，这些不利影响不能提供剥离资产的正当理由。但竞争委员会同时指出，如果森特利卡不愿意全面实施整个行为性救济承诺，剥离资产仍然是一种可能的救济措施。

在审查行为性救济承诺时，竞争委员会考虑了下述事实：ROUGH以前曾承诺不对客户采取歧视做法。它还注意到，有关森特利卡自用的ROUGH存储量的承诺，能够比较容易地得到监督。能动公司拥有ROUGH时，一直存在着分离体制，且该体制受到法定承诺的支持，这一事实对行为性救济这一设想也提供了支持。

竞争委员会报告发布后的进展

公平交易局建议国务秘书，要求森特利卡提供比较广泛的行为性救济。公平交易局指出，有效实施竞争委员会建议的救济存在相当大的挑战，竞争委员会认为剥离仍然存在着可能性。2003 年 8 月初，国务秘书接受了公平交易局的建议，要求公平交易局在 12 月 1 日前获得行为性承诺，如果公平交易局不能获得行为性承诺，将考虑其他救济，包括结构性救济。在国务秘书接受公平交易局建议的同一天，电力市场办公室举行新闻发布会，表示其打算提高对森特利卡批发业务的审查，以确保其没有滥用市场力量。在事后的案例调研时，森特利卡表示，在整个最终承诺的谈判过程中，其充分认识到剥离的威胁，如果未能就可以接受的行为性承诺达成协议，将可能采取剥离救济。森特利卡提出其在考虑这些难以全面运行的多种承诺时（例如有关某些共享服务），这一威胁一直起着重要作用。

行为性救济承诺的谈判，在某种程度上是三方谈判，不仅涉及公平交易局和森特利卡，还涉及电力市场办公室。电力市场办公室的参与，有助于公平交易局了解市场，尤其是由于电力市场办公室在监督执行方面起关键作用，其参与更加适当。2004 年 11 月底，国务秘书接受了承诺。竞争委员会提出的 20 个相互联系的行为限制，构成了长达 130 页的法律文件的组成部分，其中一半涉及标准存储合同。由于已经获得了行为性承诺，重新考虑剥离救济变得没有必要。

根据承诺条款，森特利卡向公平交易局和电力市场办公室提交报告，详细说明对 ROUGH 的投入和撤出、产能销售、断供和库存报告。与电力市场办公室每季度面谈一次，讨论相关问题。电力市场办公室深入审查这些报告，对这些报告进行评估。电力市场办公室工作人员还发挥组织性作用，将更广的专业知识带入到监督职责的改造当中。

2005 年电力市场办公室收到的产能报告显示，与竞争委员会调查时相比，ROUGH 的产能提高了 5%。这表明，通过限制森特利卡对 ROUGH 产能的利用，承诺成功地鼓励森特利卡对 ROUGH 的新产能进行投资。

产能销售报告有助于电力市场办公室确保 ROUGH 的适当营销，且该营销符合对第三方准入的承诺。库存报告显示谁在 ROUGH 存储天然气，使电力市场办公室能够看出森特利卡销售产能的速度和效率，在撤出之前是否出售了 100% 的产能，森特利卡是否对其客户进行歧视。在经营失败的报告中，应包括每 15 分钟的断供情况。它必须区别计划断供和非计划断供，并且在非计划断供的情况下，必须说明采取了什么样的救济性措施。重大断供必须同时通报所有客户，在电力市场办公室不能确定是否通报客户时，将监督森特利卡在断供时的交易活动。

在实施承诺的结构隔离条款时，森特利卡制定了公司整个范围的执行计划。隔离双方都任命了执行官员，这些执行官员向审计委员会提交报告。森特利卡的外部审计师 KPMG 对执行报告进行季度审计。每一年终时，审计委员会向其董事会提交执行的年度报告，再由董事会向公平交易局和电力市场办公室提交。与森特利卡存储有限公司（ROUGH 的所有者）打交道的森特利卡的所有雇员，每一季度必须确认执行了规定的准则。共享服务部门的管理人员也必须提交季度报告，确认其工作人员遵循了有关规则。总之，每年大约有 2 500 名雇员被要求确认执行了行为准则。另外，森特利卡还定期通过邮件提醒工作人员的执行义务，公司内部网上还发布文章，强调森特利卡执行承诺的重要性。

在进行案例调研时，森特利卡指出，将审计委员会置于执行结构的顶端，为这一程序提供了额外的权威，使执行更加严格，因为管理人员必须说服委员会中的独立董事相信他们执行了承诺。森特利卡指出，森特利卡的执行模式，被欧盟委员会采纳为管制天然气储存的最佳做法。森特利卡估计，制定这一执行计划耗费约 200 万英镑，每年的成本约 25 万到 35 万英镑。森特利卡还指出了执行承诺的无形成本，结构隔离是比隔离墙（Chinese Wall）更严格的“铁幕”（Iron Curtain），森特利卡存储有限公司的雇员被建议不能觉得自己是整个业务的一部分。森特利卡最近的重组计划使得有必要对承诺作出变更。竞争委员会于 2006 年 4 月接受了变更后的承诺。

案例调研的被采访人员，包括森特利卡的客户和竞争者，都没有反映森特利卡不执行承诺。电力市场办公室和公平交易局也没有森特利卡不执行承诺的证据。

经验与教训

紧急救济选择方案的存在，对于确保合并方实施救济是非常重要的。这样的选择方案，可以包括通过执行令来执行救济，或实施比最初的救济方案更严厉的后备性救济（back-up remedy）。合并当事人不太愿意接受的“后备性救济”的存在，对使合并当事人注意提供合适的承诺、制定它们更愿意的救济计划，非常有用。

如果在设计行为性救济时给予充分考虑，尤其是如果进行积极的知情监督，行为性救济也会发生效力。

如果对隔离墙的功能给予充分的优先考虑，并且通过有效的外部审计予以支持，隔离墙措施的使用会非常有效。为了确保其有效性，企业告知其工作人员存在隔离墙这一要求、明确哪些该做哪些不该做，对那些违反要求的人（通过内部纪律程序）确立有效的制裁机制，是必要的。

当涉及产业的管制者时，尤其是当管制者参与监督救济的实施时，管制者在谈判阶段就参与进来是非常有利的。但另外，谈判中增加了谈判者的数量，使谈判的复杂性增加。管制者参与持续性监督是一个有利条件。首先，管制者拥有相关专长，能够更好地监督执行情况；其次，企业与管制者之间存在持续性的、多重的关系，为企业执行承诺提供了刺激。

企业的审计委员会签署报告，可以为执行报告提供一个有力的约束。委员会中非执行董事的义务及其独立性，意味着在将执行报告提交给管理当局之前他们能够对执行报告提供有用的内部审查。

对于已经确立了执行文化、具有实施执行计划的内部能力的企业来说，确保有效执行行为性救济，是比较容易的。较大的企业似乎比较小的企业更可能具备这一能力。被管制的企业比不被管制的企业似乎更可能具备这一能力。

竞争委员会将救济执行移交给公平交易局的一个风险，是公平交易局可能不太理解竞争委员会在调查时碰到的问题。谈判中的合并方可能重新提出在竞争委员会调查过程中提出的主张。另一风险是，由于谈判时与公平交易局重新进行谈判，谈判的时间会更长、也可能更缺乏效率。

5 经营者集中的评估标准及反竞争效果理论

5.1 经营者集中的竞争效果评估标准

反竞争效果的确定，是采取救济措施的前提条件。违反合并控制法，是经营者集中救济的基本前提和条件，也是采取救济措施的唯一正当理由。各国的经营者集中救济规则对此有规定。"(经营者集中的)救济应解决已认定的拟实施合并所产生的竞争损害。"① "竞争法合并分析的目的,是认定、阻止或救济可能重大损害竞争的那些合并。"② "救济应以合理的法律和经济原则为基础,与认定的竞争损害密切相关。"③ "在拟实施的合并、竞争损害的性质和拟采取的救济措施之间,必须存在重大的联系。"④ 只有存在相信违反反垄断法的合理依据时，才能接受救济。美国救济指南将这一规定视为其救济指南的第一原则。⑤ "在经营者集中重大削弱有效竞争时,合并方可以寻求修改集中方案,以便解决相关竞争问题并获得执法机构的批准。" ⑥

如何衡量经营者集中产生的反竞争效果，经营者集中产生的反竞争效果达到什么样的标准有可能被禁止，各国反垄断法的具体表述不同，但标准基本是统一的，这就是"重

① *ICN Recommended Practices for Merger Notification Procedures*, XI Remedies.

② *ICN Recommended Practices for Merger Analysis*, Principle I.

③ *US DOJ Remedies Guide*, p.1.

④ *US DOJ Remedies Guide*, p.2.

⑤ *US DOJ Remedies Guide*, p.3.

⑥ *EC Remedies Notice 2008*, para.5.

大削弱竞争”。①

对合并竞争效果的实质审查标准，2004年之前基本上存在两种，一种以欧共体的市场支配地位为代表，一种以美国的重大削弱竞争为典型。2004年欧共体发布新的合并控制条例之后，欧共体基本上采取了重大削弱竞争标准，从而全球基本上实现了企业合并审查的实体标准的统一。但无论采取什么具体标准，都需要界定市场、确立市场份额，根据相应的效果理论，结合对其他因素的审查，如进入条件、效率、公共利益等，对合并的竞争效果进行总体的综合评估。

5.1.1 美国的实质审查标准

美国对合并实质审查的标准规定于1950年《克莱顿法》的第7条。1950年修订该条之前，该法第7条规定如下：从事商业的任何公司，都不得直接或间接获取同样从事商业的另一公司的全部或部分股份或其他股票资本，该获取的结果可能重大削弱被获取方和获取方之间的竞争，或限制任何区域或社区的商业，或者可能造成任何产品的垄断。修改后，第7条规定如下：从事商业的任何公司，都不得直接或间接获取同样从事商业的另一公司的全部或部分股份或其他股票资本，以及联邦贸易委员会享有管辖权的任何公司不得获得同样从事商业的另一公司的全部或部分资产，该获取的结果对全国任何区域某一产品可能重大削弱竞争，或者可能造成垄断。

该修订的第一个方面，是弥补了以前立法存在的漏洞，使《克莱顿法》第7条不仅调整股份的收购，也调整资产的收购。这一修订被认为是克莱顿法的重要修订。同时，我们还注意到，这次修订还包括了合并效果的评估范围，遭受合并重大削弱的不再仅仅局限于收购方与被收购方的竞争，而是某一地理范围内某一产品的竞争。② 这一修订直接影响到合并效果的评估。1980年的修订将上述规定的“公司”换成了“人”，从而更加扩大了该条的适用范围。

---

① 中国《反垄断法》的措辞略有不同。第28条规定：“经营者集中具有或者可能具有排除、限制竞争效果的，国务院反垄断执法机构应当作出禁止经营者集中的决定。但是，经营者能够证明该集中对竞争产生的有利影响明显大于不利影响，或者符合社会公共利益的，国务院反垄断执法机构可以作出对经营者集中不予禁止的决定。”该法第29条进一步规定了附条件批准的情形：“对不予禁止的经营者集中，国务院反垄断执法机构可以决定附加减少集中对竞争产生不利影响的限制性条件。”

② 某一地理区域某一产品，原文为 in any line of commerce in any section of the country。此为1950年修订新加内容。克莱顿法现有条文使用 in any line of commerce or in any activity affecting commerce in any section of the country。我国现有的译文基本译为“任何商业领域或影响任何部门商业的活动”（黄勇，董灵：《反垄断法经典判例解析》，人民法院出版社2002年版，第487页）；有的译文根本没有译出这一用语。查美国司法部1968年合并指南，以 line of commerce 来解释 product dimension。根据合并控制审查的目标与步骤，产品市场和地理市场的确定是最核心部分，受合并影响的也是某一地理市场内的产品市场。因此，笔者个人认为，我国以前的译法没有准确地反映出原意。

但美国合并控制的实体标准一直没有变化：无论是哪一种并购，只要其效果可能重大削弱竞争，就予以禁止。这一标准被称为重大削弱竞争标准（substantially lessen competition，SLC）。

布朗鞋案是克莱顿法修订后美国最高法院审理的第一个合并案件，也是美国最重要的合并案件之一。[①] 在该案中，美国最高法院对克莱顿法的修订目的进行了详细的考查。法院认为，通过删除原来条文中的"收购和被收购"用语，国会希望明确，第7条不仅适用于实际竞争者的合并，也适用于其效果可能重大削弱任何区域内任何产品竞争的纵向和混合合并。整个来看，立法史表明，国会关注的是保护竞争而非保护竞争者，国会希望限制的只是可能削弱竞争的合并。国会在寻求工具制止具有能够证明的反竞争效果的所有合并的同时，承认具体合并会产生竞争刺激。该法不阻止小企业之间的合并，也不阻止财务良好的公司与破产公司之间的合并。从描述相关地理市场的原有条文中删除"社区"一词，也再次证明国会希望表明，其关注的是合并对经济上重要区域的竞争的不利影响。

在具体标准上，国会拒绝对合并案件适用法院根据谢尔曼法判断合法性的标准，这一标准最初也曾适用于合并案件；国会认为这一标准对于此处寻求解决的问题来说是不合适的。此处的意图，是对谢尔曼法上的竞争损害效果得到证明之前的初始垄断倾向进行扼制。赋予在削弱竞争的趋势还处于初始状态时即制止合并的权力，是消除国会视为经济集中高潮壁垒的基石。国会认为集中过程是一个动态力量，国会希望保证联邦贸易委员会和法院拥有在这一力量刚刚开始并且在其获得势头之前就予以消除的权力。参议院报告明确表明，《克莱顿法》第7条旨在谢尔曼法范围之外打击初始状态时的垄断和贸易限制。这一主题在国会审议修正案时得以重申，并在最终的文本中得以体现。收购股份或资产，具有累积性效果，对市场的控制可能不是通过某一单个交易获得的，而是通过一系列的交易获得的。当合并的效果重大削弱竞争动力时，议案旨在允许干预这样的累积过程。

国会没有具体采纳也没有具体拒绝衡量相关市场的某种特定标准，无论是根据产品，还是根据地理区域，都可以来判断合并的反竞争效果。同样，国会亦没有就销售量、资产量、市场份额或性质对"重大"一词给出定义，来衡量竞争效果。众议院报告中指明了议案中包括的两种非法标准：合并是否重大削弱竞争，或者倾向造成垄断。判

① *Brown Shoe Co., Inc. v. United States*, 370 U.S.294 (1962).

断是否会造成这样的效果，可以通过类似消除企业全部或部分竞争活动的裁定来理解；收购公司的相对规模提高到这样的水平，其对竞争者的优势具有决定作用的威胁，竞争企业的“不当”数量的成员被消除，或者相关市场中的买方和卖方确立了剥夺其对手公平竞争机会的关系。上述以一般用语表示的每一标准，都反映出有意避开绝对的算术式标准。

虽然国会没有具体界定数量或定性标准，以便执法机构用以判断某一特定合并的效果以确定其是否重大削弱竞争或倾向垄断，但国会明确表明必须在产业背景下对合并进行功能性评估。即合并所发生的产业是分散还是集中，该产业最近是否存在少数领先企业获得支配地位的趋势，竞争公司是否仍然共同占有市场份额，该产业中供应商是否容易进入市场，买方是否容易接触供应商，或者业务是否被封锁，该产业中新竞争能否充分进入，或是否对潜在竞争者树立障碍，所有这些，尽管其重要性在不同的案件中会有所不同，但都应当适当考虑。

在 1950 年克莱顿法修正案通过后，联邦贸易委员会和法院，根据国会的意图，都承认经济数据的相关性和重要性，这使产业框架中审查的每一合并几乎都是独特的。反映产业中领先企业的市场份额以及合并方的市场份额的统计数据，是市场支配力的首要指标，但只有对市场的进一步审查（其结构、历史及将来可能的发展），才能对判断合并可能的反竞争效果提供适当的环境。

国会使用“可能重大削弱竞争”一词，表明其关注的是可能性，而不是确定性。最后的参议院报告明确：使用这些词（“maybe”），意味着议案（如获通过）不适用于很小的可能性而只适用于合理程度上的可能性（reasonable probability）。该词语自 1914 年以来一直存在于第 7 条中。这些词语所表达的合理可能性的概念，是寻求在初始时、还没有发展全面的违反谢尔曼法的限制前制止限制的立法的必要因素。在合并案件中要求竞争损害的确定性和实际性，与通过制止初始状态的限制来补充谢尔曼法的努力，是不符的。

通过美国最高法院的上述分析，我们可以得出下述几点。第一，克莱顿法与谢尔曼法是相互补充的，克莱顿法用于弥补谢尔曼法所没有包括的事项。第二，《克莱顿法》第 7 条的标准，比谢尔曼法的门槛低，它要求在反竞争效果处于初始状态时进行制止，在这个时候还不能据谢尔曼法发起程序。第三，《克莱顿法》第 7 条的适用条件，并不以合并的反竞争效果的实际实现为前提，其适用建立在对将来事件的预期上，这就不可避免地涉及判断的主观性。第四，反竞争效果的可能性，只是合理可能性，并不要求其必然实现。

布朗鞋案的重要性还在于，它指出了评估合并的反竞争效果的考虑因素。这构成了现代合并法效果评估的重要起点，对评估反竞争效果提供了指导。另外，它本身存在的缺陷刺激了更为合理的效果评估方法的发展。该案在效率方面采取的保守态度，逐渐被抛弃。

美国最高法院在布朗鞋案中指出了合并控制的标准及具体分析因素，但没有提供合并控制评估的分析框架。由于合并分析方法的这一不足，美国司法部于 1968 年制定了首部合并指南，用于指导对合并效果的评估。经过 1982 年、1984 年、1992 年以及 1997 年修订，合并指南成为美国联邦贸易委员会、司法部、企业甚至法院所使用的指导指南。

根据 1968 年合并指南，市场结构是司法部合并控制政策的核心，因为企业在市场中的行为受到市场结构的控制。司法部对《克莱顿法》第 7 条的执法，主要是保存和促进有利于竞争的市场结构，确定和阻止通过现在或最终鼓励、允许非竞争行为的方式改变市场结构的合并。① 该指南分别就横向合并、纵向合并和混合合并的评估作出了规定。

1982 年合并指南的基本思想，是不允许造成或促进市场支配力量或促进该力量的行使。该指南指出了单个企业的垄断和多个企业的协调问题。市场份额仍然起重要的指标作用。② 1984 年合并指南对效率部分进行了修改。

1992 年合并指南的结构形式发生了变化，该指南强调其目的是提供确定合并是否重大削弱竞争的分析框架。1997 年合并指南替换了 1992 年合并指南中的"效率"部分，其他部分没有变化。1997 年合并评估指南包括下述六个部分：目的、基本政策假定及概览，市场定义、衡量和集中，合并潜在的不利竞争效果，进入分析，效率，破产和退出资产。

5.1.2 欧共体的合并控制标准

欧共体合并控制法的制定晚于德国竞争法，受德国法的影响很大。在合并效果审查的实体标准方面也是如此。虽然欧共体现在的标准已经发生变化，但它没有彻底放弃以前的标准。因此，我们有必要先看一下德国的做法。③

5.1.2.1 德国

德国采用市场支配地位标准作为判断标准，并将市场支配地位分为单个企业的市场支配地位和少数企业的寡占市场支配地位两大类。④

① *US Merger Guidelines 1968*, para.2.

② *US Merger Guidelines 1982*, Part Ⅰ and Part Ⅱ.

③ 对德国的做法的介绍，主要基于截止于 2002 年的国际竞争网工作组报告中的材料：*ICN Subgroup Analytical Framework for Merger Review*, Contribution by the Bundeskartellamt, Germany, 29 April 2002。

④ *ICN Subgroup Analytical Framework for Merger Review* Contribution by the Bundeskartellamt, Germany, 29 April 2002.

单个企业的市场支配地位包括了三种类型。第一种是完全的独占，不存在其他的竞争者。第二种是不存在重大竞争限制。第三种是重大市场地位（paramount market position，市场优势地位）。[①] 第一种情形在实践中没有太大的意义，完全不存在竞争的情况是极少的。前两种情况确定缺乏竞争或缺乏重大竞争，而第三种情形则指对竞争的限制可能导致竞争在将来发展过程中处于停滞状态。合并控制中，第三种情况最有意义。

由于市场或企业相关的结构性因素，如果一个企业的活动范围没有受到其他竞争者的充分控制，就存在重大市场地位。如果受影响的市场中的竞争条件因合并而更差，则合并加强了重大市场地位。

市场份额构成了市场力量的基础。如果一个企业至少占有三分之一的市场份额，则推定该企业具有市场支配地位。除市场份额外，德国反对限制竞争法还规定了审查市场地位的其他评估因素：经济力量（financial power）、供应或销售市场的准入、与其他企业间的联系、其他企业进入市场的法律或事实障碍、在该法适用领域内外设立的企业的实际或潜在竞争、向其他商品或服务转移供应或需求的能力、市场对立力量诉诸其他企业的能力等。

寡占市场支配地位，指两个或更多的企业联合满足市场支配地位的条件，并且它们之间不存在重大的竞争，由这些企业共同享有市场支配地位。在评估寡占情形时，主要审查内外两个方面。首先是审查内部竞争条件是否利于反竞争的平行行为（parallel conduct）。在三个最大企业的情形下，整个市场份额高于50%，或者在五个最大企业的情况下，整个市场份额超过三分之二，推定寡占市场支配地位存在。市场份额和资源中的优势以及寡占企业与外部企业间的关联（interlock）或经济依赖性，构成了需要审查的外部条件。需要审查的其他因素，还包括市场透明度水平、产品同质性以及市场中实际的竞争性活动。

关于市场支配地位标准和重大削弱竞争标准，德国认为，没有必要考虑偏离现有的市场支配地位标准。原因主要有下述几个方面：

原则上，两个标准都指向同样的事实。它们只是从不同的方面分析问题。如果竞争被定义为缺乏重大市场力量，则市场支配地位标准集中于重大市场力量，而重大削弱竞争标准审查竞争的激烈程度。

但从这两个标准（test）的理论概念看，值得注意的区别是，市场支配地位标准界定

---

① 市场支配地位（dominant position）在程度上比市场优势地位（paramount market position）高或重。

了单个活动范围可能达到的上限，并在很大程度上依赖于以前确立的竞争程度。而重大削弱竞争标准则集中于竞争程度的变化率。根据这一定义，并且不考虑它们不同的推定基准和不同的具体化方法，在每一可能的群集（constelation）中，这两种标准都不能导致同样的结果。如果重大削弱竞争标准规定竞争程度只能达到某一比率才算降低，则该标准并不必然达到市场支配地位基准。重大削弱竞争的概念，为推定竞争当局应予处理降低到某一程度的削弱竞争提供了理由，即使该市场仅仅从极高竞争程度转为中度竞争程度，还没有达到危险的水平。

在这方面，卡特尔局的观点是，应优先采用市场支配地位标准。合并控制中，仅仅是竞争程度的降低，而没有造成市场支配地位，并不是引起关注的条件。在动态竞争过程中，竞争的不平衡以及竞争程度的波动是在不停地发生的。如果一个企业通过合并对其他企业享有的优势达到了剩余的竞争力量本身不再能够削弱这一力量的程度，这才是存在关注的唯一原因。这样的条件正好包括在市场支配地位标准中。如果仍存在重大竞争，即使这一竞争已不像以前那样激烈，但只要不存在市场支配地位，国家就没有理由处理竞争程度的降低。

然而，如果重大削弱竞争标准被定义为竞争降低到某一水平而不是降低到某一比率，两个标准间的主要区别就降低了。

这两个标准的理论基础，并没有对哪种标准更严格这一问题提供任何可靠的指导。这最终要依赖于不同的法律制度为界定该标准本身以及为确立市场分析中适用的审查标准而适用的具体标准（criteria）。卡特尔局进行的分析表明，不同国家的法律制度经常基于市场力量标准具体界定重大削弱竞争标准。这证明这两个概念实质上具有最终的相似性。在此情形下应注意到一种限制，即这一协调仅涉及相应的法律文本的措辞。虽然重大市场力量的定义也与其具有部分的相同性，但对做出具体决定时如何最终塑造这一特征，并不清楚。对于市场分析，很多国家的法律都指向以相同方式所规定的标准（市场份额、市场进入障碍等）。这些词语存在的不同解释，将可能导致对市场过程的不同的国际评估。对某些因素的基本的竞争推定（企业自我约束程度及市场行为推定，市场进入事实障碍的程度和持久性推定，潜在竞争的力量以及经济内部的动态过程推定等），都可以解释这些基本差别。另外，保护竞争的目的（保护自由、保护协调机制与达到某种市场结果）以及保护所依据的竞争理论的概念，具有极大的重要性。

5.1.2.2 欧共体的实体标准

《欧共体条约》含有垄断协议和滥用市场支配地位制度的规定，但无经营者集中制度的规定。1989 年 12 月欧共体通过了《企业合并控制条例》(MCR),[①] 正式确立了欧共体的合并控制制度。2004 年 1 月欧盟理事会制定了新的《企业合并控制条例》,[②] 取代了 1989 年的旧条例,也改变了旧条例所采用的效果标准。

1989 年合并条例中,欧共体采用的控制合并的实体标准,是以支配地位为基础的重大阻碍有效竞争标准,简称市场支配地位标准(dominant position)。1989 年欧共体《企业合并控制条例》第 2 条规定:"造成或加强市场支配地位、产生重大阻碍共同市场或共同市场主要部分竞争的合并,与欧共体市场不符。"该实体标准包括两个方面:第一,合并造成或加强市场支配地位;第二,其效果重大阻碍竞争。

如前所述,美国与其他许多国家对合并评估采用的是重大削弱竞争标准。在全球性合并面临多个竞争当局管辖的情况下,合并评估标准的协调与统一,成为关注的焦点。因此,在欧盟内部,有意见提出,欧盟应采用美国的合并评估标准,与美国、加拿大、澳大利亚等国实施的重大削弱竞争概念相协调。全球性标准的协调,有助于对竞争进行全球性评估,有助于促进竞争当局对多国范围内的案件进行有效合作,便于合并审查的国际合作。

2001 年年底,欧共体委员会发布了改革欧共体合并控制条例的绿皮书。[③] 但欧共体委员会认为,修改实体标准也存在某些缺陷。现有案例法是根据目前的支配地位标准建立的,如果修改实体标准,利害关系方在预测合并控制程序的可能结果时会面临更大的困难。另外一个重要情况是,大多数的成员国,包括申请加入欧盟的国家,都已经将其国内的合并控制规定与目前的欧共体的支配地位标准取得一致,因而除非国内规则也予以修改,否则改变欧共体的合并控制实体标准会出现国际协调而欧共体内部不一致的尴尬局面。委员会还指出,从实体方面看,欧共体的支配地位标准与美国的重大削弱竞争标准存在很多的相似之处。例如,两种标准都涉及调查相关市场的范围、对合并如何影响市场、被合并实体面临的竞争限制进行评估。尽管两个标准不同,但欧共体委员会处理的大多数案件与使用重大削弱竞争标准处理的案件表明,二者在合并分析方法上存在重大的一致性。自合并控制条例实施以来,支配地位概念的适用也在不断演变,不断适应经济理论的发展和衡量市场力量的经济工具的完善。现在的合并评估与 10 年前相比,

① *EC Merger Regulation 1989.*

② *EC Merger Regulation 2004.*

③ Commission of the European Communities, *Green Paper on the Review of Council Regulation* (EEC) No. 4064/89, Brussels, 11.12.2001, Com(2001) 745/6 final.

更少地依赖于模糊的不准确的市场份额标准。现有标准足以灵活地适应现有微观经济学工具、模式基础上的效果分析。

在对绿皮书发表的意见中，赞同改用重大削弱竞争标准的意见主要关注的是，在寡占情形下，尤其是合并企业无需协调而能够提高价格、行使市场支配力量的情况下，并不必然在市场中占有最大份额，现有的市场支配地位标准是否能够提供有效的控制。而欧盟委员会认为建议方案还具有另外的优点，除了保持大量的判例法依然有效外，还将合并控制条例中的市场支配地位定义与第 82 条中的滥用市场支配地位规定中的市场支配地位概念区别开来。2003 年 1 月欧共体颁布的新合并控制条例草案中，保留了支配市场地位标准，但增加了市场支配地位的定义，包括了寡占的情况。“对本条例而言，一个或多个企业，无论是否协调，拥有明显、重大影响竞争指数（尤其是价格、生产、产出质量、分销或创新）的经济力量，或明显封锁（foreclose）竞争的经济力量，这样的一个或多个企业被视为处于市场支配地位。”①

与此同时，欧共体委员会着手起草制定企业横向合并评估指南。公布的评估指南草案再次重申了 1989 年合并控制条例以及合并控制条例修订草案中坚持的实体标准：“只有在集中造成或加强市场支配地位，其结果重大阻碍共同市场或其重大部分中的有效竞争时，才宣布该集中与共同市场不符。”② 对合并的具体评估基本包括两个相互作用的部分：相关产品和地理市场的界定以及合并的竞争评估。竞争效果部分，包括了五个方面的因素：（1）在相关市场内，在缺乏抵消性因素的情况下，合并产生反竞争效果的可能性；（2）买方力量作为抵消合并造成的经济力量提高的因素行为的可能性；（3）相关市场中新企业进入维持有效竞争的可能性；（4）合并产生效率的可能性；（5）退出企业抗辩的条件。③ 可以看出，欧共体的合并分析框架与美国的合并指南中规定的分析框架基本是一致的。而欧共体委员会制定的指南，反映并进一步阐明了委员会所获得的经验和欧盟法院（包括初审法院）的判例。因而，可以认为，草案中表明的分析框架和方法代表了欧共体委员会的做法。

但是 2004 年颁布、适用欧共体《企业合并控制条例》在实体标准问题上，没有采纳委员会修订方案中提供的意见和条文。这实质上是否决了欧盟委员会一直坚持的不改变

① Commission, *Proposal for Council Regulation on the Control of Concentrations between Undertakings*, Article 2(2), OJ C 20/4, 28.1.2003.

② *EC Horizontal Mergers Appraisal Draft*, § 5.

③ *EC Horizontal Mergers Appraisal Draft*, § 7.

原有标准(至少是文字表述)的意见。新条例采取了"重大阻碍有效竞争"标准(significantly impede effective competition):"一项合并，如果重大阻碍共同市场或其主要部分的有效竞争，特别是由于产生或强化市场支配地位重大阻碍有效竞争，应宣布为与共同市场不符。"① 一项合并，如果没有重大阻碍共同市场或其主要部分的有效竞争，特别是没有因产生或强化市场支配地位重大阻碍有效竞争，应宣布为与共同市场相符。

欧共体合并条例的新标准，使支配地位标准成为该标准的一种适用情形，在范围和内涵上超出了原有的支配地位标准，具有了全新的内容。新标准并不以产生或强化支配地位为必然要件，从而根本改变了实体标准的构成。重大阻碍有效竞争的情形，包括了所有导致价格增长、选择减少或创新下降的反竞争的合并。为了保持法律的稳定性和预见性，新标准保存了原标准的支配地位要件，作为合并与共同市场不符的一种情形。新标准的表述形式，尽管文字上与美国等国家的重大削弱竞争标准不完全相同，但实质上是采纳了美国等国家的模式。

根据原合并条例，一项合并，如果产生或强化了市场支配地位，其结果重大阻碍了共同市场或其主要部分中的有效竞争，则应宣布为与共同市场不符。② 实际上，原合并条例中的实体标准，由两个并列要素构成：一个是支配地位，另一个是重大阻碍有效竞争。仅有支配地位的产生或强化这一要素，不足以得出合并与共同市场不符的结论。除支配地位这一要素外，还必须存在导致重大阻碍有效竞争的结果。因而，平常所说的支配地位标准，并非字面所表示的，仅仅由这一要素构成。但在实践中，经常把这一要素作为一个主要要件，而忽视了第二个要素的作用。另外，根据原标准，支配地位这一要素的存在，是裁定合并重大阻碍有效竞争的必要前提和基础。这就否决了不具有支配地位时阻碍有关竞争的情形。

欧盟 2004 年合并条例采用的合并评估的实体标准，是欧盟委员会以及欧盟认识不断深化的结果，特别是对竞争效果理论的认识不断深化的结果。这一点在《横向合并评估指南(草案)》和正式的《横向合并评估指南》中表现得最为明显。前者公布于 2002 年 12 月 31 日，在欧盟委员会公布合并条例的修订方案一个月之前。后者公布于 2004 年 2 月 5 日，在新合并条例正式公布之后。

在评估指南草案中，横向合并可能产生的反竞争效果包括三种情形：第一种是产生市场优势地位(a paramount market position)；第二种是寡头垄断市场中消除了其中一个

① *EC Merger Regulation*, Article 2(3).

② *EC Merger Regulation 1989*, Article 2(3).

竞争对手，从而消除了竞争限制；第三种是寡头垄断市场中改变了竞争性质，使原来没有协调行为的企业能够产生协调行为。① 这三种情形，其实质仍然没有跳出与支配地位相关的圈子。同时，市场优势地位这一概念，缺乏依据，且易产生法律的不确定性。

评估指南将可能重大阻碍竞争的反竞争效果分为两类：第一类是消除竞争限制，无需通过企业间的协调，该类称之为非协调效果；第二类是改变竞争性质，使原来没有协调行为的企业在合并后更有可能协调其行为，这一类称之为协调效果。② 非协调效果，具体可以表现为合并企业占有很大的市场份额，合并企业是激烈的竞争者，顾客转向其他供应商的可能性极小，如果价格提高竞争者不可能提高供应，合并后的实体能够阻碍竞争者扩大以及消除了重要的竞争力量，等等。在集中程度较高的市场中，合并使企业更容易协调，将价格维持在竞争水平之上，降低产量或分配市场。所有这些，都是阻碍有效竞争的行为。从反竞争效果的这一分类中，已经看不到支配地位的"幽灵"。

可以看出，欧盟合并条例采用的实体标准，是在继承以前经验基础上发展起来的，是一种承前启后、继往开来的标准。欧盟委员会负责竞争事务的委员多次强调，无论新标准的实际用语是什么，都要起到促进法律的确定性、维持现有判例的相关性的作用。③ 新标准中保持了"特别是由于产生或强化市场支配地位"这一要素，就是承前、继往的表现。同时，新标准并不仅仅局限于支配地位这一情况，甚至不以支配地位为基本必然要件，这又突出了启后、开来的特点。"与旧的'支配标准'相比，新标准的用语更直接集中于合并所产生的竞争效果，但通过保留支配地位这一概念，它没有忽视结构性因素在分析合并后的情形中的重要性。" ④

欧盟合并条例的新标准，是欧盟与其他国家、特别是美国不断交流、深化认识的结果，同时也是欧盟对新的经济发展阶段认识的结果。当欧共体采用市场支配地位标准时，美国有关方面表示了希望其采纳美国标准的态度。⑤ 欧盟委员会官员承认，发生在20世纪80年代的美国竞争政策的转变，在90年代后又发生在欧洲。新的合并条例包括了重

① *EC Horizontal Merger Appraisal Draft*, para.11.

② *EC Horizontal Merger Guidelines*, para.22.

③ Mario Monti, *EU Competition Policy after May 2004*, speech at Fordham Annual Conference on International Antitrust Law and Policy, 24 October 2003, http://europa.eu/rapid/pressReleasesAction.do?reference=SPEECH/03/489&format=HTML&aged=0&language=EN&guiLanguage=en, last visited 10 November 2009.

④ Mario Monti, *A Reformed Competition Policy: Achievements and Challenges for the Future*, speech at Center for European Reform, Brussels, 28 October 2004, http://europa.eu/rapid/pressReleasesAction.do?reference=SPEECH/04/477&format=HTML&aged=0&language=EN&guiLanguage=en, last visited 10 November 2009.

⑤ *Joint Submission of the ABA's Section of Antitrust Law and International Law and Practice on the Amendment to the European Community Merger Regulation*, February 28, 2003.

大阻碍有效竞争的所有合并。这一重新定位，包括了合理的经济分析，从经济观点看它是受欢迎的；同时也促进了与采用重大削弱竞争标准的国家的共识。“如果说两个制度以前曾经存在差距（a gap）的话，在 2004 年 5 月 1 日新条例实施之日起，这种差距就消失了。”① 欧盟这一解决方法，将不同的法律制度中的最好的实体标准结合进来，同时保存了现有的先例，包括委员会的决定和欧盟法院的判决。这一新标准，结束了过去长时期存在的就支配地位标准进行的讨论。

实际上，欧共体标准也好，美国标准也好，本质上没有区别，只是由于使用了不同的语言，才在表面上显得似乎使用了不同的标准。如前所述，欧共体标准实际上也包括在市场支配地位基础上阻碍竞争。而美国标准尽管只提重大削弱竞争，但实际上也是建立在市场支配力量的基础之上的。1992 年（包括 1997 年）合并指南明确指出：合并产生多种经济收益的来源，指南关注的焦点在于反托拉斯法关注的其中一个潜在收益来源：市场支配力量（market power）。“指南的基本宗旨是，不允许产生或加强市场支配力量或方便其行使的合并。”② 我们看到，美国合并指南实际上也是以市场支配力量为基本出发点的。在竞争效果理论的分析中，美国和欧共体的分析方法、框架和标准，几乎是一致的。

5.1.3 澳大利亚实质审查标准的反复

在 1974 年贸易行为法中，澳大利亚第一次制定了合并控制条款，并采用了“重大削弱竞争”标准。1977 年改采用市场支配地位标准，1993 年又重新采用重大削弱竞争标准。③ 透过澳大利亚的这一变化、反复，我们可以更进一步了解这两个标准的关系及其侧重点或区别。

1993 年重新采用重大削弱竞争标准时，无论是市场支配地位标准，还是重大削弱竞争标准，法律都没有规定详细的审查标准。这次改变只是增加了列举式的法定的合并审查因素，并首次包括了出口促进、进口替代和国际竞争性因素，以保证充分考虑经济全球化问题。澳大利亚法院将市场支配地位视为单方的市场支配地位，并且对市场支配地位的解释具有朝着更低的标准发展的趋势。1977 年至 1993 年间，澳大利亚法院没有扩

① Mario Monti, *Convergence in EU-US Antitrust Policy Regarding Mergers and Acquisitions: an EU Perspective*, speech at UCLA Law First Annual Institute on US and EU Antitrust Aspects of Mergers and Acquisitions, 28 February 2004, http://europa.eu/rapid/pressReleasesAction.do?reference=SPEECH/04/107&format=HTML&aged=0&language=EN&guiLanguage=en, last visited 10 November 2009.

② *US Horizontal Merger Guidelines 1997*, § 0.1.

③ Professor Allan Fels AO, Chairman, *Australian Competition & Consumer Commission*, *Merger Law in Australia*, ICN Merger Review Working Group: Analytical Framework Sub-Group, 11 September 2002.

大集体支配市场地位这一概念。

分别支持市场支配地位和重大削弱竞争地位的双方的主张主要集中在以下几个方面。支配地位说认为，在类似澳大利亚这样较小的经济体中，企业应能够实现规模和范围经济最大化，由此促进效率和生产率，使之能够与更大的外国企业在国内外都能进行更有效的竞争。这一主张被称为“国家龙头企业”（national champions）主张。而赞成重大削弱竞争标准的观点认为，竞争政策的最基本原则是禁止重大削弱竞争的合并。经济证据有力表明，集中化的市场导致市场支配力量的行使。虽然支配地位标准涉及单个企业的市场力量，但它并没有涉及协同行为。重大削弱竞争标准，既考虑了单个企业的市场支配力量，也考虑了协调市场支配力量。在适用市场支配地位标准期间，一些引起重大竞争损害的合并没有得到制止。经验表明，国内的竞争力能够培育效率和境外竞争力。严格的合并法虽然可能阻止企业实现规模与范围经济、在国际市场上有效竞争，但引入重大削弱竞争标准并没有阻止合并。不仅进口竞争在对竞争性限制的考虑中占有重要地位，批准合并也是可能的，立法强制要求考虑国内外的竞争力，即使合并导致单一企业的支配地位。

支持市场支配地位的观点认为，没有必要将原有的标准改变为重大削弱竞争标准，因为现有标准运行很好，也易于理解；重大削弱竞争标准比较复杂，需要进行调整，其评估耗时长，导致具有高成本的不确定性。而支持重大削弱竞争的观点认为，该标准以标准的经济概念为基础，比较明确；而市场支配地位标准越来越不明确，法院也逐步降低了市场支配地位的实际运用规模，同时，欧共体也从市场支配地位标准中的单方市场力量朝基于集体支配地位的协调市场力量转变，这表明即使澳大利亚在1993年不从市场支配地位标准转变为重大削弱竞争标准，也需要从单个企业市场支配地位转变到个案基础上的概念上更不明确的集体支配地位标准。

参院的调查曾经非正式地讨论过四种选择性的修订方案：降低支配地位的实际标准，使之包括更多的反竞争的情形，同时保留现有标准；扩大支配标准，使之包括类似联合的、集体的或共享的支配地位这些概念；保留市场支配地位标准，但详细规定接近于重大削弱竞争的具体标准；采用重大削弱竞争标准，但使用以单个企业支配地位为基础的标准对其进行界定。最后的讨论结论认为，所有这些修订在概念上都是不明确的，并可能造成混淆，而且更难于实施。

支持重大削弱竞争标准的观点还提出，应当在合并标准和行为标准间保持一致性。被禁止固定价格的企业，通过合并可能会实现同样的结果，这可能造成非常强的合并动机。

澳大利亚改变标准主要是由于重大削弱竞争标准更严，它既制止单个企业支配地位，也制止协调行为。在适用重大削弱竞争标准以来，法律更为明确，列举的但强制性考虑的合并因素促成了更大的确定性。包括国际竞争性在内的标准，保障了考虑全球化问题。

澳大利亚《贸易行为法》列举了评估合并效果中应考虑的因素：（1）市场中实际和潜在的进口竞争水平；（2）市场进入壁垒的严重程度；（3）市场中的集中水平；（4）市场中抵消力量程度；（5）合并造成合并企业明显大幅提高价格或利润幅度的可能性；（6）替代品的供应程度或可能供应程度；（7）市场的动态特征，包括增长、创新和产品差别；（8）收购导致消除有活力的有效竞争的可能性；（9）市场中纵向一体化的性质和程度。①

对于“重大削弱竞争”中的“重大”（substantial），根据澳大利亚合并指南的规定，“重大”一词，被解释为“真正的或实质的”，不仅明显而且还是重大的、有意义的。削弱竞争和重大削弱竞争的准确门槛，是一个判断问题，并总是依赖于受调查案件的具体事实。通常，如果合并提高了合并方的市场支配力量，且该提高是重大的、可持续的，则该种削弱竞争是重大的。例如，合并导致合并企业能够重大、持续地提高价格，则该合并重大削弱竞争。② 按照澳大利亚竞争委员会 1999 年的合并评估指南，在合并框架下，该词被解释为一种相对标准，既可以是定性的，也可以是定量的。当存在合理的可能，相关产品市场中的价格维持在远远高于没有合并时的价格之上，或者竞争性结果被扭曲时，委员会应认为存在竞争的重大削弱。“重大削弱竞争”意在指对竞争的效果，该效果是真正的或实在的，而非必须重大或重要。政府在通过法案解释时指出，1974 年贸易行为法第 50 节使用该词，意在指“真正或实质的”意义，为了表达该意图，政府表示该标准应适用于对竞争的效果，该效果不仅仅是可以察觉的，而且在相对意义上也必须是实质性的。因而，这一标准是有关质或量的相对标准。③

5.2 横向合并的反竞争效果理论

5.2.1 横向合并、纵向合并和混合合并的概念

从公司法的意义上讲，合并可以有三种方式：股权并购，一个公司获得了另一公司

---

① *Trade Practices Act 1974*, Section 50.

② *ACCC Merger Guidelines*, para.3.5.

③ *ACCC Merger Guidelines*.

的全部或部分股票；资产并购，一个公司获得了另一公司的全部或部分资产；合并并购，两个公司解散，其资产合并到一个新设的公司中（新设合并）。而在反垄断法意义上，则重在关注某一合并是横向合并还是非横向合并。

根据合并法的传统分类方法，合并有三种情形，分别是横向合并、纵向合并和混合合并，后两种又可统称为非横向合并。横向合并是各国竞争当局执法的重点，各国对此态度基本相同。对于非横向合并，各国总体上持相对宽松态度，但美国和其他国家的具体情形存在明显不同，美国偏松、其他国家偏紧。

在相同地域销售相同产品的两个企业的合并，为横向合并。横向合并直接带来两个后果：第一，合并后相关市场中的企业数量减少；第二，合并后企业比合并前任一企业的市场份额都高。在合并前，两个企业是竞争者，但合并使合并后的企业更有利于共谋和垄断化。共谋越可能，越可能降低产量、提高价格。

尽管横向合并的定性比较难，但将合并定性为横向合并的后果却比较重大。如果合并企业被定性为竞争者，则会根据更宽松的适用于混合合并的"潜在竞争"标准评估。在确定是否将某一合并定性为横向合并时，法院会考虑多种因素，包括企业对同一销售竞标的程度、供应弹性/替代性、一产品的价格对另一产品的价格和需求的反映。①

纵向合并（vertical mergers）是在某一特定产品或服务供应链不同阶段上从事经营的企业的合并。通常，只有当涉及的企业能够在供应链的一个或多个市场中行使重大市场支配力量时，纵向合并才会引起竞争性关注。需要评估纵向合并是否加强企业在任一市场中的地位、是否导致在一个或两个市场中重大削弱竞争。② 根据欧盟的评估指南，纵向合并涉及供应链不同阶段上的企业。例如,某产品的制造商（上游企业）与其经销商（下游企业）合并。

如果生产相同产品但在不同地域销售，或在相同地域销售有所不同的产品，这两个企业间的竞争被定性为"潜在的"而不是"实际的"。这种合并一般称为混合合并。③ 根据欧盟评估指南的定义，混合合并是既无横向关系也无纵向关系的企业间的合并。实践予以关注的是活跃于具有密切联系的市场上的企业合并（例如，互补产品或属于同一产品范围或系列的产品供应商合并）。经济合作与发展组织的报告，混合合并（conglomerate mergers），其合并者既不是实际的竞争者也不是潜在的竞争者，合并方也不具有实际或潜

① Herbert Hovenkamp, *Antitrust*, 4th edition, Thomson/West 2005, pp.279–280.

② *Merger References: Competition Commission Guidelines (UK)*, June 2003, § 3.64.

③ Herbert Hovenkamp, *Antitrust*, 4th edition, Thomson/West 2005, p.257.

在的客户—供应商关系。合并前，合并方相互之间不存在竞争的约束。①

混合合并既不是横向合并，也不是纵向合并，实质上是生产或经销不同产品 / 服务的企业合并。合并企业既不在同一市场竞争，也不属于供应链的不同阶段。混合合并通常不引起竞争关注。但混合合并可能因引起或加强“综合力量”（portfolio power）从而引起竞争关注。综合力量这一概念是指，与在每一个单独市场中能够行使的市场力量相比，企业因在不同的市场拥有一系列的产品而能够行使更大的市场支配力量。② 尽管如此，综合力量这一概念仍是一个比较模糊的概念，并不存在为大众所普遍接受的定义。根据使用这一概念的情形，混合合并中的综合力量，通常是指将下述品牌产品结合在一起的合并所产生的促进竞争和反竞争效果的力量：在这样的产品中，当事人享有市场力量（market power），但并不一定享有支配地位（dominance），且该产品在相邻或相关的市场中出售。实际上这一概念也扩大到联结中间产品的混合合并。③

当客户只有一个供应来源，或者当产品特别复杂、需要较高水平的持续性售后服务时，就会产生这样的情况：提供系列产品的某一企业的客户可能享有优惠待遇，而只提供单一产品的企业则处于劣势。当混合合并涉及互补产品时，可能提高搭售或捆绑销售的可能性。如合并涉及不同的但却是最接近的替代市场中的企业，合并会消除原本相互抑制提价的约束，进一步提高价格。

5.2.2 反竞争效果理论的萌芽与发展

反竞争效果理论，是各国反垄断执法机构在认定某一合并是否违反反垄断法时所遵循的理论。通过上述对经营者集中效果评估标准的介绍，欧共体和澳大利亚标准的变化，实质是与反竞争效果理论联系在一起的。对反竞争效果的理解和认识，对具体实施竞争标准起指导作用。也正是基于案件的特定情形和竞争损害理论，经营者集中救济才得以实施。④ “对相关国内法如何转变成竞争标准予以解释”，是各国合并规则面临的第一个问题。“尤其重要的是竞争当局如何识别不能依据相关竞争标准的情形。”⑤

反竞争效果理论，是最近 20 年来经营者集中制度中新适用的理论。美国司法部 1968 年合并评估指南主要是以市场结构为基础，隐约含有反竞争效果理论的萌芽。根据

① OECD，*Portfolio Effects in Conglomerate Mergers*，DRAFE/COMP(2002)5，24 January 2002.

② *Merger References: Competition Commission Guidelines (UK)*，June 2003，§ 3.69.

③ OECD，*Portfolio Effects in Conglomerate Mergers*，DRAFE/COMP(2002)5，at 23–24，24 January 2002.

④ *CA Remedies Bulletin*，para.6.

⑤ *ICN Merger Guidelines Workbook*，April 2006，para.2.3.

1968 年指南，司法部确定《克莱顿法》第 7 条的主要执法目的是：保存和促进有利于竞争的市场结构。市场结构成为司法部合并政策的中心，主要是因为单个企业在市场中的行为，容易受到企业所在市场的结构的控制，即受到常态的市场条件或变化缓慢的市场条件的控制。这些条件包括市场中大企业的数量、市场份额的相对规模、新企业进入市场壁垒的重大性。① 强调市场结构不仅通常会产生对立法目的来说(即可能重大削弱竞争）充分的经济预示，同时，强调有限数量的结构性因素的执法政策也会促进执法决策和商业计划，该商业计划涉及对执法部门意见的预期。因此，司法部根据《克莱顿法》第 7 条的执法活动主要是认定和制止通过现在或最终鼓励或允许反竞争的方式改变市场结构的合并。但在例外的情形下，指南使用的结构性因素本身不是最终性的，司法部的执法活动将以更复杂、广泛的评估为基础。例如，基础技术的变化产生新的产业，或者使旧产业发生重大转变，使现有市场边界和市场结构具有重大不确定性。

对于直接竞争者的合并（横向合并），司法部确定《克莱顿法》第 7 条的执法目的是：阻止消除在市场中具有重大竞争影响的独立企业，阻止任何企业或企业集团获得市场支配地位，阻止市场集中的重大提高，保存集中市场最终分散化的可能性。② 司法部确定是否指控横向合并最常使用的标准是合并企业的市场份额的规模。市场中四个最大企业的市场份额为 75%以上的，为高度集中市场；四大企业的市场份额低于 75%的，为适度集中市场。在具有集中提高重大趋势的市场中，司法部还另外适用更严格的标准。

上述这些对独立企业、市场支配地位企业等的规定，实质上是单方理论的萌芽，均关注单个企业对竞争的影响效果。

司法部 1968 年合并指南虽然强调横向合并执法中合并企业的市场份额具有根本性，但也考虑了其他非市场份额因素或标准（非市场份额标准)，故偶尔也会指控没有达到有关市场份额标准的横向合并。最常见的两种情形是：购并特别具有破坏性因素或非同寻常的竞争性因素的竞争者，大企业对具有非同寻常的竞争潜力或具有赋予非同寻常优势的资产的企业的合并（例如对拥有改良产品或生产过程拥有专利的新进入者的合并）。这实际上具有非单方理论的因素。

1982 年指南是芝加哥学派时代的合并指南，强调了促进共谋的因素。这一讨论成为现有指南中讨论协调竞争效果的先导。1982 年指南中也含有“领先企业”的规定，涉及市场支配地位的企业市场力量的产生或加强，但这一单方理论的适用范围非常窄。

---

① *US Merger Guidelines 1968*, para.2.

② *US Merger Guidelines 1968*, para.4.

1982年指南的基本宗旨是不允许产生或强化市场力量或促进市场力量行使的合并。无替代品的产品的卖方（垄断者）能够将价格维持在竞争价格的水平之上。这实际上暗含着单方理论。在少数企业占有产品销售的大部分时，在某些情形下，这些企业能够明示或默示协调其行为，以便使垄断者的绩效最大化。此为协调理论的因素。一个或多个企业长时间将价格维持在竞争价格之上并获得的能力，即市场力量（market power）。具有市场力量的卖方也可能消除价格之外的其他因素的竞争。无论哪种情形，都是财富从买方向卖方的转移，是资源的错误配置。

1982年指南并没有同以后的1992年指南一样，明确将反竞争效果分为单方效果和非单方效果两种类型，而是使用这两种表述或因素来分析某一合并情形，将这两种效果混合在一起。

1982年指南首次使用了用于确定市场集中度的赫氏指数（HHI）。与四企业集中度不同，HHI既反映最大四企业的市场份额分配，也反映四企业外的市场组成。[①] 市场集中度是市场中的企业数量与其各自市场份额的函数。在其他情况相同时，集中度反映了一个企业或一组企业成功行使市场力量的可能性。控制整个供应的特定比例所必要的企业数量提高，对该控制达成和执行共识的困难和成本也增加。同时，指南规定了相应的市场份额标准。合并后，赫氏指数低于1 000的，为无集中市场；合并后，赫氏指数位于1 000~1 800之间的，属于中度集中；合并后，赫氏指数处于1 800以上的，为高度集中，司法部可能对这样的合并提出指控。

但1982年指南在规定了一般市场份额标准的同时，还规定了这一标准的领先企业例外。这一例外，实质是单方效果的表述。在某些情形中，合并企业中的一方很小，产生或加强单一支配地位企业的市场力量的合并，可能通过根据HHI份额的审查标准。但尽管如此，司法部可能指控具有至少1%的市场份额的企业与领先企业的合并，如果领先企业的市场份额至少为35%，并且大约是市场中第二大企业市场份额的2倍。因为共谋的方便和盈利性对单一支配地位企业行使市场力量的能力的相关性很小，司法部不会考虑下述因素：产品性质和销售条件，特定交易和买方市场特征的信息，市场中的企业行为，市场绩效。

除了集中度、市场份额及进入难易度影响合并对市场力量的影响外，在评估合并时，司法部将考虑下述与共谋的方便和盈利性相关的其他因素：产品性质和销售条件，特定交易和买方市场特征的信息，企业在市场中的行为，市场绩效。当司法部决定是否指控

① *US Merger Guidelines 1982*, p.12.

某一合并处于两可情形时，这些相关因素可能是最重要的。这实质是协调效果的因素。

1982 年和 1984 年颁布的合并评估指南，简单提及单个企业垄断和多个企业协调，但均没有提及反竞争效果理论。1986 年美国律师协会反垄断法分会的调查中，基本上忽视了单方理论。[①]

单方理论日益受到重视，一方面是因为经济学理论的发展，另一方面是实证研究工具的发展。1992 年指南承认并吸收了这些经济理论，正式规定了通过单方效果削弱竞争的两类方法（产品差异和能力限制）。[②] 从 1992 年合并评估指南始，美国执法机构在评估合并的竞争效果时，明确采用了反竞争效果理论，这一理论一直适用至今，并影响到其他国家或法域对合并竞争效果的评估理论。

反竞争效果理论，如同欧盟和澳大利亚审查标准的变化所显示的，集中于单个企业的影响和多个企业的联合影响。与此相适应，反竞争效果理论，分为单方理论和非单方理论，或者分为协调理论和非协调理论。二者的区别是形式上的，在于哪一个为先，哪一个为后。其中，非单方理论包括三种情形：竞争者的数量、消除具有破坏作用的企业、协同效果。非协调理论包括：支配地位和寡占。

同时，在反垄断法框架下，合并或经营者集中，被分为两大类、三种具体形式，这就是横向合并与非横向合并，非横向合并再分为纵向合并与混合合并。这三种不同形式的合并适用的反竞争效果理论存在一定的差别。美国与欧盟有关反竞争效果的分歧主要体现在对非横向并购的反竞争效果的认定和分析上。由于横向合并的反竞争效果理论与非横向合并的反竞争效果理论在分析框架上基本相同，此处先介绍横向合并的反竞争效果理论，下一节进一步介绍非横向合并的反竞争效果理论。

为了更好地反映反竞争效果理论的由来和演变，在以下的分析中，我们将美国和欧盟的反竞争效果理论分别论述。

5.2.3 美国横向合并的反竞争效果理论

美国 1992 年合并指南正式区分了两种反竞争的合并，提出了两种反竞争效果理论。第一种使协调行为更可能或更有效，通过协调性互动削弱竞争（非单方理论，包括协同效果理论）；第二种是企业单方提高价格、降低产量，通过单方行为削弱竞争（单方理论）。

① Jonathan B. Baker, *Unilateral Competitive Effects Theories in Merger Analysis*, August 6, 1996, http://www.ftc.gov/speeches/other/unilat61.shtm, last visited 10 November 2009.

② *US Horizontal Merger Guidelines 1997*, § 2.2.

5.2.3.1 非单方理论

非单方理论是指这样的情形：合并是反竞争的，但不涉及合并实体行使市场支配力量。① 合并使相关市场中的企业更可能、更成功或更完全从事损害消费者的协调互动，该合并损害竞争。② 非单方理论有几种类型。一种情形是竞争者数量起作用，第二种是消除独行者（搅局者，maverick），第三种情形是协同作用 / 行为。

（1）竞争者数量起作用

存在下列证据时，这一理论适用：现有市场中的主要竞争者数量较少，降低重要竞争者的数量可能导致价格提高，证据不支持单方效果理论。最明显的例子是拍卖 / 投标理论。在对竞争者的成本不完全了解的情况下，减少竞争者数量，可以导致剩余的竞争者具有更高的中标机会。在非投标市场中，也可能存在直接的证据，证明竞争者的数量起作用。在适当界定的、受到进入障碍保护的市场中，导致垄断的合并是竞争者数量产生重大差别的合并。三企业中的两个企业合并，几乎是不可反驳的反竞争的推定。

（2）消除独行者

在某些市场中，由于竞争的性质或强度不同，某一竞争者可能具有非常大的、与其规模或市场份额不相称的破坏力或竞争影响。这样的企业被称为独行者。独行者的存在可能引起其他竞争者激烈竞争，并可能削弱他们协同的能力。美国合并指南将独行者描述为“比其他大多数竞争对手具有更大的背离协同条款的刺激的企业（即在市场中具有不同寻常的破坏力和竞争影响的企业）”；具有不同寻常的能力、超出协同条件规定水平秘密扩大销售数额的企业，也被认为是独行者。③ 消除类似独行者的合并，有可能大大改变竞争的性质和强度，导致企业竞争减弱而使价格上涨。独行者被合并，使协同更可能、更成功、更完全。这一理论适用的前提，是证明存在这样的独行者企业，并且其动机在合并后会发生变化。不过，在一定条件下，合并也可能创造独行者。

拍卖模型也提供了这一理论版本。欲成为独行者，某企业在投标时必须一贯地进攻性竞争，造成其他竞争者在该企业存在时更激烈投标。消除这一效果的合并，不仅仅是消除了一个竞争者，而且是消除了这一特别具有攻击性的竞争者。造成的结果是，合并后所有的其他企业投标的进攻性减弱。

---

① David T. Scheffman and Mary Coleman, *Quantitative Analyses of Potential Competitive Effect from a Merger*, June 9, 2003, http://www.ftc.gov/be/quantmergeranalysis.pdf, last visited 10 November 2009.

② *US Horizontal Merger Guidelines 1997*, § 2.1.

③ *US Horizontal Merger Guidelines 1997*, § 2.1.

从某种意义上说，独行者就是市场惰性的捣乱分子。

（3）协同作用／行为

一项合并，使相关市场中的企业更可能进行损害消费者的协调作用、使这种作用更成功，或者使企业更完全地从事这种行为，则该合并可能削弱竞争。协同作用（coordinated interaction）由少数企业的行为构成，这些企业中的每一企业只有在与其他企业的行为协调时才可以获利。这一行为包括了明示或默示的共谋，这一行为本身可能是合法的也可能是违法的。① 成功的协同包括达成协同条件、查明和制裁背离协同行为的能力这样几个要素。

传统上，对合并的协同效果的反垄断分析，首先集中于合并后的市场是否集中、合并是否造成了集中水平的重大变化。如果该产业表现出被视为协同结果的特征，则推定协同效果可能发生。合并指南包括了产业特征的审查清单（check list），指明了需要审查的下述相关因素：市场条件、交易和具体竞争者的现有关键信息，企业和产品同质性的程度，市场中企业采用的典型定价或推销做法，买方和卖方的特征，典型交易的特征，以前的明示共谋。

美国反垄断执法官员认为，现有文献和经验表明，这样的审查清单过于简单，对确定协同理论是否相关不能提供什么帮助。尤其是，很多符合审查清单的产业没有表现出与协同行为一致的结果。另外，这一方法不注重合并为什么影响协同的可能性。因而，清单仅能够提供一个起始点，有必要更加详细地分析市场中的竞争性质。与典型清单相比，特定交易的信息对协同行为的存在或倾向更具有指导性。动态寡占理论（dynamic oligopoly theory）为协同作用提供了理论基础。根据该理论，通过重复行为，公司达成了一种平衡，价格高于（产量低于）通过静态短期纳什（Nash）行为实现的水平。某些动态博弈理论模型产生了这样一个结果：存在重要的竞争者将其产量限制在古诺水平以下而单方有利可图的平衡。②

实现这样的行为，协同集团内的企业必须具备三个条件。第一，必须能够就协同类型（直接提高价格、分别客户或生产能力降低）和协同结果（价格提多高、哪些客户分配哪些企业、生产能力降低的数额）达成共识。为实现这一点，企业必须具有合理的共同动机（部分与他们的成本和生产能力相关）和确定适当结果的方法。由于协同类型通常是默示协同，这要求具备实现共识的信号机制或其他机制。企业的动机差别越大，或

① *US Horizontal Merger Guidelines 1997*，§2.1.

② David T. Scheffman and Mary Coleman，*Quantitative Analyses of Potential Competitive Effect from a Merger*，June 9，2003，http://www.ftc.gov/be/quantmergeranalysis.pdf，last visited 10 November 2009.

者市场结果越复杂，越难于达成共识。但仅是共识本身不能实现有效的协同，因为协同的结果造成背离（欺骗）的动机。第二，协同集团内的企业必须能够查明对共识结果的背离。如果不能查明欺骗行为，就不能阻止单方的欺骗动机。第三，如果存在共识并查明背离，还必须有可行、可靠的惩罚欺骗的方法，因为如果不能惩罚欺骗，欺骗的单方动机就会盛行。只有实际实施惩罚符合企业的单方利益时，惩罚才能成功。有了可靠的惩罚，维持协同结果变成符合每一竞争者的利益。[①]

5.2.3.2 单方效果理论

合并方不需要其他竞争者的配合而通过自己的行为降低产量、质量或革新而有利可图时，产生单方效果。也就是说，即使合并没有增加成功协调行为的可能性，该合并仍然有可能削弱竞争。

单方效果理论可以分为两个类型，即市场支配企业模型和寡占模型。[②] 而根据国际竞争网合并工作组根据调查的 12 个合并指南所做的报告，产生单方效果的合并类型有三种：第一种是构成垄断的合并，第二种是产生市场优势地位（paramount market position）但没有导致垄断的合并，第三种是寡占市场中涉及差别产品供应商或其竞争对手面临生产能力限制的供应商且可能提高价格的合并。[③] 上述三分法与二分法实际上是一样的，三分法中的前两种情形就是二分法中的第一种情形。

产生单方面竞争效果的情形有多种。除垄断和市场优势地位外，这些情形主要是由区别企业及规范竞争性质的特征决定的。其中，差异产品、企业能力是两个重要方面。在差异产品的情况下，市场主体销售的产品不是完全替代产品，这时候的竞争呈现非统一性（non-uniform），即竞争本地化，企业间的竞争主要是出售相近的替代产品的企业间的直接竞争。合并企业单方提高一种或两种产品的价格，由此产生的销售额损失转移到合并伙伴的产品，因而提价即使在合并前不能盈利，现在却能盈利。合并企业间的产品替代性越大，价格涨幅就越高。差异产品的合并导致单方效果，需要具备一定的条件。差异产品市场中单方面重大提高价格，需要市场中存在消费者将合并企业的产品视为第一和第二选择的重大销售份额，非合并方的产品不可能重新代替合并导致的当地竞争的丧失。[④]

---

① *US Horizontal Merger Guidelines 1997*，§ 2.11，2.12，*see* David T. Scheffman and Mary Coleman，*Quantitative Analyses of Potential Competitive Effect from a Merger*，June 9，2003，http://www.ftc.gov/be/quantmergeranalysis.pdf，last visited 10 November 2009.

② David T. Scheffman and Mary Coleman，*Quantitative Analyses of Potential Competitive Effect from a Merger*，June 9，2003，http://www.ftc.gov/be/quantmergeranalysis.pdf，last visited 10 November 2009.

③ *ICN Project on Merger Guidelines 2003*，Part Ⅲ Unilateral Effects，para.2.1.2.

④ *US Horizontal Merger Guidelines 1997*，§ 2.21.

当产品差异相对不大，企业的区别主要在于能力、该能力塑造竞争的性质时，合并企业可能发现单方提高价格、降低产出有利可图。合并为合并企业提供了更大的销售基础，凭借这一基础得以提高价格；合并还消除了消费者可能转而向其购买产品的竞争者。当合并企业占整个市场份额总额的比例超过35%时，合并企业可能发现提高价格、将产出降到合并前的水平之下有利可图，因为合并后价格提高带来的利益有可能超过损失的销售额中的加价损失。

这种单方效果，除非合并企业的大量客户不能找到经济上可以替代的供应来源，是不可能产生的。即使找到替代供应来源，但由于生产能力的限制，其他竞争者不可能扩大其生产，亦为单方效果的产生创造了条件。①

5.2.4 欧共体的做法

5.2.4.1 欧共体横向合并指南草案

欧共体新的合并条例颁布之前，欧共体委员会于2002年颁布了《横向评估指南草案》。② 这一指南草案包括了对反竞争效果理论的分析，具体体现为三个方面：第一，合并可能产生或加强重大市场地位（paramount market position）。具有这种地位的企业，能够提高价格，其客户以及其实际或潜在的竞争者不能对其进行约束。企业具有这样的地位本身就可能重大阻碍竞争。由于合并控制要求的是可能产生这种效果，而不要求实际产生这种效果，造成或加强这种地位的合并即符合前述的禁止合并的支配市场地位标准。在这里我们看到，调整滥用市场支配地位的标准与调整合并控制的标准是不一样的。第二，在寡占市场中，合并可能降低寡占市场中的竞争程度。合并消除了对某一卖方或卖方间的重要竞争限制，使卖方能够提高其价格。第三，合并可能改变寡占市场中的竞争性质。以前没有协调行为的卖方，现在能够协调其行为，提高价格。合并也可能使卖方的协调行为比合并前更容易。

（1）重大市场支配地位

占有50%以上的市场份额本身，通常就可以证明市场支配地位的存在。当市场中的竞争者占有较小的份额时，更是如此。如果没有提高生产的动力或能力，或者如果市场没有充分存在，较小的企业就不可能作为限制性影响行为。合并后市场份额低于50%的

① *US Horizontal Merger Guidelines 1997*，§ 2.22.

② *Draft Commission Notice on the Appraisal of Horizontal Mergers under the Council Regulation on the Control of Concentrations between Undertakings*，§ 5，OJ C 331/18，31.12.2002.

企业，考虑到诸如竞争者的力量和数量等其他因素，也可以视为拥有重大市场支配地位。

在确定合并企业的经济力量时，需要考虑多种因素：规模经济和范围经济，进入供应渠道的特权，高度发展的经销和销售网络，进入重要设施或领先技术的权利，获得特定投入的特权，重要品牌的所有权、已经确立起来的商誉或对顾客特定偏好的深入了解等其他战略优势等。这些因素虽然也可能有利于企业的客户，但却使竞争者难于对这样的企业施加有效的约束。

企业合并可能消除了合并前合并者相互之间的约束，而消除这种约束可能使合并后的企业能够大幅度提高价格。对于同一品牌的竞争者来说，相互间的约束是竞争的重大来源。在集中度已经很高的市场中，合并一方虽较小但具有重要的竞争功能，也是相关的考虑因素。

进入障碍分析，也是重大市场地位分析中的一个重要因素。

（2）非共谋性寡占

寡占市场本身并不意味着没有竞争或竞争受到限制。但竞争者的合并造成竞争者数量减少、造成竞争者之间的相互约束降低，从而降低了竞争程度，使合并后的竞争者能够提价或减产图利。合并的最直接后果是消除了合并企业之间的限制性约束，整个竞争者之间的竞争压力减轻了，可能导致相关市场中产品的价格提高或数量减少。

相关市场中集中度越高，竞争性约束或竞争压力就越小。在同质产品（homogeneous products）的情形下，赫氏指数最能表明市场中的竞争情形，当其总数超过 2 000 且增加 150 以上时，则可能引起对竞争的严重关注。在异质产品或差异性产品（differentiated product）的情形下，可以通过产品间的替代性大小确定竞争性约束程度。消费者偏好、购买模式、产品的价格弹性以及产品间的转换比例，都是用于确定替代性的要素。尽管异质产品情形中市场份额所起的作用不像同质产品情形下那样大，但市场份额低仍然能够表明不可能产生重大阻碍竞争的经济力量。25% 以下的市场份额一般不会引起竞争性关注。

（3）协同危险增加

在寡占市场中，竞争者的合并可能改变竞争的性质，使竞争者之间的协同成为可能，而无需签订协议，或诉诸限制竞争协议意义上的协同行为。市场结构的改变，使竞争者认为在持久基础上采取高于竞争价格销售的行为成为可能、经济上合理，并具有这样的倾向。合并还可能使以前已经存在的协同更容易。合并前已经存在协同的合并，是不可能获得批准的。

协同可以是多种多样的。例如,可以是保持或提高价格,降低或限制产量或生产能力,也可以是根据地理区域、客户特征或通过轮流中标来瓜分市场。协同通常发生在容易确定协同条件的市场中。易监督、能威慑、不易被外部行为破坏，是协同能够获得成功必须满足的三个基本条件。在寡占市场中，企业数量越少，企业越有可能利用有利的市场条件，确立或改善相互协同情形。这一背景下的合并，会强化现有的协同，或者会提高协同发生的可能性。市场的结构性特征以及企业过去的行为，都是判断合并竞争效果应予考虑的因素。

5.2.4.2 欧共体合并评估指南

在欧共体新的合并控制条例发布之后，欧共体公布了正式的《横向合并评估指南》。[①]在合并的反竞争效果理论上,该指南与美国合并评估指南类似。横向合并重大阻碍有效竞争的方式主要有二：第一，消除对企业的重要的竞争性约束，导致企业市场支配力量增加，无需与其他企业协同行为。这一类型称为非协同效果。第二，改变竞争的性质，原本没有协同行为的企业如今非常可能协同其行为、提高价格或者损害有效竞争。合并也可能使原本存在协同的企业协同更容易、更稳定或更有效。这一类型称为协同效果。欧盟委员会在进行合并效果评估时,要评估合并引起的变化是否会导致其中一种效果。在某一特定交易中，也可能同时涉及两种效果。[②]

从结构和内容上看，欧共体合并评估指南在反竞争效果这一部分包括了非协同效果（单方效果）、协同效果、与潜在竞争者的合并以及产生或加强上游市场买方力量的合并等四种情形。第四种情形主要涉及买方市场的情形。由于主体不同，各国合并评估指南都会特别指出买方市场这一情形，但在分析方法上与卖方市场类似。[③] 与潜在竞争者的合并，其效果与市场现有竞争者的合并类似，可能是协同性的也可能是非协同性的。但与潜在的竞争者合并产生重大反竞争效果，必须满足两个前提条件：第一，潜在竞争者已经对市场现有企业施加了重大的约束性影响，或者增加了该潜在竞争者成为有效竞争力量的重大可能性。第二，必须不存在大量的其他潜在竞争者，在合并后施加足够的竞争性约束。[④]

（1）非协同效果

① *EC Horizontal Mergers Guidelines.*

② *EC Horizontal Merger Guidelines*，paras.22–23.

③ 例如，中国反垄断委员会发布的《相关市场界定指南》即采取了这一方法。

④ *EC Horizontal Merger Guidelines*，paras.58，60.

合并的最直接效果是合并企业间的竞争的丧失。竞争约束力的这种降低，可能导致相关市场中价格的重大提高。

非协同效果主要产生于两种情形。第一，合并产生或强化单一企业的市场支配地位，从而重大削弱有效竞争。第二，寡占市场中，合并消除了企业间的相互竞争约束、降低了剩余竞争者间的竞争压力，即使寡占成员间协同的可能性很小，也可能导致对竞争的重大阻碍。合并条例序言明确表明，引起这类非协同效果的合并，都应宣布为与共同市场不符。

在判定是否存在非协同效果时，需要综合考虑多项因素。欧共体合并评估指南列举了下述应予审查的因素：① 合并企业具有大的市场份额。市场份额和市场份额的增加虽然只提供市场支配力量和支配力量增加的第一个指标，但它们通常是评估中的重要因素。② 合并企业是密切竞争者。合并企业产品的替代程度越强，合并企业越可能提高价格。③ 客户转换供应商的可能性有限。这包括转换对象有限以及转换成本太高。客户从合并前的两家企业获得竞争性价格时尤其如此。④ 如果提价，竞争者不可能扩大供应。竞争者的产能限制、扩张成本，或者使用现有过剩产能要比现在产能成本高出许多，影响扩大产出。同质产品或差异产品都是如此。⑤ 合并企业能够阻碍竞争者的扩张。例如，合并企业控制或影响投入的供应，或新进入者或竞争对手的经销成本很高，合并企业控制专利或其他知识产权，合并企业控制基础设施或平台。⑥ 合并消除了重要的竞争力量，在竞争过程中发挥重大作用或创新市场中尤其如此。这些因素中，其中任何单独一个因素都不具有决定性作用；同时，同一案件中并非都出现这些因素，每一案件中的相关因素可能是不同的。

（2）协同效果

在一些市场中，采取一系列的行为持续高价销售，对一些企业比较有吸引力。即使不存在垄断协议，合并也提高了企业协同行为的可能性。合并还可能使已经存在的协同更容易、更稳定、更有效。

协同的形式，可以是将价格维持在竞争价格之上，也可以是限制生产或限制投入市场的新产能，可以是根据地域或客户划分市场，或在投标市场中分配合同。协同持续需要满足三个条件：第一，协同企业必须能够在相当程度上监督是否遵循协同条件；第二，需要有某种可靠的威慑机制；第三，协同主体之外的其他主体的反应，不应破坏预期的协同结果。

就合并引起的协同效果，欧盟委员会主要审查是否可能达成协同条款、协同是否能够持续。合并导致市场中企业数量减少本身，就是促进协同的一个因素。合并可能消除具有破坏或阻碍协同作用的独行者（“maverick” firm，这种企业本身被合并，相当于反叛力量被招安）。如果合并企业采取类似其他竞争者的战略，其他企业会更容易协同，合并提高了协同的可能性、稳定性和有效性。

达成协同条款、监督对协同条款的遵守、制裁违反协同条款的企业以及外部企业对协同的反应，是协同能够维持的条件。一般说来，经济环境越简单、越稳定，就越容易协同；同质产品比差异产品容易协同；需求条件相对稳定比需求剧烈变化容易协同；创新发挥作用大的市场，不易协同；划分市场的方式容易协同；信息越透明或越容易沟通，越容易协同；通过合作企业、相互持股，容易达成协同。

存在及时的、足够的制裁威胁时，参与协同的企业不易背离协同条款。市场透明度是监督协同的一个重要条件。制裁机制的可靠性，依赖于其他协同企业是否存在制裁的动机。价格战、提高产量、取消合营、退出合营企业等，都是可供选择的制裁方式。制裁，既可以发生于同一市场，也可以发生于其他市场。

协同欲取得成功，没有参与协同的其他企业、潜在竞争者以及客户的反应，是很重要的条件。市场进入、买方力量，都直接影响协同的持续与稳定。

5.2.5 几点评论

尽管可以将各国对合并效果的实质审查标准分成两大类别，但正如欧共体委员会所表示的，关键不是看表面上所使用的具体语言，而是看标准的实质、审查中采用的具体方法。透过上面的介绍、分析，我们看到，上述两大标准及效果理论基本上是一致的。美国和欧共体在逐步地促进和取得对竞争标准的更大共识。另外，我们也必须认识到，不同的语言就预示着差别的可能。在具体案件中更倾向于哪一问题、哪一方面，需要根据具体案件的事实、企业和产业状况来确定。

就目前来看，各国对于协同作用理论的共识大于对单方效果理论的共识。如何适用单方理论更是一个不确定的问题。例如，拥有多大的市场份额就可能引起对竞争的关注？不同的产业或市场，尤其是涉及国际市场时，是否会有不同？尽管各国指南中都有一个大概的最低指标，但这一指标在各国却不统一。因而，国际竞争网合并工作组就单方理论提出下述建议：（1）明确指明可能构成指控依据的单方效果的类型，是否包括潜在竞争者合并中的单方效果和产生采购支配力量（买方垄断）的合并中的单方效果；（2）列明评估合并中适用的整个相关标准，规定安全区、推定、重大标准及抗辩；（3）在讨论差别产品产业的合并时，承认市场份额在预期单方效果时的有限性，考虑效率和对竞争者扩张和重组的预期。①

5.3 非横向合并的反竞争效果理论

5.3.1 美欧等对非横向合并的不同态度

20 世纪 60 年代，美国曾经存在一个干预非横向合并的高潮。司法部 1968 年颁布的《合并评估指南》包括横向合并、纵向合并和混合合并，非横向合并占了更多的篇幅。1982 年《合并评估指南》第四部分名为“非横向合并的横向效果”，主要是对纵向合并的规定。1984 年合并评估指南中包括的“非横向合并的横向效果”部分，一直没有变化。从 1992 年起（包括 1997 年的修订），美国司法部和联邦贸易委员会联合制定颁布了《横向合并评估指南》，将 1984 年指南中的非横向合并部分作为一个单独的指南存在。实际上，由于美国联邦执法机构认为非横向合并不再引起竞争性关注，这一非横向合并评估指南基本上处于休眠状态。

与美国的做法形成对照的是，欧洲对非横向合并持更严格的控制态度。2001 年的 GE/Honeywell 合并案就是最明显的例证，美国批准这一合并，而欧盟禁止了这一合并。欧盟委员会表示除制定横向合并指南外，还要制定纵向合并指南、混合合并指南。2008 年 10 月 18 日欧盟委员会发布了《非横向合并评估指南》。②

5.3.1.1 美国的态度

在 1965 年到 1975 年的 10 年间，美国经历了混合合并的浪潮，大量的合并受到指控。1967 年最高法院审理的宝洁案中，最高法院提出了“强化力量 / 巩固堡垒”（entrenchment）的竞争理论。根据这一理论，如果合并通过更高的效率加强了已存在的具有支配地位的企业，或者被并企业进入更广的产品线或更雄厚的财务资源，使较小竞争者的生存更加困难，这样的合并应予谴责。这一理论主要基于三种关注：第一，合并产生的巨大财富（deep pocket）会阻碍进入；第二，巨大财富会允许目标企业从事掠夺性行为，如基于边

---

① *ICN Project on Merger Guidelines 2003*, Part Ⅲ Unilateral Effects, para.2.1.2.

② Commission Notice, *Guidelines on the Assessment of Non-Horizontal Mergers under the Council Regulation on the Control of Concentrations between Undertakings*, OJC 265, 18.10.2008.

际成本定价；第三，合并使目标公司获得其他企业不能获得的某些经济。① 该案及随后一些案件引起了法律和经济学者的批评，导致法院最终抛弃这一理论。1982 年《合并评估指南》明确放弃巩固堡垒理论，不再把这一理论作为指控非横向合并的依据。美国对宝洁案中的这一理论的抛弃，是向对合并执法适用正确的经济思想、适用严格的反垄断法保护竞争、效率和消费者福利而不保护单个竞争者的原则这一方向，明确前进了一步。② 正是这样的进步，竞争者不能以合并使合并企业更有效率为理由，根据反垄断法享有诉因（诉权），即使他们担心他们会因为这一合并而被迫退出市场。合并导致自己利润减少的诉求，得不到支持。损害竞争对手但却有利于消费者的合并，不违反《克莱顿法》第 7 条。保洁案的理论，与反垄断法的根本原则相违背：只有降低消费者福利的行为才是被禁止的。即使以竞争者为代价加强某一企业的地位，只要产生有利于消费者的效率，就是应该鼓励的。③

在欧共体的合并审查史中，欧共体有条件地批准了 Boeing/McDonnell Douglas（波音）合并案，完全禁止了 GE/Honeywell（通用电气）合并案。这是仅有的美国表示同意而欧共体表示反对的涉及以美国为基地的公司合并案件。对于美国与欧共体态度的差别，美国当时的联邦贸易委员会主席莫里斯（Muris）认为，这些差别可以追溯到欧共体对潜在竞争效果④ 的关注。波音案中美国联邦贸易委员会没有讨论支配地位的巩固问题（entrenchment of dominance），而正是这一问题引起欧共体的反对，并最终促使欧共体对这一案件的解决。在通用电气案中，美国反垄断局与欧共体委员会对两个问题存在分歧，即混合捆绑（mixed bundling）和纵向封锁（vertical foreclosure）。"混合捆绑"一词，指既单独提供又一揽子提供产品的做法，对购买一揽子产品的客户提供价格折扣。欧共体最为关注的是，合并企业捆绑互补性产品以及竞争对手难以跟随最终使其退出市场的价格出售的能力。而美国则认为，谴责混合捆绑引起重要的政策问题是：第一，它因可能降低价格的效率行为惩罚企业。第二，基于混合捆绑理论禁止合并，是预期该行为会发生，竞争对手不能有效地作出反应而被驱赶出市场。但这样的预期应基于很高的证据标准，最好是实证性证据。在类似 GE 这样的案件中，隐含着重大的错误危险，其代价是混合捆绑可能立即产生的相对更确定的利益。美国的合并政策更多地考虑近期的可能利

① Robert D.Joffe，Kolasky，etc.，*Proposed Revisions of the Justice Department's Merger Guidelines*，81 Colum. L. Rev. 1543 (1981).

② Charles A. James，*Antitrust in the Early 21st Century: Core Values and Convergence*，May 15，2002，available at http://www.justice.gov/atr/public/speeches/11148.htm，last visited 10 November 2009.

③ Department of Justice，*Range Effects: The United Stated Perspective*，12 October 2001. available at http://www.justice.gov/atr/public/international/9550.pdf，last visited 6 February 2010.

④ 称为系列效果（range effects）、综合力量（portfolio power）和混合效果（conglomerate effects）。

益，其评估与评估可能的长期损害相比，推测性小。第三，美国和欧共体的方法提出了对潜在的反竞争做法进行事前控制还是进行事后控制的问题。即使合并企业最终从事欧共体担心的做法，也可以根据禁止反竞争协议和滥用市场支配地位进行指控。尽管美国承认欧共体明显不具有美国政府存在的解散合并或分拆主导企业的法定权力，但其仍然不明白为什么不能采取这些事后的控制做法。在美国，考虑到合并至少可能产生短期利益的可能性，司法部认为批准更有道理，如果以后产生非法行为，可以再提起指控。欧共体似乎比美国当局更倾向于对合并的系列效果可能产生的潜在的长期损害的关注。① 综合效果（portfolio effects）或系列效果（range effects）分析，既没有以经济理论作可靠基础，也没有以实证证据作支持。相反，它有悖于反垄断执法目标。它会使合并方不向执法机构坦率谈论它们希望实现的效率，害怕这一效率被反面看待。②

美国司法部反垄断局的其他官员，从效率的角度进一步阐释了不干预混合合并的原因。“我们指控横向合并，因为它们消除了一个竞争对手，可能促使合并企业限制产量、提高价格。同样，我们指控纵向合并，因为它消除了一个关键的投入、供应商或客户，可能不合理地封锁竞争。我们不保护竞争者免受使合并企业更有效率的合并的影响，即使它们担心会被驱出市场，因为竞争是实现目的的手段，而不是目的本身。目的是效率，而不是竞争。生产和交易效率，通过降低产品和服务成本，或通过提高它们的价值，有利于消费者。配置效率通过促进稀缺资源的再分配、促进最大福利，有利于消费者。我们珍视竞争，不是作为目的本身，而是因为它促进这两种类型的效率。承认效率是最终目标，使我们对采取以保存缺乏效率的竞争者的名义牺牲明显的效率的做法保持谨慎。基于这些原则，反垄断应几乎不干预混合合并，如果以前曾经干预过。与横向合并或纵向合并不同，只有在极其罕见的条件下，混合合并才可能给予合并企业以提高价格、限制产量的能力和激励。混合合并，作为一类合并，具有产生重大效率的可能性。这些潜在的利益包括提供资本投入、改善管理效率（通过替代平庸的管理者或通过以更优的财务控制和管理信息系统加强好的管理者）、跨越传统产业转移技术和营销秘密及最佳做法、构筑研究和分销网、通过多样化提高承受经济波动的能力、为所有者—管理者提供出售

---

① Timothy J. Muris, *Merger Enforcement in a World of Multiple Arbiters*, December 21, 2001. available at http://www.ftc.gov/speeches/muris/brookings.pdf, last visited 10 November 2009.

② Charles A. James, *International Antitrust in the 21st Century: Cooperation and Convergence*, October 17, 2001, available at http://www.justice.gov/atr/public/speeches/9330.htm, last visited 10 November 2009.

他们创造的企业的市场，从而鼓励企业精神和冒险精神。”①

针对混合合并可能产生的杠杆作用问题，美国官员认为，利用一个市场中的市场支配地位，获得另一市场中的竞争优势，在美国称为垄断杠杆（monopoly leveraging）。大多数美国法院认为，一个市场中垄断的企业，利用在该市场中的垄断力量获得相邻市场中的竞争优势，不是不合法的，除非这样做是为了维持其现有的垄断，或是创造在相邻市场获得垄断的危险的可能性。根据欧盟法，一个市场中具有市场支配地位的企业，使用该地位在不具有市场支配地位的相邻市场中获得竞争优势，是滥用市场支配地位，即使没有表明该行为可能造成第二市场的市场支配地位，除非主导企业能够证明其行为的合法的商业正当理由。只要允许企业在几个市场中竞争，就必须预料它会寻求基础更广泛的竞争优势——更有效率的生产，开发互补性产品、降低交易成本的更大能力，等等，允许它这样做，最终会有利于消费者。②

5.3.1.2 **欧共体委员会的看法**

在欧共体，无论是负责竞争执法的官员，还是执业律师，则持有与美国不同的看法。时任欧共体委员会竞争委员的蒙蒂（Monti）对纵向合并和混合合并提出如下看法。③

同一生产或分销链的不同阶段上经营的公司之间的合并，是纵向合并。这些合并所产生的纵向一体化，可能确立或扩大市场中的进入壁垒，因而促成对竞争者封锁市场。例如，纵向合并可以通过使竞争者难于获得重要的部件产品或分销渠道（合并可以产生所谓的“瓶颈”），而损害竞争。在这方面，美国和欧共体对这些潜在的问题迄今采取的方法非常类似。相对来说，指控纵向合并是极少的，很少有这类具体案件在美国和欧共体同时审查。④

有人主张，由于混合合并既不导致横向的重叠，也不导致纵向的联系，因而被视为对竞争具有积极的或至少是中性的效果。欧共体的观点是，虽然混合合并通常不是反竞

① Deborah Platt Majoras, *Merger Enforcement at the antirust division*, September 27, 2002, http://www.justice.gov/atr/public/speeches/200285.htm, last visited 10 November 2009.

② William J. Kolasky, *North Atlantic Competition Policy: Converging Toward What?* May 17, 2002, http://www.justice.gov/atr/public/speeches/224128.htm, last visited 10 November 2009.

③ Prof. Mario Monti, *Antitrust in the US and Europe: a History of Convergence*, 14 December 2001, available at http://europa.eu/rapid/pressReleasesAction.do?reference=SPEECH/01/540&format=HTML&aged=0&language=EN&guiLanguage=en, last visited 10 November 2009.

④ AOL 和 Time Warner 合并案中，美国和欧共体都进行了审查，采取了类似的方法。这一交易最终获得双方的批准，但只是在接受了合并方的重大承诺之后。欧共体调查所指明的核心关注问题是华纳品牌内容与 AOL 作为整个欧洲唯一的网络服务提供商的独特的强势地位（在美国，AOL 仅是领先的网络服务提供商）的结合。华纳在内容方面的地位因其与贝塔斯曼（Bertelsmann）的联系而进一步加强了。美国联邦贸易委员会也持有同样的纵向性关注。

争的，但在某些情形下，它们也能导致排他性的效果（exclusionary effect）并使竞争条件变坏。合并的混合因素，也可以构成现有的横向、纵向效果的额外因素。

当混合合并使合并实体以其市场力量为杠杆、使封锁有效竞争市场的效果或目标成为可能时，混合合并引起竞争性关注。这些不基于通常的业务业绩或优势竞争的封锁做法，可能大大降低消费者的选择，并最终导致更高的价格和福利的损失。因而，合并前至少一个相关产品中存在市场力量或市场支配地位，是可能产生与获得杠杆做法的必要条件。当两个合并实体在各自的市场中具有强大的市场地位时，这些做法更有可能。

在具体案件中，与其他类型的合并一样，混合合并虽然有可能产生效率收益，但并不能推定这样的合并总是能够并自动产生这样的效率。必须明确区别下述两种情况：导致市场支配地位企业降低价格的策略行为的合并，其目的是消除竞争者或使竞争者边缘化，旨在中期剥削消费者；客观上产生的、有可能转移给消费者的重大的持久的效率收益。那种说欧共体委员会处理混合合并时事实上采用“违反效率”的做法的说法，是错误的。使用“效率收益”（efficiency gain）这一词，并不指合并所产生的任何成本降低，而是指与反垄断当局有关的效率类型，即生产和分销的边际成本长期的结构性降低，它是合并立即产生的直接结果，不能通过对竞争限制性差的其他方法取得，并且可以在永久基础上以更低的价格或更高的质量合理地转移给消费者。

当合并方自己没有提供明确表达的量化的效率抗辩时，如同在GE案中一样，反垄断当局更难同意可能导致封锁效果的交易，因为如果封锁产生、竞争者被边缘化，则无法保证维持以合并实体可能策略性制定的为封闭竞争的低价，至少在中期和更长的期限是这样。

5.3.1.3 经济合作与发展组织的总结

2001年7月欧共体禁止GE/Honeywell合并，经济合作与发展组织专门于这一年的10月召开了“混合合并综合效果研讨会”。会后秘书处就各国参加者的意见进行了总结。[①] 从这一总结中可以看出，对混合合并的综合效果（portfolio effects）简单地肯定或否定都是不可取的，必须根据具体的案件事实进行具体的分析。对于混合合并的综合效果，主要存在下述看法。

（1）混合合并中的综合效果，由于合并将互补性产品结合在一起，包括可能产生的潜在的促进竞争和反竞争的效果，在这样的互补产品中，一个或多个当事人享有重要的

---

① OECD, *Portfolio Effects in Conglomerate Mergers*, DRAFE/COMP(2002)5, at 7–10. 24 January 2002.

市场支配力量。

（2）将互补产品（其中至少有一方享有重大的市场支配力量）结合在一起的合并，可能促进强迫搭售、完全捆绑或类似策略，[①] 限制买方的选择。虽然这样的产品可能最初提高经济福利，但在某些条件下，如果它消除了市场中的大量竞争者和生产能力，可能最终具有相反的效果。

（3）由于不同的规模范围经济、交易经济、"古诺效果"（Cournot effects）和策略行为，合并可能产生较低价格或其他买方优势。

（4）不同的交易经济和合并后的较低价格（无论是什么原因引起的），有利于消费者，通常计入允许合并的因素，但这一原则存在例外。在某些情形下，很有可能合并后的降价在使大量的竞争者退出市场后结束，价格最终会提高到合并前的水平。

（5）在某些情况下，在某些国家中，对与涉及综合效果的混合合并相关的潜在问题，采取事后的解决办法比采取事前的解决办法更有道理。合并前人们永远不能确信是否会产生搭售或捆绑行为，只有在其发生后才能根据实际的市场情况来评估。

（6）一些国家分析混合合并中的某些差别，可能是由于通常适用的实体标准，即重大削弱竞争标准和市场支配地位标准的不同。

（7）考虑到存在的不确定性，在合并中明示适用综合效果概念的国家，应努力提供评估这些效果所考虑的具体因素的指导。这样的指导可提高透明度，提高商业社会和审查同一合并的其他竞争当局的预期性。

（8）各国对待具体的混合合并中的差别，更有可能是由于解释事实的差别，而不是适用不同的分析方法的差别。

5.3.2 美国的非横向合并评估指南

5.3.2.1 美国法院对待纵向合并与混合合并的态度

1950 年克莱顿法修订之前，美国最高法院通过审查购并方的意图来分析纵向合并。如果发现有垄断或提价意图，合并通常会受到谴责。1950 年克莱顿法修订后，美国最高法院适用两种理论来分析纵向合并，一种是封锁理论，另一种是进入壁垒理论。

根据封锁理论，一个企业的纵向合并若拒绝了另一企业的市场进入时，则产生封锁。美国最高法院根据较低的封锁比例，基于多米诺骨牌理论，谴责纵向合并。例如，在布

① 例如，生产商或供应商强迫交易商接受整个系列的产品，full line forcing。http://www.businessdictionary.com/definition/full-line-forcing.html，last visited 10 November 2009.

朗鞋业公司案中，虽然被封锁的零售商仅占整个市场的1%~2%。[①] 只有其中一个合并企业是垄断企业时，才会产生真正的封锁。近来，只有被封锁的比例足够大时，美国的下级法院才对纵向合并予以禁止。进入壁垒理论是纵向合并提高了试图进入市场的新企业的进入壁垒。

现在通常根据封锁理论和进入壁垒理论对纵向合并进行分析。只有合并企业占有市场15%以上份额时，法院才会认定合并违法。进入壁垒高的特定市场中，该比例可能会低些。不过，美国各上诉法院的做法并不统一，美国最高法院自1972年的福特汽车案[②]以来，没有新的纵向合并案例。[③]

5.3.2.2 美国司法部非横向合并评估指南

美国司法部1968年颁布的合并评估指南，包括了横向合并、纵向合并和混合合并三部分。[④] 从篇幅上看，纵向合并和混合合并的内容多于横向合并的内容。

1982年指南将非横向合并的反竞争效果定性为非横向合并的横向效果。该指南并没有区分混合合并与纵向合并，而是指出混合合并与纵向合并这样的标签并无多大意义。该指南将反竞争效果理论分为消除特定潜在进入者和纵向合并中的竞争问题两个部分。

美国司法部于1984年颁布的《合并评估指南》中规定了包括有关非横向合并的内容，这一内容一直没有变化，1992年和1997年的《合并评估指南》只包括横向合并的内容。该指南认为，大多数的纵向合并都是有效率的、合法的。该指南声称，适当情形下，司法部将根据视为潜在进入者和实际潜在进入者理论指控混合合并。该指南规定指控潜在竞争合并的条件与上述潜在进入理论的两种情形相同，但同时增加了赫氏指数的要求，目标市场必须存在高于1 800的指数。如果进入壁垒低或多于三个潜在进入者，司法部不可能提起指控。美国反垄断法专家认为，1984年指南基本上放弃了将封锁理论作为谴责纵向合并的正当理由。

5.3.2.2.1 纵向合并

1984年指南对纵向合并主要提出了下述理论：提高进入壁垒、促进共谋可能、规避管制价格。合并指南的进入壁垒理论虽然与美国最高法院的相同，但其适用标准更高、更严格，司法部一般不指控纵向合并。只有在满足下述两项标准的情况下，司法部才可

① *Brown Shoe Co. v. U.S.*, 370 U.S. 294 (1962).

② *Ford Motor Co. v. U.S.*, 405 U.S. 562 (1972).

③ Herbert Hovenkamp, *Antitrust*, 4th edition, Thomson/West 2005, pp.177–180.

④ *US Merger Guidelines 1968.*

能提起指控：第一，市场中的纵向合并已经非常普遍，新进入者必须同时进入两个市场；第二，进入两个市场的必要性提高了新进入的风险，因而提高了成本。如果新进入成本不高于现有经营者的经营成本，现有经营者不可能成功操控垄断价格。

如果纵向合并促进共谋，司法部可能提起指控。这一理论仅适用于导致共谋的集中度高的市场。除非市场的集中度高于 1 800 的赫氏指数，一般不会提起指控。这与封锁理论的适用是一样的。

在价格管制的产业中，如果纵向合并使合并企业规避价格管制，司法部可能提起指控。但也只是在合并极有可能提供滥用机会时，才提起指控。

自 1984 年《合并评估指南》颁布以来，美国司法部没有指控过一起纵向合并。①

5.3.2.2.2 混合合并

根据 1984 年指南，纯混合合并是指其产品完全没有联系的企业间的合并。混合合并的企业间通常不具有买卖关系，因而该合并不会产生纵向合并中的交易或经销效益。合并企业不是实际的竞争者，规模经济的机会比不上横向合并。

反垄断法通常不关心这类合并。混合合并产生的经济效率有：第一，如果生产互补性产品，可能产生经销和营销上的效率。第二，如果生产在生产过程中采取类似技术的产品，合并后企业可能受益于制造中的规模经济。技术上不类似的产品，可以一起经销。第三，大企业购并小企业，可以为小企业提供名称或品牌认可。第四，有效管理的公司购并管理不善的公司，可以提高管理不善公司的效率。第五，两个不同地域制造相同产品中的企业的合并，可以使合并企业降低成本，协调原料采购、运输、生产、经销，特别是需求在不同地域周期性转移的情况下更是如此。第六，多产品公司的研究成本比单一产品公司的研究成本更有效率。第七，混合合并可以内部筹集资本，特别是如果有产生大量收入稳定市场和要求投资的增长市场。第八，有时规模本身会产生效率。

有些情况下，虽然不认为是实际竞争者但相互间有密切联系的企业的合并，也可以成为反垄断审查的对象。这包括两类情形：其一是市场扩张型合并。在两个不同的地域销售相同产品的两个企业的合并。其二是产品扩张型合并。销售不同但密切相关的产品的两个企业间的合并。

在混合合并中并无普遍的“效率抗辩”。实践中，司法部几乎忽略了潜在进入者理论以及其他的混合合并的理论。②

---

① Herbert Hovenkamp, *Antitrust*, 4th edition, Thomson/West 2005, p.181.

② Herbert Hovenkamp, *Antitrust*, 4th edition, Thomson/West 2005, p.300.

美国反垄断法学者总结了混合合并理论，指出谴责混合合并的理由有多个，但如今只有潜在竞争理论仍然具有生命力，虽然也不经常用。①

第一，互惠或互惠交易。产生于相互购买对方产品的企业间。当一方强迫另一方从事互惠交易时，例如一方同意购买另一方甲产品、另一方才购买乙产品时，互惠交易产生反垄断问题。通常将这种互惠与搭售安排进行类比，并按同样标准分析。今天，执法机构已基本上放弃了将互惠交易作为谴责混合合并的理由的做法。

第二，杠杆和搭售。混合合并也会促进搭售安排。但在美国法上，《克莱顿法》第 3 条已经包括了这种情形，第 7 条为何仍包括这种搭售这种安排？谴责可能促进搭售的规则，在作出搭售是否发生这一决定之前，就剥夺了任何潜在的效率经济，无论这种搭售是否具有效率。

第三，掠夺性定价。混合合并因可能促进掠夺性定价而受到谴责。理由有二：一是财富理论。合并产生了具有财富的企业，使其能够承受长时间的亏损销售。但企业并非因为有良好资本资助就必然进行掠夺性定价；在多个市场中经营的企业不可能通过在一个市场中的提价来“资助”另一不同市场中的掠夺性定价。二是信号理论。一个企业可以利用其一个市场中广为人知的掠夺，向多个市场中的竞争者发出信号。这样做的能力可能使掠夺性定价更有利可图，并因此提高其可信性。

第四，潜在竞争原则（potential competition doctrines）。上述理由都或多或少存在争议，但另外的理由被认为是可行的。这就是潜在竞争理论，它有两种形式：视为潜在进入者原则和实际潜在进入者原则。

“潜在竞争”一词，通常是从供应方角度看而非从需求方看的实际竞争。一个企业的市场力量，受到两方面的反应限制：消费者对提价的反应和寻求更高利润的其他企业的进入反应。潜在竞争合并实际上是横向合并的一种变形。

实际竞争和潜在竞争的界限常常是模糊的。投标市场中的失败者，与成功的投标者一样是竞争者。市场边缘上的企业，如果有利可图，会迅速进入市场。

视为潜在进入者理论（perceived potential entrant theory）表示，当合并消除了一个被视为处于集中市场的边缘、倾向于限制垄断定价的企业时，该合并是反竞争的。② 但这一理论存在许多限定性条件。第一，潜在进入可能进入的目标市场的集中度必须很高，且有助于寡占行为。如果目标市场竞争良好，视为潜在进入者理论则是多余的。第二，

---

① Herbert Hovenkamp, *Antitrust*, 4th edition, Thomson/West 2005, pp.294–295.

② *U.S. v. Falstaff Brewing Corp.*, 410 U.S. 526 (1973).

目标市场的进入壁垒必须很高。第三，这些高壁垒为何没有排除潜在竞争者的进入，应有某种可信的解释。第四，只存在少量几个视为潜在进入者，多了即无所谓消除的意义。第五，合并本身没有提高目标市场的竞争，否则该理论会起反作用。①

实际潜在进入者理论比视为潜在进入者理论更具有推测性。从某种意义上说，这一理论与《克莱顿法》第 7 条用语不符。根据这一理论，购并企业本能够新进入市场、使该市场更具有竞争性，但这一新进入被合并进入取代，所以该潜在的竞争合并是反竞争的。因而，根据实际潜在竞争理论，即使合并使市场中的当前竞争状况不受影响，合并也是非法的。合并只是降低了市场在将来某一时间更具有竞争性的可能性。②

总的来说，视为潜在进入者理论的所有要求，都适用于实际的潜在进入者理论。但还存在另一要求：必须证明，购并企业如果没有机会通过合并进入，其本能够通过新进入的方式进入。

美国最高法院从来没有基于实际的潜在进入者理论谴责合并，但也没有不认可这一理论。

5.3.3 欧盟《非横向合并评估指南》

5.3.3.1 概述

根据欧盟《非横向合并评估指南》，③ 与横向合并相比，非横向合并重大阻碍有效竞争的可能性通常较小。第一，纵向合并和混合合并不导致合并企业在同一相关市场中直接竞争的损失。第二，纵向合并和混合合并提供了重大范围的效率。纵向合并及部分混合合并的一个特征是，相关企业的活动或产品是互补性的。同一企业内的互补性活动或产品的一体化，可以产生效率、促进竞争。例如，在纵向合并中，作为互补的结果，下游加价的降低会导致上游需求的增加。需求增加这一利益，部分会由上游供应商享有。一体化的企业会考虑这一利益。一体化使企业能够获取更大的利益，故纵向合并可以提高企业降价增产的动机，这经常被称为“双重加价内部化”。④ 类似地，在一个阶段提价销售，也会为一体化企业提供更大的回报，企业会考虑其他阶段产生的利益。

一体化也可以降低交易成本，对产品设计、生产过程的组织及产品销售方法进行更

① Herbert Hovenkamp, *Antitrust*, 4th edition, Thomson/West 2005, pp.298–299.

② Herbert Hovenkamp, *Antitrust*, 4th edition, Thomson/West 2005, p.299.

③ Guidelines on the Assessment of Non-Horizontal Mergers under the Council Regulation on the Control of Concentrations between Undertakings, 2008/C 265/07, *Official Journal of the European Union*, C 265/6, 18.10.2008.

④ *Internalization of double mark-ups.*

大的协调。同样，属于同一系列产品或组合产品（该产品通常对同一类客户出售）的合并，也会对客户产生诸如一站式服务的利益。

但非横向合并也会产生重大阻碍有效竞争的情形。这主要是因为，非横向合并可能改变合并企业及其竞争对手的竞争能力和动机，引起对消费者的损害。

在竞争法的框架下，消费者这一概念既包括直接客户，也包括最终客户。当直接客户是合并方的直接或潜在竞争者时，欧盟委员会的注意力集中于合并对客户的影响，即合并对合并企业及其竞争者对其销售产品的客户的影响。结果是，合并影响竞争者这一事实本身，并不成为竞争性问题。尤其是，竞争对手因为合并产生效率而受到伤害这一事实本身，并不引起竞争性问题。产生竞争性问题的是对有效竞争的影响，而非仅仅是对供应链上的某一阶段上的竞争者的影响。

非横向合并重大阻碍有效竞争的方式有两种。

第一，非协同效果（non-coordinated effect）。非协同效果主要产生于非横向合并引起的市场封锁。“封锁”指这样的情形：由于合并，合并企业的实际或潜在的竞争对手获得供应商的供应或进入市场的机会受到了阻碍或被消除，从而降低了这些公司的竞争能力、竞争动机。这种封锁的结果是，合并企业以及一些竞争对手，能够提高对客户的收费价格并盈利。这些情形引起了对有效竞争的重大阻碍，因而被称之为“反竞争的封锁”。

第二，协同效果（coordinated effect）。当合并改变竞争的性质、之前没有协同行为的企业如今有重大可能协同提价或从事其他损害有效竞争的行为时，产生协同效果。合并也可能使合并前已经存在的企业协同更容易、更稳定或更有效。

在评估合并的竞争效果时，欧盟委员会将申报合并可能产生的竞争条件与没有合并时可能存在的竞争条件进行比较。在大多数情形中，合并时存在的竞争条件，构成了评估合并效果的相关比较基础。然而，在一些情形中，欧盟委员会将考虑可合理预期的市场的未来变化。尤其是，在考虑什么构成相关比较基础时，欧盟委员会可能考虑没有合并时企业的可能进入或退出以及即将发生的管制变化引起的市场未来发展。

在对合并的竞争效果进行评估时，欧盟委员会既要考虑合并产生的可能的反竞争效果，也要考虑有利于消费者的有证据支持的效率产生的竞争促进效果。欧盟委员会审查不同的因果关系链，以确定哪一个因果关系最为可能。合并与反竞争效果越接近、越直接，委员会提出竞争关注的可能性就越大。同样，合并与促进竞争的效果越接近、越直接，委员会认定其抵消反竞争效果的可能性就越大。

欧盟委员会在审查非纵向合并的竞争效果时，需要考虑市场份额和集中水平。除非合并企业在至少一个有关市场上具有重大程度的市场力量（该力量并不必然等于市场支配地位），非纵向合并一般不会对有效竞争造成威胁。

市场份额和集中度是合并企业及其竞争者的市场力量与竞争重要性的首要指标。通常，如果合并后企业在每一市场的市场份额低于30%，且赫氏指数低于2 000，委员会不可能提出关注。委员会使用上述市场份额和赫氏指数作为是否存在竞争关注的初步指标。但这些指标并不必然引起合法的推定。委员会认为，合并企业至少在一个有关市场中存在重大市场力量是竞争损害的必要条件，但不是充分条件。

实践中，除非存在特殊情形，欧盟委员会一般不会对非横向合并进行深入的调查。特殊情形包括存在下述一个或多个因素：第一，合并涉及可能近期重大扩张的企业，例如由于最近的创新进行扩张；第二，市场参与者中存在重大的交叉持股或兼任董事；第三，合并一方非常可能从事扭曲性的协同行为；第四，过去或现在存在协同或便利做法。

5.3.3.2 纵向合并

5.3.3.2.1 非协同效果：封锁

封锁可能阻碍竞争对手的进入或扩张，或者推动其退出。即使被封锁的竞争对手没有被迫退出市场，封锁也可能存在：竞争对手被置于劣势并导致竞争有效性差。当合并企业（可能时包括某些竞争对手）由此可能提高对消费者的收费而盈利时，这样的封锁被视为反竞争的。

封锁有两种形式。第一种是投入封锁（input foreclosure），通过限制下游竞争对手获得重要投入，提高下游竞争对手的成本；第二种是客户封锁（customer foreclosure），通过限制上游竞争对手接触足够的客户群，封锁上游竞争对手。下面分别介绍这两种封锁形式。

第一种是投入封锁。合并后的一体化企业在上游市场拥有重大市场力量，是产生投入封锁的前提条件。合并企业对上游市场的竞争条件具有重大影响，并由此对下游市场的价格和供应条件有重大影响。只有投入对下游产品产生重要影响时，才会产生投入封锁。这是投入封锁的必要条件。例如，构成下游产品的重大成本、生产下游产品的关键部件、产品差异的重要来源，或者造成高昂转换成本等。

合并后新实体可能限制无合并时本应供应的产品或服务，使下游竞争对手更难以未合并时的类似价格或条件获得投入物的供应，从而提高下游竞争对手的成本。这时产生投入封锁。投入封锁可以采取多种形式。例如，拒绝交易，限制供应或提高价格，选择特定的与竞争对手技术不兼容的技术，或者降低供应的投入质量。

投入封锁可能会导致合并实体提高向消费者的收费而盈利，导致对有效竞争的重大阻碍。判断投入封锁是否导致消费者损害，并不是看合并实体的竞争对手是否被迫退出市场，而是看投入成本提高是否会导致消费者支付更高的价格。而且，合并也可能产生效率，可能导致合并实体降低价格，因此，合并对消费者的总影响是中性的或积极的。

在评估时，委员会首先审查合并实体在合并后是否具有重大封锁投入的能力，其次审查其是否具有这样做的动机，最后审查封锁战略是否对下游竞争具有损害影响。这三个因素是密切联系的，实践中常一起审查。

通过降低自己的上游产品或服务的供应，对下游市场投入的总的供应情况在价格或质量方面产生不利影响，合并企业即具有封锁下游竞争者的能力。例如，其他的上游供应商效率差、不能提供更好的替代物、缺乏扩张能力等，即是这种情形。合并企业与独立投入供应商间的排他性合同，也会限制下游竞争对手获得充分投入的能力。在投入市场是寡占市场时，合并企业限制投入的决定还会减轻对其他供应商的竞争压力。竞争对手是否可能采取及时有效的反战略，对合并企业的封锁能力会产生影响。这种反战略包括改变生产过程以减少对有关投入的依赖，或者促进新的上游供应商的进入。

封锁动机依赖于封锁盈利的程度。合并企业既要考虑上游部门，也要考虑下游部门。因为合并企业需要权衡上游市场因降低供应而失去的利润和下游市场因扩大销售或提价而增加的利润。这一权衡以合并企业上游和下游获得的利润水平为基础。合并企业提高竞争对手成本的动机，还依赖于下游需求从被封锁对手转向的程度以及合并企业的下游部门获得的转向需求的份额。封锁实际或潜在竞争对手的机会，也可依赖于合并企业下游部门预期从下游高价获利的程度。已经能够获得纵向一体化市场中的全部利润的上游垄断者，没有在合并后封锁竞争对手的动机。合并企业从消费者处获取利润的能力，并不直接来自于高的市场份额。当不能获得全部利润时，纵向合并可能赋予合并实体提高下游竞争对手成本的动机，从而降低竞争对手在下游市场对合并实体施加的竞争压力。在评估合并实体的可能动机时，委员会可以考虑多个因素，诸如合并实体的所有权结构、过去采取的市场战略类型或者内部战略文件等。另外，当合并实体采取的具体行为是封锁的一个基本步骤时，委员会既要审查采取该行为的动机，也要审查导致甚至消除这些动机的因素，包括非法行为的可能性。

合并导致下游市场提价从而重大阻碍有效竞争时，合并因封锁而产生竞争损害。首先，纵向合并允许合并方提高下游竞争对手的成本从而导致销售价格的上涨压力时，会产生反竞争的封锁。对有效竞争的重大损害，通常要求被封锁的企业在下游市场中的竞争过程中起到非常重要的作用。被封锁的竞争对手的比例越高，合并导致下游价格重大增长因而重大阻碍下游市场有效竞争的可能性就越大。第二，提高潜在竞争者的进入壁垒，会重大阻碍有效竞争。当合并企业不向潜在的下游进入者供应时，或者以比无合并时更差的条件供应时，纵向合并会封锁下游市场的潜在竞争。仅仅是合并企业合并后会采取封锁战略的可能性，也会对潜在的进入者产生强烈的威慑效果。对提高进入壁垒的关注，在开放竞争的产业中或预期即将开放竞争的产业中，更加重要。对下游市场竞争的影响，还必须根据诸如买方力量或上游市场进入维持有效竞争这样的抵消性因素。此外，对竞争的影响需要根据合并方提出的效率进行评估。在非横向合并的框架下评估效率时，委员会适用《横向合并评估指南》中确立的原则。尤其是，效率必须使消费者受益、必须是合并所特有的、必须是可以证实的。纵向合并可以产生某些具体形式的效率。例如，双重加价内部化；更好地协调生产和经销过程，从而节省库存成本；整合产品、生产过程和营销的投资。委员会可能决定，由于合并带来的效率，没有理由宣布合并与共同市场不符。

第二种是封锁客户。当供应商与下游市场中的重要客户一体化时，会产生客户封锁。由于其在下游市场的存在，合并实体可以对上游（投入）市场中的实际或潜在的竞争对手封锁足够的客户群，降低这些企业竞争的能力或动机。反过来，这会使下游竞争对手更难于以无合并时的类似价格和条件获得投入供应，从而提高下游竞争对手的成本。这使合并实体在下游市场以更高的价格获利。判断客户封锁导致消费者损害的标准，并不需要合并企业的竞争对手被迫退出市场，而是需要考察投入成本的提高是否会导致消费者支付更高的价格。不过，合并产生的效率也可能导致合并企业降低价格，这样对消费者总的来说无不利影响。

在评估客户封锁的可能性时，委员会同样会审查三方面的因素：第一，合并实体是否有能力通过降低上游竞争对手的购买来封锁下游市场；第二，合并实体是否有动机降低上游购买；第三，封锁战略是否对下游市场中的消费者产生重大不利影响。

通过提高上游竞争者获取下游客户的成本，或通过限制重大客户群，纵向合并可能影响上游竞争者。客户封锁可以采取多种形式：拒绝购买，从上游部分竞争者获得所有的产品或服务，从而停止从其他上游竞争者手中购买；减量购买，降低从上游竞争对手处的购买量；或者，更差条件购买，以比无合并时差的条件从竞争对手中购买。

在审查合并实体是否有能力封锁对下游市场的进入时，委员会需要审查下游市场中是否有足够的经济上的替代渠道，以便上游竞争对手销售其产出。只有纵向合并涉及下游市场中拥有重大市场力量的重要客户的企业时，才会产生客户封锁的关注。相反，如果有足够大的客户群可能转向独立供应商时，不可能产生竞争关注。如果在投入市场存在重大的规模经济或范围经济，或者需求具有网络效果特征时，客户封锁尤其会导致更高的投入价格。在这种情形中，实际或潜在的上游竞争对手的竞争能力会受到损害。当客户封锁主要影响上游竞争对手的收入流时，它可能对其降低成本、研发和生产质量进行投资的能力和动机产生重大负面影响。长远看，这会降低它们的竞争能力，甚至可能造成它们退出市场。

评估时，委员会可能考虑与投入不同用途相对应的不同市场。如果下游市场的大部分被封锁，上游供应商可能不能实现效率规模，并有可能在其他市场中以更高的成本经营。反过来，如果上游供应商发现投入的其他用途或次级市场，而不产生更大的成本，其可能继续有效率地经营。委员会也会考虑竞争对手可能采取的反战略。

封锁的动机依赖于合并实体盈利的程度。这一点与上述封锁投入相同。

封锁上游市场中的竞争对手，可能对下游市场产生不利影响，并损害消费者。由于上游竞争对手产品接触客户群的竞争机会被拒绝，这些企业在可预见的将来进行竞争的能力受到削弱。下游的竞争对手可能被置于竞争劣势，例如投入成本提高。当客户封锁的主要影响是对上游竞争对手的收入流的影响时，对消费者的不利影响可能需要一段时间才能显现。

5.3.3.2.2 其他非协同效果

通过纵向一体化，合并实体可以获得上游或下游竞争对手活动的商业敏感信息。例如，通过成为下游竞争者的供应商，公司可以获得关键信息，允许其在下游市场中的定价不那么具有攻击性，损害消费者。它也可以将竞争者置于竞争劣势，阻碍它们进入市场或进行市场扩张。

5.3.3.2.3 协同效果

协同效果涉及达成协同条款、对背离协同的监督、制裁机制以及外部企业反应四个方面。

纵向合并可以使上游市场或下游市场中的企业更容易达成协同条款。例如，在纵向合并导致封锁时，市场中有效竞争者的数量减少。一般来说，市场上的活跃企业数量的减少使协同更容易。纵向合并也可以提高市场活跃企业相互间的对称程度，使得它们更容易达成协同条款，从而提高协同的可能性。同样，纵向合并也可以提高市场透明度的水平，使市场经营者的协同更容易。合并也可能涉及消除市场中的独行者。与独行者的纵向一体化，消除了独行者对协同的阻止或破坏，改变了行为动机。

纵向一体化通过接触竞争对手的商业敏感信息、提高企业间的透明度水平，或更容易监督定价，而促进协同。如果下游的价格透明度高于上游，对最终消费者的价格是公开的而中间市场交易保密，就会引发竞争关注。纵向一体化可以使上游生产商控制最终价格，更有效地监督背离协同的情形。在导致封锁时，纵向一体化也可以降低市场中有效竞争者的数量。数量的减少使相互监督更容易。

纵向一体化影响协同企业遵守协同条款的动机。由于纵向一体化的公司可能是竞争对手公司的重要客户或重要供应商，当竞争对手背离协同条款时，它更能有效地制裁竞争对手。

通过提高市场进入壁垒或限制外部企业的竞争能力，纵向一体化可以降低外部企业破坏协同的程度。

纵向一体化也涉及消除市场中的破坏性买方。如果上游企业认为对某一特定买方的销售特别重要，其可能倾向于背离协同条款来获得这一业务。同样，大型买方可能通过对某一供应商提出大量订货，或通过提供长期合同，引诱协同企业背离协同条款。对这种买方的购并，增加了市场协同的危险。

另外，根据英国《合并评估指南》，纵向竞争可能引起下述问题。第一，企业在一个市场中的市场支配力量，可能用于纵向相关市场中创造或加强市场支配力量。例如，基本投入的供应商与下游企业的合并，可能导致下游企业的竞争对手不能获得该基本投入的供应（封锁供应）或面临更高的价格。第二，纵向收购新的进入者，或纵向收购创新能力或进攻性特强的进入者，是阻止上游或下游市场竞争发展的有效方法。第三，纵向合并可能改变市场竞争条件，使协同作用更有可能。例如，上游市场的批发价格不如零售价格透明，当制造商与零售商纵向合并时，它们更能知道最后的价格，因而也更可能发生协同效果。这样的纵向合并也会封锁下游零售者之间的竞争。第四，通过限制或封锁基本投入或经销渠道，纵向合并可能提高进入壁垒或扩张壁垒。如果需要在供应链的多个阶段进入，纵向合并提高了进入的困难和风险。①

□ **案例：阿拉诺德购并埃诺案②**

1999 年 7 月，阿拉诺德公司（Alanod）购并埃诺（Ano）的案件被移交给英国竞争委员会进一步审查。

① *Merger References: Competition Commission Guidelines (UK)*, June 2003，§ 3.65–68.

② Competition Commission (UK)，*Understanding Past Merger Remedies: Report on Case Study Research*，August 2008，Appendix 3.

阿拉诺德和埃诺都生产线圈形的铝板，用于提高商业照明灯具的反光品质。公司将铝板进行阳极氧化处理，生产85%的反光度；更高水平的反光度可以通过使用真空处理来获得，阿拉诺德通过这一工序来生产米罗系列产品。

阿拉诺德是一家技术先进、在英国和欧洲具有很强实力的盈利的公司。而埃诺财力较弱，且其母公司自1997年以来受到银行的控制。阿拉诺德与约旦的一家天花板照明设置的百叶片专业制造公司有很强的关系，该约旦公司的母公司由两个自然人所有,这两个自然人也联合拥有阿拉诺德的股份。在合并前,埃诺自己进行了重组。其所有人指出，他们没有财力资源保障埃诺的中长期未来，并认为最佳行为模式是出售业务。阿拉诺德购并埃诺的效果，是提高了阿拉诺德在英国阳极氧化铝市场中的市场份额，从35%上升到约75%。

英国公平交易局直到该并购完成后一段时间才知道这一交易。公平交易局只剩下2个月的时间进行第一阶段的调查。由于法律规定公平交易局将案件移交竞争委员会之前,不能采取临时措施,因而在移交后,公平交易局向阿拉诺德寻求临时承诺,但阿拉诺德回复，埃诺已经并入到阿拉诺德中。阿拉诺德最后采取了时间非常有限的临时承诺，承担维持埃诺名称和产品代码的义务。

竞争委员会认定，合并实体具有在英国提高特定的阳极氧化铝的能力和动机。合并实体是高反光度米罗系列产品的唯一供应商，其可能将米罗产品的销售与更基本的产品搭售,因而在供应这些基本产品时损害竞争。其客户高度分散,最大客户占英国阳极氧化铝使用的20%，第二大客户则仅占7%。光源产品制造商也购买百叶制成品，但在英国，与阿拉诺德有联系的上述约旦公司是最大的供应商。

竞争委员会的最后报告认定，新进入者的启动成本构成了市场进入壁垒。竞争委员会同时指出还存在其他进入壁垒，包括阿拉诺德与其主要经销商之间的排他性经销安排。另外，制造米罗产品的方法部分由阿登纳公司开发，阿拉诺德与阿登纳公司的交易有效地阻止了其他公司使用制造米罗产品的方法。阿拉诺德还对其客户使用了追溯性回扣，该种回扣具有阻止客户转移的效果。竞争委员会的结论是，合并实体在欧洲市场中的强势，与欧盟对第三国采取的7%的进口关税联合在一起，将排除来自欧盟外的市场进入。强有力的独立经销商部门将会提高其品牌内的价格比较，这有助于促进竞争，但在本案中的独立经销商部门不够强大，阿拉诺德的排他性安排妨碍了其发展。

救济措施的选择与设计

竞争委员会建议采取包括7项行为性救济的一揽子措施：（1）规定最高价格（每5年复审一次）；（2）继续供应现有级别的阳极氧化铝板；（3）不得将米罗产品的销售与低级别的阳极氧化铝产品的销售联系在一起；（4）对竞争者承担供应米罗产品的义务；（5）取消现有的与阿登纳公司的排他性经营协议；（6）不得提供追溯性回扣；（7）与约旦公司保护独立关系。

竞争委员会选择救济措施中的关键因素是这一事实：埃诺与阿拉诺德已经实质性一体化，意味着不存在可行的独立的剥离救济。在将案件移交竞争委员会时，在公平交易局寻求临时承诺时，埃诺的技术、销售和营销部门已经解散。考虑到埃诺已经不再是独立的业务，而只是一个生产工厂，只有其他的制造商才会对其作为一个剥离资产感兴趣。竞争委员会指定一家意大利的制造商塞科尔作为可能的购买方，但是当竞争委员会参观塞科尔时，发现其已经失去购买的兴趣。据此，竞争委员会认为剥离是一项太不确定的救济。

竞争委员会的最终报告指出，其他更剧烈的结构性救济措施也曾予以考虑。虽然没有具体说明，但可能包括要求阿拉诺德出售一些英国之外的其他独立业务。然而，由于阿拉诺德是在英国境外设立的公司，由外国国民控制，除埃诺外在英国没有其他业务，竞争委员会最终认为这不可行。

竞争委员会接着考虑了行为性救济，尤其是价格控制，作为次优解决方案的有效性。竞争委员会指出，对多个产品进行价格控制会存在困难，并指出了通过对现有产品重新定义避免控制的可能性。

阿拉诺德建议按客户进行价格控制，这一方法是将每一客户将来支付的价格，与其过去对阿拉诺德和埃诺支付的价格联系起来。竞争委员会接受了这一建议。然而，竞争委员会指出，并非阿拉诺德供应的所有客户都直接从阿拉诺德购买；一些客户间接从另一公司蒂森购买。阿拉诺德不会知道它们支付的价格，这些客户不会受到价格控制的保护。竞争委员会试图令阿拉诺德保证不会通过重新界定产品级别来避免控制，并具体规定其应继续供应现有级别的产品。

与结果控制一起，竞争委员会还建议采取保护和促进竞争的措施。承认阿拉诺德将是下游竞争者的一个强有力的供应商的同时，竞争委员会建议阿拉诺德应继续向其竞争者供应米罗产品。竞争委员会还建议阿拉诺德不应将米罗产品的销售与其他级别更低的产品的销售放在一起搭售、不得进行追溯性回扣，以试图保证市场进入不受到封锁。阿拉诺德应取消其与阿登纳公司的排他性经销协议，这一建议旨在消除进入的重大壁垒。竞争委员会还建议阿拉诺德维持与约旦公司的独立关系。

报告发布后的进展

竞争委员会最终报告发布后，国务秘书要求外贸总局就价格控制救济的性质进行磋商。公平交易局向国务秘书提出了救济措施的修改文本。公平交易局建议的救济包括了公开价格清单，而非价格控制，但在磋商后公平交易局转而建议价格控制。

在与公平交易局的磋商中，阿拉诺德要求价格控制包括零售物价指数调整。它提出这对于保护其避免受到不可预见的成本增加（包括气候变化时的影响）是必要的。公平交易局将价格控制水平与伦敦金属交易所的铝产品价格联系在一起，由于铝是阿拉诺德的反光板的主要投入物，预期可以比零售物价指数更好地反映成本变化。

阿拉诺德还提出承诺应有时间上的限制，但公平交易局没有同意在承诺中包括这样的日落条款（定期终止条款）。

为了对执行价格承诺进行监督，公平交易局使用阿拉诺德、埃诺、蒂森和它们的客户提供的信息，制定了客户在合并前支付的价格表。这是一项艰巨任务，因为价格是个别谈判的，该表必须包括不同客户的不同价格，一些客户没有保留其支付的价格记录。一共准备了 133 页的价格表，作为承诺的附录。

总的来看，阿拉诺德的客户在竞争激烈的市场中销售其产品，这强迫它们将投入成本降至最低。这反过来导致对阿拉诺德降价的压力。这些压力来自于下述几个方面：第一，客户从阿拉诺德转向其他供应商；第二，使用非阳极氧化方式处理的铝板的反光板制造商，生产规格低的阳极处理反光板的替代品；第三，客户从英国的生产设施转向成本低的国家，如中国，转而寻求这些地区的供应商。

另外，下游照明制造商的合并，导致这些制造商享有更强的与诸如阿拉诺德这样的供应商谈判的地位。

阿拉诺德指出，这一压力意味着，阿拉诺德不能将价格提高到控制所允许的水平。虽然铝价从 1999 年的每吨 1 500 美元上涨到 2005 年的 1 900 美元，阿拉诺德却一直不能够将这一涨价转移给消费者（虽然该控制使其能够这样做）。它通过压低成本来维持利润幅度。

这些因素的例外是米罗的高规格反光灯，这一产品没有紧密的替代品，并且阿拉诺德在英国继续拥有全部的供应。其他的制造商似乎也不能提供与阿拉诺德的米罗产品相同质量的材料。阿拉诺德拥有米罗产品供应的市场力量，该价格控制是一个有力约束。来自客户的证据表明，阿拉诺德没有将其他产品的销售与米罗产品的销售捆绑在一起。

阿拉诺德面对的价格控制，是通过参照每一客户在合并前对阿拉诺德和埃诺分别支付的价格，按客户进行价格控制。这一价格控制不适用于新客户（如果对新客户的价格与对现有客户的价格差别很大，现有客户可能会利用套利机会）。下游市场是一个统一市场，虽然竞争委员会的最终报告中没有明确预期到，退出对价格控制的有效性非常重要，而不是进入。

对于阿拉诺德的其他承诺（向竞争者提供米罗产品的义务，取消现有的排他性经销安排，不追溯使用回扣的义务，维持与约旦公约的独立关系的义务），公平交易局没有收到申诉。

经验与教训

对本案进行的案例研究得出的经验与教训主要是：

即使没有削弱一揽子剥离的具体意图，合并完成后对正常一体化进程的追求，也会消除有效剥离救济的范围。缺乏有效的临时救济可能严重约束竞争委员会对已实施合并的最终救济的选择。

在投入成本发生重大变化的产业中，实施价格控制是困难的。即使努力将价格与主要成本联系起来，但如果其他成本发生重大下降，该价格控制也不能成为有力的约束。

在价格起伏大或产量有重大增长的市场中，通过参照每一客户过去支付的价格来控制每一客户现在应支付的价格，不可能有效。

在存在重大创新、新产品开发的市场中，由于被控产品成为市场中较小的部分，价格控制可能被削弱。

通过控制企业的价格进行控制，会提高企业的市场份额，并且可能有助于扩大其他市场（或市场分割）中的份额，超出被控产品的份额。其最终结果是，价格控制有可能迫使那些不能与控制价格企业进行竞争的企业退出市场。

5.3.3.3 混合合并

混合合并，指既不处于纯横向关系也不处于纯纵向关系的企业间的合并。实践中，主要注意具有密切联系的市场中活跃的经营者之间的合并。例如，互补产品供应商的合并，或同一类客户通常为相同最终用途购买的大类产品的供应商的合并。

混合合并在大多数情况下不引起竞争问题。但在某些特定的条件下，可能损害竞争。欧盟委员会需要考虑可能的反竞争效果和促进竞争效果两个方面。

混合合并也存在非协同效果和协同效果两种效果理论。

5.3.3.3.1 非协同效果：封锁

混合合并框架下的主要关注是封锁。关联市场中的产品组合，可能授予合并企业这样的能力和动机，以一个市场中的强势市场地位为杠杆作用于另一市场，如搭售、捆绑销售或其他排他性做法。搭售和捆售本身是通常做法，一般没有反竞争后果。企业从事搭售和捆售，一般是为了向客户提供更好的产品或节省成本。然而，在某些情形中，这些做法可能降低实际或潜在竞争对手的竞争能力或竞争动机，降低对合并企业的竞争压力，使合并企业提价成为可能。

在评估时，欧盟委员会首先审查合并企业是否具有封锁其竞争对手的能力，其次审查合并企业是否具有这样做的经济动机，最后审查封锁战略是否对竞争具有重大损害效果，从而最终确定是否损害了消费者。实践中，这些因素是密切联系的，通常一起审查。

（1）封锁能力

合并企业利用一个市场中的市场力量封锁另一市场中的竞争者的最直接方法，是对销售设定条件，将不同市场中的产品联系在一起。这多通过捆售或搭售进行。

捆售（bundling），通常指合并企业提供产品和定价的方式。有纯捆售（pure bundling）和混合捆售（mixed bundling）两种。在纯捆售的情形下，产品以固定的比例一起出售。在混合捆售时，产品既可以捆售，也可以分开单独销售，但单独销售的价格高于捆售的价格。以购买其他产品为基础的回扣，可视为是混合捆售的一种形式。

搭售（tying），通常指这样的情形：购买某一货物（售品，the tying good）的客户，被要求也购买生产商的另一货物（搭品，the tied good）。搭售可基于技术，也可基于合同。例如，售品的设计只与搭品相配而不与竞争者提供的替代品相配，此为技术搭售；购买售品的客户承诺只购买搭品而不是竞争者提供的替代品，此为合同搭售。

产品的具体特征，对于确定合并企业是否采用不同市场间的这类关联销售方法，是相关的。例如，如果不是同时购买产品，或者不是同一客户购买产品，发生纯捆售的可能性极小；同样，技术搭售在某些产业中只是一种选择。

为了能够封锁竞争者，新实体必须在其中一个有关市场中具有足够的市场力量，但该力量并不必然等同于市场支配地位。只有合并方的至少一个产品被客户视为特别重要、且存在很少的相关替代品时（例如由于产品差异或竞争对手的能力限制），捆售或搭售预期才具有重大效果。

此外，封锁欲成为潜在的关注问题，必须是单个产品存在大量的客户。倾向购买两种产品（而非只是其中一种产品）的客户越多，搭售或捆售对单个产品需求的影响就越大。当相关产品是互补性产品时，这种购买行为中的一致性更大。

一般来说，在存在规模经济的产业中以及某一时间上的需求模式对将来市场中的供应条件具有动态影响的产业中，捆售或搭售的封锁效果更为明显。互补性产品的供应商在甲产品具有市场力量时，捆售或搭售的决定可能导致非一体化的互补产品供应商的乙产品的销售下降。如果网络外部性起作用，就会大大降低这些竞争对手将来扩大乙产品销售的幅度。如果预期潜在进入者进入互补性产品市场，合并企业捆售的决定会具有阻止该进入的效果。互补产品的有限供应，反过来也会阻止潜在的进入者进入甲产品市场。

当合并企业的捆售或搭售战略不能持久实施时，例如不能通过解除成本很高的技术捆售或搭售实施，合并的封锁范围较小。

委员会在评估合并时，会考虑是否存在竞争对手可以利用的及时、有效的反战略。例如，单一产品的公司联合提供对客户更具有吸引力的报价。如果企业购买捆售产品但分开出售并获利，捆售则不太可能造成封锁效果。竞争对手也可以采取进攻性更强的定价来维持市场份额，减轻封锁的影响。

客户可能具有强烈的动机从单一产品来源（一站式购物）购买多种产品，而不是从多个供应商处购买，因为这可以节省交易成本。合并实体具有较广的产品系列或组合产品这一事实本身，不会引起竞争关注。

（2）封锁动机

封锁动机依赖于营利程度。合并企业需要权衡捆售或搭售的成本与扩大市场份额或因市场地位提价的收益。纯粹捆售或搭售会给合并企业本身带来损失。例如，客户不感兴趣、更愿购买单个产品，或客户以前从不同来源购买其中一种产品自己搭配。此时，不同产品的相对价值的评估很重要。

捆售或搭售决定，通过获得搭品市场中的市场力量、保护售品市场中的市场力量或者二者的结合，也可以提高利润。

企业的所有权结构和过去的战略，也是考虑因素。

（3）对价格和选择的总效果

捆售或搭售可能导致市场中提供单个产品的竞争对手的销售量重大下降。竞争对手的销售减少本身不是问题，然而，在某些产业中，这一减少可能导致竞争对手竞争能力或动机的降低。这可能使合并企业随后获得搭品市场中的市场力量、维持售品市场中的市场力量。

封锁做法会阻止潜在竞争者的进入。只有封锁影响足够大的市场产品比例时，合并才可能重大阻碍有效竞争。如果任一市场中仍存在有效的单一产品经营者，混合合并后的竞争不可能恶化。即使单一产品的竞争对手不多，但只要有扩大产量的能力和动机，竞争也不可能恶化。

竞争效果需要根据抵消性因素来评估，如买方的抵消力、上游或下游市场中进入维持有效竞争的可能性。还需要根据合并方提出的效率主张来评估。纵向合并中指明的效率基本适用于混合合并。

当互补性产品的生产商独立定价时，它们不会考虑一种产品的降价对另一产品销售的积极影响。基于市场条件的不同，合并企业可能内部化这种效果，并具有降低幅度的动机，只要这会导致总的利润更高（这种动机称为古诺效应）。在大多数情况下，合并企业会通过混合捆售来最大限度地利用这种效应。

混合合并特有的是，它们可能以规模经济的形式（无论是生产还是销售），节省成本,导致联合供应产品的内在优势。例如,互补性产品联合营销可能比分开营销更有效率。对客户的价值增值可来自于互补组成部分的更好兼容性和质量保证。但这种规模经济只是搭售或捆售的效率正当性的必要条件，而非充分条件。规模经济的利益通常可以不通过技术搭售或合同搭售来实现。

5.3.3.3.2 协同效果

在某些情形下，即使没有传统意义上的垄断协议，混合合并也可以促进反竞争的市场协同。《横向评估指南》中的分析框架在此适用。尤其是，在相当容易指明协同条款、协同可持续的市场中，协同更可能出现。

混合合并影响特定市场中的协同可能性的一种方法，是降低有效竞争者的数量，使默示协同更为可能。即使当竞争对手没有被从市场中排除，它们也可能发现自己处于更脆弱的境地。其结果是，被封锁的竞争对手可能选择不与协同情形相抗衡，而是更倾向于在提高价格的保护下生存。

混合合并也可能提高多个市场竞争的程度和重要性。多个市场中的竞争性互动，可以提高约束机制在确保遵守协同条款中的范围和有效性。

6 效果评估中的相关因素

对经营者集中的竞争效果的分析，是一种综合性的预期性分析，“竞争标准具有向前看的性质”。[①]“竞争当局的合并分析，应综合评估影响确定合并是否可能重大损害竞争的因素。”[②]这种评估，涉及按照一定的分析框架对一系列因素的权衡。基于一定的反竞争效果理论，通过对相关市场进行界定，考虑相关企业的市场份额和市场集中度，探讨市场进入的条件及难易度，探讨可能存在的抵消力量，探讨合并可能产生的效率或带来的进步，[③]结合案件的具体事实，对特定经营者集中得出最终的评估结论。在评估合并的合法性时，法院和执法机构通常会审查相关市场集中份额指标，以便初步确立其合法性。如果市场集中度不高，则无需进一步审查。如果合并属于所谓的“危险区”，则初步认为合并违法，需要进一步考虑其他非市场份额因素，以最终确定合并对竞争的影响。[④]非市场份额因素有：进入壁垒，不可替代的原材料的充足性，产能过剩，产品同质程度，营销和销售方法，集中趋势的重大性。[⑤]

中国《反垄断法》第 27 条规定了审查经营者集中应当考虑下列因素：（1）参与集中的经营者在相关市场的市场份额及其对市场的控制力；（2）相关市场的市场集中度；（3）经营者集中对市场进入、技术进步的影响；（4）经营者集中对消费者和其他有关经

① *ACCC Merger Guidelines*，para.3.14.

② *ICN Recommended Practices for Merger Analysis*，Principle I.

③ 效率问题在下一章单独分析论述。

④ Herbert Hovenkamp，*Antitrust*，4th edition，Thomson/West 2005，p.272.

⑤ Herbert Hovenkamp，*Antitrust*，4th edition，Thomson/West 2005，pp.273–277.

营者的影响；（5）经营者集中对国民经济发展的影响；（6）国务院反垄断执法机构认为应当考虑的影响市场竞争的其他因素。

6.1 相关市场界定

6.1.1 市场在反垄断法适用中的作用

市场是反垄断法发挥作用的一个基本前提条件。严格意义上说，无论是垄断协议、滥用市场支配地位，还是经营者集中，其管制都是以这些行为在特定市场中产生或可能产生的影响效果评估为基础的。排除市场这一因素，抽象地谈这些行为的竞争影响，无异于缘木求鱼。反垄断法是市场经济的法，就是对市场在反垄断法适用中的作用的证明。

滥用市场支配地位和经营者集中、垄断协议，对相关市场的依赖程度不完全相同。滥用市场支配地位和经营者集中，严格以相关市场的界定为基础。没有相关市场的存在，就谈不到市场支配地位，也谈不到集中前后市场份额的变化和集中度的提高。垄断协议表面上没有对相关市场的严格要求，但仍以一定的市场为基础。固定价格、限制数量、限制购买或联合抵制交易，均发生于一定市场之内；而分割市场则直接对市场本身进行分割、划分势力范围。中国《反垄断法》第 15 条规定的垄断协议不被禁止的情形中，要求经营者证明所达成的协议不会严重限制“相关市场”的竞争。中国《反垄断法》第 2 条有关该法的适用范围的规定，也以相关市场为前提：“中华人民共和国境内经济活动中的垄断行为，适用本法；中华人民共和国境外的垄断行为，对境内市场竞争产生排除、限制影响的，适用本法。”

由于市场在反垄断法实施中不可或缺的基础性作用，各国反垄断法执法机构都通过规章的形式，制定确定市场的规则。美国司法部反垄断局自上个世纪 60 年代开始制定市场界定的规则。正如欧盟委员会所指出的，“市场界定是指明和界定企业竞争范围的工具。它用于确定欧共体委员会适用竞争政策的框架。市场界定的主要目的，是制度化地指明相关企业面临的竞争限制。”[1]

中国国务院反垄断委员会于 2009 年 5 月制定了《国务院反垄断委员会关于相关市

---

[1] *EC Market Definition Notice*，para.2.

场界定的指南》(以下简称《中国相关市场界定指南》)。这一指南的制定目的，是为了给相关市场界定提供指导，提高国务院反垄断执法机构执法工作的透明度。该指南进一步指出了界定相关市场的作用："任何竞争行为(包括具有或可能具有排除、限制竞争效果的行为均发生在一定的市场范围内。界定相关市场就是明确经营者竞争的市场范围。在禁止经营者达成垄断协议、禁止经营者滥用市场支配地位、控制具有或者可能具有排除、限制竞争效果的经营者集中等反垄断执法工作中,均可能涉及相关市场的界定问题。""科学合理地界定相关市场,对识别竞争者和潜在竞争者、判定经营者市场份额和市场集中度、认定经营者的市场地位、分析经营者的行为对市场竞争的影响、判断经营者行为是否违法以及在违法情况下需承担的法律责任等关键问题，具有重要的作用。因此，相关市场的界定通常是对竞争行为进行分析的起点，是反垄断执法工作的重要步骤。"①

相关市场可大可小，基于具体案件所涉及的商品和地域范围而定。例如，波音和空中客车生产的干线民用飞机市场是全球市场，而某一特定的招投标市场可能很小，局限于很小的范围内。有些市场可能限于某一国境内，有些市场可能跨越国界。跨越国界的市场，为反垄断法的域外适用提供了条件。

市场界定的大小，直接影响着对经营者行为的竞争效果的认定，影响着对经营者行为的违法性的认定。经营者集中产生的排除、限制竞争效果发生于一定的市场之中，该反竞争效果也以该市场为基础进行衡量。如上面提到的《中国相关市场界定指南》所言，市场界定是评估合并效果的最基本前提和基础，是反竞争效果评估的首要步骤。经营者集中引起特定市场内相互竞争的经营者数量的减少、导致市场集中度提高。市场集中度提高,就是合并企业市场份额的提高,而不是相关企业在特定市场范围内市场份额的提高。计算市场份额则首先必须界定市场、认定市场中的企业。

6.1.2 相关市场的界定

各法域反垄断法立法或执法中,均使用"相关市场"(relevant market)这一专有概念,来描述反垄断法适用中的市场。各国反垄断法执法机构使用的界定相关市场的方法，基本上以美国反垄断执法机构的界定方法为基础,主要通过需求替代(必要时通过供给替代)的替代性分析，从相关商品和相关地域两个方面，来界定相关市场。市场界定本身并不是目的，它只是一种用于竞争效果评估的分析工具。

①《国务院反垄断委员会关于相关市场界定的指南》(即《中国相关市场界定指南》)第2条。

市场，通俗来说，就是“买卖东西的地方”。具体到某种商品来说，相关市场就是买卖该种商品的地方。因此，市场和地域构成了相关市场界定的两个基本要素。根据美国合并指南，“市场”被定义为一种商品或一组商品以及生产或销售该商品的地理区域。根据欧共体委员会发布的市场界定指南，相关市场是由相关商品市场和相关地域市场两个互相作用的市场组成的，包括了商品和区域两个方面。这一市场概念，不同于一般意义上的市场概念，不同于公司自己经常使用的指出售商品的地域的市场概念，或者指某一产业或部门所属的地域概念。“从商品和地域两个方面界定市场的目标，是识别相关企业的能够限制其行为并阻止它们有效竞争压力行为的实际竞争者。”①

但反垄断法意义上的“相关市场”并不仅仅应为买卖某种商品的地方，它还必须同垄断行为联系在一起。根据美国合并指南，相关市场是这样的一个区域，在所有其他商品的销售条件不变，该区域内目前和将来的唯一生产或销售企业（假定垄断者），能够进行“幅度不大但明显的非暂时性提价”而获利。此即所谓的假定垄断者标准。②

根据《中国相关市场界定指南》，“相关市场是指经营者在一定期限内就特定商品或服务（统称商品）进行竞争的商品范围和地域范围”。这一概念，将“市场”与“竞争”联系起来，与美国合并指南的相关市场概念是一致的。这表明，相关市场界定以竞争为核心，通过商品范围和地域范围这两个方面进行。

在反垄断执法实践中，通常需要界定相关商品市场和相关地域市场。“相关商品市场”，根据《中国相关市场界定指南》，是指根据商品的特性、用途及价格等因素，由需求者认为具有较为紧密替代关系的一组或一类商品所构成的市场。这些商品表现出较强的竞争关系，在反垄断执法中可以作为经营者进行竞争的商品范围。③ 欧盟委员会将相关商品市场定义为“由于商品特征、价格和预期用途而被消费者视为互换或替代的所有商品（服务）”。④ 此处的商品，不是单个商品或某种商品，而是一组商品或一类商品，它是一个商品群或商品集合。只有存在多个商品或多种商品，即一组或一类商品，才会存在商品间以替代关系为代表的竞争关系。同时，相关商品并不仅指合并企业自己生产或销售的商品，还包括其他生产商的商品。作为一个集合概念，它包括了可互换或替代的所有商品。

商品的这一替代关系，是以商品的特性、用途或价格等因素为基础的。例如，不同

---

① *EC Market Definition Notice*，paras.2–3.

② *US Merger Guidelines*，para，1.21.

③《中国相关市场界定指南》第 3 条。

④ *EC Market Definition Notice*，para.7.

型号的钢笔之间，钢笔与签字笔之间，可以视为存在替代关系；但派克签字笔与一般签字笔之间，可能不存在替代关系，因为价格相差太大。同时，这种替代关系，通常是从需求者方面认知的，在需求者看来可以替代，即需求替代，而不是供应商认为可以替代（供给替代）。

根据《中国相关产品界定指南》相关地域市场，是指需求者获取具有较为紧密替代关系的商品的地理区域。这些地域表现出较强的竞争关系，在反垄断执法中可以作为经营者进行竞争的地域范围。[①] 欧盟的做法着重从竞争条件的同质性去把握。相关地域市场"指相关企业参与商品供需的地域，在该地域中，竞争条件同质性强，且该地域由于竞争条件明显不同于相邻区域而与相邻区域相区别"。[②] 无论哪一定义，此处的地域，都应从多方面理解。该地域可能是某一个特定的面积较小的地点，例如某一大型超市；也可能是一个国际市场，涵盖全球，例如远程民用飞机市场；还有可能是一个近似虚拟的市场，例如招投标市场、网上交易市场。这些地域的不同组成部分之间，就某组或某类商品而言，存在替代或竞争关系，从而构成了整个地域市场。例如，某组商品，北京市区的价格高于天津市的价格，北京居民愿意去天津购买，天津即对北京具有替代关系，天津和北京这两个区域共同构成了该组商品的相关地域市场。这种替代性，如同在相关商品市场中一样，主要是从需求者角度看，仍然是需求替代。在地域市场方面，各国对地域市场是否包括国际市场在态度上稍有不同。大多数指南都考虑到了当地（国内）市场，少数指南提到了国际市场，如澳大利亚、加拿大、欧共体、英国和美国，越是发达国家越是提到国际市场。其他指南似乎没有排除考虑外国竞争，但只是作为竞争评估的一部分进行考虑，而不是在市场界定阶段考虑。这似乎使市场份额的计算复杂化了。

替代性分析，是反垄断执法中相关市场界定的基本分析方法。替代，即代替。[③] 在英语中，还含有转向的意思。[④] 它意味着需求者用这一种商品代替另一种商品，或者去另外一个地方获取这些商品。即商品可替代，地域可替代。"在市场竞争中对经营者行为构成直接和有效竞争约束的，是市场里存在需求者认为具有较强替代关系的商品或者能够提供这些商品的地域，因此，界定相关市场主要从需求者角度进行需求替代分析。"[⑤]

---

①《中国相关市场界定指南》第 3 条。

② *EC Market Definition Notice*，para.8.

③ 中国社会科学院语言研究所词典编辑室编：《现代汉语词典》（修订本），商务印书馆 2005 年版，第 1343 页。

④ Substitute means（1）（n.）a thing which is used or stand in place of something else；（2）（v.）use as a replacement for，replace with，use in stead of，exchange，switch. see *New Shorter Oxford Dictionary 1993.*

⑤《中国相关市场界定指南》第 4 条。

商品可替代，主要从商品的特征、用途、价格等因素进行分析。这种分析是一种综合分析，分析过程中的任何因素，在界定相关商品市场时所起的作用都不是绝对的，甚至可以根据案件的不同情况有所侧重。根据《中国相关市场界定指南》，从需求替代角度，界定相关商品市场（实为界定相关商品替代性），可以考虑的因素主要包括但不限于下述几个方面：（1）需求者因商品价格或其他竞争因素变化，转向或考虑转向购买其他商品的证据。（2）商品的外形、特性、质量和技术特点等总体特征和用途。商品可能在特征上表现出某些差异，但需求者仍可以基于商品相同或相似的用途将其视为紧密替代品。（3）商品之间的价格差异。通常情况下，替代性较强的商品价格比较接近，而且在价格变化时表现出同向变化趋势。在分析价格时，应排除与竞争无关的因素引起价格变化的情况。（4）商品的销售渠道。销售渠道不同的商品面对的需求者可能不同，相互之间难以构成竞争关系，成为相关商品的可能性较小。（5）其他重要因素。如，需求者偏好或需求者对商品的依赖程度，可能阻碍大量需求者转向某些紧密替代商品的障碍、风险和成本，是否存在区别定价等。地域可替代，主要是对影响地域转换的因素进行分析。这种分析同样是一种综合分析，分析结论是在综合评估诸因素作用基础上形成的，某一特定因素的作用不是绝对的。根据《中国相关市场界定指南》，从需求者角度界定相关地域市场考虑的主要因素，包括但不限于下述几个方面：（1）需求者因商品价格或其他竞争因素变化，转向或考虑转向其他地域购买商品的证据。（2）商品的运输成本和运输特征。相对于商品价格来说，运输成本越高，相关地域市场的范围越小，如水泥等商品；商品的运输性也决定了商品的销售地域，如需要管道运输的工业气体等商品。（3）多数需求者选择商品的实际区域和主要经营者商品的销售分布。（4）地域间的贸易壁垒，包括关税、地方性法规、环保因素、技术因素等。如关税相同商品的价格来说比较高时，相关地域市场很可能是一个区域性市场。（5）其他重要因素，如，特定区域需求者偏好，商品运进和运出该地域的数量。

相关市场界定，最根本的是界定相关市场范围的大小。替代性分析，即界定相关市场范围的分析。替代性弱，则相关市场小；替代性强，则相关市场大。“原则上，从需求者角度看，商品之间的替代程度越高，竞争关系就越强，就越可能属于同一相关市场。”[①] 我们分别以手机和手机充电器为例。目前市场上各种品牌的手机均有专门适用于本品牌的充电器，即使该充电器的价格远远高于其他品牌手机充电器的价格。原因很简单，其

①《中国相关市场界定指南》第5条。

他品牌的充电器不能替代该品牌的充电器给该品牌手机充电。这说明，该品牌充电器的市场较小，仅限于该品牌手机，该品牌公司也不可能垄断整个充电器市场。而手机则不同。尽管各种品牌的手机各有特色，但基本性能是相同的，通话、短信、娱乐甚至上网。这种情形下，如果某一品牌手机价格高出其他品牌手机很多，消费者购买其他品牌手机的可能性就大，某一品牌手机被替代的概率就高，这种较强的替代性意味着手机市场的范围要大些。在分析某一品牌公司的市场行为是否具有反竞争效果时，要以整个手机市场为基础。如果某一品牌手机提价，导致消费者转向其他品牌手机，从而导致其销售量下降、市场份额下跌，该提价行为不可能产生反竞争的效果。

《中国相关市场界定指南》使用了“紧密替代关系”这一概念来描述替代性。虽然目前中国反垄断执法机构尚未对这一概念进行权威解释，但顾名思义，“紧密”替代关系不同于一般替代关系，它要求这种替代关系要紧、要密、要强。从需求者角度说，这种替代关系应具有合理性和可行性。例如，几万元的车与几十万元的车之间，很难说它们存在紧密替代关系。就需求者来说，即使某种高价位的车价涨幅超出了低价位的车价本身，也极少有人放弃高价位车而转向低价位车。因此，商品的特性、用途和价格，在确定替代性和替代的紧密性方面，具有非常重要的意义。

在进行替代性分析时，需求替代是各国反垄断执法机构使用的一般方法，辅之以供给替代这一方法。《中国相关市场界定指南》以需求替代为主，必要时使用供给替代。需求替代，是根据需求者对商品功能用途的需求、质量的认可、价格的接受以及获取的难易程度等因素，从需求者的角度确定不同商品之间的替代程度。原则上，从需求者角度来看，商品之间的替代程度越高，竞争关系就越强，就越可能属于同一相关市场。[①] 根据欧盟的做法，从需求替代界定商品市场，首先从认定合并企业供应的商品或服务开始，再认定被消费者视为与这些商品或服务替代或互换的商品或服务，这些商品必须是经济上的替代品或接近的替代品。其目的是在市场中只认定和包括其价格和其他特征限制合并企业和其竞争对手提高价格或降低商品的那些替代品。对商品的认定可以结合定量和定性标准来进行，即包括物理特征、最终用途、类似价格、产业对商品作用认识，转换成本、替代链、商品价格长时间的变化、价格歧视等。“先从选择合并一方或双方在特定地理区域供应的一个产品开始，逐步扩大市场范围，包括最密切的替代品，直至包括最初选择产品的所有替代品。”[②] 地域市场认定程序首先从认定合并方提供重叠商品的地

①《中国相关市场界定指南》第 5 条。

② *AU Merger Guidelines*，para.4.12.

理区域开始，并努力认定合并后卖方为消费者提供购买这些商品的其他区域。澳大利亚1999年指南对此规定得最为典型："从合并企业供应的地理区域开始，每一地域市场逐步扩大到包括价格重大提高时消费者转向的供应来源和在该区域内供应或可能供应相关商品的企业。"①

供给替代，是根据其他经营者改造生产设施的投入、承担的风险、进入目标市场的时间等因素，从经营者的角度确定不同商品之间的替代程度。原则上，其他经营者生产设施改造的投入越少，承担的额外风险越小，提供紧密替代商品越迅速，则供给替代程度越高，界定相关市场尤其在识别相关参与者时就应考虑供给替代。从供给角度界定相关商品市场，一般考虑的因素包括：其他经营者对商品价格等竞争因素的变化做出反应的证据；其他经营者的生产流程和工艺，转产的难易程度，转产需要的时间，转产的额外费用和风险，转产后所提供商品的市场竞争力，营销渠道等。从供给角度界定相关地域市场时，一般考虑的因素包括：其他地域的经营者对商品价格等竞争因素的变化做出反应的证据；其他地域的经营者供应或销售相关商品的即时性和可行性，如将订单转向其他地域经营者的转换成本等。② 借用供给替代的主要考虑是，现在不销售与合并企业的商品竞争的商品的企业，在价格提高时可能在合适时间内能够销售这样的商品，这样的企业可以像消费者转换替代商品一样有效地限制市场支配力量的行使。供给替代成为有效的竞争性限制，供应者必须能够在短时间内将生产转换到相关商品，而不产生重大的额外的成本或风险。

大多数国家的合并指南都这样或那样地承认供应在确定交易是否产生市场支配力量中的重要性，但在界定相关市场的界限（外围）时使用供给替代，在对如何确定供给替代在市场界定中所起的作用方面，则存在不同的做法。一些国家和组织，如巴西、欧共体、芬兰、爱尔兰、日本和罗马尼亚，对需求替代因素表现出了明显的倾向性，在供应因素能够如需求替代一样有效地限制假定垄断者时，认为也可以对其予以考虑。一些指南明确规定了需求因素和供应因素的不同层次：市场必须主要从消费者的角度界定（爱尔兰），需求是最直接最有效的约束力量（欧共体）。其他指南只是轮流提到需求和供应因素。美国在市场界定中根本不考虑供给替代问题，而是在市场进入部分中予以考虑。考虑供给替代的国家一般也同时考虑了供给替代的条件，如时间（通常不超过一年）、商品同质性等。选择在哪一阶段考虑供给替代，都不会改变在市场支配力量问题上的结

① *AU Merger Guidelines*, para.5.61.

②《中国相关市场界定指南》第6条、第8条、第9条。

果。一些当局更倾向于仅仅依据需求界定市场，将供应问题留待新的进入分析。实践中，两种方法在确定市场支配力量问题时会产生相同的结论，只需将供应问题在某一点上进行审查。根据供应界定市场，可以较早做出企业没有市场支配力量的裁决，避免进一步分析（英国）。

6.1.3 市场界定中考虑的其他因素

6.1.3.1 纵向一体化

纵向一体化的企业在不同阶段上生产或销售的商品，或者与合并企业在不同分销水平的企业生产或销售的商品，是否应包括在相关市场内，各国的态度并不分明。在分销的一个阶段市场支配力量的行使，可能受到相邻分销水平的企业的限制。澳大利亚、英国、新西兰一般性地讨论了纵向一体化在市场界定中的效果，英国指南指出“上游和下游市场中的条件可能影响对供求替代的评估”。

纵向一体化企业的交易，提出了市场参与者内部消费的相关商品的生产（自用生产，captive production）应否在商品市场中考虑的问题，或者是否应只包括对商品市场销售的商品的问题。提到这一问题的指南一般遵循这样的原则：自用的生产能力或生产，只有能够证明面对商品市场中的小幅持久的明显提价（SSNIP），生产商放弃自用、将其销售到商品市场中获利时，才可以包括在市场中。如，英国指南指出，“当生产能力或生产是充分的，可以转向自由市场获利时，可以考虑自用生产能力或生产”。根据美国指南，纵向一体化企业的商品，在相关市场准确地反映它们在合并前的相关市场中竞争意义的程度内，相关市场包括纵向一体化企业的商品。这一标准似乎留下了个案解决的余地。

6.1.3.2 价格歧视

许多国家保留根据受控消费者进一步界定市场的可能性。所谓“受控消费者”（targeted or captive customers），指在价格提高、消费者不能转向另一商品或地理区域外的供应商的消费者。实际上，就是如何对待价格歧视问题。价格歧视既发生在商品方面，也发生在地理方面。即使商品的物理特征和预期用途表明它们属于同一个市场，但商品明确以不同的价格、不同的条件向不同类别的消费者销售，这时就可能存在“单独市场”（separate markets）。

6.1.3.3 替代链（chains of substitution）

某些情况下，尽管相关商品或地理区域不能直接相互替代，但由于存在“链”或“联系”，在某些条件下可能合起来构成相关市场的商品或地理区域。英国指南以汽车市场作为范例，低价车不能视为豪华车的相近替代品（至少根据SSNIP标准不是），但两种车可能处于同一相关商品市场。这是因为，在这两个车型中间存在很多型号，小车的涨价可能影响大小和价格相邻的车的供求，这反过来又影响相邻车的条件，最后直到“余波”效果扩大到整个汽车市场。这一概念在服务市场中也有帮助。不过，大多数指南没有涉及这一重要概念。

6.1.4 假定垄断者测试

市场界定，通过商品和地域的替代性分析，来确定相关市场的范围。但反垄断执法中这一市场边界的确定，不是静态地、抽象地分析相关商品间或相关地域间的替代关系，而是动态地、在价格变动中分析这种替代关系。这一分析，是通过“假定垄断者测试”（hypothetical monopolist test，HMT）这一分析思路来实现的。

在合并案件中使用市场界定作为分析工具最早出现在1948年，由美国首先使用。直到20世纪50年代，对克莱顿法进行解释的判例还非常少。50年代末和60年代初，商品和地域市场界定在美国的合并分析中起到关键作用，但如何进行这一分析却无相应的标准。1968年美国司法部发布的第一份合并指南，将市场界定作为评估合并的竞争效果的正式一步，但界定标准非常模糊。1982年合并指南正式规定了市场界定的方法，将以前不断演变的做法条文化，并且将这一程序加入经济上的严密性。**“最小市场原则”**（smallest market principle）以及**“小幅持久的明显提价标准”**（SSNIP），[①] 或称“假定垄断者测试”，成为合并分析中界定的主要分析工具，并为其他国家所采用。《中国相关市场界定指南》亦采纳了“假定垄断者测试”这一分析思路，确定在其他销售条件不变的情况下，假定垄断者能否通过“持久小幅提价”获利。

“假定垄断者测试”的基本思路是，如果某商品提高价格，消费者是否会转向其他替代商品，其他生产商是否会提供这种商品。如果假定垄断者能够将价格维持在高于竞争水平的最小商品集合和地域范围而有利可图，这一市场就是反垄断法执法中的相关市场。

① “small but significant non-transitory increase in price” test，国内有不同的译法，“数目不大但有意义且为期不短的涨价”（参见王晓晔：《企业合并中的反垄断问题》，法律出版社1996年版，第324页）；“小而显著且非暂时性涨价”（参见《各国反垄断法汇编》编选组编：《各国反垄断法汇编》，人民法院出版社2001年版，第130页）；“数目不大但显著的和非暂时性的涨价”（参见黄勇，董灵：《反垄断法经典判例解析》，人民法院出版社2002年版，第533页）。《中国相关市场界定指南》直接使用“持久小幅提高商品的价格”。对这一标准的理解关键在于对significant一词的理解，该词具有“重大的”、“有意义的”、“明显的”意义。结合整个上下文，该词译为“显著”或“明显”为好。“提价”与“涨价”无实质性区别，但考虑到该短语通常作为行为的对象，跟在行为者的后面，“提价”似可更好地反映出主动性。从语言和句子的简练性和可读性看，译为“小幅持久的明显提价”为好。

相反，如果涨价引起需求者转向具有紧密替代关系的其他商品，转向具有紧密替代关系的商品的其他地域，致使假定垄断者无利可图，该商品和地域则不能构成反垄断法意义上的相关市场。①

在很多国家中，SSNIP 标准成为市场界定的同义语。该标准的目的，根据加拿大指南的描述，是认定最小的商品组别和最小的地理区域，对于该组别和区域，卖方如果作为该区域内的唯一卖方的单独企业，能够有利可图地实施并维持明显的非暂时性的提价，超出不存在合并时可能存在的水平。② 一些国家没有提到该标准，或只是泛泛地提到，如果消费者对提价转换商品时，在相关市场中包括某商品。

SSNIP 标准的含义是幅度不大但明显的非暂时性提价。它分析的是商品提价后需求者的反应。因此，在什么价位基础上提价，提价的幅度是多少，成为这一分析方法需要解决的问题。这包括两个方面：第一，用于假设问题的基准价格；第二，假设的适当提价幅度。

适当的基准价格，影响需求和供应的反应及最小市场的确定。该基准价格是市场通行价格、竞争价格还是对未来的预期价格？制定合并指南的大部分国家，一般建议使用"通行市场价格"（prevailing market price）。当通行价格不是竞争价格时，应使用"竞争价格"（competitive price，相当于边际成本价格）。由于合并前市场中可能存在限制竞争的协议或"协同行为"导致现行价格高于竞争价格，因而有必要使用更低的竞争价格作为基准价格。但如何确定竞争价格，各国都没有具体规定。考虑到竞争价格实质上是一种理论价格（完全竞争、边际成本），也不存在真正意义上的竞争价格。如果使用的基准价格高于竞争价格水平，它将造成市场过宽，因为更多的商品被消费者视为替代品。过宽的商品市场，通过包括竞争价格下事实上并非替代品的商品，可能低估提供紧密替代品交易的实际竞争影响。或者，当合并方提供了类似但竞争价格下不可替代的商品时，过宽的市场可能高估了交易的实际竞争效果。一些国家的合并指南考虑了使用没有合并时可合理预期的将来价格的可能性。例如，爱尔兰、英国和美国指南提出以管制变化作为可预期改变价格的事项。《中国相关市场界定指南》规定，原则上，在使用假定垄断者测试界定相关市场时，选取的基准价格应当为"充分竞争的当前市场价格"。但在滥用市场支配地位、共谋行为和已经存在共谋行为的经营者集中案件中，当前价格明显偏离竞争价格，选择当前价格作为基准价格会使相关市场界定的结果不合理。在此情况下，应该对当前

① 参见《中国相关市场界定指南》第 10 条。

② *CA Merger Enforcement Guidelines*，para.3.4.

价格进行调整，使用更具有竞争性的价格。

适当提价幅度是假定垄断者测试这一分析方法的另一基础问题。一般来说，这一幅度在 5%~10% 之间。5% 的提价幅度是最普通的标准。如果使用 5% 标准不能反映市场现实时，可使用更大或更小的提价幅度。一些指南使用 5%~10% 作为标准。对于量大但幅度不高的商品，如汽油或杂货，还使用 2% 的幅度。根据《中国相关市场界定指南》第 11 条的规定，一般情况下，价格上涨幅度为 5%~10%，但在执法实践中，可以根据案件涉及行业的不同情况，对价格小幅上涨的幅度进行分析确定。

SSNIP 或“假定垄断者测试”，作为市场界定的一种分析思路，已经被广泛接受。该标准对探讨商品和地域市场的界限，非常有用，尽管在不同情形中其作用有所差异。在买方数量相对较少、买方通常考虑替代选择的产业投入市场中，该标准更易使用。在差别很大的商品中难于使用，因为难于进行可靠的调查，消费者的购买决定可能存在非金钱的原因。SSNIP 标准所带来的概念性突破，不仅有助于市场界定程序，而且对于充分理解什么构成市场支配力量、什么不构成市场支配力量也有帮助。但是，有些市场不使用 SSNIP 标准，因为该标准不能提供有用的信息，如在所谓的建筑或公路建设合同的招标市场中，通常没有可以作为标准依据的现行价格或竞争性价格。

6.2 市场份额与市场集中度

6.2.1 市场结构与经营者集中

“竞争是一个过程而非一种状态。企业是否竞争，在很大程度上是企业运行其中的市场结构问题。在任何案件中都需要审查市场结构因素，这些因素包括：（1）独立卖方的数量和规模分配，尤其是市场集中程度；（2）进入障碍的大小，即新企业可能进入并获得生存市场的容易度；（3）产业商品以极端差异和促销为特征的程度；（4）与客户的纵向关系和与供应商的纵向关系的特征以及纵向一体化的程度；（5）企业间任何正式的、稳定的和基本的安排的性质，该安排限制企业作为独立实体运营的能力。”①

市场结构引起市场支配力量时，竞争就被禁止了。市场支配力量（market power）是

① Re Qeensland Co-operative Milling Association Ltd and Defiance Holdings Ltd (1976), ATPR 40-012, at 17, 245, quoted from *ACCC Merger Guidelines 1999*, para.5.6.

企业长时间地使价格、质量、多样性或创新背离竞争水平并有利可图的能力。当企业能够一贯地以不同于竞争性市场迫使面临类似的成本和需求条件的企业所采取的行为行动时，该企业就具备了市场支配力量。具有市场支配力量的企业可以自由决定其价格和产量，竞争性的企业被迫按市场的约束行为。因此，我们可以说，市场结构是合并竞争效果评估的最基本方面。

企业合并的直接结果是市场中竞争企业的减少以及相关企业市场支配地位的提高，引起了市场结构的变化。按照微观经济学理论，垄断或寡占都可能导致商品价格上涨、产量下降，同时不影响垄断或寡占企业获得利润，甚至获得更大的利润。由于没有竞争压力，这样的企业可能会不思进取，导致效率降低以及消费者利益受损。

反垄断法对企业合并的关注集中于合并企业潜在的收益来源：市场支配力量（market power）。企业合并控制的主旨是，不允许产生或加强市场支配力量或方便其行使的合并。卖方行使市场支配力量的结果是财富从买方向卖方的转移或者资源的错误配置。而买方行使市场支配力量也具有类似的不利影响。[①]

企业合并控制背后隐含着一种默示的假定：不能使现有的竞争状态变差，而市场中竞争企业数量的减少有可能形成或提高市场支配地位。这一假定可以从下述几个方面得到证明。第一，不禁止自然垄断，不禁止享有市场支配地位；第二，在审查合并的影响时，需要考虑潜在的市场进入者（是否有企业填补因合并造成的竞争位置空缺）；第三，兼并破产公司可以成为合并的抗辩理由（破产公司不被兼并也会退出市场）；第四，对合并采取的主要救济措施是资产剥离，而资产剥离的主要目的是通过创造一个新的竞争者，恢复被破坏的竞争。简言之，这一假定是：减少现有数目的竞争者，推定违反了合并控制的法律。这一假定也包括了市场份额的假定：除自然垄断导致市场份额增加外（自然垄断是一个逐渐的过程），合并导致竞争者减少、合并企业的市场份额提高。

这一假定实际上与结构—行为—绩效模式（哈佛学派）是一致的。市场结构影响市场中企业的竞争行为，而行为反过来决定市场的经济表现（绩效）是否理想。具体而言，“按照这一模式，市场结构（市场上卖者的数量、商品差异程度、成本结构以及供给者纵向一体化的程度等）决定行为（包括价格、研究与开发、投资、广告等），行为产生高层绩效（效率、价格与边际成本的比率、商品多样性、创新率、利率和分配）”。[②]

① *US Merger Guidelines 1997.*

②［法］泰勒尔：《产业组织理论》，张维迎总译校，中国人民大学出版社 1997 年版，第 1 页。

美国1950年赛勒法的通过和对《克莱顿法》第7条的修改，代表着现代合并控制法的开始。第7条修改后美国最高法院审理的第一个合并案件就是布朗鞋案。在该案中，法院认为国会并没有制定具体的评估合并效果的标准。在该判决的脚注中，法院认为市场份额统计“当然可以作为市场支配力量的主要指标,但只有对具体市场的进一步审查(包括对结构、历史和可能的将来),才能提供判断合并的反竞争效果的适当背景”。[①] 一年后，最高法院放弃了这样一种不确定的方法，改而采用简单推定规则（推定非法标准）：“我们认为，产生控制相关市场不当比例的企业、导致企业集中重大提高的合并，从内在性上说，非常可能重大削弱竞争，在不存在明确证明合并不可能具有这样的反竞争效果的情况下，必须予以禁止。”[②] 法院拒绝具体指明可能被视为造成不当集中威胁的最低市场份额，但认为30%可以造成这种威胁。而在以后的几年中，合并导致的市场份额仅为个位数的合并都被认定为非法。[③]

美国司法部颁布的以及与联邦贸易委员会联合颁布的一系列合并评估指南中，一直没有放弃对市场份额和市场集中度的分析，并把它作为分析的起点，进一步完善对经营者集中的效果评估体系。这一做法影响到其他法域和执法机构。正如国际竞争网建议的那样，“市场份额和市场集中度，在竞争效果的合并分析中起重要的作用，但不是决定性作用。竞争机构应仔细考虑市场界定、市场份额和市场集中度的计算。”“市场份额和市场集中度，对于认定可能产生竞争关注需要进一步分析的合并，起到了初步的指导作用。”“市场集中度高、合并引起的市场份额的重大变化，是合并可能重大损害竞争的有用指标，但不是最终指标。使用市场集中度和市场份额推定竞争损害的法域，应确保任何这种推定为对市场条件的详细审查所推翻或确认。”[④]

从1968年合并指南开始，到现在仍然适用的1997年合并指南，美国执法机构对合并竞争效果的分析，一直是以市场结构分析为主导的，或者是在结构分析的框架下进行的。这一框架和背景没变，变化了的只是结构分析的作用在某种程度上的弱化以及其他因素作用的加强，例如效率因素。虽然对效率越来越多的考虑减损了这一模式的效力，但这一结构模式依然存在。效率这一因素是在结构框架下发挥作用的。

---

① *Brown Shoe Co. v. United States*，370 U.S. 294（1962），n.38.

② *United States v. Philadelphia National Bank*，374 U.S.321（1963），at 363.

③ William Blumenthal，Clear Agency Guidelines：Lessons from 1982，68 *Antitrust Law Journal* 5（2001），at 8.

④ *ICN Recommended Practices for Merger Analysis*，Principle Ⅱ.

6.2.2 市场份额与市场集中度的衡量

市场的集中水平与共谋或垄断的可能性之间存在一个正相关关系。合并企业的份额越大，对合并后市场集中的影响也越大。传统上，法院多使用四企业集中度（CR4）来衡量市场集中度，即使用市场中市场份额最大的四家企业的市场份额的百分比相加。虽然没有统一的具体标准比率，但法院和执法机构通常在四企业集中度超过 75% 或 80% 以上时，会进行仔细的审查，而低于 40% 的市场中的合并则是安全的。①

1968 年合并指南，是美国司法部首次颁布的有关合并的指导性文件。根据这一文件，合并主要参照市场集中度和市场份额来评估。"《克莱顿法》第 7 条执法的主要任务是保持和促进引导竞争的市场结构。市场结构是司法部合并政策的关注焦点，因为企业的行为基本上是由该市场结构控制的，即相当持久的或缓慢变化的市场条件控制着市场内企业的行为。这样的市场条件主要有重大企业的数量、市场份额的大小、新企业进入该市场的重大可能性。"根据该指南，只有极例外的情况下，指南中使用的结构性因素本身才不是结论性的。② 该指南使用了 CR4 这一方法来确定集中度。③

1982 年合并指南采用了赫氏指数（HHI）来衡量市场集中度。美国司法部和联邦贸易委员会如今均使用赫氏指数来代替四企业集中度。赫氏指数的优点在于：（1）它考虑了市场中所有企业的市场份额；（2）它考虑到了最大企业在市场中的规模分配；（3）在预测特定合并对集中度指数的影响时，HHI 比 CR4 更可靠。例如不属于前四大企业的合并，除非合并后的企业变成了四大企业之一，否则对 CR4 无影响。（4）在计算合并企业间的规模差异时，HHI 比 CR4 更好，比较准地反映了企业间规模的差异。但赫氏指数也有不利的方面：（1）因为需要考虑每一企业的份额，衡量难。（2）由于平方式计算，衡量大企业时须特别小心，稍有差错，差额即很大。④ 赫氏指数方法，具有下列重要作用：第一，它确立了合并后集中水平的安全区，对低于一定数额的合并不予干预；第二，它确立了执法机构加强审查的集中水平，一旦高于这一水平，执法机构就会予以审查；第三，由于该系数的高度敏感性，它能够衡量合并后可能产生的竞争效果。⑤

---

① Herbert Hovenkamp，*Antitrust*，4th edition，Thomson/West 2005，p.265.

② *US Merger Guidelines 1968*，para. 2.

③ CR（concentration ratio）指集中度，指规定具体数额的企业的市场份额的总数。CR4 指四家最大企业的市场份额占部分份额的比例。这是最常用的比率。另外还存在 CR3、CR6、CR8 等。

④ Herbert Hovenkamp，*Antitrust*（4th edition），Thomson/West 2005，pp.267–268.

⑤ Stephen Calkins，The New Guidelines and the Herfindahl–Hirschman–Index，71 *Calif. L. Rev.* 402（1983）.

赫氏指数是衡量市场集中度（及市场份额）的一种方法，是界定市场结构的一种方法。它与对进入市场的其他企业的分析一起，共同构成了合并效果衡量的结构性方法。在1982年指南中，与这两项因素并列的，还有其他因素，包括商品性质和销售条件、有关特定交易和买方市场特征的信息、市场中的企业行为以及市场表现。这些其他因素“相关时，当司法部是否指控某一合并的决定处于两可时，最可能是重要的”。① 这表明，这些其他因素并不必然构成合并效果影响的一部分，对其进行的分析只起辅助的作用。市场结构，是评估合并效果的决定性因素。正如美国学者所指出的，“1982年指南具体规定HHI水平，产生合法与非法的不同推定。基于集中统计的非法性推论，可以通过证明市场进入的容易性来反驳。对于不确定案件，也可以基于其他的性质来反驳不利的推论”。②

采用赫氏指数来衡量市场集中度，市场中每一主体的市场份额的平方相加之和，构成整个数额。例如，市场中有四家企业，市场份额分别是40%、30%、20%和10%，则HHI数值为$40^2+30^2+20^2+10^2=3\ 000$，若前两家企业合并，则合并后的市场份额为$(40+30)^2+20^2+10^2=5\ 400$，增值额为2400（$2\times40\times30=2\ 400$）。与CR方法相比，HHI系数具有下述特点：第一，它对市场份额的不对称性高度敏感。在市场中的竞争主体一定时，市场份额相等时，该系数最低，当其中一个企业占有特别大的市场份额时，该系数最高。第二，该系数反映了每一市场主体的份额，在衡量市场集中度时，没有必要预先确定所要计算的企业数量。第三，在系数特定时，可以计算出具有同等市场份额的企业数（取其万分之一的倒数）；反过来，同等份额的特定数量企业的HHI系数，可以通过一万除以该数额取得。③ 这一方法现在一直适用。

根据HHI数值的不同，可以把市场分为三类：第一类，HHI数值低于1 000，表示市场不存在集中，执法部门对这一市场中的合并不进行干预；第二类，HHI数值在1 000和1 800之间，表示市场中度集中，执法部门根据合并前后增加的数额大小决定是否进行干预；第三类，HHI数值高于1 800，表示市场高度集中，执法部门根据合并前后数值增加的幅度决定是否干预。

在欧共体，商品和地域市场的界定为指明该市场中的供应商和消费者提供了基础。根据相关区域内的相关商品的销售量，可以计算出整个市场的规模和每一供应商的市场

---

① *US Merger Guidelines 1982.*

② William Blumenthal，Clear Agency Guidelines：Lessons from 1982，68 *Antitrust Law Journal* 5，at 12.

③ Stephen Calkins，The New Guidelines and the Herfindahl-Hirschman-Index，71 *Calif. L. Rev.* 402（1983）.

份额。实践中，这些资料通常来自于市场：公司自己的估计、咨询机构或行业协会的研究等。当这些资料不可靠时，竞争当局常常要求每一供应商提供自己的销售额，以计算整个的市场规模和市场份额。商品销售的数量额和价值额都起作用。在差异商品的情况下，价值额及相关的市场份额，更能反映每一供应者的相关市场地位和力量。除销售额外，生产能力、投标者的数量、类似采矿部门中的储藏量等指标，都可以提供有用的信息。

欧共体原来使用 CR 来计算市场集中度，但 2004 年颁布的《横向合并评估指南》和 2008 年颁布的《非横向合并评估指南》均改用 HHI。横向合并后 HHI 低于 1 000 的，不可能引起竞争问题；合并后 HHI 在 1 000 和 2 000 之间且合并前后增加额低于 250 的，或者合并后 HHI 达到 2 000 以上但合并前后增加额低于 150，通常也不会引起对竞争的关注。① 非横向合并后新实体在每一市场中的市场份额低于 30% 且合并后 HHI 低于 2 000，不会引起竞争关注。②

但在某些情况下，市场份额和市场集中度可能过高或过低地估计了合并后市场中的企业将来可能的竞争或合并的影响。市场集中度和市场份额数据都是以历史证据为基础的，而市场情形的变化可能表明该数额高估或低估将来的竞争之重要性。例如，新技术就是最重要的因素之一。

与欧共体类似，一些国家原来采用 CR 来表示市场集中度，后来转而改用 HHI 来表示市场集中度。根据澳大利亚 1999 年的合并指南，如果合并后前四个企业市场份额总额达到或超过 75%，且合并企业至少供应相关市场的 15%，竞争委员会将进一步审查该合并是否重大削弱竞争；无论如何，如果合并企业提供市场的 40% 或以上，委员会将要进行进一步的审查。这两种标准反映了对可能行使协同市场力量和单方市场力量的关注。③ 2008 年 11 月澳大利亚竞争委员会颁布了新的《合并指南》。根据这一指南，澳大利亚竞争委员会通常使用市场份额、集中度和 HHI 来衡量市场集中的程度。在审查合并前后合并企业市场份额的变化时，使用 HHI 和 CR，将 HHI 作为判断合并引起竞争问题需要深入调查的初步指标。④

与历史上的重要性相比，市场份额今天所起的作用相对弱化。正如美国反垄断局官员所总结的，“在 20 世纪 50 年代和 60 年代，反垄断机构和法院担心较低水平上的市场

① *EC Horizontal Mergers Guidelines*，paras.19–20.

② *EC Non-horizontal Mergers Guidelines*，para.25.

③ *ACCC Merger Guidelines*，para.5.95.

④ *ACCC Merger Guidelines*，paras.7.9，7.12，and 7.13.

集中。这一时代的裁决严格依赖于市场份额统计，同时也受到其他非经济价值的影响，如保存小企业、保存大量的竞争者，维持消费者的选择。1962年的布朗鞋案中，最高法院禁止了仅占相关市场5%的合并，并裁决保存小企业是合并案件中应予考虑的一个因素。在随后的案件中，合并方的整个市场份额为7.5%、4.5%的合并都被禁止。长期以来，经济研究极大地降低了对低市场份额合并的恐惧，并对简单依赖市场份额作为竞争分析的始终提出了质疑。最高法院的General Dynamics案中包括了这些新概念，法院裁决高市场份额本身不足以阻止一项合并，要求进一步审查合并实际的、将来的竞争效果。这一标志性的裁决，推动了执法机构和下级法院朝正确的方向迈进，使它们在更大程度上将正确的经济原则纳入到裁决中去。很自然，诸如进入容易度和效率这样的概念开始对反垄断分析发挥作用，导致里程碑式的1982年合并指南，该指南将这些概念纳入了新的框架，该框架成为美国合并审查优先选择的分析框架，也成为世界很多国家间接选择的分析框架。今天美国没有一个执法机构或法院会仅仅基于集中的小幅提高而产生的结构性推定而拒绝合并，更不会因为合并使小企业处于危险而拒绝合并”。①

6.3 市场进入分析

对新竞争者进入相关市场的分析，是合并竞争效果评估中结构分析的一个重要组成部分。如果一个市场中企业的进入比较容易，或者现有企业能够非常容易地扩大生产，这一市场中交易主体的合并不会引起竞争性关注。足以抵消引起关注的竞争效果的进入，将迫使价格下降到合并前的水平或更低的水平。“如果进入市场非常容易，市场的参加者在合并后无论是单方还是集体都不能将价格维持在高于合并前的水平上获利，则合并不可能产生或加强市场支配力量或方便其行使。这样的进入，可能在一开始就制止了反竞争性的合并，或者制止或抵消了反竞争效果。”② 国际竞争网建议，“对市场进入、现有竞争者扩张的评估，应成为合并是否重大损害竞争的整个评估的有机组成部分”。“在评估进入或扩张是否能够有效约束合并企业时，竞争当局应考虑进入或扩张是否可能、是否

① Charles A. James，Antitrust in the Early 21st Century：*Core Values and Convergence*，May 15，2002，http：//www.justice.gov/atr/public/speeches/11148.htm，last visited 10 November 2009.

② *US Horizontal Merger Guidelines 1997*，§3.0.

及时以及在性质、规模和范围方面是否充分。”①

因此，“进入分析构成了整个竞争性评估的重要因素”。② 各国合并指南都对市场进入问题作了规定。不同的是，各国对待市场进入的方法不完全相同，有的在市场界定阶段予以考虑，有的在效果分析阶段予以考虑。但大多数将市场进入作为合并效果评估的一个方面或一个因素来进行考虑，进入评估是整个评估的一个有机组成部分。

在澳大利亚，市场进入壁垒以及实际的和潜在的进口竞争，与市场份额一样，是法定审查要素。③ 在欧盟，欧盟委员会对合并效果的审查属于整个评估结构的一个组成部分，是其中的一个分析因素。其他因素有市场份额和集中度、反竞争效果的可能性、买方可能的抵消力量、效率以及退出企业抗辩。④ 加拿大将市场进入作为与市场份额、反竞争效果、买方抵消力量等同等重要的一个评估因素。⑤ 美国合并评估指南中，市场进入与市场界定及市场份额、反竞争效果、效率、退出企业及资产共同构成了五个分析部分。2006年美国联邦贸易委员会和司法部对该指南的评述，坚持了这样的分析方法。⑥

从实际效果上说，只有能够对合并者的反竞争效果起到阻止或削弱作用的进入，才能算真正意义上的进入。因此，许多国家的反垄断当局都要求市场进入必须是“及时的、可能的、充分的”。与此相关，现有市场中的进入壁垒或障碍、进入市场的潜在来源，都是合并效果评估过程中对进入分析的不可缺少的重要方面。

6.3.1 进入要求

能够抵消合并的竞争性关注的进入，无疑应该具有一定的规模和影响。因而，各国合并指南均要求进入必须是“及时的、可能的、充分的”（timely，likely and sufficient）。只有这样的进入，才是有效的，才能有效制止或抵消合并可能造成的反竞争效果。“如果进入是可能的，及时的，在规模、性质和范围方面是充分的，能够制止或抵消引起关注的竞争效果，则该进入就是容易的。在容易进入的市场中，合并不引起反垄断的关注，通常不需要进一步分析。”⑦ 除美国合并评估指南存在这一要求外，欧盟、加拿大、澳大利

① *ICN Recommended Practices for Merger Analysis*，Principle Ⅲ.

② *EC Horizontal Merger Guidelines*，para.68.

③ *Trade Practice Act*，s.50（3）.

④ *EC Horizontal Mergers Guidelines*，paras.11，68–75.

⑤ *CA Merger Enforcement Guidelines*，Part 6 Entry.

⑥ US Department of Justice，Federal Trade Commission，*Commentary on the Horizontal Merger Guidelines*，March 2006.

⑦ *US Horizontal Merger Guidelines 1997*，§3.0.

亚的合并评估指南都存在同样的“及时性、可能性、充分性”的三性要求。①

美国合并指南根据进入时是否产生大量的不能回收二次使用的成本（沉没成本，sunk cost），将进入分为“受限制的进入”（committed entry）和“不受限制的进入”（uncommitted entry）。其他许多国家也作了类似的区分，分为“游击式”（hit and run）或“不受限制的进入”以及“受限制的进入”。不受限制的进入，其进入一般是可能的、及时的、充分的，而对于受限制的进入，其可能性、及时性和充分性则需要进一步分析。

6.3.1.1 **可能性**

进入的可能性分析主要包括进入者的营利性和进入壁垒或障碍两个方面。有的国家主要强调营利性，有的国家同时强调这两个方面，还有的国家将进入壁垒作为影响营利性的一个因素来进行分析。

对进入可能性的分析主要从新进入者的营利性考虑。美国、欧盟和澳大利亚比较强调这一点。对进入“可能性”的要求，不仅仅限于一般的可能性，进入可能（could）发生的可能性，不足以抵消反竞争的关注。因而，这一可能性要求还包括相关企业愿意（would）进入相关市场。② 当然这必须建立在盈利的基础上。

“考虑到对市场进行额外投入的价格影响及现有企业的可能反应，足够盈利才能使进入成为可能。如果只有很大的规模经济上才能可行从而重大抑制价格水平，进入的可能性较小。”“进入失败的高风险与高成本，也会使进入不太可能。”③ 澳大利亚竞争当局认为，进入的可能性通常依赖于进入的营利性，需要对新进入者预期的投资商业收益进行评估。市场壁垒是影响营利性的一个方面。④ 加拿大竞争当局依据合并前的价格评估营利性，而非根据合并后的可能价格评估营利性。⑤

成本，特别是沉没成本，是营利性分析的重要方面。沉没成本，按欧共体委员会的解释，指（已投入的）退出市场时不能收回（unrecoverable）的成本。⑥ 美国、欧共体、加拿大、澳大利亚都强调了沉没成本的重要性。与营利性相关的另一重要因素是进入失败的风险。进入失败的风险和成本越高，进入的可能性就越小。

影响进入可能性的另一重要因素是市场进入壁垒或障碍。美国、欧盟、加拿大、澳

① *EC Guidelines*, Part VI; *CA Guidelines*, Part 6; *ACCC Guidelines*, Part 7.

② *Commentary on the Horizontal Merger Guidelines*, March 2006, p.38.

③ *EC Horizontal Mergers Guidelines*, para.69.

④ *ACCC Guidelines*, paras.7.24–25.

⑤ *CA Guidelines*, para.6.6.

⑥ *EC Horizontal Merger Guidelines*, footnote 41.

大利亚均对此作出规定。这一问题将在下文分析。

6.3.1.2 及时性

潜在的竞争者对合并可能带来的大幅提价或其他市场变化，往往需要一定的时间作出反应。如果时间太长，则不足以对合并方的市场支配力量、合并所引起的反竞争效果产生影响。因而，各国普遍认为“潜在竞争者进入市场的时间，应短到阻止合并实体行使其市场支配力量的程度”。[①] 但具体时间则依赖于市场情况、动态发展及市场特征以及进入者的具体情况而定。大多数的合并指南一般认为两年是一个合适的时间，超出五年不被认为是及时的。[②]

6.3.1.3 充分性

只有“在规模、性质和范围方面”是充分的进入，才有可能有效制止或抵消合并的反竞争效果。换句话说，只有足以有效制止抵消合并所产生的反竞争效果，才是充分的。这是许多国家反垄断执法的要求。[③]

何为充分性，并无具体规定。有的认为，可能、及时的进入，就是充分的。但美国合并指南指出，由于现有企业的控制，进入者获得基本资产受到限制，使之不可能达到盈利所需要的必要销售水平，即使进入是及时的、可能的，这样的进入也是不充分的。另外，在市场不统一的情况下，进入者产品的特征和范围必须能够对当地化的销售机会作出反应；在涉及差别产品、单方提高价格的情况下，进入者必须能够提供与合并实体产品相近的产品，使合并实体不能消化因提价导致的销售损失，从而使之无利可图。[④] 加拿大亦有类似的规定，低于“最低可行规模”（minimum viable scale，MVS）的进入，不足以消除重大价格增长。[⑤] 欧共体指南指出，进入必须具有足够的规模和范围，才能制止或消除合并的反竞争效果。如果只是小范围的进入，不被认为是充分的。[⑥]

根据国际竞争网建议的做法和原则，在考虑进入或扩张的充分性时，竞争当局应考虑进入或扩张：（1）是否具有足够的规模，能够与合并企业进行有效竞争；（2）是否能

① ICN Merger Working Group Analytical Frame Subgroup，Program on Merger Guidelines，*Interim Report for the Second ICN Annual Conference in Merida*，June 2003，Part 5 Assessment of Market Entry and Expansion（Barriers to Entry），§39.

② *EC Horizontal Merger Guidelines*，para.74；*CA Guidelines*，para.6.3；*ACCC Guidelines*，para.7.22；*US Guidelines*，para.3.2.

③ *EC Horizontal Merger Guidelines*，para.75；*CA Guidelines*，para.6.7；*ACCC Guidelines*，paras.7.26–27；*US Guidelines*，para.3.4.

④ *US Horizontal Merger Guidelines 1997*，§3.0，3.3.

⑤ *CA Guidelines*，para.6.7.

⑥ *EC Horizontal Merger Guidelines*，para.75.

够抵消合并产生的具体反竞争效果；（3）是否能够抵消合并的本地化影响（即地理区域或客户类别不同的市场中的影响）。①

6.3.2 进入来源

进入可以采取多种形式，既包括完全新的竞争者的进入，也包括市场中的非合并企业现有生产能力的扩张；既可能包括国内市场，也可能包括国际市场。但无论如何，进入必须导致实际的或潜在的竞争，限制集中形成的企业所获得的市场支配力量。

根据美国合并指南，竞争当局在评估时，只审查潜在进入者可能实际使用的进入方法（进入选择方案）的及时性、可能性和充分性，并不寻求指明谁是可能的进入者。所有阶段的进入努力都予以考虑，包括规划、设计、管理，批准、许可及其他批准，建设、消除隐患以及生产设施的运营，促进、推销、分销，客户满意测试以及资格要求。②

国际竞争网合并工作组对 12 个国家合并指南研究做出的报告，③ 进入的来源主要包括下述几个方面：

第一，来自其他区域的进口。

在界定相关地理市场的范围时常常考虑进口，即市场是否单一国家范围。当进口水平不能证明界定比国家市场更宽的地理市场的正当性时，也可以考虑以进口水平评估潜在竞争的可能性。欧共体委员会和澳大利亚在批准合并时尤其将进口视为决定性因素。在某些情形下（例如，额外生产能力受到瓶颈限制、没有新公司进入），进口是惟一的额外竞争性限制。

竞争当局在确定消费者转向进口产品时，需要考虑大量因素，包括国际贸易关税与非关税壁垒，消费者偏好，安全问题，运输成本，汇率的影响，当前明显的进口价格影响，独立于国内供应商的进口分销程度，现有供应路线能否允许充分的扩张而不产生重大的沉没成本投资。当进口在最近三年占市场至少 10% 时，澳大利亚通常不指控合并。作为基本原则，当在一年内进口提高到整个市场需求的 30% 时，巴西将进口视为制止反竞争行为的重大市场力量。

---

① *ICN Recommended Practices for Merger Analysis*，Principle Ⅲ.

② *US Horizontal Merger Guidelines 1997*，§ 3.1.

③ *ICN Program on Merger Guidelines*，Interim Report，Part 5 Assessment of Market Entry and Expansion（Barriers to Entry），§ 11–16.

第二，生产能力扩张。

市场中现有企业的生产能力扩张或使用剩余的生产能力，在某些情形下也可以限制合并企业的反竞争的提价。能力扩张可以通过现有场所内的渐进的、打破瓶颈的、迂回的或"枯地"扩张（指购并现有生产企业），或者通过新的所谓的"绿地"扩张（指完全新建企业）。[①] 每一情形中，竞争当局需要对单个企业生产能力的扩张能力进行详细的评估。例如，在新的生产能力的增加主要是为了主要一体化生产商的内部需求时，则不予考虑。

第三，新竞争者进入相关产品市场。

这种可能性指不在相关市场中或与相关市场有关的市场中运营的竞争者新进入的可能性。新企业进入市场可以通过收购已有生产能力、以新的或更有效的方法使用生产能力，或者通过建设新的生产能力。新进入者能够采取进攻性的、现有企业不能与之相适应的定价战略。

第四，客户反向一体化 / 从自用生产到非自用生产的转换。

欧共体将自用生产（captive production）（能够提高其生产能力、开始与其供应商竞争）纵向一体化的客户视为潜在的竞争者，是潜在的进入来源。为了非自用生产，公司可以有效地剥离其自用生产设施。自用生产到非自用生产的转换与反向一体化（backwards integration by customers）之间的区别在于，在后者的情况下，客户使用剩余的内部生产能力。

第五，现有设施的改造。

欧共体认为，重新分配生产设施是一种可能的进入形式，在很多情形中改造现有设施可以视为供应替代，在界定市场时予以考虑。欲作为市场界定的一部分考虑，这样的供应反应通常应发生在提价后的一年内（尽管不能精确计算），不应涉及重大的工厂、设备、技巧投资或推销。当卖方可能面对重大的产品分销或推销困难时，或要求新的生产或分销设施进行重大规模生产或销售时，不能为市场界定目的评估改造设施的可能性，而应在考虑进入可能性时予以评估。在任何情况下，基本问题是评估供应反应作为对合并反竞争效果的竞争性限制行为的程度。

6.3.3 进入壁垒

对营利性的考虑仅仅是建立在对营利性的预测上，而要准确做出这样的判断是比较困难的。因而，各国合并指南还采取了具体的分析方法，作为这种预测性分析的依据。

---

① Expansion of capacity can occur through capacity "creep", de-bottlenecking, roundout or "brownfield" expansion at existing sites, or new so-called "Greenfield" projects.

这些方法主要包括两个方面：进入企业的考虑和市场中现有企业的考虑。美国采取“最小可行规模”（minimum viable scale，MVS）分析方法，推定企业可以灵活选择其进入规模，仅在有限的程度上提到了现有企业使用阻止进入的战略。大多数国家更关注进入障碍的存在，即现有企业的相对优势和这些企业对新进入可能的战略反应。

欧共体指出了三种进入障碍。第一种，现有企业的法律优势。法律设置的管制性障碍限制市场参与者的数量（例如获得许可者的数量）。关税和非关税贸易壁垒也属于这一类。第二种，现有企业的技术优势，诸如对基础设施和自然资源的优惠使用、创新与研发、知识产权等。这些优势使其他企业难以与之成功竞争。规模经济或范围经济、经销渠道和销售网络、重要技术，都可以成为进入的技术障碍。第三种，现有企业在市场中已经确立的地位。例如已经掌握的经验和确立的商誉、客户对特定品牌的忠诚、客户和供应商的密切关系、营销与广告的重要性等。现有企业的过剩生产能力、客户改变供应商的成本，都会阻止市场进入。①

澳大利亚法律将进入因素规定为“进入壁垒的高度”。从这一名称可以看出，澳大利亚特别关注市场进入的壁垒及程度。澳大利亚竞争当局在评估潜在进入是否对合并方产生竞争性约束时，考虑下列几方面的壁垒，包括有关的成本及市场上现有企业的优势：第一，法律或管制壁垒，包括许可条件、关税、对经营者数量的明确限制以及其他政府管制；法律上可强制执行的知识产权；提高进入成本或限制客户转换供应商的环境管制。第二，结构性或技术性壁垒，包括沉没资本、可持续的经济规模、高昂的客户转换成本、市场成熟度或需求增长的下降度、进入核心产品或供应资产、重要技术或经销渠道的利用、重大网络效果。第三，战略性壁垒，包括市场上现有企业对进入者的可能报复、现有企业创造或维持过剩生产能力、创造战略性客户的转换成本（例如排他性长期合同和终止费）、现有企业的品牌扩张。②

结合上述壁垒类型，澳大利亚竞争当局用来评估市场进入壁垒高度的信息包括：非当前竞争者的生产商转换生产的能力；影响现有企业扩张影响的市场条件；投资者进入市场或大幅扩大生产规模需要进行的投资，特别是沉没资本的规模和程度；相关市场中的品牌忠诚度；相关市场中长期供应合同及其性质；相关市场中的转换成本；相关市场增长或下降的证据。③

① *EC Horizontal Mergers Guidelines*，para.71.

② *ACCC Guidelines*，paras.7.29–32.

③ *ACCC Guidelines*，p.41.

6.4 破产企业抗辩

如果不论是否存在经营者集中，拟实施集中的一方都会取得市场支配地位或加强其市场支配地位，这种类型的经营者集中是否也因为产生或加强了市场支配地位、重大阻碍竞争而被禁止或者有条件批准呢？在美欧实践中，存在一种称为所谓的“破产企业抗辩”或“退出企业抗辩”的制度，用于解决上述问题。由于无论合并与否，都不能阻碍合并一方产生市场支配地位或加强市场支配地位，原则上也就没有必要阻碍这样的经营者集中。但是，应当注意到，美国和欧盟分析破产企业抗辩的框架有所不同。在美国，破产企业抗辩属于对反竞争效果的抵消或否定，是一种效果权衡；在欧盟，破产企业抗辩属于因果关系分析中的一个因素，破产企业的存在导致因果关系的缺失。

6.4.1 美国的破产企业抗辩

破产企业抗辩，最早是由美国最高法院于 1930 年创立的。在国际鞋业公司诉联邦贸易委员会一案中，法院认为，证据表明，其中一个企业的资源已经用竭、企业重整的预期几乎不可能，企业面临着经营失败的可能性极大。除合并方外，没有其他潜在的买主。基于这一情形，法院认为对这一公司的购并不会重大削弱竞争。① 美国最高法院于 1969 年进一步阐述了破产企业抗辩的适用条件：“除非已经确立购并破产企业的公司是唯一的购买方，否则显然不能适用破产企业抗辩原则。因为如果有另一企业或集团感兴趣，竞争体系中的一个单位会得以保存、而不为垄断力量所消灭。本案的被购并方没有作出出售的努力……从国际鞋业案判决以来，我们拥有了商业社会的丰富经验，通过接收重整的企业，或者通过破产法第 10 章或第 11 章重整的企业，经常成为有力的竞争企业。”②

美国司法部 1968 年合并评估指南即含有破产企业抗辩的内容。针对下述情况，司法部不对合并提起指控：一个企业的资源已经用竭、企业重整的预期几乎不可能，以致企业面临着经营失败的明确可能；破产企业寻求另一更符合反垄断法的购并、对方企业意在将破产企业保存于市场的善意努力失败。只有没有合理预期生存的企业才算是破产企业；仅仅在一段时间内没有盈利、失去了市场支配地位、没有保护其竞争地位、管理差或者没有通过自身努力探讨克服困难的可能性的企业不算作破产企业。由于相关因素判

① *International Shoe Co. v. FTC*，280 U.S.291（1930）.

② *Citizen Publishing Co. v. United States*，394 U.S. 131（1969）.

断困难，司法部只有在最明确的情形中才适用破产企业抗辩标准。[①]

美国司法部1982年合并评估指南，明确了破产企业抗辩的性质。根据这一抗辩，原本反竞争的合并，由于其中一方即将破产，可以获得允许。因为这一抗辩可以豁免重大反竞争的合并，司法部适用这一抗辩时非常严格。这一抗辩有时被解释为反竞争效果与竞争效果的平衡。当满足抗辩条件时，可以作出结论性的推定，与合并有关的反竞争危险被债权人、股东或社区与企业破产相关的收入损失所抵消。一般来说，司法部认为在反垄断分析中纳入非竞争性关注，违反其在反垄断法中规定的职责。但在企业的财务状况与竞争分析相关的范围内，司法部也会予以考虑。[②]

自1992年美国合并指南始，有关破产企业抗辩的规则为：如果合并一方即将破产，可能使该企业的资产退出相关市场，则这样的合并不会产生或加强市场支配力量或方便其行使。在这样的情形中，相关市场中合并后的表现不会比阻止合并、资产离开市场的市场表现差。

破产企业不能偿付近期内的财务债务，不能根据破产法成功重组，曾经寻求合理的出价购买破产企业的资产以保持其有形和无形资产、比合并产生的竞争危害小但没有成功，没有收购时该资产会退出相关市场，这时的合并不可能产生或加强市场支配力量或方便其行使。上述规定对即将破产企业的分部或分厂（division）也同样适用。

6.4.2 欧共体的破产企业抗辩

欧共体明确承认破产公司的抗辩的时间比美国晚。实践中，欧共体委员会适用退出公司抗辩的次数并不多。委员会第一次处理这一问题是在钾肥案中。[③] 该案中，欧盟委员会批准了这一合并，法国对此提出异议，向欧盟法院提出指控。欧盟法院支持了欧盟委员会的做法。

被购并的公司民主德国钾肥公司是民主德国的国营企业，德国统一后经营遇到困难。在这一案件中，针对合并与产生市场支配地位之间的因果关系，委员会指出，通常被认为导致购并方产生和加强市场支配地位的合并，即使禁止合并，购并方仍能不可避免地取得或加强其市场支配地位，该合并不能认为造成了这样的市场支配地位。如果满足下述三项标准，合并不应视为竞争结构恶化的原因：第一，即使没有其他公司的购并，被

① *US Merger Guidelines 1968*，Part.9.

② *US Merger Guidelines 1982*，Part V（B）.

③ *Commission Decision* 94/449EEC in Case IV/M.308–Kali+Salz/MDK/Treuhand，21.7.1994.

购并公司在不远的将来也会被迫退出市场；第二，不存在反竞争效果弱的替代性购并；第三，如果被购并公司被迫退出市场，购并公司会获得被购并公司的市场份额。在合并与产生市场支配地位之间缺乏因果关系，意味着市场支配地位的产生来自于退出公司的消失，而不是来自于集中，即使禁止集中，该市场支配地位的产生仍是不可避免的。欧共体委员会接着指出，这种情形是一种例外情形。①

法国政府对欧共体委员会使用“退出公司抗辩”、允许合并进行提出指控，认为欧共体委员会错误适用了欧共体合并条例。法国政府指出，这一抗辩来自美国反垄断立法，根据这一抗辩，如果满足下述四项条件，一项集中可以不被视为导致或加强市场支配地位：第一，集中一方处于近期不能清偿其债务的状况；第二，不能根据破产法第 11 章成功重组；第三，没有其他的反竞争效果弱的解决办法；第四，如果不能实施集中，该企业将被排出市场之外。委员会没有全面考虑美国使用的所有标准，特别是没有考虑第二项和第三项标准，而只有适用美国全部标准才能确保背离机制的确立，该机制的适用不具有加重已经衰落的竞争情形的效果。法国认为，欧盟委员会认为购并方会获得被并购方的市场份额时，武断地引入了吸收市场份额的标准。委员会没有证明其满足了有关企业从市场中消失、缺乏反竞争效果弱的替代措施的标准。委员会没有证明不存在对竞争损害小的其他购并方法。

面对法国政府的指控，欧共体委员会承认其没有全部采用美国的“退出企业抗辩”。但委员会看不出这会影响其决定的合法性。委员会认为，在本案中满足了“退出企业抗辩”标准。

欧盟指出，《欧共体合并条例》第 2 条第 2 款规定：“不产生或加强市场支配地位、其结果重大阻碍竞争的集中，应宣布与共同市场相符。”根据这一规定，如果一项集中不是产生或加强对竞争有重大影响的市场支配地位的原因，必须宣布与共同市场相符。委员会设定的、据以得出集中与竞争结构恶化之间无因果关系的结论的条件，与美国的“退出企业抗辩”相联系的适用条件不完全一致，这一事实本身并不是使委员会决定无效的理由。委员会设定的条件不能排除集中是市场竞争结构恶化原因的可能性，可以构成委员会决定无效的原因。

针对法国政府对购并企业获得被购并企业退出市场后的市场份额这一标准的相关性的异议，法院指出，如果不存在这一标准，在满足其他标准的情况下，即使集中不再进

① *Commission Decision* 94/449EEC in Case IV/M.308–Kali+Salz/MDK/Treuhand，21.7.1994，paras.71–72.

行、购并企业不会获得被购并企业的整个市场份额，集中也可能被认为不是市场竞争结构恶化的原因。因而，即使没有集中时市场竞争结构恶化程度较小，仍有可能否认集中与市场竞争结构恶化间存在因果关系。这一标准的引入，旨在确保只有即使集中不再进行而集中导致的市场结构仍以类似方式恶化时，才可以排除集中与市场竞争结构恶化之间的因果关系的存在。因而，吸收市场份额的标准，虽然委员会不认为这一标准本身足以排除集中对竞争的任何不利影响，却有助于确保集中对于市场竞争结构恶化的中立影响。这与条例第 2 条第 2 款中规定的因果联系的概念是一致的。欧盟法院的这一解释，其实质是增加否定因果关系的难度，不然容易轻易得出集中与竞争恶化不存在因果关系、从而导致不能对集中进行有效控制的结果。

针对法国政府提出的欧共体委员会没有证明即使没有合并，民主德国钾肥公司也必然会退出市场的指控，法院指出，委员会决定中存在相应的证据，证明民主德国钾肥公司没有经济生命力、损失会进一步扩大。在这样的情况下，委员会预期如果没有私有企业并购，民主德国钾肥公司极可能会在最近的将来关闭，这一预期不能认为没有证据支持。

针对法国政府提出的缺乏反竞争效果小的其他购并，法院指出，法国政府的申诉是认为委员会由于缺乏透明度而没有证明这一条件事实上已得到满足，但法国政府并没有提供详细的材料证明何为缺乏透明度。在缺乏详细材料支持的情况下，这一指控不能得到支持。

根据前述分析，法院得出结论：在集中和市场竞争结构恶化之间缺乏因果关系这一结论，并没有得到有效质疑。因而，就涉及的市场来说，必须裁决集中满足了《欧共体合并条例》第 2 条第 2 款的标准，从而可以宣布集中与共同市场相符，无需对集中方案作出修改。因此，与法国的指控相反，不能要求委员会在宣布集中与共同市场相符时附加任何条件。①

欧共体委员会对退出抗辩的认可，是在因果关系分析的框架下进行的。如果委员会认为集中满足了缺乏因果关系的标准，且明显存在上述三种情形，委员会即有权宣布集中与共同市场相符。在 1999 年的另外一起案件中，在对因果关系进行分析时，针对合并当事人提出的集中与产生市场支配地位不存在因果关系的抗辩，欧共体委员会重申了其在民主德国钾肥案中的观点和标准：即使没有合并，购并方仍然会产生或加强市场支配地位；这种情形是一种例外情形；通常会推定导致产生或加强市场支配地位的合并是市

① *Joined Cases C*-68/94 and C-30/95-French Republic/Commission and SCPA/Commission，[1998] paras.117-124.

场竞争结构恶化的原因；证明不存在因果关系的举证责任在合并方。[①] 在这一案件中，委员会认为合并当事人没能证明满足了上述标准。

在巴斯夫案中，欧共体委员会第二次处理合并当事人提出的退出公司抗辩这一问题。[②] 欧共体委员会指出，其在民主德国钾肥案中使用了“挽救性合并”这一概念，这一概念通常被称为“退出企业抗辩”。合并与市场支配地位的产生之间缺乏因果关系，意味着后者产生于退出企业的消失，即使禁止合并、该消失不来自于集中本身（产生或加强市场支配地位从而重大阻碍竞争），该消失也是不可避免的。委员会基于三标准使用的挽救性合并这一概念得到了欧盟法院的认可。

委员会在巴斯夫案中，进一步阐释了挽救性合并这一概念的一般框架。委员会认为，欧盟法院采取的方法比委员会在民主德国钾肥案中所采用的标准要宽。根据法院的观点，即使集中不再继续，也就是说，即使禁止集中，如果来自于集中的竞争结构会以类似方式恶化，合并就可以视为挽救性合并。委员会认为，一般说来，挽救性合并这一概念视被购并的企业为“退出企业”，合并不是竞争结构恶化的原因。因而，挽救性合并的适用必须满足两个条件：第一，被购并的企业，即使不被另一企业购并，在最近的将来也会被迫退出市场；第二，没有其他的反竞争效果小的替代购并。然而，这两个标准的适用，并不完全排除在相关企业破产时第三方购并相关企业的可能性。如果这些资产在破产程序中被竞争者购买，其经济效果与替代性的购买方购并退出企业类似。因而，除这两项标准外，还需要增加一项标准：缺乏合并时，被购买的资产必然会从市场中消失。考虑到这一框架，委员会认为，下述标准与适用挽救性合并是相关的：第一，被购并企业即使不被另一企业购并在最近的将来也会被迫退出市场；第二，没有反竞争效果弱的替代性购买；第三，被购并的资产，如果不被另一企业购并，也必然会退出市场。无论如何，挽救性合并的适用，要求通过合并的竞争结构的恶化，至少不比没有合并时更差。[③]

在巴斯夫案件中，根据该案的具体和例外情形，在无合并时退出企业即将破产、不存在及时的替代性购买、被购并的资产会必然退出市场，加之产业内的产能限制和需求无弹性，委员会得出结论：来自于集中的竞争结构的恶化程度，不比没有合并时大。经综合考虑，预期合并后的市场状况会比被购并资产退出市场更有利。

欧共体委员会 2004 年横向合并评估指南，含有退出企业的规定，实为前述经验

① Case No IV/M.1221-Rewe/Meinl，03.02.1999，paras.63–64.

② Case No COMP/M.2314-BASF/Eurodiol/Pantochim，11.07.2001.

③ Case No COMP/M.2314-BASF/Eurodiol/Pantochim，11.07.2001，paras.139–143.

的总结。如果合并一方是退出企业，委员会可以宣布存在竞争问题的合并与共同市场相符。基本要求是：合并后竞争结构的恶化不能认为是合并引起的。无合并时，市场竞争结构至少同等程度恶化，即产生这种情形。在适用退出企业抗辩时，委员会认为下述三个标准特别相关：第一，退出企业，如果不被另一企业购并，由于其财务困难，在最近的将来也会被迫退出市场；第二，不存在比申报合并反竞争效果弱的其他替代购买；第三，无合并时，退出企业的资产必然会退出市场。退出企业资产离开市场的必然性，在构成垄断合并时，可能会成为退出企业的市场份额最终会为另一合并方取得的决定的依据。

6.4.3 英国的退出企业抗辩

根据英国公平交易委员会的观点，“退出企业”诉求，其实质是没有合并时目标业务也将退出市场，对竞争的任何损害不应归因于合并。重大削弱竞争标准要求合并是竞争损害的原因，公平竞争委员会一直相信，应允许退出企业案件相对顺利地通过委员会的审查。[①] 历史上，退出企业的案件相对较少，截至 2008 年 12 月，仅有四起，但这些案件形成了公平贸易委员会的标准。

委员会明确指出，只有具有满足下述条件的充分、有力证据时，基于退出企业诉求的交易才会获得批准：第一，无合并时目标业务退出市场不可避免。在近期的将来，目标业务将不可避免地退出市场。通常的情况是，相关业务的财务状况很危险，即使还未清算，可能也会由于诸如卖方公司战略变化的其他原因而遭到清算。证据表明，考虑到了破产中的业务经常会重新获得和恢复活力的现实情况，在探讨了其他方案后，不存在目标业务重组的真实前景。第二，不存在现实的、反竞争效果重大减弱的替代性措施。没有其他的现实的买方，其购买目标业务会产生好得多的竞争结果。即使该类买方不向卖方支付很高的购买价格或对目标业务有利的价格，委员会也会考虑任何超出清算价值的替代性报价的现实前景。在某些情形中，目标业务退出、剩余的竞争者为其市场份额和资产而竞争，比整个转让给一个购买方，对竞争可能产生更好的效果。[②]

对委员会来说最重要的是，上述标准表明不仅是目标业务会退出市场，而且与目标业务退出后其他现实情形相比，相关合并不会导致重大削弱竞争。在评估合并方提供的证据时，委员会考虑当前的经济和市场条件。

---

① *Restatement of OFT's Position regarding Acquisitions of "Failing Firms"*，OFT 1047，December 2008，para.4.

② *Restatement of OFT's Position regarding Acquisitions of "Failing Firms"*，OFT 1047，December 2008，para.10.

6.5 买方抵消力

买方抵消力也是经营者集中竞争效果评估的一个因素。俗语说,道高一尺,魔高一丈。如果买方具有对付卖方的力量，则卖方的任何变化都不可能产生反竞争的效果。这方面，欧共体横向合并评估指南规定得最为明确。该指南第五部分名为“买方抵消力”。对买方抵消力的评估，是整个竞争效果评估结构中的一个因素。①

对供应商的竞争压力，不仅来自于其竞争者，也来自于其客户。即使具有很高的市场份额的企业，合并后也有可能不重大阻碍竞争，特别是如果其客户具有买方抵消力，合并企业在相当程度上不能独立于其客户行为。在此框架下，买方抵消力，应理解为买方在商业交易中由于其规模、对卖方的重要性及转换其他供应商的能力而对卖方具有的讨价还价的力量。

相关时，委员会考虑客户多大程度上具有抵消合并可能产生的市场支配力量提高的力量。如果供应商决定提高价格或降低交付的质量或条件，客户能够在合理的时间框架内转向其他替代供应来源的可靠威胁，是买方抵消力的一种来源。如果买方能够立即转向其他供应商、与上游市场纵向一体化的可靠威胁或者发起上游扩张或进入的可靠威胁，例如说服潜在进入者通过承诺与其公司签订大的订单的方式进入，是买方抵消力的另一来源。有经验的大客户比分散产业中的较小企业更拥有这种抵消力。买方也可以通过拒绝购买供应商供应的其他产品，或者通过延期购买耐用品，来行使这种抵消力。

某些情况下，特别注意买方利用其买方力量的动机是重要的。例如，如果该进入由于投入成本较低、其利益亦为其竞争者分享，下游企业可能不想投资新的领域。

如果只是确保具有特定讨价还价力量的特定部分客户免于合并后价格的大幅提高或条件下降，买方抵消力不足以抵消合并的潜在不利影响时，不能认定买方抵消力存在。买方力量仅在合并前存在是不够的，合并后也必须存在并一直保持有效。这是因为，如果两个供应商的合并消除了买方的可靠的替代供应来源，就可能降低买方的力量。

① *EC Merger Guidelines*，para.11.

7 效率在合并评估中的作用

7.1 概述

1994 年 OECD 竞争政策报告指出：“对竞争政策的基本目标存在普遍的共识，即保护和维持竞争，将竞争作为自由市场经济中资源有效分配因而是有效率的市场结果的最适当的方法。虽然各国对有效率的市场结果的界定有所不同，但普遍认为，该概念包含了更低的消费者价格、更高质量的产品和更好的产品选择。”① 效率目标几乎是所有成员国家竞争执法的核心。“效率应当成为任何竞争效果分析中的核心部分。不审查合并产生的效率，无论采取生产效率、交易效率、配置效率还是动态效率的形式，就根本无法评估合并是否赋予一个企业单方或与其他企业协同提高价格的能力和激励。”② 但由于对效率的不同理解、效率本身所具有的不确定性以及证明效率的困难等因素，真正以效率为理由批准合并的案件极少。③ 历史上，很多竞争执法当局采取了市场结构推定方法，集中于市场份额集中度的提高，将效率视为合并企业获得市场支配地位的潜在的反竞争方法。即使在一些法律制度中，竞争执法当局倾向于在合并竞争效果的分析中包括效率，将实现效率作为交易的一个潜在积极结果，但在实践中，在裁定效率抵消集中造成的市场结

① OECD/GD（94）64，at Annex，*Areas of Convergence in Competition Policy and Law* at § 4.

② William J. Kolasky，*What is Competition?* October 28，2002.available at http：//www.justice.gov/atr/public/speeches/200440.htm，last visited 10 November 2009.

③ *ICN Merger Guidelines Workbook*，April 2006，p.61，http：//www.internationalcompetitionnetwork.org/media/library/conference_5th_capetown_2006/ICNMergerGuidelinesWorkbook.pdf，last visited 10 November 2009.

构推定时仍存在犹豫。影响竞争执法当局和法院态度的，是对福利重新分配政策的基本的规范性观点。

由于合并企业以更低的价格或更好的质量、更低的成本提供相关产品或服务，交易所产生的效率可能具有提高消费者、生产商 / 卖方的福利的效果。但福利理论不同，对效率考虑的程度则不同。社会总福利标准认为，只要消费者和生产商 / 卖方的总盈余超过了社会的净损失，交易就是纯有利的，不应阻止。该方法不考虑交易是否以消费者的代价而有利于生产商，只要在相关市场中节约的资源超过消费者的损失，就增加了社会福利，就允许合并。相反，根据以消费者为核心的方法，或者消费者福利标准认为，如果消费者受到损失就应该禁止合并。这一种标准或方法，限制了合并审查中可以考虑的效率类型。赞成消费者方法的人要求合并方证明没有其他的替代方法获得合并可能节省的成本，并限制计算消费者利益的期限。期限的缩短降低了长期效率，引起潜在净利益的交易以及更有利于消费者的交易受阻。另外，在集中度很高的交易中，合并方经常发现自己面临非法推定，需要承担更大的举证责任来反驳这一推定。

竞争政策中的效率，或者说合并竞争效果评估中的效率，与合并企业的盈亏或合并的成功与失败并不是同一个概念。“当我们讨论需要将效率并入合并审查程序时，遇到的一种主张是，确实表明超过 60% 的合并都失败了。这些研究中所说的合并失败率，不是根据合并对消费者好坏确定的，而是根据是否提高股票价值确定的。”①

从历史发展看，从现有各国合并评估指南或做法看，合并竞争效果评估中对效率的处理，大体有三种情况：将效率视为违法因素，将效率视为反驳反竞争效果结论的抗辩因素，将效率作为一个评估因素纳入到合并竞争效果的总评估中。这三种情形，分别代表了合并竞争效果评估的不同发展阶段，是反垄断法政策目标演变的结果，同时与经济学理论对反垄断法的影响密切相关。就美国来说，也与美国法院针对反垄断法案件采取的本身违法和合理原则的二分法之演变相关。目前，加拿大明确规定效率是抗辩因素，而美国则将效率作为整个评估的一个因素，欧共体在 2004 年经历了从前向后的转变。还有一些国家采取混合模式。而在实际个案中的具体应用可能要比这一简单划分复杂得多。合并产生的效率可以是提高单个工厂的规模经济、多个工厂的规模经济、经销经济。合并效果评估中效率抗辩存在问题，即不能单纯基于经济方法来评估，要考虑到消费者（消

---

① William J. Kolasky, *United States and European Competition Policy*: Are There more Difference than We Care to Admit? April 10，2002，http：//www.justice.gov/atr/public/speeches/10999.htm，last visited 10 November 2009.

费者福利与整体福利的问题）；效率的衡量问题，难于量化和衡量。[①]

对效率的三种态度：第一，效率是禁止合并的理由；[②] 第二，效率不应予以考虑；第三，效率可以作为有限的抗辩。美国对待效率的态度经历了违反因素、抗辩因素和分析因素的这样的变化过程。这一变化既体现在美国反垄断法执法机构的态度中，也体现在美国法院的态度中。美国对待效率的态度影响了其他法域的合并竞争效果评估。

7.2 效率在合并效果评估中的确立

人们喜欢竞争而不喜欢垄断的根本原因是，竞争具有能使市场更有效利用紧缺资源的倾向。通过使企业的生产接近边际成本（等于对销售者的价值），竞争促进资源配置效率（allocative efficiency）；通过使企业降低成本而不输给更有效率的竞争者，竞争促进生产效率（productive efficiency）；通过刺激投资和革新，竞争促进动态效率（dynamic efficiency）；通过竞争企业寻求最便宜的交易，竞争还促进交易效率（transactional efficiency）。[③]

美国1890年制定的谢尔曼法（Sherman Act），被认为是反垄断法或竞争法正式诞生的标志。该法对限制竞争协议和滥用垄断力量做出了规定。美国1914年制定的克莱顿法（Clayton Act）就合并控制做出了规定，从此将合并控制纳入了反垄断法的调整范围。从1890年到今天，时间跨越了一个多世纪，政治、社会、经济情况发生了巨大的变化，反垄断法政策也经历了一个不断演变的过程，呈现出从多元到一元、从政治或社会到经济的变化特点。从发展阶段上大体经过了经济目标与社会目标分离、保护竞争者向保护竞争转变的两个阶段。反垄断法成为与经济理论或方法结合得最密切的一个法律部门，而效率则成为其中的最核心要素。

在美国反垄断法的适用中，曾经出现过截然分开的本身违法和合理原则二分法。这一二分法的出现，是由谢尔曼法实际用语的绝对性引起的。[④] 法院在适用中发展出了合理

① Herbert Hovenkamp，*Antitrust*（4th edition），Thomson/West 2005，p.262.

② *Brown Shoe Co. v. U.S.*，370 U.S.294（1962）；*U.S. v. Von's Grocery Co.* 384 U.S.270（1966）.

③ Willian J. Kolasky & Andrew R. Dick，*The Merger Guidelines and the Integration of Efficiencies into Antitrust Review of Horizontal Mergers*，June 10，2002，http：//www.justice.gov/atr/hmerger/11254.htm，last visited 10 November 2009.

④ 美国谢尔曼法第1条规定，任何契约、以托拉斯形式或其他形式的联合、共谋，用来限制州际或与外国之间的贸易或商业，均为非法。任何人签订上述契约或从事上述联合或共谋，是严重犯罪。

原则这一规则。在适用实践中，法院发现某些行为总是违法，从而得出本身违法的结论。由于判例法的特点，这种本身违法原则得到遵循。本身违法原则强调的是行为本身，而非效果。随着经济理论对反垄断法的影响，对企业行为的认识更加理性，美国最高法院逐渐放弃了对某些行为本身违法的这种认定。目前，本身违法和合理原则这两项规则仍然是美国法院遵循的方法，但二者的差别越来越模糊，合理原则的适用范围越来越广。

7.2.1 敌视效率

美国的现代合并法开始于1950年的赛勒法，该法修订了克莱顿法第7条，扩大了该法的适用范围。根据修订第7条诉至美国最高法院的第一个合并案件是Brown Shoe案。该案几乎完全拒绝了效率抗辩的可能性。在承认众院委员会报告明确表明立法并不旨在阻止促进小公司与大公司更有效竞争的合并（因而似乎倾向效率抗辩）后，法院接着得出结论，认为国会做出了竞争先于效率的选择："我们不能不承认国会通过保护弱小的、当地企业促进竞争的期望。国会完全意识到分散产业和市场可能产生的高成本和高价格，但国会已经解决了这些目标的选择问题，支持非集中化。"① 在接下来的费城国民银行案中，法院再次使用了敌视效率主张的语言：不能基于某种对社会或经济的负债或权益有利的推断，而维持其效果可能严重削弱竞争的合并。② 美国最高法院对效率的敌意在1967年的宝洁合并案达到顶峰。"可能的经济（效益）不能作为非法性的抗辩。国会意识到削弱竞争的某些合并也可能导致经济效益，但国会做出了保护竞争的选择。" ③ 宝洁案中效率不但没有作为抗辩被接受，而且还被视为一种冒犯（offense）。

即使芝加哥学派，在20世纪60年代和70年代，对合并竞争效果分析也采取高度结构性的方法，他们对美国最高法院合并裁决的反对，仅限于合并的市场份额、集中标准太低，只是建议提高非法性的标准。最早提出在评估具体合并中考虑效率的倡导者不是来自芝加哥，而是来自哈佛。1968年由原哈佛教授负责主持制定的第一份合并指南中包括了非常小的效率抗辩（efficiencies defense）。

美国司法部于1968年公布了第一份用于指导合并评估的合并指南（1968年指南）。该指南是在反垄断局局长唐纳德·特纳（Donald Turner）领导下制定的。④ 该指南开始了

① *Brown Shoe Co. v. U.S.*，370 U.S. 294（1962）.

② *U.S. v. Philadelphia National Bank*，374 U.S. 321（1963）.

③ *FTC v. Procter & Gamble Co.*，386 U.S. 576（1967）.

④ 唐纳德·特纳在此之前在哈佛大学法学院任教十多年。

效率在合并分析中的作用的转变。与最高法院的意见相背离，指南承认在某些“例外的情形”中，效率可以证明受指控合并的正当性：“10. 经济。除非在例外的情形下，司法部不接受合并会产生经济效益的主张作为通常依据横向合并标准受到指控的并购的正当性。”① 这是将更大的经济合理性纳入合并法的非常重要的一步。尽管如此，鉴于美国最高法院对待合并的结构推定方法处于鼎盛时期，司法部不指控明显低于实现规模经济所必要的规模的公司合并，准确确立合并的规模经济通常存在相当大的困难，企业通常能够通过内部扩张实现规范经济，这些原因导致 1968 年指南将效率考虑限于例外情形。②事实上，在指南颁布后开始的几年里司法部并没有尽多大努力通过主张效率来证明合并的正当性。

这一倾向在 1974 年通用动力案中得到改变。③ 该案是合并当事人第一次通过影响产业的其他因素来证明合并不会重大削弱竞争、成功反驳政府确立的市场份额推定的案件。这一裁决产生了所谓的“通用动力抗辩”，法院承认市场份额不是合并的竞争效果的唯一指标。这给予当事人更大的鼓励，开始使用效率证明合并不会损害竞争。国际收割机案接受了“破产公司抗辩”。第七巡回法院指出，合并会促进效率，因为它会减少被收购公司的资本成本（cost of capital），使收购公司有能力推销采用了被购公司的高技术的产品。④ 另外，在以后的几年中，最高法院作出的非合并案裁决，进一步扩展了通用动力案对效率抗辩提供的空间。这些案件普遍地扩大了效率抗辩在反垄断分析中的作用。其中，在 Sylvania 案中，法院推翻了 8 年前在 Schwinn 案作出的裁决，指出非价格纵向限制应根据合理原则进行评估，因为他们通过允许制造商实现经销产品中的某些效率，促进品牌之间的竞争（interbrand competition）。⑤ 该案虽然不是一件合并案，但其默示同意了经济观点，法院愿意考虑对企业战略的效率正当性提出的主张，以后的案件中进一步强化了这一假定：反垄断的适当目标是消费者的经济福利，而不是其他关注。在该年的 Brunswick 案中，最高法院阐述了反垄断的损害要求，指出反垄断法是为保护竞争制定的，而不是为保护竞争者制定的。这些案件与其他案件一起，表明反垄断政策正在发生根本性转变。在 BMI 中，法院裁决，即使是竞争者之间的横向协议也不应定性为本身违法，除非其做法表面看来总是或几乎总是倾向于限制竞争、降低产出，并且不旨在提高经济效率使市

① *US Merger Guidelines 1968*，§ 10.

② *US Merger Guidelines 1968*，§ 10.

③ *U.S. v. General Dynamics Co.*，415 U.S. 486（1974）.

④ *U.S. v. International Harvester Co.*，564 F.2d 769（7th Cir. 1977）.

⑤ *Continental T.V. v. GTE Sylvania*，433 U.S. 35（1977）.

场更有竞争性。[①] 这些案件，一方面代表了本身违法原则向合理原则的不断转变，另一方面也表现了反垄断法政策的演变。

有了这些先例作武器，在20世纪70年代后期和80年代早期，当事人在对调查机构的陈述中开始增加效率主张。在Ford/Toyo Kogyo案中，合并当事人的辩护方提出应超出1968年指南考虑效率。“不考虑如何促进或阻碍更有效的生产和更有效的资源配置，就不能形成合理的反垄断规则。”“抛开实际困难不说，经济抗辩最有力。原因有三：第一，无效率的小企业的合并，不可能损害竞争，甚至可以增强竞争；第二，即使促进效率的合并削弱了价格竞争，具有更大效率的实际福利效果也可以抵消这种损害效果；第三，阻止促进效率的合并，很可能是无效的，因为无效率的企业可能通过逐渐消耗从市场中消失，使市场像允许合并一样集中。”立法、立法史以及以前的法院判例，都不排斥效率抗辩。同时，将效率的作用称为抗辩也是用词错误。“虽然我们谈到经济抗辩，但它不是合并削弱竞争或非法的最终结论的抗辩。相反，抗辩一词指反驳最初从部分证据（例如市场份额）中得出的推论（合并被推定为削弱竞争并违反法律）。这就是说，它是对初步证据的抗辩。”[②]

芝加哥学派继续主张设立效率抗辩的实际困难。BORK在其当时非常有影响的一书中指出，效率的衡量超出了法律的能力；即使所主张的效率能够量化，为确定对价格和产出可能的净效果，对效率与合并所产生的市场支配力量的可能增加进行平衡，也是不能解决的问题。[③]

7.2.2 倾向效率

20世纪80年代美国曾发生过反垄断法目的的大辩论。辩论是围绕着芝加哥学派的经济理论对反垄断法的影响展开的。辩论者的观点可以分为一元论和多元论。一元论者认为，反垄断法的唯一目的是提高经济效益，多元论者则认为一元论是误导。其中有代表性的多元论者指出，反垄断法及类似立法，不仅仅是基于市场无摩擦理论或静态理论的简单概念，也基于对这些法律包含下述三个因素：（1）经济理论。（2）与控制裁量以及少数控制经济的产业部门的权力相关的政策目的。（3）对过分集中会导致加强整个社

---

① *Broadcast Music*，*Inc. v. Columbia Broadcasting System*，Inc.，441 U.S.1（1979）.

② Phillip A. Areeda & Donald F. Turner，*Antitrust Law: Analysis of Antitrust Principles and Their Application*，Boston: Little，Brown（1980），p.146.

③ Robert Bork，*Antitrust Paradox*，New York: Free Press（1978），p.126.

会中的反民主趋势的恐惧。国会在制定反垄断法时头脑中考虑的不止是单一的经济理论，也包括社会和政治目的，就像现在有关社会福利最大化的普遍观点一样。法院有能力处理不能量化的反垄断的社会目标，比处理经济问题更有能力。事实上，立法史从根本上反驳了反垄断法旨在只包含经济效率概念的思想。实施反垄断法不仅仅是为了使社会福利更大化，而且也是想保持社会中的某些重要传统价值，例如独立、自由迁移、公平以及不存在对生产工具的排他性的私人控制。① 事实上，在上个世纪的最后二十年里，对反垄断政策的辩论中已经看不到上述的反对考虑经济因素的主张。在联邦机构的最终决定中，非经济因素从来没有起到作用。辩论总是从经济前提开始，② 而在以后的争论中，主要是围绕着不同的经济理论进行的。到了20世纪80年代中后期，反垄断法的执行机构和人员对经济运行的理解已经逐步改善，这一理解“慢慢地引导法律界朝着相当合理的反垄断政策前进，离开了过去30年或35年造成的最愚蠢的结果，该反垄断政策是建立在我们在任何特定时候对产业组织经济学的了解之上的”。③

在这一背景下，司法部颁布的1982年指南，基本上保留了1968年指南的效率一节没变，但提高了司法部指控合并的市场份额和集中度。该指南没有考虑美国律师协会工作组提出的建议，在竞争效果分析中包括效率。工作组非常谨慎地不主张在潜在的效率与重大削弱竞争之间进行取舍，而只是使用效率来反驳基于市场集中和份额的非法推定。工作组还提出，只有从市场集中和份额能够得出的反竞争推定相对较弱时（整个份额低于30%），效率才能影响最终结果。正如1968年指南将对效率的考虑限于“例外情形”一样，1982年指南规定只有在不寻常的案件中（in extraordinary cases）才考虑效率问题，从某种程度上采取了更为限制性的标准。这样做的原因基本与1968年指南的原因一样。第一，引起指控合并的市场份额的数量标准很高，在绝大多数案件中，指南允许企业通过合并实现现有效率，而无需司法部干预；第二，效率极易主张但难以证明，效率幅度也难以确定。重要的是，1982年指南将效率视为负责抗辩④（affirmative defense），而不是作为执法机构的竞争效果分析的一部分，如同破产公司抗辩原则一样，从而更背离了效率。

1982年指南在其脚注中，确立了效率主张的四个先决条件。第一，明确而有说服力

① Stephen M. Axinn，*The Economics of Horizontal restraints：A Lawyer's Response*，52 Antitrust L.J.643（1983）.

② Thomas B. Leary，*The Essential stability of Merger Policy in the United states*，January 17，2002，http：//www.ftc.gov/speeches/leary/learyuseu.htm，last visited 10 November 2009.

③ William F. Baxter，*Antitrust：A Policy in Search of Itself*，54 Antitrust L.J. 15（1985）.

④ 类似于我们熟悉的正当防卫抗辩。

的证据；第二，效率必须是因实现规模经济、生产设施一体化或多工厂运作而产生的重大成本节省；第三，效率必须是产业中的企业已经实现的效率；第四，在可比期限内，通过内部扩张或对竞争损害更小的合并不可能实现同样的效果。但即使满足这些条件，也只在两可的案件（close cases）中考虑效率。[①] 1982 年指南基本遵循了芝加哥学派的方法而不是哈佛学派的方法，只是在指控的市场份额标准相对较高的的情形下考虑效率，而不是在具体案件中考虑效率。

在 1982 年指南颁布的当天，联邦贸易委员会颁布了横向合并说明（Statement on Horizontal Mergers）。该说明更倾向于效率观点。在行使指控裁量权时，委员会会考虑可衡量的经营效率，但这样的效率不能作为法律上承认的抗辩。在考虑效率时，需要大量证据证明成本节省明显超过市场支配力量的提高。

仅两年，司法部又颁布了 1984 年合并指南。与 1982 年指南相比，有两节基本被重写，一节涉及效率，另一节涉及进口。这些修改直接来自于 LTV-Republic 案的经验。该案中，司法部最初完全指控这一合并，声称它在三个市场中可能重大削弱竞争。司法部的观点在政府机构内部就遭到了商务部的批评。经过谈判，司法部最终接受了和解令（a consent decree），同意剥离两个钢厂。法院在批准这一方案时指出，法院注意到了美国钢铁产业衰退并不断恶化的情形，这一解决办法有利于公众利益，它可以允许通过促进存续公司在国内和出口市场中进行更有效竞争提高效率，节省成本。[②] 可以说，正是法院的这一判决，促进了 1984 年的指南修订。司法部这样解释修订的理由：1982 年指南的用语是限制性的、具有某种程度的误导语气，表明司法部只有在不寻常的案件中才考虑效率主张，而实际上司法部从没有忽视效率主张。1984 年修改旨在纠正这种误解，对如何评估效率提供进一步的指导。[③]

与 1982 年指南相比，1984 年指南对效率的修订是重大的。

第一个变化是将效率一节从抗辩一节中移到竞争效果一节。这是一个非常重大的改变。当时的反垄断局局长 Paul McGrath 这样强调这一转变的重要性："在审查某一合并时，特别是接近指控标准的合并时，更注意审查其他的相关情形，对合并是否可能削弱竞争进行总的评估。其中的一个考虑因素是效率。提醒注意的是，在 1984 年指南中效率被列为评估的另一因素，而不是作为抗辩。"根据这一方法，司法部将不对预期效率和预期反

---

① *US Merger Guidelines 1982*，§ 10.A.

② *U.S. v. LTV Corp.*，1984 WL 21973，14（D.D.C 1984）.

③ *US Merger Guidelines 1984*，Press Release June 14，1984.

竞争结果进行平衡。相反，在确定合并是否具有反竞争的效果时，应考虑效率。①

第二个改变是增加了介绍部分，明示承认合并对经济的主要利益是促进效率的潜在可能性，这一潜在可能性会提高企业的竞争力、对消费者提供更低的价格。同时如同以前的指南一样，指南只禁止对竞争构成重大危险的合并，在大多数案件中，指南允许企业通过合并实现效率，司法部并不进行干预。

第三个变化是更充分地说明司法部在评估效率时所使用的标准。第一，废除了只在“不寻常案件”中考虑效率的规定，保留了1982年指南中规定的“明确而有说服力的证据”（clear and convincing evidence）的要求。第二，以合并是实现效率所合理需要的宽松要求，替代了当事人证明在可比期限内通过内部扩张或对损害竞争差的合并不能取得类似结果的要求。第三，1982年指南要求效率必须是重大的（substantial），而1984年指南认为效率必须是明显的（significant），使用了更灵活的词语。第四，1984年指南使用递增比例标准（sliding scale）评估效率，“竞争风险越明显，当事人必须证明的预期净效率水平越高”，代替了“只在两可的案件中考虑效率”的规定。第五，废除了当事人证明效率已经为产业内的一个或多个企业所享有的要求。②

第四个变化是提供了司法部可以考虑的效率类型清单，对效率类型提供了全面的规定。1982年指南仅限于考虑重大成本节省，而1984年指南则采取了限制性更少的方式，“可认可的效率包括但不限于”这些具体的效率，并指出司法部也需考虑“与特定制造、服务、经销运作相关的类似效率”以及“产生于销售、管理、行政支出下降的”效率。

1984年指南的变化是重大的，司法部从芝加哥阵营（反对考虑合并所特有的效率，认为这是不能管理的）转向了哈佛阵营。这些改变，对将效率充分并入到了现代合并分析中做出了重要贡献。

虽然联邦委员会没有遵循司法部的做法而修改自己的1982年政策陈述，但这些年中其也开始在决策中赋予效率以更大的重大性。

20世纪60年代末期是形式主义的反垄断法的高峰。到了70年代，法律和经济学开始融合，经济学的知识和思维已经逐渐渗透到反垄断法中，反垄断法对竞争者影响的看法也发生了改变。“反垄断法的制定是保护竞争，而非保护竞争者。”③ 最高法院的这一观点，

① See Willian J. Kolasky & Andrew R. Dick，*The Merger Guidelines and the Integration of Efficiencies into Antitrust Review of Horizontal Mergers*，June 10，2002，http：//www.justice.gov/atr/hmerger/11254.htm，last visited 10 November 2009.

② *US Merger Guidelines 1982*，§3.5，5. A.

③ *Brunswick Corp. v. Pueblo Bowl-O-Mat Inc.*，429 U.S.477（1977）.

对于合并者与其他竞争者的关系以及合并控制是否应保护弱小企业来说，产生了变革性影响。在后来的一个合并案中，最高法院实施了这一原则。在该案中，申诉方指控合并导致合并后价格降低、申诉方利润丧失，要求禁止合并。法院拒绝了申诉方的这种主张。"认为反垄断法保护竞争者免于价格竞争所产生的利润损失，在效果上使企业降低价格以提高市场份额的所有决定成为非法。反垄断法不要求这样荒唐的结果，因为允许具有市场支配地位（dominant firm）的企业从事激烈的价格竞争是有利于竞争的。"①

自从 1982 年合并指南公布后，四个巡回上诉法院有机会审查效率抗辩的利用问题。这四个法院都愿意将效率用于反驳基于市场份额和集中表明反竞争效果的初步证据，并普遍适用了合并指南评估效率主张时所采用的相同分析框架。

1991 年的 FTC v. University Health Inc. 案中，第十一巡回法院采取的方法更类似于 1984 年指南的方法。该法院指出，效率不应作为已经认定为反竞争的合并的抗辩，相反应纳入到竞争效果分析中，用于反驳基于市场份额推定确实的初步证据案件。另外，法院指出，效率必须是重大的、最终有利于竞争从而有利于消费者，才予以考虑。越来越多的地区法院承认效率抗辩，并经常引用指南予以支持。②

7.2.3 重视效率

1992 年指南是联邦贸易委员会首次与司法部一起制定的合并指南。③ 1992 年指南的主要变化是，更偏离基于市场份额和集中度的结构性推定，更强调定性的竞争效果分析。1984 年指南中的效率一节基本没有变化，但有一例外。1992 年废除了"只有在明确和有说服力的证据证明效率时才予以考虑"的规定，④ 从而降低了当事人的举证责任。

1997 年指南仅修订了效率一节，以新的第四节取代了以前的内容。因而，1997 年指南有时也被称为 1992 年指南。修订的一节不是反映了政策变化，而是对现有做法的更详细的解释。

1997 年指南的修订保留了 1984 年指南和 1992 年指南的介绍性语言，宣布合并对经济的主要利益是创造效率的潜在可能性。新指南比以前的指南更详细地解释了效率提高

① *Cargill, Inc. v. Monfort of Colo., Inc.*, 479 U.S. 104（1986）.

② *FTC v. University Health, Inc.*, 938 F.2d 1206（11th Cir. 1991）.

③ 该指南对 1984 年指南中的纵向合并部分没有予以变动，而只是对横向合并做出了规定，因而在具体名称上有所变化。就严格意义上讲，纵向合并指南仍然有效，但由于执法机构认为纵向合并一般不引起竞争性问题，不再指控纵向合并，故该指南实质上处于废止状态。

④ *US Horizontal Merger Guidelines 1992*, § 4.

企业竞争力的机制是通过提高竞争的刺激和能力。指南也将利益名单扩大到包括改善质量、促进服务或提供新产品。

第一个变化是对可认可的效率提供了更系统的解释。可认可效率（cognizable efficiencies）具有三个特征：第一，合并特有的效率（merger-specific efficiencies）；第二，已经证实的（verified）；第三，不是反竞争的（Not anticompetitive），如果产生于反竞争的产出或服务限制，则不被认可。

第二个变化是如何考虑效率因素。如果可认可效率的性质和幅度使合并在任何相关市场都不可能是反竞争的，则审查机构不对其进行指控。机构应审查可认可效率是否能够足以推翻合并在相关市场中对消费者的可能损害，例如制止市场价格提高。如同1984年、1992年指南一样，1997年指南规定对此使用比例递增法（sliding scale）：为使联邦机构得出合并在相关市场中不会具有反竞争效果的结论，合并潜在的不利竞争效果越大，可认可的效率也必须越大。当合并的潜在不利竞争影响可能特别大时，则必须存在大得不同寻常的可认可效率阻止合并反竞争。“根据机构的经验，当缺乏效率，可能的不利竞争影响并不大时，效率最可能在合并分析中起作用。效率几乎不能证明垄断或近乎垄断的合并的正当性。”①

1997年修订时的一个主要争论是，效率如果被认可，是否必须转移给（passed on to）消费者。大多数的经济学家都主张他们称之为“总福利”（total welfare）的方法，将所有的效率都视为积极性的，不管是否以低价的形式转给消费者，并认为所有的资源节省都有利于整个社会，从消费者向生产者的任何财富转让都无关紧要，因为从整个体系来看生产者也是消费者。联邦贸易委员会主席Pitofsky持这样的观点。

大多数的评论者将1997年的修订视为对效率采取了“消费者福利”（consumer welfare）的方法，只有在效率以较低价格的形式转给消费者并扩大产出时，才视为存在。与这种观点相反，对1997年修订的仔细审查表明，联邦机构保留了积极权衡没有立即转移给消费者的效率的可能性。特别是，修订在界定可认可效率时没有包括转移要求（pass-on requirement）。相反，指南脚注37明确写道：“在大多数案件中，对短期的这一分析结果，决定联邦机构做出执法决定。但联邦机构也考虑对相关市场中的价格没有近期的直接影响的可认可效率的效果。”② 因而，将1997年指南所采取的方法描述为消费者福利和总福利模式的混合模式更好。直接通过低价和产量提高有利于消费者的效率，会受到最

① *US Horizontal Merger Guidelines 1997*，§4.

② *US Horizontal Merger Guidelines 1997*，footnote 37.

大的考虑，但能够证明并可表明最终有利于消费者的其他效率，也会得到考虑。

根据克莱顿法第7节对重大削弱美国任何地方的任何产品的竞争的适用，通常对于合并潜在的有利于竞争的一方的内在影响，应在某一相关市场中予以评估。但在指南脚注36中，联邦机构提到了下述可能性：一个市场中具有反竞争的净效果的合并，在另一个或其他市场中可能具有更大的促进效率的效果。因为以这样的理由接受合并，必然意味着接受对某些消费者的反竞争的损害，这样的合并在逐个市场分析后通常会受到指控。然而，联邦机构可能会接受这样的合并，如果效率与反竞争的损害不可分割地联系在一起（即损害不能由剥离或其他类似救济以通常的方式避免），并且如果不平衡是重大的（即效率大而反竞争效果小）。

纵观美国法院及政府执法机构对待效率态度的变化，可以说，其越来越接受效率，在1997年指南中，取消了效率必须转给消费者的要求。但这并不是说，法院及政府机构轻易接受合并方提出的效率主张。甚至有人还认为法院和政府机构对效率还是充满敌意。政府在合并指南中的规定与在诉讼中的实际做法存在脱节之处。指南中对于有关合并的不利竞争效果评估的规定，并没有提供肯定裁决的基础。合并可能导致价格提高的假设是软弱的，现有的合并政策缺乏坚实的基础。合并必须个案评估，仔细审查产业的特定事实。[①]

7.3 合并评估中认可效率的要求

7.3.1 效率要素说与效率抗辩说

在承认效率的作用方面，美国的发展经验对其他国家产生了重大影响。尽管具体情况不同，但各国反垄断立法或合并评估指南都将合并效率视为积极影响来处理，而未将其视为违法因素。

目前各国反垄断执法当局间的分歧主要在于视效率是合并竞争效果评估中的一个因素（要素法），还是对竞争效果评估后得出的反竞争效果结论的抗辩（抗辩法）。在前一方法中，效率明显发挥了更大的作用，在考虑效率的基础上得出合并是否具体反竞争效

---

① Timothy J. Muris，*The Government and Merger Efficiencies: Still Hostile after All These Years*，7 Geo. Mason L. Rev. 729（1999）.

果的结论。在后一方法中，则需要比较合并产生的反竞争效果与合并产生的效率哪一个更大，需要对二者进行平衡取舍。

一些国家基本上遵循了美国的合并指南。例如，阿根廷采取了与美国合并指南相似的分析程序，包括了效率分析：如果效率很大，以至对普遍经济利益的净影响是有利的，可以批准本应禁止的合并；只考虑合并特有的效率。巴西合并指南采取了与美国类似的分析方法，包括了对效率予以考虑的明确步骤。

欧盟是最近才将效率作为合并审查的积极因素予以考虑的法域。表面上看，1989 年的合并控制条例要求委员会考虑效率作为做出最终决定的积极因素（技术发展和经济进步）。但实际上，欧盟委员会在考虑效率时，同 20 世纪 60 年代的美国最高法院一样，将效率更多地视为冒犯而不是抗辩。自 2001 年欧盟委员会禁止了美国机构批准的 GE/Hoenywell 合并案后，经过美国与欧盟的再三会谈，欧盟表示重新考虑效率的作用，更友善对待效率。"我们不反对产生更有效率企业的合并。这样的合并倾向于使消费者获益，即使竞争者可能从更激烈的竞争中受到迫害。"[①] 2004 年合并管制条例，要求在确定合并的竞争影响时考虑合并当事人提出的效率，该效率有可能抵消合并对竞争的不利影响。[②] 条例的这一要求，在合并评估指南中得到了具体而详细的体现。效率成为合并竞争效果分析的一个组成部分。[③]

澳大利亚 1974 年贸易行为法本身没有将效率因素作为该法第 50 条规定的必须考虑的法定因素，但其合并指南包括了效率规定，将与合并有关的效率作为"其他相关因素"予以考虑。[④] 但澳大利亚竞争委员会将合并效果的评估集中于合并对竞争、竞争约束和市场效率的影响，而非对具体企业的效率的影响，因而，即使合并导致具有较低成本结构的更有效率的企业，消除或削弱竞争约束、导致重大削弱竞争的合并，仍然违法。[⑤] 如果合并产生的效率不能制止重大削弱竞争，则只有在澳大利亚竞争审判庭同意下才可以进行合并。审判庭需要考虑效率收益是否构成了公共利益、超过了重大削弱竞争产生的公共损害。[⑥] 由此可见，澳大利亚采取了要素法和抗辩法的混合模式。

---

① Mario Monti，*Address before the Future for Competition Policy in the European Union*，July 9，2001，http：//europa.eu/rapid/pressReleasesAction.do?reference=SPEECH/01/340&format=HTML&aged=0&language=EN&guiLanguage=en，last visited 10 November 2009.

② *EC Merger Control Regulation*，recital 29.

③ *EC Horizontal Mergers Guidelines*，para.11，and Part Ⅶ.

④ 除效率这一因素外，"其他相关因素"还包括出口市场及政府管制。

⑤ *ACCC Merger Guidelines*，para.7.63.

⑥ *ACCC Merger Guidelines*，para.7.66.

加拿大1986年竞争法明确采取了效率例外或抗辩的模式。该法第96节规定：（1）效率收益例外。如果审判庭认定合并引起或可能引起效率收益大于或抵消阻碍或削弱竞争的效果，并且效率收效不可能通过其他方式取得，审判庭不得根据第92节做出禁止合并的命令。（2）考虑进出口因素。在考虑合并是否可能引起上述效率收益时，审判庭应考虑该效率收益是否导致出口实际价值的重大提高；或者国内产品对进口产品的重大替代。（3）限制。为本节之目的，审判庭不能仅仅根据两个或更多的人之间的收入再分配而认定产生或可能产生效率收益。加拿大竞争局发布的合并评估指南亦采取了"效率例外"（efficiency exception）的方法，第8节的名称直接为"效率例外"。在效率收益和反竞争效果之间进行比较、权衡（trade-off）。如果效率能够抵消反竞争效果，则批准合并。[①] 这一方法也与美国法院的判决相一致。在一起合并案件中，加拿大竞争审判庭允许两家经销公司合并，该合并导致在很多当地市场的垄断，并导致重大的持续提价。竞争审判庭适用了效率抗辩法，认为虽然合并后存在反竞争的价格增长，但合并产生的效率如此重大以至于超出并抵消了合并可能的反竞争效果。在上诉中，加拿大联邦上诉法院推翻了竞争审判庭的决定，因为审判庭没有评估从消费者向生产商的福利转移可能导致更高价格的转移影响。竞争审判庭在重新做出的审查决定中，再次确认了之前得出的结论，该审判庭认为，合并所产生的效率收益明显超出合并产生的反竞争影响和财富转移的社会不利部分。加拿大联邦上诉法院维持了审判庭的这一决定，允许实施合并。[②]

在新西兰，如果合并导致证明批准合并正当性的公共利益，则本应禁止的合并可获得批准。提高的效率是主要的公共利益正当理由。其他如挪威、委内瑞拉、南非都规定了对效率的考虑。[③]

中国反垄断法总体上看采取了社会福利法的方法或标准。该法第27条规定了经营者集中需要审查的法定要素，除参与集中的经营者在相关市场中的市场份额及其对市场的控制力、相关市场的市场集中度外，还要求审查经营者集中对市场进入、技术进步的影响、审查经营者集中对消费者和其他有关经营者的影响、经营者集中对国民经济发展的影响。我们可以认为，技术进步、社会经济发展代表了包括效率在内的积极因素。《反垄断法》

---

① *CA Merger Guidelines*，Part 8 The Efficiency Exception.

② Superior Propane/ICG，*quoted from ICN Merger Guidelines Workbook*，April 2006，p.65.

③ See Willian J. Kolasky & Andrew R. Dick，*The Merger Guidelines and the Integration of Efficiencies into Antitrust Review of Horizontal Mergers*，June 10，2002，http：//www.justice.gov/atr/hmerger/11254.htm，last visited 10 November 2009.

第 28 条更加明确地规定了效率因素在经营者效果审查中的作用："经营者集中具有或者可能具有排除、限制竞争效果的，国务院反垄断执法机构应当作出禁止经营者集中的决定。但是，经营者能够证明该集中对竞争产生的有利影响明显大于不利影响，或者符合社会公共利益的，国务院反垄断执法机构可以作出对经营者集中不予禁止的决定。"从第 28 条的句子结构和相关内容看，中国反垄断法采取了不利影响与有利影响比较、权衡的方法。有利影响或社会公共利益，可以构成对已经认定的不利影响的抗辩或例外。因此，中国采取的方法是抗辩法。

7.3.2 对效率的要求

7.3.2.1 效率必须为合并所特有

几乎所有的法律制度（包括美国、加拿大、欧共体、英国、德国和澳大利亚），都含有效率必须是合并特有的（merger-specific）这一要求，集中于这一独特的潜在可能性。

按照合并特有效率这一标准，可以通过企业内部扩张获得的效率不被认为是合并所特有的。但对合并交易实施严格的合并特有性标准，有可能阻碍企业尽快获得对企业的竞争能力（国内和国际）很关键并可能促进产业竞争的效率。毕竟，收购是企业获得效率的一种主要方法。企业不从内部追求效率的原因是多种多样的。例如，由于企业所在产业生产能力已经过剩或相关成本过高，企业可能不想通过扩大基础设施来提高效率。另外，在需求稳定或需求下降的环境中增加新的生产能力，可能产生降价压力，使内部扩张不能获利。另外，增加新的生产能力，可能导致社会的浪费。而通过与竞争者合并、在原竞争者的运营厂所进行运营整合，企业可能获得重大效率。

合并特有，除了表示通过内部扩张可以获得的效率不被认可外，还要求在一般意义上不存在可以实现同样效率的、反竞争效果小的替代措施或方案。在美国，"联邦机构只考虑合并可能实现的、没有合并或具有可比反竞争效果的方法不可能实现的效率"。"能够通过实际的替代方案（如剥离或许可）保存的、减轻竞争关注的效率，不是合并所特有的效率。如果合并不影响能否实现效率，而只影响何时实现效率，只有时间性优势才是合并特有的效率。""在进行这样的确定时，只考虑合并企业面临的商业情形中可行的替代方案；联邦机构不要求限制性更小的但只是理论上的替代方案。"[①] 美国当局致力于基于其他实际的选择方案评估所声称的效率，而不是要求证明通过某些假想的选择方案

① *US Horizontal Merger Guidelines 1997*，§ 4.

不能取得所主张的效率。[①] 在执法机构的推动下，美国法院在对待合并特有性上也采取宽松的态度，而将注意力集中于不存在交易的情况下企业能否实现效率，制止会产生这样的效率的交易。

同美国一样，在一些法律制度中，反竞争的合并，只有在所主张的效率不能通过反竞争程度小的方法获得时，才予以批准。也就是说，只有不存在同样可以获得效率的、反竞争程度小的替代方法时，才批准反竞争的合并。加拿大合并指南规定，替代性措施或方案可能实现的效率，在对合并效果进行权衡性分析时不予考虑。替代性安排包括内部增长、与第三方合并、合营企业、专业化协议，许可、租赁或其他契约性安排。[②]

欧共体合并指南表明，“效率是合并直接的结果并且不能通过竞争损害性小的替代方式获得时，该效率与合并评估相关。只有在这样的情形中效率才视为是合并产生的，是合并所特有的”。“合并企业需要证明不存在反竞争效果小的、现实的可实现的替代性措施,能够保存合并企业所主张的效率。这些替代性措施包括非市场集中性的,如许可协议、合作企业，也包括市场集中性的，如集中性的合营企业、结构不同的合并。”[③]

如果这一标准要求表明在没有合并时特定企业不能并且不会采取产生效率的活动，这一标准的限制性可能太大了。与此相比，美国联邦贸易委员会主席Muris更倾向集中于无合并时效率是否可能的标准，而不是合并为实现效率是否合理必要的这一问题。[④]

效率必须是合并的直接结果。合并当事人所主张的效率不得来自于产量、服务、质量或产品选择的降低或减少。[⑤] 拖延实现的效率收益的作用较小，因为它们更不直接、更难以预期。

分配性效率不被认可。例如，利用谈判杠杆使合并方降低工资或收取供应商折扣的收益，不予考虑。[⑥]

根据澳大利亚合并指南，大企业可以通过其较强的谈判地位和大宗采购而获得较低的价格。这种成本节省是一种金钱利益，而非效率收益。[⑦]

---

① Robert Pitofsky, *Efficiencies in Defence of mergers: 18 Months After*, October 16, 1998, http://www.ftc.gov/speeches/pitofsky/pitofeff.shtm, last visited 10 November 2009.

② *CA Merger Enforcement Guidelines*, para.8.17.

③ *EC Horizontal Mergers Guidelines*, para.85.

④ Timothy J.Muris, *The Government and Merger Efficiencies: Still Hostile After These Years*, 7 Geo. Mason L. Rev. 729 (1999).

⑤ *CA Merger Enforcement Guidelines*, para.8.17.

⑥ *CA Merger Enforcement Guidelines*, para.8.17.

⑦ *ACCC Merger Enforcement*, footnote 58.

7.3.2.2 效率必须可证实

根据美国合并指南、欧共体合并指南以及其他国家的合并指南，合并当事人在合并评估中所主张的效率必须是“可证实的”（cognizable or verifiable）。“合并企业必须以可靠依据支持其效率诉求，以便联邦机构能够通过合理的方法证实所主张效率的可能性和大小、如何及何时能够实现（以及实现成本）、效率如何促进合并企业的竞争能力以及什么是合并所特有的。模糊的、臆测性的或通过合理方法不能证实的效率，不予考虑。”[①] 根据欧共体的合并指南，对预期效率涉及的未来期限越长，委员会对效率重视的程度越低。[②]

竞争当局对合并竞争效果的评估，是一种预期性评估，具有一定程度上的不确定性，对效率的预期和评估更加不确定。这就导致了效率证明和认可的困难。实证表明，很多合并没有提供预期的效率，这表明对效率主张持谨慎的态度是合理的。

在所有国家中，美国是最积极主张在合并效果评估中考虑效率的。即便如此，美国合并竞争当局也不轻易接受效率主张。正如美国联邦贸易委员会主席在2002年底研讨会的开幕词中所指出的，“很多人显然认为，只有合并被确定为不反竞争时，效率才起作用。实际上效率是起作用的，即使是存在竞争关注时。当然，反竞争效果的可能性越大，克服反竞争效果推定的效率也必须越大。对合并指南的误解是过分强调了结构性推定。自从1982年合并指南以来，合并指南从来没有规定、合并政策从来也不是下述情形：高HHI加上重大三角是反竞争效果的决定性证据。相反，适当界定的市场中，高HHI及HHI的重大变化以及进入障碍的存在，提供了反竞争效果的初步证据。这一初步证据，可以由缺乏可靠的事实支持的反竞争效果理论加以反驳。在某些案件中，效率可以是反驳初步证明案件的重要组成部分。对效率的作用认识不清的一个来源是诉讼案件。法院通常比合并指南或实际的执法政策更倾向于结构性推定。效率应是合并方向联邦贸易委员会提交材料的重要组成部分。委员会会认真考虑这样的主张，但委员会并不替合并方提出这样的主张。如果合并方向委员会提出有力的主张，委员会会给予认真的考虑”。[③]

美国联邦机构在对效率进行分析时，不是将可证实效率与没有该效率时对消费者的可能损害程度进行简单的比较。合并潜在的不利竞争效果越大（可以通过HHI的增加、

---

① *US Horizontal Merger Guidelines 1997*，§4.

② *EC Horizontal Mergers Guidelines*，para.86.

③ Timothy J. Muris，Opening Remarks，*Understanding Mergers*：*Strategy and Planning*，Implementation and Outcomes，December 9，2002，available at http：//www.ftc.gov/speeches/muris/mergers021209.shtm，last visited 10 November 2009 visited.

竞争效果的分析、市场进入的及时、可能和充分性来体现），联邦机构欲得出合并在相关市场中将不存在反竞争效果的结论，可证实效率也必须越大。当潜在不利影响效果可能特别大时，必须存在大到超乎寻常的可证实效率才能阻止合并的反竞争。效率几乎从来不能证明造成垄断或近乎垄断的合并的正当性。①

根据国际竞争网合并工作组的报告，效率可以通过下述类型的证据得到支持：公司的内部计划和成本研究以及公开声明，工程管理（engineering）和财务评估，来自于第三方的产业研究，经济学和管理学文献，来自产业、会计和经济专家的证言，该产业内过去的合并经验，股票市场。据合并工作组分析，似乎存在一个不成文的“绝对规则”（an unwritten “absolute rule”）（至少在美国是这样）：为执行目的，只承认与合并后市场集中水平等比（on a sliding scale）的效率。简单来说，这一规则表示，集中水平越低，竞争当局越可能将交易的效率利益作为分析因素。对于提出较高的集中关注的交易，这一方法“不相信 / 考虑”（discount）效率诉求。另外，如同美国指南及最近的法院裁决所表明的，集中度可能达到某一水平，在这一水平上（如垄断或接近垄断，或如 Pitofsky 建议的，在合并公司持有超过市场 35% 的份额时），效率几乎从未予以考虑。有人提出，忽视基于集中的推定，而对诸如市场条件和净效率这样的其他因素进行个案审查，可能更好些。在不存在产生或加强单方市场支配力量的例外情形下，这一主张将基于集中水平的推定视为很弱的推定。然而，竞争当局似乎不愿允许导致过高市场份额的合并。②

有关效率作用的总的发展趋势是，竞争当局似乎越来越认真对待效率。美国联邦贸易委员会前主席 Muris 重申，适当提出的可靠效率在 FTC 的合并审查中会得到适当的考虑。“从内部来说，我们严肃地对待有良好书面证据支持的效率主张。我们承认合并可能导致降低可变成本之外的多种效率。”另外，他还表示，导致和解令的案件以及在设计救济保持竞争同时允许当事人获得大多数（如不是全部）的效率时，效率是很重要的。

在欧洲，有人提出，不考虑效率收益（包括以低价传给消费者的成本节省）的竞争政策，可能有害于欧共体的竞争力，尤其是在高科技产业方面。欧共体最近正在审查有关效率的观点，并可能在将来更友善地对待效率。2002 年 7 月，欧共体竞争委员 Monti 指出：“我们不反对产生更有效率的企业的合并。这样的合并倾向于使消费者受益，即使竞争者可能从竞争提高中遭受损失。”他表示：（1）支持效率抗辩；（2）改革应伴随着发布市场支配力量解释指南，帮助提供市场界定以及应如何考虑效率因素；（3）欧共体不

① *US Horizontal Merger Guidelines 1997*，§4.

② *ICN Project on Merger Guidelines2003*，Part 6 Efficiencies.

会仅仅因为合并降低成本、允许合并的企业提供更低的价格因而降低或消除竞争而阻止合并。但他认为，对效率诉求保持合理的怀疑是适当的，尤其是对似乎带有竞争问题的交易。①

2002 年年底欧共体委员会发布的合并评估指南草案规定："委员会欢迎以集中形式的公司重组，该重组符合动态竞争的要求、能够提高欧共体产业的竞争力，改善欧共体的增长条件、提高生活水平。只要有利于消费者、不构成竞争障碍，委员会在对横向合并的评估中考虑技术和经济发展。委员会在合并的整个评估中考虑任何有依据的效率诉求。委员会可以决定，由于合并所带来的效率，合并没有产生或加强重大削弱有效竞争的主导地位。委员会根据充分证据，可以得出这样的结论：合并所产生的效率，能够促进合并实体为消费者利益采取促进竞争的行为，抵消合并可能具有的（不利）竞争效果。"② 2004 年欧盟合并控制条例规定，在对合并的评估中，除其他因素外，"要考虑技术进步和经济发展"。③ 2004 年横向合并评估指南规定，"委员会在对合并的总体评估中考虑任何有依据的主张。委员会可以决定，由于合并带来的效率，没有理由根据合并控制条例第 2 条第 3 款宣布合并与共同市场不符"。④

对效率作用的共识越来越大，但真正在合并效果的评估中考虑效率，则不仅仅取决于竞争当局的态度，还取决于竞争当局的水平和技能。由于竞争当局对效率的考虑依赖于合并当事人的举证，而不是主动考虑效率问题、替合并当事人提出效率主张，因而合并评估中对效率的考虑主要取决于企业本身，企业应具备这方面的人才和能力、知识。

7.3.2.3 效率必须使消费者受益

在这一点上，不同法域的合并评估制度表现出了分歧。欧盟的态度最为明显，美国的态度则不甚明朗。这一问题与各机构采取的福利标准紧密联系在一起。

由于效率的多样性，不同类型效率之间可能存在的冲突和不同导向，即便在合并竞争效果的分析中考虑效率，也仍然存在一个效率选择、取舍的问题。通常情况下，配置效率、生产效率和动态效率不能同时实现。另外，合并对这些不同类型的效率的影响不同。鉴于竞争当局评估效率的经验和水平，加之各国出于一系列原因对不同效率的偏好，

① Mario Monti，*Review of the EC Merger Regulation–Roadmap for the Reform Project Conference on Reforms of European Merger Control*，June 4，2002，http：//europa.eu/rapid/pressReleasesAction.do?reference=SPEECH/02/252&format=HTML&aged=0&language=EN&guiLanguage=en，last visited 10 November 2009.

② *EC Horizontal Mergers Appraisal Draft.*

③ *EC Merger Control Regulation*，Article 2.1（b）.

④ *EC Horizontal Mergers Guidelines*，para.77.

出现了依据不同的标准对效率与反竞争效果平衡的问题。

世界主要国家的竞争当局联合建立的国际竞争网设立的合并工作组，对 12 个主要国家（区域）合并指南做出调查报告，包括对效率的调查报告。根据国际竞争网合并工作组的报告，效率与反竞争效果的权衡标准主要有以下几种：价格标准、消费者剩余标准、总剩余标准和权重平衡标准。2002 年，欧共体委员会企业局就合并中对效率的考虑提出了报告。[①] 欧共体竞争局报告提供的福利选择标准有些类似于上述标准。根据欧共体的报告，存在 5 种标准：总剩余标准，消费者福利标准，潜在补偿标准，加权标准，多市场福利标准。综合这两份报告，各种标准可以概括如下：

（1）价格标准

根据价格标准，为改变对消费者的潜在损害，可证实的效率必须阻止价格提高。只有在成本节省以更低的价格形式转给消费者的范围内，在合并审查中效率才被视为积极因素。

（2）消费者剩余标准

消费者剩余标准，也称消费者福利标准。这一标准是价格标准的改进，除价格外还包括诸如产品的质量、供应速度和完美性等。当消费者从效率（成本资源节省）中的收益超过消费者剩余的总损失时，允许合并。在考虑消费者剩余损失时，不考虑卖方 / 股东相应的利润收益。但对效率是否只有通过降价的形式转移给消费者才被承认，各国有不同看法。美国在 1997 年指南中废除了这一明示要求。

根据欧盟横向合并评估指南的规定，“评估效率的相关标准是消费者不因合并结果而变差”，“需要确定效率是否导致对消费者的净利益”。[②] 合并企业向消费者转移效率收益的动机，经常与市场中存在的其他企业和潜在进入的竞争压力联系在一起。对竞争的可能不利影响越大，越需要确定合并企业所主张的效率是重大的、可能实现的，在相当程度上转移给消费者。[③]

（3）总剩余标准

总剩余标准，即总福利标准。总剩余是消费者和生产商剩余的总和。如果合并的结果是提高了相关产品的价格而没有提高质量，在其他情况不变的情况下，消费者福利下

① For the Customer's Sake：*The Competitive Effects of Efficiencies in European Merger Control*. Enterprise Papers No. 11 2002，Miguel de la Mano，Enterprise Directorate-General EC. Also See Ilene Knable Gotts & Calvin S. Goldman，The Role of Efficiencies in M & A：*Global Antitrust Review*：*Still in Flux?* Fordham Corporate Law Institute 2002.

② *EC Horizontal Mergers Guidelines*，paras.79–80 .

③ *EC Horizontal Mergers Guidelines*，para.84.

降；如果合并可以获利，生产商剩余增加。生产商剩余的某些增加产生于消费者剩余的下降。这称为财富或福利的转移。根据总剩余标准，合并的反竞争效果完全根据社会的净损失（dead-weight loss to society）来衡量。因而，据此标准，效率只需要超过净损失，就允许本来反竞争的合并继续。如果生产商实现的收益超过消费者的损失，即使合并提高价格也应批准合并。根据这一标准对合并进行评估时，不考虑财富转让问题，效率不必转移给消费者。生产商福利和消费者福利对社会具有同样的价值。

与消费者剩余标准不同，总剩余标准在消费者剩余损失和股东的相应收益之间分配了相同的比重。换句话说，剩余财富的转移被视为是中性的（neutral）。消费者剩余方法关注的重点是保证消费者获得直接的财富转移的份额，而不是消费者或股东是否获得利益。

配置效率有时被称为总剩余标准或总福利标准。[①] 国际竞争网合并工作组认为，总剩余标准虽然得到很多经济学家的支持，但从政治观点看，似乎大多数的竞争当局都不愿完全包括总剩余标准。

加拿大竞争法采取“净损失”标准。净损失即合并导致价格提高从而引起资源分配的消极效果，导致整个消费者和生产商剩余减少。对净损失的评估包括三个方面；第一，合并引起产量降低而产生的消费者剩余损失；第二，合并前在相关市场行使市场支配力量时产生的生产商剩余损失；第三，预期在关联市场产生的消费者和生产商剩余损失。[②] 加拿大政府官员明确承认加拿大竞争法与美国反垄断法在这一点上的不同：“只有重大阻止或削弱竞争、不存在效率收益的抵消性因素的合并，才会受到指控。在这一点上，加拿大法与美国法不同。在加拿大，效率收益根据它们对整个社会的利益判定，无论它们是对消费者产生的，还是对公司产生的。这是加拿大法的一项独特规定，是合并分析采取‘向前看’的方法的例子。”[③]

（4）权重平衡标准

权重平衡标准（balancing weights approach），试图通过分配给消费者的每一损失和卖方 / 股东的收益间相应的权重，在再分配效果或从消费者向卖方 / 股东的财富转让间寻求

① Ilene Knable Gotts & Calvin S. Goldman, *The Role of Efficiencies in M & A: Global Antitrust Review: Still in Flux?* Fordham Corporate Law Institute 2002, p.245.

② *CA Merger Enforcement Guidelines*, paras.8.22, 8.24.

③ *The Canadian Competition Act as a Model of Flexible*, *Forward-looking Competition law*, *Speaking Notes for George N. Addy*, *Director of Investigation and Research*, *Bureau of Competition Policy*, October 5, 1993, http://www.competitionbureau.gc.ca/eic/site/cb-bc.nsf/eng/01062.html, last visited 10 November 2009.

一种平衡。这一方法的困难在于如何确定分配给每一社会集团的适当权重。

欧共体研究报告中的加权标准（weighted standard），与权重平衡法类似。提高价格的反竞争合并，短期内损害消费者并以更高利润的形式使生产商的股东获益。“加权（剩余或福利）标准”明确将消费者福利的降低、利润的提高赋予不同的权重。根据加权标准，如果加权的总数大于零，合并是促进福利的。但这一标准的实施存在多重困难。一方面，反竞争政策并不解决财富分配方面的问题，另一方面，选择分配权重没有法律依据。

（5）多市场福利效果

多市场福利效果或跨市场平衡（Welfare effects in multiple markets or cross-market balancing），是欧共体报告提出的标准。总福利标准允许不降低全部剩余的任何合并。消费者福利标准允许不提高价格（或不降低质量或产品选择）的任何合并。加权标准很典型地为消费者福利分配了比利润更大的权重。潜在补偿标准允许成本节省超过消费者福利损失的任何安排。前述所有这些标准都是指明确界定的单一市场中的合并的福利效果。然而，多产品的企业间的合并，可能影响多个市场。这提出了如何对待多个市场情形中的效率问题，如何决定在不同利益、不同市场中取舍的问题。这可能进一步引起这样的问题：如果允许不同地理和产品市场间的消费者福利取舍，为什么不允许暂时性地在当前的和将来的消费者中进行福利取舍？为了向另一组别提供效率利益，而否定其中一组消费者的竞争市场的保障，是否适当？对于这样的规范性问题，并没有明确的答案。

欧共体报告提出的潜在补偿标准（Potential Compensation Standard），将反竞争效果定义为合并后的市场支配力量使消费者福利的全部损失。效率收益必须超过消费者的整个损失。这一标准除实施困难外，从内在性上就是矛盾的：它允许使消费者变差的某些合并，阻止使整个社会变好的某些合并。

事实上，上述标准并非绝对的。美国反垄断局官员非常坦率地承认这一点：“有一种普遍的认识，认为在美国我们适用所谓的‘消费者福利’标准，只考虑可能以低价的形式转移给消费者的那些效率。在加拿大，竞争审判庭最近在 Superior Propane 案中拒绝了这一标准，代之以‘部分全部福利、部分分配权衡（wealth distribution weighting）’标准，认为加拿大立法要求这一标准。根据这一标准，即使合并可能导致更高的价格，只要成本节省超过经济学家称之为的‘净损失’（来自于产量降低）和对贫穷消费者的负的财富分配效果，审判庭也会批准合并。在实践中，我们的标准与普遍认为的相比，并非那么纯‘消费者福利’标准。虽然我们给予近期将以低价的形式转移给消费者的那些效率更大的分量，指南脚注 37（1997 年增加）明确规定，我们‘也考虑近期对价格没有直接影响的可认可效率的效果'，如果我们认为这些效率最终会促进社会的利益。Bell Atlantic-NYNEX 合并就是一个很好的例子，反垄断局拒绝指控合并，即使严格的价格标准可能导致相反的结果。在该案中，反垄断局得出结论，虽然效率可能具有的价格效果很小，但效率本身很可能、很大、可能的反竞争效果猜测性很强，以至我们仍批准合并。随后的历史证明了这一结论的正确。"①

但从美国对 GE/Honeywell 案的态度看，美国更倾向于总福利标准。这可能是由于更注重从全球竞争的角度看问题的原因。"在讨论效率时，我们经常听到人们试图区分节省成本的合并和只是给予合并企业降低价格的派生激励和能力的合并，或者因为更大的财政资源，或者战略性行为。所有这些情况中，合并前的价格必然高于边际成本。我们的观点是，能够使价格更接近于边际成本的任何事，都促进配置效率并因此有利于消费者。因而我们不接受这样的概念：某些效率好于另外一些效率。""在美国，我们很自豪对合并审查和一般反垄断执法采取了经济驱动的、消费者福利导向的方法（economically-driven, consumer welfare oriented approach）。我们珍视竞争，不是因为竞争本身的原因，而是因为它促进配置和生产效率——保证社会的稀缺资源的最佳利用以及刺激公司努力降低成本、开发出新的更好的产品和服务，从而提高我们的生活水平、促进经济进步和增长。"② 我们可以据此得出这样的认识，尽管美国的合并政策的最终目标是消费者福利，但消费者福利并不一定是具体案件中的直接目标。正如国外学者就效率在竞争法中的作用所总结的，"效率是美国反垄断法的一个目标，最终目标是消费者福利"。③ 美国合并指南 1997 年的修订废除了效率必须转移给消费者的要求。这一做法赋予了执法当局以很大的裁量权。

除上述要求外，效率还必须是重大的（substantial）。

7.4 效率类型

并非所有类型的效率都将依法获得同样的考虑（经济学家也不这样看）。主要的效

① William J. Kolasky, *North Atlantic Competition Policy: Converging Toward What?* May 17, 2002, http://www.justice.gov/atr/public/speeches/224128.htm, last visited 10 November 2009.

② William J. Kolasky, *United States and European Competition Policy: Are There more Difference than We Care to Admit?* April 10, 2002, http://www.justice.gov/atr/public/speeches/10999.htm, last visited 10 November 2009.

③ Ilene Knable Gotts & Calvin S. Goldman, *The Role of Efficiencies in M & A: Global Antitrust Review: Still in Flux?* Fordham Corporate Law Institute 2002, p.243.

率类型有四类：配置效率、生产效率、动态效率和交易效率。① 各种类型的效率并非截然分开的，而是相互之间存在一定的联系，在某些情况下并不容易区别清楚。

7.4.1 配置效率

当市场过程导致社会资源在相互竞争的用途中间分配给最高价值的使用时，市场实现了配置效率。在消费者和生产商之间进行交换的情况下，配置效率可以进一步具体为消费者手中的产品的价值“在边际上”（at the margin）等于用于生产该产品的资源价值。这种边际相等条件，通过将社会资源置于最高价值的使用，确保经济实现所有经济资源价值的最大化。以资源的有效配置为起点，如果企业多生产一个单位的产品，社会的资源成本就会超过消费者愿意为这最后一个单位支付的数额；如果企业少生产一个单位的产品，消费者的损失就会大于节省的资源的价值，整个的福利会下降。这实际上就是边际成本理论。从长远的竞争平衡看，市场价格正好等于企业的边际成本。边际成本不仅反映了生产、分销和营销的直接可以观察到的成本，还反映了为某一目的而不为其他目的使用资源而丧失的相关机会成本。从社会的角度看，它代表了生产额外一个生产单位而不用于次优选择所消费的整个资源成本。反垄断政策将市场竞争的过程作为促进社会稀缺资源的有效分配的主要方法来审查。从长远看，垄断不能达到这样的资源配置效率标准。垄断者的价格高于边际成本。

7.4.2 生产效率

以同样的投入生产更多或更好的产品，导致资源的真正节省，为生产效率。当所有的产品以最低的总成本生产，生产是有效率的。换句话说，不存在其他可能的资源安排或组织（如人工、原材料、机械），在不必降低另一产品产量时，提高一种产品的产量（这似乎可以理解为产量最大）。这表明，企业的选择涉及明显的对稀缺资源的竞争性需求的取舍。合并可能通过多种方式提高生产效率，通常包括促进规模经济、范围经济（economies of scope）和综合作用或协同作用（synergies）。下面分别予以讲述。

第一，规模经济。规模无效率的企业，或者自动退出市场，或者被收购。通过重组经济资源的所有权和用途实现有效的生产规模，合并在竞争过程中起非常重要的作用。尽管可以通过内部扩张（或收缩）实现规模经济，具有不导致直接竞争者退出的好处，

---

① allocative efficiency，productive efficiency，dynamic efficiency and transactional efficiency.

但有时通过内部扩张实现生产效率比合并的成本更大。合并可以加快扩大规模的速度；在需求不活跃或下降的市场中增加新的生产能力，施加了降价的压力，使内部扩张无利可图；建设新的生产能力可能造成社会资源的浪费（重复建设）。

第二，范围经济。当一起生产两种或更多产品比单独生产每种产品更便宜时，范围经济存在。范围经济是非常大的。例如生产多种型号的车比分开生产，成本要节省得多。使用同样的原材料投入，生产和销售相关产品的技术知识，都能提高范围经济。范围经济原则本身并不必然意味着由同一个企业生产产品。但实践中，实现范围经济常常依赖于共同管理下将相关的生产线结合在一起可能实现的交易成本。合并是实现生产和交易效率这一重要联系的一种方法。

第三，综合作用或协同作用。综合作用被定义为难于交易的特定资产的密切结合所产生的成本节省或质量改善。改善互补产品的兼容性，共享互补性技巧，都可以提高综合作用。

在加拿大，生产效率包括三个方面：第一，在可变成本和不变成本方面产品、工厂或多工厂层次上的节省；第二，与企业中增加新活动相联系的节省；第三，从合并一方向另一方转让优良生产技术和技巧产生的节省。在考虑不变成本或可变成本节省时，需要审查下述方面：规模经济，范围经济，密度经济，① 专业化产生的节省，工厂专业化产生的节省，与经销、广告及融资有关的节省。②

7.4.3 动态效率

动态效率涉及鼓励创新降低成本和开发新的更好产品的市场过程。配置效率和生产效率可以视为静态标准（社会的技术知识不变），效率的动态标准则审查扩大技术知识和可行产品的配套优化的条件，通过实践、研究和开发以及企业创新等方法经过一段时间来实现。静态效率原则更倾向于短期成本最小化和零利润条件为特征的市场平衡，而动态效率原则则表明，市场支配力量产生的与配置和生产的无效率相关的短期成本，可以为鼓励“创造性破坏”（creative destruction）的动态效率产生的利益所抵消。与配置效率和生产效率一样，通过允许支持创新的有效率的交易的反垄断政策和其他公共政策，可以促进动态效率的实现。动态效率要求建立某种激励制度，允许创新者获得值得其进行创造的适当收益。确立和保护所有者对创造活动成果的权利，是最基本的。在加拿大，

① 通过更密集地使用特定网络基础设施而产生的节省。

② *CA Merger Enforcement Guidelines*，paras.8.13，8.14.

动态效率的取得，被认为对于竞争的一般演变和加拿大产业的国际竞争力是关键的。①

7.4.4 交易效率

这是使用最广的一类效率，它常常促进企业实现配置效率、生产效率和动态效率。交易成本经济学认为，市场参与者设计商业做法、合同和组成形式来使交易成本最小化，尤其是减轻信息成本、降低投机行为或勒索的影响。对交易成本的追求，可以解释为什么企业选择在共同管理和指导下合并某些活动，而使另外一些活动按照市场交易。“直至企业内部组织一笔额外交易的成本，等同于在公开市场中进行此项交易的成本，或在另一企业中组织此交易的成本为止,企业将一直扩大规模。”② 交易效率也可以解释其他商业做法和市场结构的多样性。例如，企业可能选择合作、合并，而不是自己独自进行。交易效率也可以解释为什么企业采取不同的纵向合并来减轻搭便车和代理成本。交易效率概念还可以用于分析公司控制权市场（the market for corporate control），在这样的市场中，敌意收购的威胁降低了股东与专业管理者交易、确保他们为公司股东利益行为的成本。

7.4.5 国际竞争网合并工作组的效率调查

根据国际竞争网合并工作小组 2002 年对 12 个合并指南的调查，③ 截止调查时为止，似乎只接受那些相对短的时间内可以实现的生产可变成本的节省，而其他的固定成本节省或风险更大的或更长时间的效率经常被忽略或不受重视。具体分析如下：

第一，生产效率，指规模、范围 / 广度和综合经济，是最小争议的效率类型。可以量化，经常与可变成本联系在一起，在大多数情况下，广为经济学家和竞争当局所普遍接受。然而，根据消费者剩余标准，只有可变成本的节省才予以考虑。这意味着某些类型的效率，如管理职能的重复，不能予以考虑，因为，它们通常不影响可变成本。

第二，分销、广告和促销效率。这类效率的作用目前极少得到明确承认。

第三，动态或革新效率。一般认为社会从促进革新降低成本和开发新的更完善产品的行为中获得利益。欧共体、英国、爱尔兰、加拿大、巴西和日本似乎都承认这些类型的效率。然而这类效率通常不易证实，并且可能是反竞争的产量降低的结果。

---

① *CA Merger Enforcement Guidelines*，para.8.15.

②［美］罗纳德·科斯：《企业的性质》，载奥利弗·E. 威廉姆森、西德尼·G. 温特编：《企业的性质：起源、演变和发展》，姚海鑫、邢源源译，商务印书馆 2007 年版，第 29 页。

③ *ICN Project on Merger Guidelines 2003*，Part 6 Efficiencies.

第四，交易效率。收购能够通过消除“中间人”促进交易效率。这些收益的获得通常涉及与投入、分销和服务订约事项相关的交易成本的降低。将交易效率视为合并产生的真实利益的主张很强烈。

第五，采购、管理和资本成本效率。美国指南不太接受这一类效率，欧共体似乎也对这类节省表现出敌意。欧共体认为这些成本节省不会作为集中本身的结果产生，而仅是可以通过现有的所有者或其他潜在的收购者实现的成本节省。

8 资产剥离

8.1 作为救济措施的资产剥离的特点

剥离（divestiture），指企业出售其部分现有经营设施、分部或附属企业。简言之，剥离即是资产出售。剥离，可以是企业为了集中于某些产品或市场而进行重组的结果，也可以是合并企业为获得竞争管理部门的批准做出的处分资产或业务的承诺，还可以是构成产业非集中化政策的一部分。[①]在企业合并控制中，剥离是救济因合并造成的竞争损害的主要方法。

作为一般性资产交易和企业合并救济措施的剥离，其外在表现都是资产的出售或处置。但这两种情况的剥离具有不同的特点。为叙述方便，我们将一般性资产交易的剥离称为一般剥离，将合并救济的剥离称为救济剥离。

一般剥离与救济剥离存在下述主要不同点：第一，一般剥离是一种正常资产交易或商事交易，其目的是为了商业目的或利润，而救济剥离不是商业目的上的交易，其发生是为了救济合并所引起的竞争问题，属于合并控制意义上的交易，其目的是为了恢复因合并而受损的竞争。第二，一般剥离的交易双方地位是平等的，双方通过协同一致的方式达成一致，就资产的出售方来说，其剥离资产是商业决定、主动行为，价格不合适可以不出售，而在救济剥离中，资产的出售方出售资产是为了换取合并主管当局对合并的批

① OECD，Glossary of Industrial Organisation Economics and Competition.

准，是被动的，必须在一定的时间内出售，否则将由第三人无底价出售。第三，一般剥离合同通常是双方签字生效，具有特殊性质的资产，如不动产，则需要履行一定的登记手续，这种手续影响对第三人的效力，但不影响交易双方，而在救济剥离中，剥离合同需要合并当局的审查、批准。第四，一般剥离合同可以规定彼此之间的合作关系，而救济剥离合同原则上要求双方断绝联系。第五，一般剥离合同的履行由双方自主进行，违反合同按合同规定承担违约责任，一般不涉及第三方利益，而救济剥离合同往往需要第三人监督进行，出售方违反合同除导致违约责任外，还导致行政处罚责任，同时，原来合并主管部门同意合并的批复自动失效或者合并主管部门撤销同意合并的批复，这又导致构成救济剥离合同基础的合并合同失效，不能履行合并合同。第六，在剥离资产的范围上，一般剥离的交易双方可以就任何感兴趣的资产达成协议进行处置，该资产既可以是一处厂房、一条生产线也可以是一个销售点，而在救济剥离中，剥离资产必须能够独立经营、运转，或者必须证明买方能够获得与之配套从而独立经营、运转的资产。第七，一般剥离中，卖方可以任意选择买方，而在救济剥离中买方须满足一定的标准，同时必须获得合并主管部门的同意。第八，一般剥离中，资产的买方是否接收卖方的人员，除类似劳动法的法律有规定外，主要取决于双方的协商同意，而在救济剥离中，剥离资产的工作人员通常需要一同转移，或者更准确地说，卖方不得只转移资产不转移人员。

资产剥离是一种最直接的救济。[①]“资产剥离是消除横向重叠引起的竞争问题的最好方法，可能也是消除纵向或混合合并竞争问题的最好方法。”[②]资产剥离这种救济能否有效，存在很多不确定因素。英国竞争委员会认为存在下述三种风险：第一，资产组合风险，资产范围太小，没有合理配置，或者不能使购买方有效经营竞争；第二，购买方风险，不存在合适的购买方，或合并方安排了较弱的或根本不合适的购买方；第三，资产风险，在完成剥离之前资产的竞争性丧失，例如客户或核心雇员流失。[③]

资产剥离的根本目的是恢复有效竞争。与此相联系，救济剥离所涉及的法律关系和框架要比一般资产剥离复杂得多。它不仅涉及剥离资产的买卖，还涉及对剥离资产的保管；不仅涉及买卖双方之间的合同履行，还涉及第三方对合同履行（剥离实施）的监督。资产剥离所涉及的当事人，即使处于合同关系之中，却享有不同于传统意义上的合同权利和义务，无法以传统合同法来调整。

---

① *UK Merger Remedies Guidelines*，para.3.6.

② *EC Remedies Notice 2008*，para.17.

③ *UK Merger Remedies Guidelines*，para.3.3.

剥离的前提是合并方向合并主管部门提出了修改合并方案的建议并获得了主管部门的批准。因此，主管部门的批准或决定是剥离的基本法律依据，而这一批准或决定是依据有关合并控制的法律做出的。合并方为履行这一决定做出的一系列合同安排，如资产出售协议、资产保管协议、委托资产出售协议以及其他相关协议，构成了资产剥离的最基本的法律文件。

8.2 对剥离资产的要求

8.2.1 资产的活力要求

资产的活力要求（viable），构成了对剥离资产的总要求。剥离资产，一般来说，必须是有活力的、能够独立经营运转的，如果由适当的购买方经营，能够在持久的基础上与合并方进行有效的竞争。“在大多数情况下，工作人员最可能支持合并方剥离独立运行的业务单位，至少由合并一方在相关市场的全部业务组成，以便再造合并前的竞争环境；这样的救济不要求联邦贸易委员会和竞争局对市场、市场参与者以及拟剥离资产组合的活力和竞争性做太多的推定。”①

资产具有活力这一总要求，可以分为下述几个要素：第一，构成剥离的资产必须是独立经营所必需的，独立经营所必需的要素必须齐备，人财物、产供销，一应俱全。第二，能够与合并方的其他资产分割。第三，构成剥离的资产一般是能够独立经营的，不依赖于合并方的供应、销售或技术。第四，剥离资产应当是现有或过去独立经营的资产。②

独立经营资产，在美国被称为“大扫除”（clean sweeps），与剥离合并双方的混合资产相对立。美国联邦贸易委员会采取了要求更多大扫除的剥离的方式，美国反垄断局虽然没有采纳这一方针，但在审查整个剥离时，确实将大扫除作为一种选择考虑。大扫除的明显优势在于，正在运营的业务的销售，与多个纯资产本身合并相比，可以提供更大的保障，资产在合适的买方手中是可行的。这样的政策也制止当事人选择最不具有吸引

① *US FTC Remedies Negotiating*，pp.4–5.

② *US FTC Remedies Negotiating*，p.5.

力的资产进行剥离——所谓的“零七碎八”的拼凑资产。① 其潜在缺点是，它阻止当事人通过合并双方公司的不同资产，实现可能的效率。②

如果剥离资产中没有包括独立经营所必需的所有要素，通常需要合并当事人证明剥离资产的购买者具有这样的要素，或者可以非常容易地获得这样的要素。合并当事人必须证明，这种安排在产业内部是普遍的，缺少的因素对于任何可能的购买者来说都是非常容易获得的，不会对购买者造成成本上的不利因素。独立经营所需要的组成部分，包括生产设施、研发能力、技术和其他知识产权、人员、营销和经销能力、供应关系、服务关系、客户关系、融资来源以及相关市场有效竞争所需要的其他部分。必要时，还可以包括相关市场外的组成部分；在纵向合并的情形下，可能有必要包括多层次的资产。③

在特定的情形中，有可能出现由合并双方的不同资产合成的剥离资产，但这种资产的活力和竞争力存在很大的不确定性和风险。只包括品牌和辅助性生产资产的一揽子剥离，可能足以创造有效竞争的条件，但这只是一种例外情况，并同时取决于购买者的合并资产的能力和经营能力。

剥离资产的活力的界定，取决于多个条件。剥离资产范围太小、必要的原材料供应有限、缺乏必要的技术供应、缺乏必要的经销渠道、采购或广告的规模经济，都影响资产的活力或独立运行能力。④

□ **案例：通用购并内视案** ⑤

2004 年 4 月，合并方向德国联邦卡特尔局提出通用公司并购内视技术公司的申报。通用公司是一全球性公司，经营范围广泛，包括技术、媒体、金融服务等，全球营业额达 1 200 亿欧元。

通用公司的产品和服务包括飞机发动机、动力涡轮机、金融服务、医疗成像、电视节目制作、外科整形。内视公司在两个领域比较活跃：爆炸物检测系统、无损检测系统，其全球营业额约为 3.7 亿欧元。通用公司也经营这两个领域。无损检测系统用于检测不同产品中的物质缺陷，而不损害产品或降低其质量。

① cats and dogs，mix and match.

② Deborah Platt Majoras，Houston，*We Have a Competitive problem: How Can We Remedy It?* April 17，2002，http://www.justice.gov/atr/public/speeches/11112.htm，last visited 10 November 2009.

③ *US FTC Remedies Negotiating*，p.5.

④ *US FTC Divestiture Study*，pp.28–29

⑤ *ICN Merger Remedies Review Project*，June 2005，Appendix G.

这一并购交易在欧洲和美国的竞争当局也受到了审查，德国联邦卡特尔局与美国联邦贸易委员会针对这一并购交易进行了密切合作。在美国和德国的合并审查过程中，合并方提出出售内视公司相应的子公司（这些子公司在无损检测系统领域比较活跃），以解决合并引起的竞争关注。经过密切合作，德国联邦卡特尔局与美国联邦贸易委员会不仅就各自的义务和时限达成了协议，而且还就任命安全受托人（security trustee）防止一开始出现潜在的冲突性条款达成了协议。

竞争当局间进行了顺利的谈判，以商洽需批准的条件，这对相关企业也是有利的。因而，相关企业在早期阶段放弃了它们的保密权利，确保美国和德国竞争当局间就文件和其他信息进行顺利交流，来支持这一程序。

竞争损害认定

合并影响到两个相关市场：爆炸物检测系统和无损检测系统。虽然合并在爆炸物检测系统市场没有引起竞争问题，但合并会导致无损检测系统市场中的市场支配地位。合并后，在相关市场中将存在极少的并且是较小的竞争者与通用公司/内视公司竞争。因而，如不采取救济措施，该合并将被德国联邦卡特尔局禁止。

救济的设计

德国联邦卡特尔局于2004年8月批准了这一合并，但附加了条件。附加的义务包括：（1）剥离义务。通用/内视须在规定的时间框架内向独立的第三方出售内视的相关无损检测系统业务。这一业务的购买者须能够并愿意作为通用/内视的永久竞争者经营。购买方须得到卡特尔局的批准。如果通用/内视没有按时成功地剥离该业务，将任命剥离受托人确保及时剥离。（2）单独持有独立经营义务。在剥离有效之前，通用/内视须将在与其他业务完全独立的情况下经营无损检测系统业务，并保持拟剥离的业务的竞争性。单独持有义务特别包括两个实体之间不得进行商业秘密交流和雇员交流。单独持有义务受到安全受托人的监督。（3）报告义务。通用/内视须向德国联邦卡特尔局持续性报告其剥离的进展情况。安全受托人须每60天报告一次单独持有义务的履行情况。同样，在需要剥离受托人时，剥离受托人也同样须每60天报告一次剥离的进展情况。（4）2004年8月作出有条件批准的决定后，立即任命安全受托人。该受托人应积极报告单独持有义务的履行情况。卡特尔局也与负责剥离业务的管理人员进行会晤。金融投资者安德林格信托公司被认定为适当的购买方。（5）安德林格公司购买内视的无损检测系统业务，于2004年12月初获得了德国联邦卡特尔局的批准。

经验与教训

维持拟剥离资产的竞争潜力。为了维持拟剥离资产的竞争潜力，竞争当局应：规定安全受托人在监督的剥离期间的单独持有义务；通过严格的时间规定和剥离受托人的规定，确保剥离的及时性。

竞争当局间的国际合作的价值。德国联邦卡特尔局和美国联邦贸易委员会之间的早期合作，确保了对救济采取连贯的方法。

8.2.2 剥离资产的范围

剥离资产范围的大小，直接影响到剥离资产的活力、影响到与合并企业进行有效竞争的程度，从而直接影响着合并救济目的的实现。剥离资产范围过窄，大大限制了资产的购买者的经营能力。根据美国联邦贸易委员会竞争局进行的调查，合并救济中的合并方总是倾向于并努力缩小剥离资产的范围。[①] 例如，合并方可能只转让部分生产线，可能不提供或限制提供剥离资产有效运营所必要的关键原材料，或者可能剥离与相关市场无关的资产。剥离资产的购买者如果没有必要的技术、供应、经销渠道以及其他必要要素，与合并企业进行有效竞争是不可能的。另外，合并资产范围如果过宽，就超出了救济必要性的要求，相当于侵害了合并方的利益，也违反了必要性原则。

剥离资产的范围，既包括有形资产，也包括无形资产（知识产权、客户资源等）；既包括一般资产，也包括人力财产；既可能包括合并一方的资产，也可能包括合并双方的财产；首选独立经营财产，必要时也可以拼凑财产。剥离资产的具体形式或者对象是多种多样的。根据欧共体的做法，在典型的剥离承诺中，需要剥离的业务通常由有形和无形的资产构成，既可以实施以前通过公司或公司集团名义进行的业务活动，也可以实施以前没有通过自己的名义进行的业务活动。通常情况下，剥离资产包括资产和人力资源两大类，在继续维持与当事人关系的情况下，还存在第三类，即从该关系中获得的利益。资产又包括三种情形：第一种，有形和无形资产，这些资产是促进现有经营或保证剥离业务的独立性和竞争力所必需的，研发、生产、经销、销售和推销活动，知识产权，商誉等，都包括在这一范围之内；第二种，政府机构为了剥离业务而颁发的所有许可、执照和授权；第三种，剥离业务的所有合同、租约、承诺和客户订单，剥离业务的所有客户、

① *US FTC Divestiture Study*，p.16.

信贷和其他记录等。[1] 总之，应予剥离的业务范围，应当包括有助于现有运营或确保其活力和竞争性所必需的所有资产，包括现有雇佣的或确保业务的活力和竞争性所必需的所有人员。[2] 被剥离业务和其他业务共同使用的资产和人员，也应包括在内。[3]

人力资源，包括在剥离资产中工作的人员，既包括核心工作人员，也包括非核心工作人员。人力资源还可包括现在未在剥离资产中工作但在合并企业的其他相关企业中工作而为剥离资产独立经营所需要的人员。对人力资源的剥离要求，是剥离救济中的一个重要方面。合并企业不得保留剥离资产所需要的人员，也不得在剥离后的一定期限内重新招募这些人员。合并企业还应为购买者了解、雇用这些人员提供各方面的便利。

独立经营的资产或业务是各国执法机构在设计、实施剥离救济时的首选。在界定剥离资产范围时，英国竞争委员会通常首先认定最小的有活力的独立业务，能够持续成功地进行有效竞争，包括与重叠区域相关的所有相关经营。经与合并方谈判后，进行相应的调整。[4]

根据美国联邦贸易委员会的研究报告，剥离独立性业务的成功率远远高于选择性资产的成功率。资产剥离的竞争效果表现为两个方面，一是市场份额的立即和潜在的长期转让，二是促进市场进入。在第一种情形中，剥离资产通常包括牢固确立的客户基础、充分配备人员的设施或者独立自足的单位，有生产合同、有自己的生产、销售力量甚至研发力量以及附带协议和与第三方的合同。这一类型的剥离几乎立即产生市场份额的转让，市场份额由合并方转向购买方。有些独立性业务，并不能够立即产生转让市场份额的效果，但从长期看能够产生这种效果。旨在促进市场进入的资产剥离，其资产多由知识产权、技术、品牌、研发、挑选出的设备组成，这些资产不是独立运营的业务，其剥离一般不会产生立即的转让市场份额的效果。资产的购买方需要进一步投入，对其已有的生产设施、生产条件、生产标准进行调整，或者取得必要的政府批准。[5]

根据美国联邦贸易委员会的做法，可以接受的一揽子剥离资产或剥离资产组合，是能够“维持或恢复相关市场中的竞争”的资产。购买方或被购买方的独立资产，最可能

① *EC Remedies Notice 2008*，para.27

② *EC Remedies Notice 2008*，para.25.

③ *EC Remedies Notice 2008*，para.25.

④ *UK Merger Remedies Guidelines*，para.3.7.

⑤ *US FTC Divestiture Study*，pp.11–12.

达到这一目的。但有时，这样的资产仍是不够的，需要附加其他资产。其他情形下，也可能剥离非独立运营资产。[①] 但从合并双方拼凑形成的资产，由于这些资产从来没有由同一所有人经营，需要进行某种配置，相对比较难于确定这些拼凑资产是否适当、是否充分。

在某些情况下，合并当事人拟剥离的资产没有购买方购买，这就需要增加更有吸引力的资产，即优质资产或追加资产，以吸引购买方购买。根据这一要求，如果合并当事人不能出售最初的剥离资产，就需要出售更有吸引力的资产。优质资产要求，给予了当事人更大的激励出售最初资产，即使最初的资产不能销售，它也有助于保证存在有效的剥离。[②] 但优质资产要求可能造成潜在购买方故意拖延原定资产的剥离，以便能够获得优质资产。另外，优质资产可能超出解决竞争性问题所要求的资产。根据美国联邦贸易委员会的做法，当存在下述风险时，追加资产是适当的：合并方不能按时剥离原定资产，或由于某种原因原定剥离失败，剥离受托人需要增加或替代资产来完成剥离救济；另一买方需要更大范围的或不同的资产组合，以便使剥离能够独立运营；受托人出售更多、更完整的资产组合时，更快更容易剥离。[③]

与美国联邦贸易委员会相反，美国司法部不主张使用追加资产条款。使用追加资产条款，意味着一开始接受了不怎么有效的救济，或者超出了救济竞争问题的必要程度。美国司法部需要从一开始就需要相信，救济措施能够解决相应的竞争问题，而不是事后证明需要再进一步追加资产。另外，由于救济目的在于恢复竞争，而不是惩罚合并方，不应要求超出救济竞争问题必要程度的追加资产。美国司法部认为，追加资产条款还可能提供购买方操纵的机会。如果存在多个购买方，而这些购买方知道追加资产条款的存在，他们可能故意地拖延谈判，以便以更具吸引力的价格获得追加资产。[④]

在欧盟，追加资产作为一种替代性剥离承诺，以消除最初承诺的实施可能存在的不确定性。合并方在作出最初承诺的同时，还必须提出第二个替代性方案，如果合并方不能在规定的时间内实施原定承诺，则必须实施第二个方案。这种替代性的承诺必须是追加资产。[⑤]

---

① *US FTC Remedies Questions.*

② *US FTC Divestiture Study*，pp.29–31.

③ *US FTC Remedies Questions.*

④ *US DOJ Remedies Guide*，p.37.

⑤ *EC Remedies Notice*，para.45.

8.3 剥离资产的购买方

8.3.1 资产出售方与购买方之间的关系

资产剥离本质上是资产出售。合并企业是剥离资产的出售方。有时剥离资产属于合并一方，有时合并资产属于合并双方。从救济效果上讲，合并一方的独立资产应属优先选择资产。剥离资产是否具有活力和竞争性，除了资产构成本身的因素外，购买方是另一重要因素。从某种程度上说，购买方比资产更重要。同样的剥离资产，在不同的购买方手中，可能产生不同的效果。因此，购买方的选择是剥离救济的关键所在。

由于通常是合并方提出剥离方案，创设一个强有力的竞争对手，从根本上说不符合合并方的利益。因此，合并方在提出剥离方案时，存在下述倾向：第一，限制剥离的范围，例如只出售部分生产线、关键原材料供应有限、剥离资产与引起竞争关注的市场关联度不够等。第二，提议弱小的购买方，例如提议缺乏足够生产经营经验的买方。第三，合并方采取战略性行为，阻碍购买方成功经营，例如负责供应产品的合并方的生产线停产维修、不提供生产产品所需要的技术秘密、自己同时生产类似产品、提供技术援助的人员没有经验或援助质量差。第四，合并方缺乏帮助购买方的动机，在需要合并方援助时，使剥离业务处于失败风险。① 英国竞争委员会也持有这样观点：总的来说，合并方倾向于向弱小的购买方剥离竞争力差的资产或业务，也可能允许资产组合的竞争性在剥离过程中下降。②

出售方与购买方之间的关系对资产剥离的有效性具有很大的影响。一般说来，它们之间的关系越独立，救济成功的可能性就越大；反之，它们之间的关系越密切，购买方对出售方的依赖性越强，救济成功的可能性就越小。但类似知识产权许可、基础设施使用、供应合同或技术援助，则需要双方间关系的存在。因此，出售方与购买方之间的关系，是一种较为复杂的关系。一方面，它们之间应保持独立，否则容易协同，实现不了有效竞争的目的；另一方面，它们之间又需要一定程度的合作，特别是在知识产权救济和行为救济中，没有一定的合作，就没有成功救济的可能。根据美国联邦贸易委员会的调查，出售方总是倾向于选择差强人意的购买方，并采取战略性行为阻碍购买方的成功运营。而剥离后购买方与出售方之间持续的复杂的关联关系，经常引发某些购买方预期不到的问题，增强

① *US FTC Divestiture Study*，pp.16–19.

② *UK Merger Remedies Guidelines*，para.3.4.

了购买方的脆弱性。[①]因此，美国联邦贸易委员会调查报告中，建议任命独立的审计受托人（auditor trustees）来解决出售方与购买方之间可能存在的问题，特别是在涉及供应协议的时候。[②]

8.3.2 购买方标准

购买方存在的主要问题是：购买方对剥离资产或业务缺乏充分的了解，不能很好地利用其地位进行讨价还价，与出售方打交道产生困难时不能很好地与竞争当局沟通、寻求帮助，技术转让复杂，购买方的利益与竞争当局的利益不同。这最后一点特别重要。有的购买方不希望独立于出售方独立经营，而是想借助出售方的销售渠道；有的购买方更愿意生产不与出售方产品竞争的产品；有的购买方想对购买的资产或业务打包处理后转售；有的购买方购买只是为了增加其他产品的竞争力。[③]

在资产剥离中，对剥离资产的购买方存在较高的要求。只有购买方能够有效经营剥离资产，恢复有效竞争，才能实现合并救济的根本目的。即使剥离资产本身是能够独立经营的，但如果没有合适的购买方经营，也不会取得预期的效果。因此，购买者与资产构成了剥离中的两大基本要求。剥离资产与合适购买方之间的关系是，剥离资产越有吸引力，可能的合适购买方就越多；购买方越合适，剥离资产就越能独立经营运转。购买方必须是合适的购买方。这一要求通常称为购买方标准。

购买方标准可以分为两个方面，即应当具有某些条件的积极要件和不应当具有某些条件的消极要件。购买方通常应是现有的或潜在的独立竞争者，独立于企业合并当事人，与合并当事人没有联系，拥有资金资源、已经得到证明的专长，并有动力作为市场上的积极竞争力量，与当事人竞争、维持和发展剥离企业（积极要件）。另外，某一特定购买方购买企业，既不能产生新的竞争问题，也不能引起拖延实施承诺的危险（消极要件）。

根据加拿大竞争局的规定，竞争局同意购买方遵循的标准包括下述四个方面：第一，对拟定购买方的资产剥离本身，不能对竞争产生不利影响。第二，购买方必须独立于出售方。第三，购买方必须拥有管理、经营和财务能力，在相关市场中进行有效竞争。第四，剥离后购买方必须使用剥离资产在相关市场中竞争。这意味着资产必须出售给在市

① *US FTC Divestiture Study*，p.8.

② *US FTC Divestiture Study*，p.29.

③ *US FTC Divestiture Study*，pp.22-27.

场中有效竞争且剥离程序后有意将剥离资产保留在相关市场中的企业。[①] 美国联邦贸易委员会的调查报告表明，购买方的知识与经验、购买方对相关市场的承诺程度、购买方的规模，都会对救济产生影响。[②] 美国联邦贸易委员会对购买方的唯一要求是，准备、愿意和能够(ready, willing, and able to)在相关市场中维持或恢复竞争以实现救济目标。[③] 这一要求实际上又分为多个因素，首先具有取得和经营剥离资产的财务能力和动机，其次具有维持或恢复市场竞争的竞争能力。[④] 如果购买方要求出售方提供融资,或者购买方报价很低,一般认为这样的购买方不具备相应的财力。[⑤] 美国司法部反垄断局要求每一购买方必须获得该局的批准。而这一批准基于三个根本性标准：第一，资产对拟定的购买方的剥离本身不引起竞争性损害，例如促进市场支配地位或促进共谋；第二，购买方必须有在相关市场使用剥离资产进行竞争的动机；第三，购买方必须有足够的精明、经验和财力长期内在市场进行有效竞争，即合适性标准(fitness test)。[⑥] 反垄断局通常不允许对转售剥离资产予以限制，不过在反垄断局认为转售给特定企业可能产生反竞争结果时，会寻求限制转售。[⑦]

在英国竞争委员会看来，买方的身份和能力是确保剥离救济成功具有重大意义。合适的购买方应满足下述几项标准：(1)独立性,独立于合并方,与合并方无重大联系；(2)能力性，购买方能够获得适当的融资来源、经验和资产，使剥离资产成为有效的竞争者；(3)投入性，购买方应有适当的计划和目标，在相关市场进行竞争；(4)不存在竞争性或管制性问题，对购买方剥离本身不能产生进一步的竞争或管制问题，影响剥离。[⑧]

根据欧共体委员会救济指南，合适的购买方应满足下述要求：第一，购买方独立于合并方，且与其没有关联；第二，购买方必须拥有财力、已经得到证明的经验，并且有动机和能力在相关市场作为一个有活力的积极的竞争力量与合并方和其他竞争者竞争，维持和发展剥离业务；第三，拟定的购买方对业务的购并，既不得产生新的竞争问题，也不得引起延迟承诺实施的风险，因而拟定的购买方必须获得相关管制机构对其并购的

① *CA Remedies Bulletin*，para.58.

② *US FTC Divestiture Study*，pp.34–35.

③ *US FTC Remedies Questions.*

④ *US FTC Remedies Negotiating*，p.8.

⑤ See *US DOJ Remedies Guide*，p.36.

⑥ *US DOJ Remedies Guide*，p.32.

⑦ *US DOJ Remedies Guide*，p.35.

⑧ *UK Merger Remedies Guidelines*，para.3.15.

必要批准。[①]

有些情况下，资产能否成功经营，很大程度上取决于购买方的身份。因此，在某些情况下，主管部门在同意合并当事人提出的剥离方案之前，合并当事人必须已经寻找到合适的购买方，并与之签订了有约束力的协议。这种情形被称为提前剥离，与通常情形下在主管部门批准剥离方案再寻找合适购买方的情形（事后剥离）相对。提前剥离中的购买方称为预购者。[②] 存在预购者的好处是，竞争当局能够更早地确定反竞争效果是否能够得以消除，剥离资产和购买方是否适于消除合并的反竞争效果。竞争当局可以与预购者进行交流，对相关协议进行评估，以确信其是否足以维持或恢复竞争，并确定是否接受合并方提出的剥离方案。[③] 提前剥离所签订的协议同样需要主管部门批准后才能履行。为防止合并主管部门不同意合并代理人提出的剥离方案，提前剥离协议中往往含有合同解除条款。

对预购者的要求，依赖于具体案件的不同，有优点也有缺点。它将不能找到合适的资产购买方的风险转移给了当事人。如果当事人不能找到合适的购买方，他们就不能完成交易，这刺激当事人迅速找到可接受的购买方。另外，预购者要求，使执法机构更好地评估，剥离资产与购买方资产结合在一起在市场上是否可行、有效。但这一要求会延迟交易的完成。假定交易具有促进竞争的内容，这一延迟可能产生市场成本。对预购者的要求，可能导致潜在购买方的战略性行为，在谈判中获得更大的谈判能力。[④] 这可能以与保存市场竞争的目标不符的方式，扭曲投标过程。

在美国，联邦贸易委员会与司法部的反垄断局对待预购者的做法并不完全相同。根据反垄断局的做法，如果基础交易完成前没有售出的资产存在价值恶化的危险，则预购者是较好的选择。但是，与联邦贸易委员会不同，反垄断局从来没有要求指明预购者。这一不同，一方面是两个机构处理的案件所在产业类型不同，例如联邦贸易委员会负责的零售业，品牌如果没有得到很好的维持，则其价值会迅速丧失；另一方面，这一差别可能更是一个时间性问题。允许合并当事人在指定购买方前结束交易，比找到购买方才允许结束交易，效率的实现相对快得多。反垄断局在批准这样的购买方时，其目标不是挑选“最好的”购买方，即最可能实现剥离资产价值最大化的购买方，而是批准可能恢

① *EC Remedies Notice 2008*，para.48.

② upfront buyer，buyer upfront.

③ *US FTC Remedies Questions.*

④ Leverage.

复因合并丧失的竞争条件的购买方。①

□ **案例：壳牌和英国石油公司并购案** ②

在最初向欧共体委员会提出申报后，德国壳牌公司与DEA公司的合并，以及BP公司的汉堡公司与费巴石油公司的合并，于2001年8月向德国联邦卡特尔局进行了申报。

这些合并影响的市场是国内汽油、喷气燃料和沥青市场。

竞争损害认定

根据联邦卡特尔局的调查，合并将导致三家最大公司壳牌/DEA、BP/费巴和埃索（Esso）的联合市场支配地位，在国内汽油和喷气燃料市场中联合占据的份额达60%以上。

由于存在的市场条件，没有理由相信合并后这些供应商相互间会进行重大竞争。凭质量进行竞争几乎是不可能的，因为燃料在物理上是同质的，基本上是相同的标准化产品。市场透明度、较低的价格弹性和整个需求的不旺盛，很难使价格变化；由于可以预期的其他公司的类似报复行为，这种变化非常容易识别，且成功的可能性很小。

同时，这些寡头遇到来自其他公司的重大竞争的情况也不可能。较小的竞争者在很大程度上依赖于合并涉及的这些公司，这些小竞争者从这些公司采购大量的燃料。

救济选择和设计的问题

考虑到竞争性损害，2001年12月，只能对这些合并予以附条件的批准。

对于国内汽油市场，壳牌/DEA、BP/费巴必须分别出售国内汽油加油站总销售量的5.3%和4%给第三方。由16 000个汽油加油站构成的网络，市场份额下降涉及约1 500个加油站的销售。

剥离义务附以临时行为性义务，在合并后的几年内以优惠的条件向加油站的买方提供燃料。另一义务涉及喷气燃料市场。

相关公司在规定的时间框架内实施剥离义务。波兰的奥顿公司和奥地利的欧姆威公司以前在德国加油站市场中几乎没有经营或很少的业务，分别购买了BP/费巴

① R.Hewitt Pate, *Antitrust Enforcement at the DOJ—Issues in Merger Investigations and Litigation*, December 10, 2002, available at http://www.justice.gov/atr/public/speeches/200868.htm, last visited 6 February 2010.

② *ICN Merger Remedies Review Project*, June 2005, Appendix H.

约500个和280个加油站。

第三个购买方埃尔夫公司（Elf）购买了壳牌/DEA 130个加油站。另外，大量的中小型矿物油公司和加油站经营者从壳牌/DEA购买了一些加油站。

对这些新的加油站所有人的燃料供应，部分由卖方的资源解决。波兰奥顿公司在德国市场新引进的矿物油数量，由其自身的产能解决；欧姆威公司在德国南部地区购买了加工设施，也从其自身渠道向德国市场供应矿物油。

经验与教训

优先结构性救济。由于合并控制的最终目标以及监督和执行问题，卡特尔局通常会寻求结构性救济而不是行为性救济。然而，如同本案所表现的，有关以优惠条件向被剥离实体供应燃料的要求，行为性救济可以作为辅助的临时承诺促进有效剥离。

买方能力的重要性。潜在买方的市场地位和能力，经常是确保有效剥离的关键性因素。为了确保买方能够并愿意以永久的竞争者行为，通常应要求竞争当局对买方予以批准。

□ 案例：电子地图公司购并ABI建筑数据公司[①]

2004年7月1日，公平交易局将电子地图公司购并ABI建筑数据公司（ABI）一案移交给竞争委员会。这一并购交易已经于2004年5月4日完成。

电子地图公司是一家多媒体公司，其业务经营主要包括消费者杂志、广播电台、B2B信息公司。经营B2B业务的是一组公司，其中一个公司为设立于伯恩茅斯的格莱尼根（Glenigan），该公司从公开来源（欧盟官方公报公布的规划登记和投标）、研究人员对产业参与者进行的调查来搜集相关信息，向对建筑产业供应货物和服务的企业提供项目信息和联系数据（PICD）。

ABI设立于威勒尔，其经营与格莱尼根非常相似，提供建设和承包合同的项目信息和联系数据。该公司向客户报告项目的位置和进展阶段，提供主要承包商和分包商的联系方法，同时以提供其他专业顾问的方式提供服务，例如设计师、工程师和测量师。购买信息的企业，可以具体规定它们感兴趣的项目类型，并使用这些联系数据联系业务。

---

① Competition Commission，*Understanding Past Merger Remedies: Report on Case Study Research*，updated August 2008，Appendix.

ABI原由贝塔斯曼集团（Bertelsmann）1993年从麦格劳希尔出版公司（McGraw Hill）手中购得。2003年，贝塔斯曼将包括ABI的科学和贸易出版单位施普林格（Springer）卖给了基本上由私募股权机构公司坎多弗公司（Candover）和盛峰公司（Cinven）拥有的收购公司。施普林格的新所有人希望集中于科技信息业务，因而决定出售ABI。

公平交易局的调查

购并消息公开时，公平交易局收到了大量申诉，认为这两家企业在英国是这类信息仅有的两家供应商。公平交易局对这一交易展开了调查。2004年6月4日，公平交易局接受了电子地图公司的承诺，电子地图公司应分别持有和经营这两家公司业务，但可以继续采取某些措施，准备这两家公司的项目和联系数据的一体化；可以制作汇总数据，但必须将ABI和格莱尼根数据分开持有，且任何一方不得使用对方的数据。

竞争委员会的调查

在接手公平交易局移交的案件时，救济工作组（Remedy Standing Group，RSG）采纳了公平交易局的承诺。竞争委员会接着审查，是否需要进一步的措施阻止合并方先行采取措施损害移交，或损害有效救济的适用（如果存在不利影响的认定）。竞争委员会于7月21日接受了电子地图公司新的临时承诺，该承诺包括了额外的一系列义务，确保在竞争委员会调查期间不对ABI和格莱尼根业务进行一体化，通过使潜在竞争损害风险最小化的方式独立经营ABI的业务。竞争委员会特别要求电子地图公司停止合并项目信息和客户联系数据的进一步工作，将客户数据返给ABI。

由于ABI的管理董事仍然在位，救济工作组判断其利益与电子地图公司的利益并不一致，竞争委员会没有要求电子地图公司任命分开持有的管理人。该管理董事对合并抱有敌意，多次在其觉得电子地图公司可能违反了承诺时向竞争委员会提交报告。基于同样的理由，救济工作组认为没有必要任命监督受托人。

对竞争委员会的告知

电子地图公司实质上计划关闭ABI，将其客户转移到格莱尼根。电子地图公司表示，这样做可以减少对业务进行重新投资产生的重大成本，产生客户利益。

电子地图公司指出了建筑销售和营销信息服务广泛的产品类别，包括静态联系表（联系目录）、营销和竞争者情报、客户关系管理软件。根据市场界定，电子地图公司估计合并业务的供应份额为40%。

竞争委员会的推理

竞争委员会对项目信息和联系数据的其他供应商是否提供类似于格莱尼根和ABI的服务进行了审查。竞争委员会认为，没有任何一家公司提供ABI或格莱尼根那样广泛的服务，经营规模也不如这两家公司。

竞争委员会审查了建筑产业的供应商可能用于创造销售机会（sales leads）的其他形式的营销，诸如广告或直接邮寄，可能对合并实体产生约束作用。它承认，这样的供应商可能掌握一系列营销渠道，并不是所有的产业供应商使用这样的数据来认定合同机会（contract leads）。然而，竞争委员会指出，选择以格莱尼根和ABI授权的制度性、集中性方式进行经营的供应商，合并后可能没有可比的替代资源。竞争委员会于11月11日作出临时结论，合并将会导致重大削弱竞争，新进入、扩张或抵消性买方力量的可能性，不足以制止合并对竞争的削弱。

救济建议

竞争委员会的救济通知邀请对两种可能的救济发表意见：以许可为基础的行为性救济和剥离救济。委员会提到了其他可能的行为性救济，包括价格控制、供应和质量承诺，但委员会指出，救济工作组担心这些救济选择方案在解决重大削弱竞争或不利影响方面没有效力。

通知邀请对多种许可选择发表意见。救济可以是下述信息对一个或多个企业的许可：特定日期的ABI项目数据；特定日期的格莱尼根/ABI的项目和联系的汇总数据；特定日期的ABI项目和联系数据，另加持续性基础上供应的新数据；特定日期的格莱尼根/ABI项目和联系的汇总数据，另加持续性基础上的新数据；ABI的客户数据，或ABI/格莱尼根的客户数据汇总；ABI用于生产和提交产品的软件应用程序。

通知指出，除许可救济外，有必要采取其他措施（如最低价格），防止格莱尼根作出激烈的价格反应来试图消除被许可方。

合并方的反应

在公布了临时报告和救济通知后，电子地图公司提出了进一步的行为救济建议，包括电子地图公司出版规划的基本数据，允许或许可竞争者免费使用，同时进行价格和质量控制。这些新建议与竞争委员会救济通知中的建议存在根本的不同，二者虽然都涉及许可，但新建议只涉及两家公司经营的商业数据库中的规划公告内容。

为了有充分的时间对这一救济建议进行磋商，救济工作组请求并获得允许，将完成调查的最后期限延期8周。

电子地图公司还提出，剥离救济不合比例要求。其不可能收回剥离的购买价格，在评估任何救济时都应予以考虑这一成本。救济工作组在评估指南框架内考虑了这一问题，另外还寻求了法律顾问的建议，最后认为，电子地图公司未能收回剥离ABI的购买价格而产生的成本，是不适当的。

电子地图公司还进一步建议，如果确实进行剥离，应允许其首先与ABI签订合营企业协议。设立格莱尼根/ABI的联合研究单位，搜集和处理项目信息和联系数据，之后将这一信息供应给两个独立的下游竞争者。救济工作组没有接受这一建议，因为它可能减弱当事人间的竞争，包括减弱数据搜集方法的创新。

救济工作组在考虑了不同的建议后认为，任何行为性救济都不能有效解决重大削弱竞争问题，只有剥离救济对解决重大削弱竞争才是有效的。

救济工作组还简要审查了剥离格莱尼根而不是剥离ABI的可能性，考虑剥离格莱尼根是否更适当、更有效和更合比例要求。剥离格莱尼根可能会产生下述风险：电子地图公司将经营ABI，可能非常了解格莱尼根的业务和客户基础，可能利用这一知识对付其新的所有人。同样，格莱尼根的业务比ABI大，要求处分格莱尼根也是不合比例要求的。

最终报告

救济工作组于2005年1月26日发布最终报告。在此之前，电子地图公司告知竞争委员会，其清楚认识到采取剥离救济，希望立即开始出售程序，在5月15日前完成出售，以便及时知道ABI业务的价值，准备5月22日应发布的年报。为了促进出售过程，竞争委员会于1月28日接受了修改的承诺，这些承诺指定四个自然人，这些人获允接触准备出售业务所必要的信息。电子地图公司任命花旗银行为其处理销售。

救济工作组于2005年3月3日接受了电子地图公司的最终承诺。

承诺的实施

在收到初步报价后，电子地图公司列出了5家潜在的购买方。

3月21日，工作人员就评估潜在购买方的程序提出了建议，救济工作组讨论了这一建议。随后，竞争委员会工作人员会见了所有的潜在购买方，以便了解它们的业务计划、筹资方法，并对这些潜在购买方作出评估报告。救济工作组审议这一评估报告，并根据这一评估报告与公平交易局进行了磋商。救济工作组批准了两家潜在的购买方。

电子地图公司与这两家潜在购买方进行谈判。5 月 10 日，电子地图公司宣布 CMPi 以 1 300 万英镑购买 ABI。

剥离之后

CMPi 在剥离过程中意在通过机构重组，使 ABI 成为巴伯指数业务的附属公司，将某些后台职能纳入 CMPi 的相关部门，并使这些过程同时保持一致。实际中也是这样实施的，ABI 更名为巴伯 ABI。随后，这一安排又发生了变化，ABI 直接向 CMPi 的内部环境部门的管理董事报告。

剥离后，大约有一年的时间来评估 ABI 的增长潜力和投资要求。随后 CMPi 进行了业务投资，允许恢复电子地图公司中止的互联网产品开发项目。2006/2007 年，与电子地图公司管理下 4% 的收入增长相比，ABI 的收入增长了 15%，客户基础增加了 24%。2006 年 ABI 提价 10%，2007 年提价 7%，但没有遵循格莱尼根将不同服务予以捆绑的战略。ABI 正以准入阶段产品瞄准建筑部门中大量的小企业，并获得了全国性的多工地 / 多用户的大经营者的合同。

从与数量有限的客户访谈中得知，ABI 和格莱尼根在继续进行业务竞争，客户认为这两家公司提供实质上相同的服务。转换供应商仍然经常发生。这种转移有时是任命新销售经理的结果，其以前使用其他公司的服务。访谈客户中没有人提到任何一家公司提价。一家客户表示，其不记得提过价，但指出如果存在重大提价其会记得，并很可能会取消订购。

格莱尼根似乎没有改变其业务战略。调查时，其目标在于成为 Direct.gov 规划门户网站的合作伙伴。

合并后并没有出现新的直接竞争者，尽管 REED 商业信息公司基于规划信息发起了销售机会服务促销，但这一服务不包括格莱尼根和 ABI 提供的增值信息，并且不专门用于建筑产业；当授予规划许可可能预示着潜在的购买方时，例如，企业扩张和通过雇佣代理寻求新的工作人员，它可以用于任何获得这种规划许可的部门的销售人员。

电子地图公司告知案例调研人员，其进行剥离协议谈判的能力并没有受到当事人知悉可能任命剥离受托人这一事实的影响。在这一过程中电子地图公司能够维持竞争性紧张关系。

对救济有效性的结论

剥离救济的有效性似乎得到了充分的发挥。ABI 业务的买家，对该业务给以充分的资源支持，其管理层注意对格莱尼根施加持续性的竞争约束。剥离后，巴伯 ABI 业务获得了增长，并从格莱尼根处赢得了市场份额。与 ABI 的以前所有者不同，CMPi 集中于英国建筑行业，允许购并后的业务从协同化、与 CMPi 的其他建筑信息业务分享知识中受益。

临时承诺看起来基本上有效。案例调研人员注意到，对于电子地图公司拒绝批准某些营销和产品开发的支出，ABI 提出了异议。对于营销开支，竞争委员会事后得知，电子地图公司允许任何预算内的支出，在案例调研中电子地图公司也一再强调这一点。他们提出，根据承诺他们没有义务对长期的项目进行融资，包括新的产品开发。

救济工作组决定不要求任命监督受托人，理由是 ABI 的管理层与电子地图公司的利益不一致。如果救济工作组要求任命监督受托人，它可能会将营销支出的问题提交给受托人，以便确定有争议的支出是否属于 ABI 的预算范围之内。此外的经验是，即使预期目标公司的管理层会独立于购并者持有业务，仍可能存在任命监督受托人的理由。例如，这可以有助于竞争委员会在调查过程中更好地理解当事人的行为，而无需对购并者不支持的管理层施加额外的负担。

经验与教训

这是一起已经实施的合并，当局采取了临时措施。竞争委员会承认，ABI 管理层没有动机阻碍临时“独立持有”措施。然而，对这一案件的审查表明，任命监督受托人可能帮助竞争委员会获得对电子地图公司在调查过程中采取的某些决定的独立评估意见，例如与 ABI 要求的支出相联系的决定的评估意见。总之，如果在本案中任命监督受托人，在事后证明调查减弱的调查过程中，则有可能降低资产风险。

对于最终救济，主要的经验教训是，竞争委员会理解潜在购买方的意图、与他们直接讨论获得资产的具体业务规划、购并如何与总体战略相一致，非常重要。工作人员在与潜在购买方进行会谈时，很明显的情况是，在某些情形中，它们的计划并不可能导致 ABI 发挥对格莱尼根给予竞争约束的作用。CMPi 也告知调研人员，其非常欣赏竞争委员会工作人员愿意与他们面谈，与他们比较详细地讨论一体化的计划和 ABI 的发展。

8.3.3 合同谈判与合同条款

如前所述，资产剥离就是资产出售。而资产出售，就需要资产出售协议，在此我们称之为剥离协议。剥离协议，指购买方和出售方达成的转让竞争当局决定所要求剥离的所有资产、履行竞争当局决定要求的其他义务的购买协议，包括所有的附件、附表等。① 剥离协议，应当包括应予转让的所有资产，且其条款不应与竞争当局做出的决定或救济目标相冲突。②

剥离协议，与传统资产出售协议具有不同的交易目的。一为利益最大化，另一为维持或恢复竞争。传统协议中常见的非竞争条款和业绩提成条款，在剥离协议中是不允许的。传统资产出售协议对于买方是否成功并不关心，但在剥离协议中这是一个重要目标。③ 购买方购买剥离资产的目的必须是长期经营、进行竞争，而不能通过转售获取利润。因而，购买方的真正购买动机，有时可能与主管部门救济合并所引起的竞争问题的动机不同，这也正是主管部门对买方进行审查的原因。

剥离协议是由出售方和购买方签订的，但协议的内容却是根据竞争当局批准的合并方的承诺、根据竞争当局做出的有条件批准合并的决定签订的。因此，出售方和购买方在谈判协议时、在达成具体的条款时，必须保证符合竞争当局决定的要求。竞争当局在对剥离协议进行审查、审批时，协议内容是否与竞争当局决定一致，是最核心的要素。

为了提高救济谈判和实施的效率、统一和透明，欧共体委员会于 2003 年发布了《剥离承诺示范文本》和《受托人职责示范文本》。根据《剥离承诺示范文本》，剥离承诺应包括下述六部分的内容：第一部分，定义。对承诺中涉及的所有关键术语给予界定，避免产生分歧、影响救济效果。第二部分，剥离业务。包括剥离承诺的表述、剥离业务的结构和界定。第三部分，相关承诺。涉及资产活力、适销性和竞争力的保存，合并方单独持有资产的义务，信息隔离，非招募条款，审慎义务，报告义务等。第四部分，购买方。第五部分，受托人。包括委任程序、受托人职责、合并方的义务与责任、受托人的替换、解除和再任命。第六部分，审查条款。包括延长期限、免除、修改或替代剥离承

① *US FTC Remedies Negotiating*，p.12.

② *US FTC Remedies Negotiating*，p.12.

③ *US FTC Remedies Negotiating*，pp.13–14.

诺等。[①]

剥离协议的条款应与竞争当局的决定用语相一致，应予转让的资产必须明确化、具体化。除资产外，其他相关的附加义务也必须明确，例如供应协议、独占协议、保密协议（防火墙协议）等。考虑到竞争当局不批准的可能性，剥离协议应含有撤销条款。

尽管剥离协议必须符合剥离承诺，但剥离协议不是剥离承诺本身，而是以剥离承诺为基础和条件谈判而成的资产出售协议。协议的各种细节、履行协议的具体细节，都需要出售方和购买方独立进行谈判。出售方需要寻找潜在的购买方，需要与潜在的购买方进行谈判。反过来，潜在的购买方需要对出售方的资产有比较具体的了解，才能够达成比较好的交易。以资产出售价格为例。在资产剥离的谈判过程中，需要合并当事人与潜在购买方讨价还价，但这一过程不同于一般资产剥离的谈判。在一般资产剥离的谈判中，双方当事人谈判地位平等，各方都根据自己的实力、目的、根据自己对交易标准的判断进行，没有第三方的支持或影响，而在救济剥离谈判中，合并企业的当事人必须在一定的期限内将剥离资产出售掉，如果不能做到这一点，将由第三人无底价[②]对剥离资产进行处理。这使合并企业的当事人在根本上处于不利地位。不过实践中，剥离资产的潜在购买方往往不能充分利用这一点。[③]购买方往往不能很好地利用执法当局或法院发布的剥离决定所提供的优势，反而担心如果过分讨价还价，出售方会出售给其他购买方；另外一个重要方面是，购买方对其要购买的业务中的经济因素认识不足，其结果是支付价格过高，或者没有取得必要的其他资产。[④]购买方通过对剥离资产的经营，能够与合并企业进行有效竞争。在剥离资产销售合同内容的谈判上，购买方与合并企业将来的关系应立足于竞争而非合作。为了使潜在购买方能够对剥离业务进行合理的审慎调查，资产出售人应向潜在购买方提供有关剥离业务的足够信息，向其提供与剥离业务人员相关的充分信息，并使他们能够合理接触剥离业务人员。

有些时候，合并方转让合同权利前，需要获得第三方的同意。这应当成为竞争机构同意某一救济方案的前提条件。如果救济方案涉及第三方权利，没有第三方的同意或许可，购买方就不能有效实施救济措施。例如租赁协议、供应合同、客户合同等。此外，由于交易方的改变，可能对第三方造成不便，第三方可能要求某种保障或补偿。

---

① *EC Model Text for Divestiture Commitment*，available at http://ec.europa.eu/competition/mergers/legislation/commitments.pdf，last visited 17 August 2009.

② at no minimum price.

③ *US FTC Divestiture Study*，p.23.

④ *US FTC Divestiture Study*，p.16.

为了维持救济的结构性效果，即使在承诺中没有明确的条款规定，合并企业也不能随后施加对剥离企业的全部或部分的影响，除非合并主管部门认定市场结构发生变化，以至于对剥离企业不施加影响的要求不再必要。剥离企业的出售方应承诺在资产移交日后的一定年限内，通常为10年，不招募与剥离业务一起转移的核心人员，并使附属企业不招募这样的人员。欧共体规定的这一期限，从批准合并日起10年。①

为保证承诺的有效性，购买方的销售、剥离协议应事先获得竞争当局的批准。在合并主管部门对申报的合并方案提出反对意见后，通常合并当事人提出剥离方案，报合并主管部门批准。如果主管部门接受了这一剥离方案，认为该方案能够恢复有效竞争，则这一剥离方案构成了主管部门对合并方案的批准决定的一部分。为了确保合并方履行其提出的方案（承诺），合并主管部门做出的批准决定大多附有条件和义务。合并当事人完成合并，必须以满足这些条件和义务为前提。

欧共体委员会救济准则对条件和义务作了区分，违反条件和违反义务的法律后果不同。对引起市场结构性变化的措施的实施要求，称为条件。例如，资产必须剥离。为实现这一结构所必需的实施性步骤，通常是对合并当事人的义务。例如，委托受托人。在相关企业违反义务时，委员会可以撤销其做出的批准决定，合并的当事人会受到行政处罚。当没有履行条件时，即使合并与欧共体市场要求不符的情形没有实现，委员会做出的与欧共体市场相符的决定也不再有效。委员会可以命令采取必要的措施恢复有效竞争。② 这表明违反条件，批准决定自动失效，而违反了义务，委员会可以充分利用其权力，在需要时撤销批准决定、给予行政处罚。③

合并当事人为进行剥离所做出的一系列安排、签署的一系列协议，都要经过合并主管机构的批准。有的协议非经批准不得实施，有的协议非经批准不得生效。

有的剥离协议规定了一定的过渡期，以便购买方为真正成为市场上的有效竞争者作准备。但这一目的显然不是出售方真正愿意的。因此，剥离协议可能包含了对购买方不利的合同条款。过渡期结束后，购买方若仍找不到可以替代出售方的替代者，其结果是购买方仍然依赖于出售方提供技术、提供设施、提供其他投入、使用出售方的销售渠道，等等。很显然，这种安排也实现不了原本预期的救济效果。

---

① *EC Remedies Notice 2008*，para.43.

② *EC Remedies Notice 2001*，p.4.

③ Speech by Mario Monti European Commissioner for Competition Policy，*The Commission Notice on Merger Remedies –one year after*，18，January 2002，http://europa.eu/rapid/pressReleasesAction.do?reference=SPEECH/02/10&format=HTML&aged=0&language=EN&guiLanguage=en，last visited 10 November 2009.

□ **案例：康乐保并购**[①]

2002年1月14日，康乐保（Coloplast）购并SSL的失禁护理业务被移交给英国竞争委员会审查。在移交竞争委员会时，合并已经实施。

康乐保是丹麦的一家公司，开发、制造和销售造口护理产品、失禁护理产品和伤口护理产品。康乐保在22个国家拥有分支机构，包括在英国的康乐保有限公司。康乐保有限公司通过自己的附属公司康乐保直营公司（一家配药设备承包商，dispensing appliance contractor，DAC）推销其产品。通过购并SSL，康乐保提高了其在英国市场中的份额，间歇性导管达到26%，尿袋达到58%，护套达到92%。

康乐保和SSL这两家公司既向医院提供这些产品，也向社区提供这些产品（主要通过卫生保健渠道）。社区部分的产品价格由供应商与卫生部谈判达成的药品价目决定。医院部分的产品价格通过公开的竞争投标程序决定，该投标程序由国民保健服务计划（NHS）采购局（PASA）管理。

竞争委员会注意到，康乐保在英国按照其与美国的一家公司门托（MENTO）间的排他性经销协议，提供市场领先的非乳胶护套“清洁宝”（Clear Advantage）。同时，康乐保还是“超安全”护套（Coveen Security+）的唯一经销商，该产品与康乐保自己的“清洁宝”产品存在激烈的竞争。竞争委员会关注该合并将会导致向医院供应的非乳胶护套供应的横向集中。市场中存在的其他非乳胶护套是在美国生产、由Jade Sims Portex经销的，但这些护套被认为不是主要的竞争者。合并方主张合并涉及的地域市场至少应是欧洲经济区这样大的范围，竞争委员会的结论认为，管制和专利限制使海外公司难于供应英国市场。竞争委员会认为这一合并影响三个相关市场：英国的护套供应市场，英国的尿袋供应市场，英国的间歇性导管供应市场。

竞争委员会认为，合并后尿袋和间歇性导管供应市场都不会引起竞争问题。竞争委员会关注合并可能产生护套市场的横向集中，在这一市场中康乐保的市场份额由34%上升至92%。竞争委员会认为，虽然可以预期国民保健服务计划有可能行使抵消性的购买力量，但诊所在确定药方产品中的自由所具有的重要性将阻止国民保健服务计划行使买方力量。在社区部分，价格由药品价目规定，没有证据表明供应商迫使价格提高（即威胁撤销产品），因而预期不会产生不利影响。在医院部分，由

① Competition Commission（UK），*Understanding Past Merger Remedies: Report on Case Study Research*，Updated August 2008，Appendix.

于采购局已经确立了替代性的乳胶护套的提供商，且该提供商具有很大的市场份额，竞争委员会预期合并不会导致乳胶护套的供应对医院部分产生不利影响。然而，竞争委员会预期合并在非乳胶护套的供应中会对医院部分产生不利效果。

竞争委员会指出了合并对价格的不利影响。虽然与门托的经销协议可能会阻碍创新，但这一协议将于2007年到期（康乐保没有续展的计划），且创新是由长期目标推动的，因此，合并被认为不会对创新产生不利影响。由于降低质量会降低产品在诊所的应用，在更广泛的范围内对康乐保的声誉造成负面的影响，预期康乐保也不会降低产品质量。

竞争委员会关注合并的纵向效果。尤其是，由于对DAC所有权的提高，该合并将提高康乐保在社区部门中的护套供应。合并后，康乐保拥有的DAC将占在英国通过DAC供应的整个护套的78%，所有尿袋的48%，所有间歇性导管的57%。考虑到康乐保掌握的信息并不提供给竞争者，这可能提高进入壁垒，并允许康乐保DAC直接地或通过失禁护理机构，使用康乐保的产品而非竞争者的产品。

救济措施的选择和设计

竞争委员会建议，康乐保应承诺与门托进行重新谈判，或者剥离“清洁宝”品牌（不包括产品），或者剥离包括产品在内的“清洁宝”品牌。竞争委员会在其报告中具体指出，如果这些谈判导致不令人满意的结果，公平交易局应考虑价格控制救济。此外，竞争委员会意识到，卫生部正在审查DAC的报告。竞争委员会注意到了（医院和社区）双重定价对竞争的扭曲效果，并促使卫生部尽早结束这一审查。竞争委员会还建议公平交易局考虑审查与设备供应相关的规则的反竞争效果。

康乐保建议，竞争委员会应向另一供应商发布临时许可（到2007年），在英国经销“超安全”护套。竞争委员会拒绝了这一建议，拒绝的理由包括：第一，另一供应商可能不会像康乐保在没有合并时那样有效竞争；第二，由于许可的短期性，寻找被许可人有困难；第三，康乐保在欧洲的其他地方经销的“超安全”产品，可能通过二手市场进入英国，造成处方患者的混淆。

竞争委员会还考虑了与门托的协议失效前对向医院提供的非乳胶护套实施价格控制的可能性。但这一考虑基于下述两项理由而被拒绝：第一，这一市场是竞争性比较强的投标市场，是国民保健服务计划中对价格竞争实施开放的少数领域之一，实施价格控制可能会削弱这一市场竞争；第二，含有最低数量义务的门托协议的继续存在，可能使康乐保没有动机引进新产品，引进新产品会削弱“清洁宝”的销售。

与此相反，取消与门托的排他性协议，不会影响招标市场中的价格竞争，同时还会提高康乐保引入新产品的动机。

竞争委员会确实考虑了剥离SSL业务的剥离救济。但是，竞争委员会注意到，预期的不利影响只与市场中的一部分中的一种产品有关。如果能制定只影响该市场中的这一部分的这一产品的有效救济，SSL业务的整个剥离就是过分的了（不合比例的要求）。

竞争委员会报告发布后的情况发展

2002年5月底，公平交易局建议国务秘书寻求康乐保的承诺，与门托就经销合同进行重新谈判，如果在6个月内不能实现这一结果，将考虑其他适当的救济措施。公平交易局还表示其将考虑竞争委员会审查设备供应的建议。

2002年8月初，公平交易局报告，其已经与康乐保达成承诺。康乐保承诺与门托重新谈判，剥离"清洁宝"品牌（不包括产品，这将允许康乐保以其他品牌销售其产品），或者"清洁宝"品牌及其产品。该承诺规定，重新谈判应在竞争委员会最终报告发布后的6个月内完成，最后期限是2002年12月中旬。这一最后期限允许在下一轮竞争投标之前达成新的安排。承诺还规定，如果最后期限内没有得到满足，公平交易局将建议国务秘书寻求其他的救济。康乐保需向公平交易局提供进展报告，每2周一次。门托不受这些承诺的约束，因为其不是合并当事人。

但截至2003年1月，谈判已经陷入僵局，达成协议成为不可能。在进行案例研究调查时，康乐保提出，在公众都已知悉的最后期限内完成与门托重新谈判的义务，严重损害了其与门托重新谈判达成合理结果的能力。尽管如此，竞争委员会最终报告中仍然承认下述事实：如果康乐保不能履行其对门托的义务，其可能面临纽约法院对其提起的违约诉讼。这一事实向康乐保预示了执行重新谈判承诺的极小可能性。竞争委员会的报告还明确，重新谈判的最可能的替代方案是价格控制。因而，理论上，如果康乐保更倾向于临时的价格控制，而不是重新谈判，其可以通过不进行谈判实现这一优先选择。实际上，康乐保告诉案例研究人员，其更倾向于竞争委员会的第一种救济选择，而非价格控制。

未能重新谈判，构成了《公平交易法》第88（4）节中的情势变更，公平交易局建议国务秘书改变承诺。

公平交易局考虑了通过执行令的方法执行现有的承诺。康乐保向公平交易局强烈重申，这样的执行会使其在纽约法院面临诉讼。最后，国务秘书被建议执行令是不可行的，拒绝以这种方法执行救济。

公平交易局考虑了其他的适当救济措施。康乐保提议放弃与门托的协议中有关供应医院的排他性条款，公平交易局考虑了这一提议。但是，公平交易局指出，欲使这一救济发生效力，门托需要有充分的刺激才能与康乐保在医院这一部分进行竞争，即使不预期其在更大的社区部门进一步销售。公平交易局对这一救济持严重保留态度。

公平交易局还考虑了在医院部分对非乳胶护套的价格进行临时控制，如同竞争委员会最终报告中描述的那样，这一控制一直维持到2007年与门托的协议失效为止。由于竞争委员会作出的不利影响认定只涉及价格（而非质量或创新），公平交易局经过权衡，接受了下述看法：比起替代性的结构性救济，价格控制可能更适合（比例性要求）。因而，公平交易局建议，对“清洁宝”和“超安全”产品都进行价格控制，一直到2007年，与门托的协议失效后，不再与其订立协议。

在采购局进行下一轮竞争投标之前，公平交易局成功地付诸实施了价格控制。公平交易局与康乐保就控制进行了谈判，控制价格非常接近于生产成本。该价格控制与康乐保成本如此接近，以至于后来康乐保寻求免除适用1998年竞争法，如果价格控制导致掠夺性定价行为，该法对其不适用。该要求被拒绝。与其建议相一致，公平交易局与康乐保达成的承诺也使康乐保承担了在协议失效后不再与门托重新签订合同的义务。

尽管竞争委员会对价格控制可能削弱竞争性投标过程中的价格竞争表示关注，价格控制水平仍然被公开了。但尽管如此，康乐保的竞争者仍以接近合并调查前的价格的报价进行投标，即高于康乐保的控制价格投标而康乐保以几乎等同于控制价格的价格进行投标。结果是，康乐保在医院部分的供应份额得到了重大增长。考虑到医院部分是社区部分的一个重要进口，这意味着康乐保可能在价格更高的社区市场部分享有更强的地位。

公平交易局指出，在最近的投标回合中，康乐保突破了控制价格。康乐保致函公平交易局，通报这一无意识的违反。康乐保告知公平交易局，由于新的工作人员不知存在价格控制承诺，违反了价格控制。这是一种疏忽，康乐保正采取措施确保不会再次发生这种情形。

康乐保不与门托续签新合同的义务，似乎对其以“清洁宝”向社区部分扩张提供了抑制作用。因为，从2007年起，康乐保不再能经销“清洁宝”，增长这一品牌的长远力量不符合康乐保的利益。在进行案例研究调查时，有说法表示，康乐保将其重点转向了社区部分中的“超安全”品牌。然而，门托一直在强力推销其Transfix产品（一种自粘的基本上与“清洁宝”相同的护套）。康乐保确认，在社区部分，其损失了一些市场份额，由门托获得，但同时指出，其希望将来重新获得失去的市场份额。2005年，卫生部开始了对药品价目的审查，涉及失禁护理产品。

2006年6月2日，康乐保宣布，其购并了门托的尿袋业务。但根据其在2002年给国务秘书的承诺，门托在英国的尿袋业务不是该交易的一部分。并通过协议给予罗切斯特公司在英国经销尿袋产品的权利。

经验与教训

紧急救济选择方案的存在，对于确保合并当事人实施救济是非常重要的。这样的紧急救济选择方案，可能包括通过执行令执行救济，或通过实施比最初救济方案更激进的“后备性救济”（back-up remedy）来执行救济。

救济措施规定了优先救济方案，也包括了“后备性救济”，以备优先方案没有实施时予以实施，确保合并当事人具有适当的刺激来实施优先救济方案，非常重要。

在救济措施的有效性依赖于不是救济当事人的第三方的行动时，可能存在救济不能有效的危险。

公布必须完成剥离的时间期限，可能削弱剥离实体的谈判力量。按要求披露谈判结果，可能具有同样的效果。

如果在设计行为性救济时给予了特别的注意，尤其是如果发生了积极的知情监督，行为性救济将会发生效力。

在投标性市场中，披露价格控制的封顶价格，将会导致投标在该水平上集中（即使事实上本案在披露最高价格时没有发生这种情况）。

在选择和设计价格控制救济时，有必要考虑价格控制对与被控产品相联系的产品的影响。

通过压低一个企业的价格进行的价格控制，会提高被控企业的市场份额，也可能助其扩大在其他市场（或市场部分）中的份额，超出被控产品的份额。最终的结果是，价格控制可能迫使不能与被控价格进行竞争的企业退出市场，或阻止进入。

在救济的实施经过了一段期限，出现合并方可能忽视承诺的危险时，同期性提醒合并方义务是必要的。

□ **案例：恩维农并购可靠能源公司**[①]

案件背景

2003年4月，恩维农（Nuon）向荷兰竞争局提出了购并可靠能源公司（Reliant）的申报。

恩维农集团是荷兰能源传送、交易和供应方面活跃的公司。可靠能源公司是电力生产、交易和供应方面活跃的公司。

荷兰电力部门大部分已自由化。生产、交易和供应不受管制，但传送和经销网络仍然受到管制。对小客户的供应从2004年7月起自由化。

损害损害的认定

恩维农和可靠能源主要在电力的生产和批发领域存在重叠。恩维农主要作为供应商经营，其自主支配的生产能力有限。该合并的结果是，恩维农成为电力的重要生产商和供应商。

荷兰被认定为电力批发领域的相关地理市场，但在评估拟实施的合并的效果时，有必要考虑来自电力进口施加的竞争性压力。

由于电力市场的具体特征（表现明显的是，需求的波动、不能储备、低需求弹性、产能限制、不同技术的使用），合并的效果，在相对短的期间内，可能因供需情形而不同。

合并实体将取得某一特定需求层次的批发市场中的市场支配地位，或者当产能的某些因素不具备时，将产生市场支配地位。由于这类情形可能经常发生，市场支配地位具有结构性特征。

为了计算合并对价格可能产生的影响，荷兰竞争局使用了模拟模型。模拟显示，相关情形中，在批发市场中的价格提高可能相当大。

救济方案的选择与设计的相关问题

在调查过程中，合并方在与荷兰竞争局磋商时，提出了旨在消除荷兰竞争局指出的竞争关注的建议。这一获得荷兰竞争局批准的建议，要求恩维农在5年期内拍卖900兆瓦的企业产能，且每5年重复拍卖。至少未指定产能的88%应由恩维农/可靠能源的一个生产单位Intergen生产。产能以10兆瓦的量块拍卖。拍卖规则和标准由荷兰竞争局批准。由任命的监督受托人监督相关要求的执行。

---

① *ICN Merger Remedies Review Project*，June 2005, Appendix J.

该建议的效果经过模拟，根据计算，剥离足以解决竞争问题。在欧洲以前也进行过产能的拍卖，荷兰竞争局进行的研究表明产能的拍卖看来是有效的。

根据荷兰竞争局救济指南的规定，救济优先采用结构性救济。合并方提出的建议在效果上是准结构性的救济，因为其消除了恩维农的产能控制，但又具有某些持续性特征，这更类似于行为性救济。

该建议经由市场中的其他经营者和被征求意见者进行评议。根据评议结果，对建议进行了一些修改。最终的建议包括：阻止恩维农影响价格水平；其他大的荷兰电力集团不得参与拍卖，阻止回售给恩维农和这些企业的可能性；设定每次拍卖中单个买方可以购买的最大数额。

另外还提出了两项建议供评议。第一，根据 Intergen 合同及恩维农不得超过合法最大进口能力的承诺，在 5 年内进行门到门的产能销售。第二，结合恩维农的收费协议，对荷兰竞争局批准的一方进行门到门销售。但大多数的被征求意见者支持拍卖建议。

实施和执行问题

在荷兰竞争局发布决定后，恩维农寻求改变救济方案。恩维农提起了临时诉讼，法院接受了在最终裁决之前进行较短时间的拍卖。

恩维农还试图改变原始的救济，计划出售某些产能给另一公司。荷兰竞争局接受在最终剥离之前降低第一次拍卖数量。

经验与教训

在能源部门的特定情形中，产能的拍卖可能是解决竞争性损害的可行选择。

与市场参与者的磋商，在界定潜在救济的形式和运营方面，可能是有价值的。

拍卖的安排和监督可能很复杂、花费很多时间，承诺的持续存在性在当事人中间可能会产生持续的争议。

8.4 资产剥离中的受托人

8.4.1 受托人的类型

从合并主管部门批准剥离到最终完成资产剥离需要一段时间。这段时间内，如果剥离资产得不到妥善的维护，其价值很可能消失殆尽或受到破坏，其竞争力减损或受到伤害。例如，人员流失，关闭后不能再继续使用的设备，企业合并当事人对剥离资产进行掠夺性使用，故意或非故意的破坏，等等。因此，有必要在这一期限内对剥离资产进行保管，以保持剥离资产的独立性、经济运行性、适销性和竞争力，避免临时的竞争损害。这一职责通常由合并方承担，即合并方自己承担保存资产的义务。同时，为了防止合并方不履行这一义务，需要由第三方进行监督，该第三方称为单独持有受托人。①

单独持有受托人是由企业合并当事人建议、任命，由合并主管部门批准同意的对剥离资产保管进行监督的人。单独持有业务通常是独立的、自治的业务运营单位，有时只需单独管理而不需独立经营。即使在存在预购者的情况下，如果预购者不立即占有资产，也需要单独持有安排。②

如果合并企业的当事人不能在规定的期限内出售剥离资产，则该当事人必须委托第三方代为出售剥离资产。该第三人即是剥离受托人。③ 剥离受托人与委托人之间的关系，类似于监督受托人与委托人之间的关系，只是具体义务不同。

一般情况下，合并方在作出剥离承诺、与购买方签署协议、获得竞争当局批准后，即开始实施剥离措施。剥离措施能否得到真正实施，直接关系到剥离救济的效果和目的，关系到经营者集中的法律实施效果。如前所述，剥离承诺、剥离协议都是对合并方具有法律约束力的承诺或协议，合并方应当如实履行这些文件下的义务。但是，实施程序中发生的问题可能与原来设想的情形不同，从本意上说合并方也不希望一个有力竞争者的存在。这些主客观的原因，可能导致救济措施出现折扣。因此，剥离措施的实施，也需要一个第三方监督。这一第三方，通常称为监督受托人。④

上述三种受托人是一种功能分类。实际上，上述三种功能可以由同一个人担任。在各法域的具体规定中，第三人的具体名称可能有所差异，但这些功能是普遍存在的。

欧共体委员会合并救济指南规定了监督受托人和剥离受托人两种。保持资产活力和竞争性的职责由合并方履行，合并方任命一个单独持有管理人，由该管理人具体负责管理、履行单独持有和保管义务，接受监督受托人的监管。⑤

值得注意的是，无论是哪一种受托人，合并企业当事人与受托人之间的关系，不同

---

① the hold-separate trustee.

② *US FTC Remedies Questions*.

③ Divestiture trustee.

④ Monitoring trustee.

⑤ *EC Remedies Notice 2008*, paras.112, 117, and 121.

于传统意义上的委托人与受托人之间的关系。在救济的实施过程中，受托人为了剥离资产的最大利益工作。在受托期间，受托人独立于委托人，受托人不接受合并企业当事人的指示，相反它监督合并企业当事人的行为。合并企业当事人对受托人承担义务，受托人对合并企业当事人不承担义务，而对剥离资产承担义务，向主管部门报告。受托人是合并主管部门的代表或耳目。因此，尽管委托书是委托人与受托人之间的双边协议，但它却构成了合并主管当局、监督受托人和合并企业当事人之间关系的基础。

8.4.2 受托人的一般职责

监督受托人主要代表合并主管部门，监督合并方（委托人）履行合并主管部门做出的决定、规定的条件和义务，并监督委托人履行委托书中的义务，提出工作计划报主管部门批准。监督受托人可以向委托人建议采取其认为适当的措施，或者在委托人不采纳受托人的建议时，向合并主管部门建议采取必要措施。受托人有权控制剥离程序，接触与剥离资产相关的人员、档案、信息、资产，有权参观出售方的现场。

根据欧共体委员会颁布的《受托人职责示范文本》，受托人在监督资产保管方面的职责和义务有下述几个方面：（1）监督剥离资产根据良好经营做法保持经济活力、适销性和竞争力；监督尽可能降低剥离资产竞争潜能损失的风险；监督委托人及相关附属企业不采取不利影响剥离资产的价值、管理或竞争性行为，或可能改变剥离资产的活动性质和范围、产业或商业策略或者投资政策的行为；监督委托人基于现有的业务计划和持续计划向剥离资产提供充足的发展资源；监督委托人采取所有合理的措施，包括适当的激励机制，鼓励所有的核心人员留在剥离业务中。（2）监督剥离资产与委托人保留的资产分开；监督剥离资产的核心人员不参与委托人保留的资产，保留业务的核心人员不参与剥离资产；监督剥离资产人员不向剥离资产之外的任何个人报告，经主管部门批准的除外。（3）努力保证剥离业务作为与委托人或其附属企业的业务独立的不同实体经营管理，单独持有管理人为了剥离资产的利益而独立管理，从而保证该业务持续的经济活力、适销性、竞争力，保证与当事人保留业务的独立性。（4）采取措施确保当事人不获取剥离业务信息，决定是否向当事人披露相关信息。（5）监督剥离业务与当事人及其附属公司间的资产分割和人员分配。另外，被剥离的资产是公司或在公司中的股份、公司结构需要严格分离时，监督受托人应保证剥离业务作为独立实体管理和经营，监督受托人作为股东行使委托人在剥离业务中的权利（移交日前的到期收益除外），其目的在于作为独立的财务投资者，为独立基础上确定的业务的最大利益行为，并据承诺履行委托人的义务。

监督受托人应有权替换代表委托人任命的监督委员会的成员或董事会的非执行董事。经监督受托人请求，委托人应辞去董事会成员，或令这样的董事会成员辞职。①

在监督剥离方面，监督受托人应帮助合并主管当局审查剥离程序，对潜在购买方进行评估。同时，应核实潜在购买方是否收到了有关剥离资产和人员的充分信息，购买方是否进行了审慎调查，以及潜在购买方是否可以合理接触剥离资产的人员。剥离受托人的具体职责，是经合并主管部门批准，按照其视为适当的在受托期限内尽快出售剥离资产的条件，无底价出售剥离资产。在出售协议中，可以包括实施这一销售所合理要求的习惯性陈述、保证和担保等。

与一般受托人一样，监督受托人负有防止利益冲突的义务。这一义务包括下述几个方面：第一，在接受委托时，受托人应披露其与委托人及其附属企业的关系。在此基础上，受托人确认，在委托日，受托人独立于委托人及其附属企业，并不存在利益冲突影响受托人履行义务的客观性和独立性。第二，受托人承诺，在委托期限内不引起利益冲突。（1）受托人及其成员在委托期限内，除了与委托的设立和履行有关的任何事项外，不在当事人及其附属企业中任职，不担任其董事会成员或管理层成员。（2）不存在或接受可能导致利益冲突的当事人及其附属企业的任何财产转让或其他商业关系或经济利益。这不影响受托人及其成员与当事人及其附属企业间的转让或其他商业关系，也不影响受托人及其成员对当事人及其附属企业的股票或证券投资，如果这种转让、业务关系或投资是正常进行的，对受托人或其成员还是相关企业都不是重大的。但事先须获得委员会的批准。（3）如果受托人意识到利益冲突，应立即向委托人和合并主管部门通知该利益冲突。当委托人意识到受托人存在或可能存在利益冲突时，应立即通知受托人和合并主管部门该利益冲突。当在委托期限内产生利益冲突时，受托人应承诺立即解决这一冲突。如果不能解决或没有及时解决，可以终止委托。② 第三，在担任受托人期间以及委托终止后的一年内，除非经过合并主管部门的事先批准，监督受托人不得为委托人提供服务或传递商业信息。

无论是监督受托人还是剥离受托人，都由委托人支付报酬。受托人对履行其职责中所产生的任何责任，不对委托人承担承担，但故意不行为、草率行为、重大过失或恶意

① EC Model Text Trustee Mandates，para.6，available at http://ec.europa.eu/competition/mergers/legislation/legislation.html，last visited 17 August 2009.

② *EC Model Text Trustee Mandates*，Section E，available at http://ec.europa.eu/competition/mergers/legislation/legislation.html，last visited 17 August 2009.

产生的责任除外。

□ **案例：矽比科公司并购法夫公司**[①]

2001年1月，矽比科公司（Sibelco）对法夫硅砂公司和法夫资源公司（统称法夫公司，Fife）的收购，移交到英国竞争委员会进一步审查。

矽比科公司是硅砂的全球供应商，硅砂主要用于玻璃容器的制造。2000年7月，矽比科购买了英国的主要供应商恒基兆业矿物和化学品公司（Henderson）。同年9月，购买了法夫公司。这些购并导致矽比科拥有英国硅砂市场86%的份额。

矽比科对法夫公司的购并，在提交给竞争委员会时已经完成。根据1973年的公平贸易法，在移交给竞争委员会之前，公平交易委员会不能采取临时承诺措施。在移交后30天，公平交易局接受了临时承诺，根据这一承诺，矽比科同意不采取可能降低法夫公司持续经营能力的措施，但没有接受进行重大资本投资的义务。

竞争委员会审查了法夫公司是否构成了破产企业，但最后得出了否定的结论。竞争委员会最终认定，这一购并造成的横向集中可能违反公共利益。

救济措施的选择和设计

竞争委员会建议，矽比科应在竞争委员会最终报告发布后的6个月内，将法夫公司剥离给竞争委员会批准的购买方。

竞争委员会考虑了行为救济，并具体考虑价格管制作为剥离的替代性措施的可能性。然而，竞争委员会认为，由于产品存在很多不同的等级，难以将产品成本与运输成本分离开来，价格管制将难以实施。竞争委员会也不愿意在非管制产业引入价格管制。此外，矽比科本身也提出剥离比价格控制更有利。

竞争委员会在选择救济措施时的主要考虑是：第一，竞争委员会认为可能的购买方会受到法夫公司拥有的硅砂巨大存储量的吸引，愿意在此基础上进行业务投资；第二，调查表明，两个公司曾表示它们对购买法夫公司感兴趣。

然而，曾表示有兴趣购买的其中一家公司强调，价格应充分反映法夫公司遭受的业务困难。表示购买兴趣的另一家公司则明确，其需要确信该购买将增加股东价值。

此外，在调查后期法夫硅砂公司的两名董事告知竞争委员会，该公司财务状况极弱，如果不注入重大投资，几乎可以确信矿场将处于照管状态。他们还告知竞争

---

① Competition Commission（UK），*Understanding past Merger Remedies: Report on Case Study Research*，Appendix.

委员会，法夫硅砂公司的许多设备都接近报废期，到时已查明的储存量也将用尽。

竞争委员会发布最终报告后的发展

在竞争委员会于2001年7月发布最终报告后，公平交易局向国务秘书建议，要求矽比科做出承诺实施竞争委员会建议的救济。承诺应规定，一旦矽比科不能将法夫公司在6个月内销售出去，应允许任命独立的剥离受托人。这一建议于2001年7月被接受。这是英国第一次使用剥离受托人条款。

在与公平交易局的谈判中，矽比科试图主张最终报告中并没有明确界定一揽子剥离，例如，是否应当包括法夫硅砂公司持有的许可和选择权，并不清楚。公平交易局指出，虽然竞争委员会建议了可能的购买方，其并没有规定一套标准，用于评估购买方的适格性。矽比科提出，表达购买兴趣的任何一家公司都不适合，因为它们的主要兴趣是建筑材料。

2001年10月，国务秘书接受了矽比科的承诺。该承诺要求矽比科在2002年1月18日前向经批准的购买方剥离法夫公司，矽比科除购并时已经存在的投资安排外，不再承担进行重大投资的义务，来维持法夫公司的持续性，事先获得公平交易局的书面同意维持和保存法夫公司资产除外。

承诺还规定公平交易局要求矽比科任命剥离受托人。受托人将监督矽比科执行承诺中的义务。在规定的出售法夫公司的最终期限之前，矽比科不必任命剥离受托人。因此，如何监督有效执行承诺并不清楚，尤其是与维持业务有关的条款。

在2002年1月18日最终期限前，矽比科任命了一家投资银行来出售法夫公司。该银行指定了35个潜在购买方，并且在2001年11月之前提出了三项初步的报价。公平交易局批准了银行提供的长长的名单，并于1月初批准了报价最高的投标人为合适的购买方。但一周后，该投标人退出了。

这意味着矽比科未能在1月18日的最后期限之前出售法夫公司。然而，由于存在其他的可能购买方正与投资银行谈判，公平交易局将任命剥离受托人的期限推迟1个月，以提供进一步谈判的时间。

2002年1月，法夫公司致函其两家最大客户，表示其不能再向它们提供符合它们要求的硅砂，除非它们准备改变规格要求，否则它们只能从其他渠道获得供应。其中一家客户取消了其业务，另一家对其业务进行了重大压缩。在致函给其客户的同一天，法夫公司还致函公平交易局，提出客户的损失将影响销售过程。大约在同时（即撤销可能的购买方的报告和任命剥离受托人期间），法夫公司撤销了为以后开展硅砂业务所需的土地租赁协议。

在延长的一个月内，由于没有购买方达成交易，2002年2月19日任命了剥离受托人。受托人是对法夫进行审计的会计事务所的一个合伙人。获得任命后，该事务所终止了对法夫的审计业务。在最初的剥离期限内，受托人保留砂比科之前任命的银行为其顾问。

3月初，受托人向公平交易局汇报，法夫公司现金正面临赤字，但如果进一步降低销售或进一步投资将会改变这一状况。在这一报告中，受托人还指出，相信其义务是可以获得的最高价格出售法夫公司，询问其能否作为垃圾填埋场出售矿场，这可以获得一个更好的价格。公平交易委员会向其明确，受托人出售法夫公司以便救济竞争委员会认定的不利竞争问题，作为垃圾填埋场出售矿场不能实现这一目的。

这时出现了可能的购买方。来自砂比科的建议认为，这一购买方实际上想使用矿场作为垃圾填埋厂，公平交易局收到了当地居民有关矿场可能用于垃圾填埋场的一些抗议信。公平交易委员会致函可能的购买方详细征询其业务的意图，征询的问题包括可能的客户、开发存储量的意图、处理质量问题的计划等。3月中旬，公平交易局批准了这一购买方。

大约在4月初在与公平交易局的一次会议上，砂比科提出，由于不可避免的质量问题，来自两大客户的损失构成了重大情势变更，因此有必要解除其承诺。公平交易局没有接受这些主张。

2002年6月，法夫公司被这一最后的可能的购买方以象征性价格购买。法夫公司的新所有人对矿场进行了投资，安装了新的技术来解决质量问题。它还与一个主要客户谈判签订了新合同，基于这一合同提高了矿场的产能。另外，新所有人成功地重新订立法夫公司终止的土地租赁合同，并获得了规划许可在租赁的土地上进行开采。

2002年，砂比科公司向其主要客户提供了3年和5年的合同。由于现有合同到期，新所有人正在与砂比科竞争该业务。新所有人承认，将矿场作为垃圾填埋场原则上其能够获得更多的利润，但为此不能获得规划许可。

经验与教训

在缺乏对行为的限制时，企业可能试图削弱剥离资产的有效性。确保采取措施防止这一点非常重要。尤其是，确保最终承诺包括保证剥离资产维护的措施直至剥离完成，非常必要。对这样的措施的执行需要积极监督。

明确剥离资产中应予以包括的所有要素，在评估购买方的适格性时，所有的核心标准都要使用。

如果批准一个剥离资产投标人，一旦该购买方退出，那么，造成可能的迟延，提高了救济的危险性。批准几个购买方比较好。虽然涉及更多的工作，但它提高了成功竞争的机会。

对剥离资产的潜在投标人应进行全面的评估。投标人声称的很大兴趣，不足以表明对剥离资产的真正兴趣，在判断企业是否可能愿意且有能力的购买方时，要考虑企业的动机和掌握的现有信息。

在设计剥离救济时，需要考虑剥离资产的管理层的利益。当被剥离业务的管理层反对剥离时，这可能提高出售不成功的危险。在这样的情形中，考虑使用监督受托人和最终剥离受托人是适当的。

保留任命剥离受托人以无底价出售剥离资产的选择权，非常重要。当合并方没有足够的兴趣自己有效管理出售程序时，这可以提供唯一的实施救济的方法。虽然维护剥离资产非常重要，但如果以合适的价格出售给用该剥离资产进行竞争的购买方，则即使剥离资产受到损害，也能保持剥离救济的有效性。

受托人的报酬由合并方提供，受托人并不总是清楚他们为竞争当局工作。这从一开始就需要明确。

当竞争委员会将救济实施移交给公平交易局时，存在的风险之一是公平交易局不能充分理解竞争委员会在调查中认知的问题。谈判当事人可能以此重新提出调查中的主张。另一风险是，谈判可能拖得时间很长、有效性更差，因为合并方必须重新开始与公平交易局的谈判。

□ 案例：三井和淡水河谷并购卡伊米公司[①]

2001年5月，欧共体委员会收到了日本三井与巴西淡水河谷联合并购巴西卡伊米的申报。

这一并购涉及采矿业，即铁矿石、高岭土、铝土的开采与销售。淡水河谷是世界上最大的铁矿石生产商。除了卡伊米的子公司MBR外，它已经联合或单独控制了巴西几乎全部的铁矿石生产。三井是一家日本公司，经营包括铁矿石在内的多种

① http://ec.europa.eu/competition/mergers/cases/decisions/m2420_en.pdf; see also *ICN Merger Remedies Review Project*, June 2005, Appendix E.

商品的全球贸易，在多个澳大利亚和印度的铁矿石开采公司中拥有少数和控制性权益，包括在世界第二大矿罗布河拥有33%的利益。这次并购的目标卡伊米，也是铁矿石生产商，其控制了两家生产公司，即巴西的MRB和加拿大的QCM。并购公司在欧洲的营业额满足了欧共体合并条例的要求。

对竞争损害的认定

欧共体委员会的调查指出了严重的竞争关注，涉及：（1）对所有海运客户区域①的铁矿石粒供应市场；（2）对所有海运客户区域的直接还原铁矿石粒供应的假定市场；②（3）直接还原铁矿石粒和直接还原铁矿石块对所有海运客户区域的假定市场。为了消除这些竞争关注，三井和淡水河谷同意剥离卡伊米在QCM中的50%的份额，QCM是卡伊米和Dofasco联合控制的一家加拿大生产商。欧共体委员会于2001年10月有条件地批准这起并购，条件是在12个月内剥离QCM。

由于剥离比预期的困难，原剥离期又延长了12个月。在剥离前的2003年4月，欧共体委员会收到了巴西淡水河谷单独并购卡伊米的申报。这第二起并购，从联合控制变为单独控制，被认为对受影响市场没有太大影响，因为它并没有改变以前存在的前一并购导致的竞争状态。淡水河谷承担了其与三井对上一交易承担的全部责任。第二起并购也被有条件地批准，所附条件与第一起并购的条件相同。

救济选择与设计的相关问题

剥离卡伊米在QCM中的50%权益的救济，消除了欧共体委员会指明的各类铁矿石中的所有重叠部分，并因此消除了竞争关注。QCM中的其余50%由Dofasco持有。然而，由于Dofasco的权益在当时也处于对外出售阶段，其50%权益被认为是不重要的。

承诺包括：QCM在正常基础上营业，与淡水河谷和卡伊米的所有其他业务独立，QCM和淡水河谷、卡伊米不得交换有关QCM的保密信息，在QCM出售前保持其整个经济活力、适销性和竞争力，保存QCM的完整性，不得以损害其活力、适销性和竞争力的方式，改变其性质、活动范围、工业、商业或投资战略。

禁止交换保密信息的承诺，排除了利益出售所需合理必要的信息。该合理必要信息，只向预先设计的谈判和评估过程中的指定人员提供，这些人有义务维持这些信息的保密性，并仅应用于谈判和评估目的。

① 铁矿石通过铁路和轮船运输给最终客户。通过轮船运输交付铁矿石的客户，称为海运客户。

② 可能构成一个独立市场，但未准确界定市场范围，因为该范围不影响对合并交易的竞争评估。

买方必须是有活力的、现有的或预期的竞争者，与合并方没有联系且独立，拥有财务资源和已获证明的专长，具有作为有力的竞争力量维持和发展的动机。此外，买方必须能够合理预期获得相关竞争当局的所有必要批准。

实施和执行问题

（1）监督受托人

为便利监督，同意任命独立的受托人监督销售过程、临时保存和单独持有协议，就拟定买方提出意见。监督受托人的费用由合并方支付，但独立于合并方，仅接受欧共体委员会的指令。由合并方建议并被欧共体委员会接受的受托人是一家英国的主要会计师事务所。其被选中是由于它有充分的代表性、当地业务知识和法语的语言能力。这是很重要的，因为根据承诺，受托人必须在 QCM 的管理委员会中代表卡伊米利益。

（2）剥离业务的财务困难和剥离期限的延长

因为 QCM 开始遭遇罢工和由于海运铁矿石粒市场下降引起的财务困难，最初的出售没有成功。由于正在寻求魁北克政府的解决办法，当事人要求对剥离期限延期 12 个月。但选举后政府发生了变化，又造成了新的推迟。同时，持有 QCM 其他 50% 股份的 Dofasco 不希望也不支持卡伊米单方退出，这使形势更加复杂化。

在这一漫长的过渡阶段，受托人知晓情况、在当地现场有人处理这些临时出现的不利情况所引起的管理问题，欧共体委员会跟踪实施情况的发展至为关键。

要成功完成这起复杂的出售谈判，淡水河谷和卡伊米需要了解有关被剥离业务的 QCM 的有关信息，于是一些核心工作人员被允许知晓这些信息，尽管存在一般性的单独持有义务。2003 年 12 月，卡伊米、Dofasco 和魁北克政府达成了一项财务救助计划，保证 QCM 在 13 年内继续保持活力。

经验和教训

海外合并的约束。本案中，并没有能够确定的约束，在救济的设计阶段将 QCM 从可行救济中排除。

临时保障 / 受托人的使用。受托人代表在 QCM 管理委员会中代替卡伊米的管理层，意在确保被剥离的业务与淡水河谷 / 卡伊米分开持有管理。这当然意味着具体了解业务的管理者在关键点上被替代，不过，尽管业务面临的相当大的动荡，但这一安排运行得比较好。这是由于：QCM 的另一股东了解业务，仍在进行经营。另外，被选择的受托人具有相当多的本地知识，处理类似问题。这突出表明在过渡期内任命一个适格的受托人的重要性。

行为性救济作为临时保障措施。虽然根据承诺中预期的单独持有安排，QCM 与淡水河谷 / 卡伊米的业务分离持有经营，然而，承诺允许合并实体的某些核心人员，为进行出售之目的，接触 QCM 的某些商业敏感信息。他们须与 QCM 签订适当的保密协议，不与淡水河谷 / 卡伊米分享这些信息。这证明，某些行为性救济可以用于有效实施结构性救济的辅助，没有这一辅助，承担单独持有义务的淡水河谷 / 卡伊米将难以管理出售过程。

9 知识产权救济

9.1 知识产权的类型与特点

9.1.1 知识产权的类型

知识产权，是知识产权人对知识财产享有的法定权利，是国家通过立法的方式，对个人或企业的发明创造或智力成果授予的一种法定权利。

从知识产权制度诞生以来，知识产权的内涵与外延就处于不断发展之中。与此相联系，知识产权的类型也在不断增多。除传统的专利、商标和版权外，出现了新的知识产权类型，如，与版权相关的邻接权、集成电路知识产权、地理标志、未披露信息、植物新品种、遗传资源保护，等等。

国际上存在一系列的知识产权保护公约。例如，《保护知识产权巴黎公约》、《保护文学艺术作品伯尔尼公约》、《保护表演者、录制者及广播组织罗马公约》、《与贸易有关的知识产权协定》、《世界知识产权组织版权公约》、《世界知识产权组织表演及录音制品公约》等。

9.1.2 知识产权的特点

9.1.2.1 权利客体的无形性

一般认为，知识产权的对象或客体是智力成果。智力成果本质上是特定的信息，具有信息的一切属性。①知识产权的客体是知识产权产品，即知识性产品或知识形态的产品，是创造知识的劳动所产生的精神产品，是通过一定的物质载体外化、固化的新知识。②"知识产权保护具有商业价值的思想和信息的应用。"③以思想表达方式为例。思想方式受版权保护。④一种思想可以有多种表达方式，一种表达方式可以通过多种媒介体现。商标权保护标记或标记组合。⑤这种标记或标记组合，可以是平面的，也可以是三维立体的；可以是视觉感知的，也可以是视觉不能感知的。⑥工业设计、发明创造等技术方案，构成了专利的保护对象（某些国家工业设计由单独的外观设计法保护）。未披露的商业信息，亦受到法律的保护。所有这些，都是知识产权法保护的智力成果。

智力成果的特点是无形（体）。它不具有时空上的唯一性，不存在于某一特定位置，同时又无处不在。有形物因为有具体形体存在，易于控制或反控制。有形物在其被某一人占有的情况下，没有占有人的同意，其他人不可能同时占有、享用这一有形物。该占有具有内在的排他性，无需另外授权或规定。同时，对有形物的权利，以有形物的存在为前提。有形物灭失，对有形物的物权也随之丧失。与此相反，如果没有法律赋予的排他性规定，个人完全占有某一智力成果而其他人无法占有这一成果，是不可能的。

某人对某有形物的占有，并不延及其他有形物，甚至也不延及其他同类有形物。⑦例如，对汽车的占有并不延及对电视的占有。在有形物上，物（权利对象）、权利主体（人）、权利（权利义务关系），存在直接的对应关系。这种对应关系，不仅存在于不同物之间，也存在于相同物之间。根据有形物之间的相互关系，可以分为特定物和种类物。特定物因其唯一，无疑属于某一特定的人，也只能为特定的人所占有。⑧两件完全相同的种类物，并不因为其相同而必然属于同一个人或为同一人所占有。某一人并不能对其他人拥有的与己有物品相同的物品主张其权利。换句话说，其他人可以对某一特定有形物"复制"并占有，该"复制"的有形物并不侵犯原有形物。拥有某一品牌某一型号跑车的人，将自己的跑车"复制"成其他人同型号跑车的颜色，并不改变两辆跑车所有人间的权利义

① 郑成思主编：《知识产权——应用法律与基本理论》，人民出版社 2005 年版，第 104 页。

② 郑成思主编：《知识产权——应用法律与基本理论》，人民出版社 2005 年版，第 137 页，第 139 页。

③ W. R. Cornish，*Intellectual Property: Patents, Copyright*，*Trade Marks and Allied Rights*，London，Sweet & Maxwell 1996，p.5.

④《与贸易有关的知识产权协定》第 9 条第 2 款。

⑤《与贸易有关的知识产权协定》第 15 条第 1 款。

⑥《与贸易有关的知识产权协定》第 15 条第 1 款规定："各成员可以要求，作为注册的条件，这些标记应为视觉上可感知的。"

⑦ 除非是该物的孳息，如母牛生的小牛犊。

⑧ 严格意义上的同一权利主体，除了特定单个人外，也包括数人共有的情况。下文同。

务关系。数个与原有形物类似或相同的有形物，其所有和占有可能分属于不同的人。简单来说，有形物的占有具有唯一性和当然排斥性，因该有形物而产生的权利义务关系明确而具体。这种唯一性和排他性，决定了某物被其他人占有后，原占有人即丧失了占有。

智力成果则不同。因其无形，其占有可能存在多重性、多主体性。例如，制造某一产品的方法，尽管最初由某一个人发明或掌握，但也可能同时为多个人所掌握。“知识财产是与信息有关的财产，这种信息能够同时包含在全世界任何地方无限数量复制件的有形物中。这种财产不是指这些复制件，而是指这些复制件中所包含的信息。”① 最早发明这种方法的人，凭自己的能力和权利，不能阻止其他人掌握这种方法，不能从其他人的记忆中消除这种方法。由于不存在一个有体物，物权法有关占有的规则并不能适用于智力成果。② “占有本身不能获得保护，这一基本事实构成了知识产权法整个概念的基础。”③ 智力成果可以同时为多个人所占有，使其具有不同于有形物的可“复制”性。这一特点可称之为信息的“共享性”，同一内容的信息可在同一时间由两个或两个以上的使用者使用。④ 这种共享不影响智力成果本身的效用，无法采用救济智力成果本身受到损害的方法来保护智力成果。其结果是，智力成果的所有人并不具有类似有形物所有人排除他人占有的能力。发明某种制度方法的人可以占有其利用该方法制造出的产品，但却无权占有其他人利用这一方法制造的产品。

9.1.2.2 **权利内容的排他性**

科学技术是先进生产力，智力成果是促进社会和经济进步的有力手段。为鼓励智力成果的创造，国家通过知识产权法，在满足一定的条件下，授予智力成果的所有人对其智力成果的排他权，权利人可以凭借该权利制止他人对该无形财产的占有、使用等。知识产权法对智力成果授予的这种对无形物的排他权，是知识产权区别于一般有形物所有权的根本点。“迄今为止各类知识产权共有的特征之一是，授予的权利基本上都是消极的（essentially negative）：阻止盗版、冒牌、模仿的权利，甚至在某些情况下，即使第三人独自得出的同一思想，没有权利人的许可，也不得实施。知识产权的某些方面授予了权利人积极的权利，例如被授予专利的权利、被注册商标的权利，但这些基本上都是

---

① 世界知识产权组织:《知识产权教程》，高卢麟、汤宗舜、马连元、乔德喜、杨志刚译，专利文献出版社 1990 年版，第 2 页。

② 我国《物权法》第 243 条规定，“不动产或者动产被占有人占有的，权利人可以请求返还原物及其孳息”。这样的规定明显不适用于不存在原物的智力成果。此外，《物权法》第 242 条规定，“占有人因使用占有的不动产或者动产，致使该不动产或动产受到损害的，恶意占有人应当承担赔偿责任”。而智力成果的“共享”并不导致智力成果本身受到损害。

③ WIPO，*Introduction to Intellectual Property: The Theory and Practice*，London，The Hague–Boston，Kluwer Law International 1997，p.19.

④ 郑成思主编：《知识产权——应用法律与基本理论》，人民出版社 2005 年版，第 104 页。

附属的。”[①]

知识产权所赋予的权能，与物权所赋予的权能不同。物权，是指权利人依法对特定的物享有直接支配和排他的权利，包括所有权、用益物权和担保物权。[②] 一般有形物的所有权，是“指所有人依法对自己的财产享有占有、使用、收益和处分的权利”。[③]“所有权人对自己的不动产或者动产，依法享有占有、使用、收益和处分的权利。所有权人有权在自己的不动产或者动产上设立用益物权和担保物权。用益物权人、担保物权人行使权利，不得损害所有权人的权益。”[④] 从物权法的相关规定可以看出，物权的核心是所有人对其财产的享有和利用。在物权法的具体制度设计上，根据《物权法》第6条，不动产物权的设立、变更、转让和消灭，应当依照法律规定登记。动产物权的设立和转让，应当依照法律规定交付。在有关所有权的问题上，除了规定所有权的权利内容外，还规定了业主的建筑物区分所有权、相邻关系、共有等。物权的这些法律制度，无不以有体物这一特征为基础，就有体物的所有权及相关权利作出规定。[⑤] 这些规定的主要目的，是保障权利人对物本身的充分享用，“明确物的归属，发挥物的效用，保护权利人的物权”，[⑥] 而不是限制其他人对其占有、所有物的享用。

知识产权排他权的根本或重点，是阻止其他人享用自己的财产或与权利人拥有的相同财产，阻止其他人的某些经济活动。“知识产权赋予了控制其他人活动的权利具有多种影响这一事实，常常没有被充分理解”。[⑦] 知识产权并不是权利人利用其智力成果的前提条件，相关权利人依然可以实施其发明、使用其标记或发表、复制其作品；知识产权也没有赋予权利人特别的自由，相关权利人依然需要遵循其他的法律要求；知识产权也没有使权利人的相关产品或服务具有特权地位，免于政府管制。相反，对智力成果授予知识产权的结果，是限制了包括竞争者在内的其他人的行为自由。

无疑，物权也具有排他性权能。我国《物权法》将物权界定为“权利人依法对特定的物享有直接支配和排他的权利”。在英美财产权法或侵权法中，也存在不得擅自侵入他

① W. R. Cornish, *Intellectual Property: Patents, Copyright, Trade Marks and Allied Rights*, London, Sweet & Maxwell 1996, p.6.

②《物权法》第2条。

③《民法通则》第71条。

④《物权法》第39条、第40条。

⑤ 参见《物权法》第二编所有权。

⑥《物权法》第1条。

⑦ W. R. Cornish, *Intellectual Property: Patents, Copyright, Trade Marks and Allied Rights*, London, Sweet & Maxwell 1996, p.6.

人住宅的规则。日常生活中，许多住宅小区挂有“私人财产，请勿入内”的提示、警告牌。物权的这种排他权能，主要是为了保证权利人直接享用财产，排除他人对其享用财产的干扰和侵犯。这种排他的对象是特定物，例如特定的房宅或院落。在此特定物之外，除了造成公害以外，第三人的行为是自由的。

知识产权赋予权利人以排他权，除了排除他人对智力成果本身的实施以外，还延及利用智力成果所产生的物，从无形的智力成果延及有形物。例如，专利权的客体本是技术方案，但如果是产品专利，排他权则延及该专利产品；如果是方法专利，则延及利用该方法所直接获得的产品。商标权的客体本是一组标记或标记组合，但权利人的排他权延及带有该标记的相同产品或类似产品。实际上，知识产权权利人的排他权，主要是通过对权利客体之外的有形物的控制来实施的，或者通过在客体之外的他人行为的控制来实施。这在物权法中似乎是不可思议的。

另外，对智力成果所产生的物享有的权利，不代表、不等于对智力成果的权利。没有侵犯智力成果的产生物，却可能侵犯了该物所体现的知识产权。例如，对某一畅销小说的版权，并不仅仅限于首次与读者见面的某出版社出版的书籍。没有该小说著作权人的许可，其他人不可以印制小说，也不可以制作成光盘、录制成有声读物。这相当于延长了对智力成果的保护线，是有形物保护中所没有的。这一特点，一方面增加了知识产权保护的难度，另一方面也可能导致知识产权的过度保护。

有了这种排他权，知识产权人利用法律的强制力来保护其智力成果或知识产权，就可以依法阻止其他人未经其许可实施这种智力成果。例如，专利方法的权利人虽然不能将某种方法从其他人记忆中消除，但却可以利用法律阻止其他人将这种方法付诸实施、生产产品，无论这种方法是其他人从权利人这里获得的，还是其他人自己发明创造的。知识产权提供的这种保护，突破了特定物的范围，超越了时空的限制，从而使权利人的权利存于无形、见于有形，横跨抽象和具体两个范畴。

9.1.2.3 权限范围的模糊性

作为知识产权对象的智力成果，其无形性导致了这种无形物排他权的模糊性，导致其他人不可能像对待有形物一样对智力成果、对与其相关的权利义务有明确的认知。这就需要通过一定的方法来界定知识产权，以特定的形式向公众公开、明示。在广义的知识产权中，除商业秘密因其本身的性质不能正常公开外，① 最有代表性的是专利公开、商标登记和一些国家原来实施的版权登记。随着自动保护制度的实施，独创性作品的版权已经不需登记这种公示程序。但版权保护的是表达而非思想，表达可以理解为一种公开方式。②

通过公开，智力成果获得了“有形”的存在方式。对智力成果的知识产权保护，正是以这种“有形”为基础的。公开的形式和程度，直接影响着保护效果。每种知识产权权利的获得方式不同。发明专利需要根据“新颖性、创造性和实用性”三性进行实质性审查，而实用新型、外观设计则只进行形式审查。版权则采取自动保护原则，一部作品是否享有版权保护、是整个作品还是其中一部分享有版权保护，需要通过比较才能得出结论。只有独创性的作品才享有版权。商标除了具有识别性功能外，其使用仅限于所注册的商品或服务种类（驰名商标除外）。专利的权利基础是专利权利要求书，版权的权利基础是独创性的思想表达方式，商标的权利基础是识别性标志。专利说明书和权利要求书，商标的设计图案，作品的某种特定表达方式，决定了知识产权的保护及保护范围。脱离了专利说明书和权利要求书，脱离了注册商标的图案，脱离了作品的表达方式，知识产权的保护就成了无本之木。

但这种公开，与有形物看得见摸得着的物理存在仍然存在质的不同。它不能告诉人们一个界定其范围的“三维”。当面对已经公开的知识产权时，从某种意义上说，这种知识产权实质上是形式上的，而非实质意义上的。虽然有形物的占有也存在类似的问题，某人占有某物，并不一定存在法律上的依据，但法律存在相应的制度来解决这类问题，例如善意取得、不当得利、时效等。票据法上存在着背书、转让、追索制度，避免或解决权利不确定性带来的问题。作为数据信息记载的证券财产，虽然同样无形，但它是确定的、以具体的数字记载或显示的。这些都不同于知识产权。

与有形物的“有形”联系在一起，人们对有形物的权属是清楚的。换句话说，其权属对可能的侵害人来说是清楚的。人们容易判断哪些东西属于自己，哪些东西属于别人。知识产权则带有内在的不确定性。所有人与其他人之间因该无形物的权利义务界限不像有形物那样明确，某些情形下知识产权的准确范围可能不能事先确定。“在知识产权领域，

① 商业秘密所有人采取相应的措施保护商业秘密，也是界定商业秘密的一种方式。根据我国及许多国家的规定，权利人没有采取保密措施的商业秘密，是不受法律保护的。参见中国《反不正当竞争法》第 10 条第 3 款，《与贸易有关的知识产权协定》第 39 条第 2 款。

② 版权作品的公开可以从智力成果的外在表现来理解，即“表达”。头脑中构思的情节再精美，如果不通过某种形式表达出来，也不能受到版权的保护。

仅仅确定谁拥有什么，或者某项东西是否为人拥有，常常是成本高昂，而且结果也不确定。”① 这种无形性引起的权利的不确定性和义务的模糊性，造成了知识产权权利关系的相对不稳定性，对于知识产权的效力、范围、滥用和侵权等充满了不确定性，容易引发权属歧义，引起知识产权权利纠纷。这也是知识产权侵权现象似乎比较普遍、房屋侵权现象似乎比较少见的一个原因。

由于权利客体的“无形”，就不容易确定权利的范围，就不易察觉权利的行使方式，也不易于防范权利滥用。知识产权权利人也有可能超出上述“公开”的形式，超越其权利范围，主张和行使权利或者滥用其权利，扩张了排他范围。一般认为，知识产权如同物权一样，是一种对世权。与债权相比，它的义务主体是不确定的其他人，其他人负有不侵犯其权利的义务。但知识产权对象的无形性、知识产权权利范围的模糊性、权利人权利的排他性，一方面使其他人易犯侵权之举，另一方面又使权利人易过分干预他人。知识产权的权利人不像住宅、车辆的所有人那样“安分守己”，守住自己的营盘，而是通过攻击他人、约束他人来保卫自己的营盘。加之自己的营盘的界限不是很清楚，极易非法闯入他人的营盘。所有这些，都增加了知识产权限制的难度，在某种程度上也为知识产权的滥用创造了条件。因此，我们在使用对世权这一概念表述知识产权时，应当同时指出知识产权不同于一般物权的特点。

知识产权的核心是一种排他权。他人实施相关权利须经过权利人的许可，需根据与权利人达成的许可协议实施。在签订许可协议的过程中，权利人（许可人）和被许可人的实际地位是不平等的，这就为许可人在许可协议中加入某些不公平条款提供了契机。许可协议中可能存在类似禁止效力异议、技术改进的排他性返授、强制性一揽子许可等条款。类似条款从根本上阻碍了社会经济和技术的进步。

9.1.2.4 权利本性的商业性

知识产权本质上是商事权或经济权。就专利来说，专利发明人不等于专利权利人，发明人的署名权不是专利权人的专利权，二者具有根本不同的性质。事实上，专利权人的专有权本身不包括发明人的署名权。利用专利发明的产品制造、销售、使用、进口，都是经济活动的不同表现方式。授予专利的实质要件之一是产业应用性。文学艺术作品等的作者享有精神权利，但真正对其利益有影响的是其经济权利，版权及相邻权关系中主要是一个利益分配问题（例如卡拉 OK 收费标准的合理性及分配问题），而且在《与贸

① Herbert Hovenkamp，*The Antitrust Enterprise: Principle and Execution*，Harvard University Press 2005，p.252.

易有关的知识产权协定》中精神权利被排除在保护之外。商标、商业秘密，其名称就明确表明了其本身的权利属性。自然人将知识产权转让给公司企业已经是越来越普遍的现象，职务发明创造所导致的知识产权主要为公司企业所用，公司企业成为知识产权权利人的主要部分，公司企业拥有的知识产权更具有促进经济发展、技术进步的潜能。我国专利技术转化程度低，根本问题还是商业化问题、商业利用不足的问题。离开了商业环境，无论是专利权、版权，还是商标权，权利人拥有的不过是一张证明书而已。

知识产权的这种商业性质，决定了知识产权的保护或者限制，基本上发生在经济领域、商业环境之中。利润最大化是公司企业追求的目标，公司企业利用知识产权的目的是实现利润最大化。其保护或限制主要以对与知识产权相关的经济利益的保护或限制为基础、为标准。因而，在处理知识产权侵权相关问题上，以经济利益补偿应成为争议解决的主要方法。这不同于传统意义上的民事权利（如人格权、健康权）的侵权救济方式。在侵犯健康权的情况下，停止侵权行为无疑是最关键、最迫切的必然要求，对侵权造成的损失进行经济补偿也是必要的，但却是第二位的。在知识产权侵权的情况下，遵循利润最大化的原则，停止侵权未必是最有利的解决方式；从更广的范围看，未必促进社会公共利益。这一思想在2006年美国最高法院撤销上诉法院实施永久禁令的判决中也表述得非常清楚："可执行的专利的性质以及专利权利人的经济功能，提供了不同于过去的考虑因素。企业使用专利不是作为生产和销售产品的基础，而主要是作为获得许可费的基础。"① 微软公司对软件的许可则给我们提供了一个更鲜活的例子。

9.2 传统的知识产权许可

9.2.1 知识产权许可协议概述

在实践中，知识产权权利的完全转让是少见的，大多数的情形是知识产权权利许可。知识产权转让的情形主要发生于对产品使用难于控制的情形，如数量多或成本低，或用于制造产品的技术难于商业化经营的情形。知识产权许可方式下，一国的知识产权权利人许可其他人在确定期限内在一国或一定区域内从事权利人的独占权中所包括的一项或

① *Ebay Inc. v. Merchexchange*，126 S.Ct.1837，842（2006）.

多项行为(如制造或使用产品,使用方法制造产品)。这在技术贸易中是最常用和最普遍的。在机器设备买卖、国际工程承包中，都涉及知识产权的许可问题。在企业兼并中，根据不同情形，可能出现转让或许可的问题。

知识产权许可是通过许可协议进行的。许可协议是指有权阻止其他人利用或使用某种技术（发明、设计、商标等）的人（许可方），同意某一人（被许可方）使用该项技术从而取得费用的协议。有时被许可方对技术的利用还要受到许可方对商业利用的限制。其最大特征是技术使用权的许可。可应用于专利许可、商标许可、版权许可、专有技术许可、特许权许可、形象许可或包含这些内容的混合许可。知识产权许可合同的当事人分别是许可方和受让方（被许可方）。

不同目的的许可，其合同条款也不尽相同。综合起来，知识产权许可协议一般包括下述主要内容：当事人身份、用于说明和解释指导的鉴于条款、定义条款、标的条款、许可使用范围、权能利用、许可地域、技术改进的处理、保密、费用、侵权处理、保证与免责、违约处理、限制性商业条款等主要条款，其他条款还包括税收、生效、终止、延长、法律适用、争议解决等。

其中,定义条款和标的条款,对准确界定许可的知识产权的范围非常重要。如前所述，知识产权权利客体是无形的，因此准确界定彼此权利义务共同指向的对象是许可协议最基本也是最根本的要求。定义条款用于对协议中关键性的、易于引起误解争议的术语进行解释、界定。标的条款则包括对技术或技术产品的确定或确切的描述，包括技术名称、技术范围、技术性能指标及验收标准、技术资料的交付等。

由于每一类型的知识产权权利都是包括多种权能的“权利包”，因此许可协议中需要明确规定权利许可使用范围及利用程度。协议应确定具体许可的某一个或某几个方面的权利。如专利权有五项权能，被许可方是否取得了全部或部分权利。许可方应与被许可方就充分利用许可技术达成一致，包括商标使用、产品质量、生产数量、被许可方对第三人的许可、当地缺乏条件时为满足当地需要的进口、利用许可方的经销渠道等。对于许可方或被许可方的技术改进的取得或使用，是否相互免费使用，向第三人许可利益的共享、方式和数额，技术的专利申请权等，都需要有明确的规定。

在包括专有技术许可的合同中，应包括保密条款，如保密措施、期限、范围、侵权的后果。保密义务在下列情况下存在例外：非违约的原因导致技术向公众公开，在披露之前已为受让方所占有，第三方未加保密地向受让方披露，受让方独立开发，司法程序或其他法律要求披露。

与第三方相关的许可条款包括第三方侵犯许可技术和许可技术侵犯第三方权利两种情形。前一种情形导致受让方处于不利的竞争地位，后一种情形则可能导致受让方承担更大的责任。由谁提起诉讼程序、由谁承担相关费用或损失，需要在协议中明确。通常只有在排他许可的情况下，受让方才有独立的诉权。

9.2.2 许可协议中的地域独占权

知识产权具有地域性特点。同时，权利人授权被许可人使用其权利，通常会做出某些限制。例如，在何地区从事哪些行为，与第三方的关系以及对平行进口（灰色市场产品）的规定。就国内范围来说，涉及许可方与被许可方、被许可方与其他被许可方的关系；就国际层面来说，对地域范围的规定主要是与许可方国家的出口控制制度一致，保护许可方免于被许可方的进口竞争，保护其他被许可方。这涉及许可方的市场安排、销售渠道限制以及与竞争法的关系等问题。

按受让方在特定区域内取得的使用权限，可以将许可分为排他（独占）许可、独家许可、普通许可三类。（1）排他许可（exclusive license）。这是被许可方享有最大使用权的一种许可方式。在合同规定的期限内，在合同确定的区域，被许可方对合同项下的技术享有独占或垄断权，许可方或其子公司不得在该区域内使用该技术，也不得将该技术许可给该区域内的第三人。（2）独家许可（sole license）。在指定区域内，除被许可方外，没有其他的被许可方，但许可方或其子公司可以在该区域内使用该技术。（3）普通许可（simple or non-exclusive license ）。普通许可仅构成技术使用的授权，许可方或任何其他被许可方都可以在该区域内使用该技术。在普通许可的情况下一般含有最惠受让方条款：同一区域内，被许可方享有的条件不低于以后的被许可方享有的条件。

地域独占权直接涉及相关市场中的市场结构、竞争关系和竞争程度。

9.2.3 知识产权许可中的许可费用

有关许可费用，即技术的价格与支付，是许可合同中的主要条款，主要包括支付方式、时间、币种等。

许可费用可以采取直接的货币支付方式，包括两种方法。一种是采取总付方式（lump-sum payment），一次性地事先计算许可费用，一次或几次付清。该方法与技术的运行效果没有联系。另一种方法是采取提成费的方式（royalties），事后计算、按期支付，以经济上的使用或效果（产品、服务量、销售额、利润）为基数。一般情况下先预付一定的数额，称之为入门费。

一次性计算许可费用，减弱了被许可方与许可方之间的联系。技术应用效果除属于许可方保证的范围外，由被许可方负责。被许可方的利用效果，不依赖于许可方的进一步投入或帮助；许可方也不通过提高被许可方的产量、销售量或业绩来提高自己的收入。

通过提成方式，特别是通过分红、费用转移和分摊、技术信息回馈以及共享市场资料等方式，使许可方与被许可方紧密地联系在了一起，在市场、价格、数量等方面保持一致的联系，容易形成反垄断法意义上的协同行为。

9.2.4 许可协议中的限制性贸易做法

根据《联合国竞争原则与规则》，“限制性贸易做法，指通过滥用或谋取滥用市场力量的支配地位，限制进入市场，或以其他方式不适当地限制竞争，对国际贸易特别是发展中国家的国际贸易及其经济发展造成或可能造成不利影响，或者通过企业间的正式或非正式的、书面或非书面的协议以及其他安排，造成了同样影响的一切行为”。限制性贸易做法存在的范围很广。就国际技术转让或许可来讲，主要表现为对技术受让方的限制。今天来看，限制性商业做法实质上是反垄断法在技术许可领域的具体适用。限制性贸易做法是否具有反垄断法禁止的效果，需要根据具体情形、类型等确定。由于原因、程度等不同，并非所有的限制性商业做法都是法律禁止的。

各国都有管理限制性贸易做法的立法、规定。管理标准和目的是既要保护权利人的权利,同时又要阻止对竞争的限制。但不同国家管理的侧重点不同,有的侧重于权利保护，有的侧重于自由竞争。各国规范限制性贸易做法的立法表现形式不一致。有的国家由竞争法调整，有的国家由反垄断法调整。我国的《反不正当竞争法》、《反垄断法》、2008年进行的《专利法》修改和《技术进出口管理条例》都涉及相关内容。

我国《技术引进合同管理条例》规定9种限制性贸易做法。该条例采取了灵活的态度，并非一律禁止，而是规定视具体情况而定。该条例规定，供方不得强使受让方接受不合理的限制性要求，未经审批机关特殊批准，合同不得含有下列限制性条款：要求受让方接受同技术引进无关的附带条件，包括购买不需要的技术、技术服务、原材料、设备或产品；限制受让方自由选择从不同来源购买原材料、零部件或设备；限制受让方发展和改进所引进的技术；限制受让方从其他来源获得类似技术或与之竞争的同类技术；双方交换改进技术的条件不对等；限制受让方利用引进的技术生产产品的数量、品种或销售价格；不合理地限制受让方的销售渠道或出口市场；禁止受让方在合同期满后继续使用引进的技术；要求受让方为不使用的或失效的专利支付报酬或承担义务。

对限制性贸易做法国际上一直试图进行统一规范与管理。联合国贸易与发展会议在20世纪70年代末到80年代负责起草《联合国技术转让行为守则草案》，对限制性条款提出的规范影响深远。世界知识产权组织（WIPO）在20世纪80年代初制定了《技术转让合同管理示范法》，列出了17种限制性商业条款。世界贸易组织《与贸易有关的知识产权协定》，虽没有列出具体的限制性商业行为，但允许缔约方对合同当事人可能滥用其权利采取限制性贸易做法予以规范。一国可以通过立法，规定特定情况下可能构成对知识产权滥用并对相关市场上的竞争产生不利影响的许可做法或条件。独占性的回授许可、阻止对效力提出异议以及强迫性一揽子许可被明确禁止。

就具体法域而言，2004年4月欧盟重新制定的《技术许可协议条例》，比较全面地规定了技术许可协议的政策和管理方法。欧盟委员会根据该条例制定了《技术转让协议准则》。该条例规定了一定市场份额下可以豁免的协议类型、具体规定协议中不应包含的限制或条款，并根据经济学的分析方法，对竞争者之间的协议和非竞争者之间的协议做出了区别。

该条例规定了豁免不适用、需要进行个别评估的四种情形。这四种情形是：被许可方对许可技术做出的可分割的完善或自己的新适用，被许可方对许可方或其指定方的排他性许可义务；被许可方对许可方或其指定人转让对技术完善所享有的权利；对知识产权权利的效力不得异议；当协议双方存在非竞争关系时，限制被许可方开发自己的技术或限制任何一方进行自己的研发，除非为防止专有技术对外披露所必需。

欧盟委员会根据《技术转让协议条例》制定的《技术转让协议准则》，对该条例的适用以及《欧共体条约》第81条对该条例范围之外的技术转让协议的适用，提供了详细的指南。对于新条例范围之外的技术许可协议，该准则提供了一般分析框架。在个别评估中，需要考虑下述因素：协议的性质，当事人的市场地位，竞争者的市场地位，许可产品的买方的市场地位，进入障碍，市场的成熟度以及其他因素。评估中，需要对协议的不利影响与协议可能产生的有利影响进行权衡。权衡方法与上述第81条第3款的适用准则相一致。除此之外，准则还对不同类型协议的具体评估提供了指导。

9.3 知识产权救济的特别要求

9.3.1 知识产权救济的性质

在一般商业许可中，许可方主要是想通过许可从被许可方成功经营中获利，例如除最初许可费外，许可方可按产量或销售额进行利润分成。与一般商业许可不同的是，作为经营者集中救济措施的知识产权救济，合并方是被迫进行知识产权转让或许可，这种被迫的原因和救济的目的是维持竞争或恢复合并造成的竞争损害。

这种目的的不同，决定了合并方与购买方之间的关系不同于传统知识产权许可中的关系。本质上，合并方与购买方之间是一种竞争关系，而非合作关系。合并方内心并不想促成一个强有力的竞争对手，合并方没有援助动机，对购买方遇到的问题漠不关心，拖延、派遣不合格的技术人员，或者保留购买方成功生产所需要的技术秘密。

基于上述目的，知识产权救济首选知识产权转让（资产剥离）；如不能转让知识产权而实施知识产权许可时，应当采取排他性许可；除知识产权本身之外，与知识产权相关的其他权利、设施、人员，都应包括在内。

9.3.2 知识产权救济的特别注意事项

知识产权是一种资产，知识产权救济可以视为资产剥离的一种特殊形式，但是知识产权许可可能含有持续的行为性因素，使知识产权救济具有结构性和行为性的混合特点。核心因素是许可方与被许可方之间的联系程度。排他性的、不可撤销的、不可终止的、许可费用与业绩无关的知识产权许可，可以视为是一种结构性救济。而要求被许可方依赖于许可方更新技术、依赖于持续的专门投入或专有技术，被视为是行为承诺，可能存在不能有效救济的重大风险。①

根据欧盟的做法，业务剥离比知识产权更易被接受。知识产权许可要求被许可方与许可方之间存在持续的关系，这可能导致许可方影响被许可方的竞争行为，引起双方就许可条款和条件的范围的争议。知识产权许可这种不确定性，使被许可方不能立即在市场上进行竞争。因而，当业务剥离可行时，授予许可通常不被视为是适当的。当竞争问题产生自因该技术或知识产权的市场地位时，直接剥离技术或知识产权更加可行，因为

① *UK Remedies Guidelines*，para.3.28.

它消除了合并方与竞争者之间的持续关系。但在资产剥离可能阻碍有效的持续的研究，或因业务的性质不可能剥离资产时，知识产权许可安排可以作为资产剥离的替代措施。这样的许可能够使被许可方以类似资产剥离的方式，与许可方进行有效竞争。许可通常是排他性许可，对被许可人没有使用领域和地域的限制。当对许可范围或条款存在不确定性时，合并方须剥离作为基础的知识产权权利，但也可以向剥离方授予许可。如果对许可给予合适的被许可方存在不确定性，合并方可以考虑提议预先确定被许可方（up-front licensee）或预先解决措施，以使委员会能够得出具有确定性的结论。[①]

剥离含有知识产权的财产，比单纯剥离知识产权本身，更可靠。只有在例外的情形下，包括品牌和支持性资产的资产剥离组合，才足以创造有效竞争的条件。[②] 如果剥离资产主要由知识产权（或市场进入所需要的其他有限的资产）组成，合并方必须证明存在可以接受的购买方，并且对购买方的剥离能够实现救济目的。[③] 知识产权是促进市场进入的关键组成部分。该知识产权应包括维持或恢复相关市场中的竞争所必要的所有知识产权，并且包括与该知识产权有关的所有权利，例如转让权。合并方还应转让购买方使用知识产权所必需的权利，在相关市场内使用该知识产权进行研发、生产、经销和销售。对购买方提供技术援助，是剥离知识产权的必要组成部分，而掌握技术的核心人员的转让亦必不可少。知识产权的剥离，应是排他性的，而非独家许可或一般许可。出售方在对知识产权的使用进行限制时，必须说明该限制不会对购买方进行有效竞争的能力产生不利影响。[④]

在知识产权剥离的情况下，允许合并企业保留知识产权的所有权，可能会引发重大的竞争危险。因为，无形财产的购买方无权排除其他人特别是合并企业使用该资产，很难将自己的产品与来自竞争对手的产品相区别，客户也无法很好地区分购买方的产品与合并方的产品，因而导致购买方的竞争力较弱。另外，如果购买方与合并方分享的是无形财产，例如专利或品牌名称，则购买方不可能从事本可以从事的竞争性行为。当购买方不能有效地差别对待来自合并企业的报价时，可能弱化其作为独立竞争者进行激烈竞争的能力和动机。如果多个企业共享同一商标或版权，则没有任何一个企业会有适当的动机去促进和维持这一品牌的质量和商誉。[⑤]

---

① *EC Remedies Notice 2008*，para.38.

② *EC Remedies Notice 2008*，para.37.

③ *US FTC Remedies Negotiating*，p.6.

④ *US FTC Remedies Negotiating*，pp.6–7.

⑤ *US DOJ Remedies Guide*，p.16.

但也可能存在其他情形，非排他性许可足以恢复竞争并确保购买方的生命力和竞争力，合并企业需要保留无形财产的权利，获取效率。例如，生产方法专利比产品专利、版权或商标，更可能是这种情形。因为购买方基本可以确定能够依赖生产方法专利对其产品与现有企业产品作出区别。共享的专利产品技术不太可能影响竞争，因为生产过程通常不影响购买方区别其产品的能力。在这样的情形下，合并企业可能被允许保留关键的无形资产的某些权利，只向购买方提供非排他性许可。另外，也可能存在向多家企业许可使用无形财产的情形，这主要适用于市场上大企业合并，其他小企业与大企业差别较大,需要众多小企业或新的企业与合并企业进行有效竞争的情形。① 但如果知识产权许可不能使购买方在相关市场中维持或恢复竞争,这样的许可是不够的。根据美国法院判例，法院可以命令强制性专利许可，作为反垄断案件中恢复竞争必要的救济措施。

仅仅转让设备、没有技术人员的一同转让，是不够的。而合并方的技术人员到购买方工作，首先面临着这些技术人员是否承担保密义务、是否存在竞业禁止的问题。为了吸引、便利相关雇员能够到购买方工作，执法机关、法院的决定或者相关合同，可以规定相关雇员放弃保密义务和非竞争义务，并提供相应的激励，也可以有效阻止出售方继续雇佣或再次雇佣。② 美国联邦贸易委员会调查报告建议促进商业信息的转让。出售方应赋予购买方所有有关的技术，给予技术援助，允许购买方检查出售方的经营设施，同时购买方应有权从合并方的企业中雇佣掌握重要知识的雇员。

与传统技术许可中的提成安排不同，在经营者集中的知识产权救济中，按购买方的业绩提成这种安排，会削弱购买方与出售方竞争的动机，并且有可能共享某些敏感的竞争信息。美国联邦贸易委员会一般不接受这样的安排。③ 当剥离资产涉及许可时，反垄断局通常坚持一次性付清费用的许可，而不是按业绩提成。这样做的原因有二：第一，提成付费，其费用即使对被许可方来说较低，但在被许可方生产或销售增加时也会增加其成本，导致被许可方利润最大化导向下的提价。这一结果，比合并以前提供的竞争更弱。第二,持续性提成要求合并企业与购买方之间存在持续性关系,这会弱化它们之间的竞争。但如果在合并企业和被许可方之间不能达成其他安排，且阻止这一交易可能牺牲合并所产生的值得保有的效率，反垄断局也会考虑提成安排。另外，反垄断局通常不会要求免费的许可，因为当事人通常会对使用或销售财产提供补偿，无论是有形财产还是无

① *US DOJ Remedies Guide*，p.17.

② *US FTC Divestiture Study*，p.37.

③ *US FTC Remedies Negotiating*，p.10.

形财产。[①]

知识产权剥离时，供应协议和技术援助条款，可能引起出售方和购买方之间持续的关系存在。由于这种关系可能引起复杂的问题、需要复杂的监督，美国联邦贸易委员会建议尽力避免这种条款。[②]

在设计知识产权救济时，要适当考虑一系列的具体因素，包括：相关知识产权的形式及地域性，知识产权的相对专业化，相关市场中预期的创新率，知识产权的支付方式。[③]

□ **案例：壳牌和巴斯夫合营公司**[④]

本案涉及壳牌公司（Shell）与巴斯夫（BASF）设立联合控制的全职能合营企业（Nicole），两公司分别将其全球范围内的聚丙烯（PP）和聚乙烯（PE）业务投入合营企业。两公司在合营企业中的股权比为50：50。合营企业将是一个自主的经营体，在永久基础上履行市场上的企业履行的所有功能。合营公司经济上不依赖于任何一家母公司，在其自己的管理层的指导下开展业务，进行聚丙烯和聚乙烯的生产和销售。

欧共体委员会对多个市场进行了调查，并于2000年3月在调查的第一阶段有条件地批准这一合并，合并方承诺采取多项救济措施，其中包括承诺剥离巴斯夫的茂金属催化剂技术的技术许可业务。在欧共体接受承诺后，合并方通知了美国执法当局。

对竞争损害的认定

欧盟委员会认为，合并不会对聚乙烯树脂和技术造成不利影响。但在聚丙烯树脂、合成物和技术许可市场上会产生竞争性关注。

本质上，所有的聚丙烯都是基于多点催化剂技术生产的。然而，正在兴起的技术有望通过茂金属催化剂进行聚丙烯的商业生产。

壳牌公司和巴斯夫公司拥有基于多点催化剂的技术许可业务。壳牌公司的S技术是全球领先的技术，约占对第三方许可的产能的40%~50%。巴斯夫公司通过其子公司塔格尔公司（Targor）进行聚丙烯业务。巴斯夫/塔格尔公司

① *US DOJ Remedies Guide*，p.15.

② *US FTC Remedies Negotiating*，pp.6–7.

③ *UK Remedies Guidelines*，para.3.32.

④ http://ec.europa.eu/competition/mergers/cases/decisions/m1751_en.pdf，last visited 10 November 2009；see also *ICN Merger Remedies Review Project*，June 2005，Appendix D.

的N技术排在全球第3位或第4位，约占许可产能的5%~15%、占授权许可的10%~20%。虽然两公司的多点催化剂技术的直接重叠为另一救济措施所消除（巴斯夫出售其附属公司Novolen的技术业务），聚丙烯技术的一揽子许可市场，由于巴斯夫公司的茂金属的工艺技术，仍然被认为存在竞争问题。巴斯夫是开发茂金属催化剂的领先者，是已经建成生产茂金属聚丙烯设施的唯一一家公司，尽管仅限于内部使用。

在审查过程中，合并方提出，专利状况太复杂了，在最近的将来任何茂金属聚丙烯都不可能投放市场。然而，产业预测表明，在5年左右的时间里，利用茂金属催化剂技术生产并销售的聚丙烯，可能超过其替代的共聚物（一种化学产品）的数量。欧共体委员会担心，合并双方茂金属催化剂技术的联合，会进一步加强壳牌公司的S工艺可能已经拥有的市场支配地位。

与救济的选择和设计有关的问题

合并方承诺，以非排他性的、不可转让的方式，向任何有兴趣的第三方许可使用塔格尔公司的茂金属催化剂，包括可能的基于付款条款的转许可，但该许可仅限于它们拥有的技术，不包括它们使用的第三方专利或专有技术。

合并方还承诺，就茂金属催化剂的生产、该催化剂在生产聚丙烯中的使用以及由此生产的聚丙烯的使用和销售，不对任何第三方主张塔格尔公司的茂金属专利权。这意味着竞争者能够自由地根据自己的或其他方的茂金属专利经营，无需担心来自合并方的指控诉讼。

委员会的决定指出：该承诺还能确保Nicole有义务向购买N技术的买方充分提供茂金属技术。

欧共体委员会做出批准的决定后，美国联邦贸易委员会在审查后没有采取任何行动。

实施和执行问题

2002年3月，欧共体委员会收到买方的申诉，该公司为ABB/Equistar/Novolen，即现在的NTH技术公司。该申诉指出，有关茂金属技术的义务，巴斯夫没有满足其剥离N技术业务的条件。救济措施要求巴斯夫应向NTH公司全面提供茂金属专利和专有技术，但实际上它没有这样做。NTH解释，巴斯夫/壳牌公司，没有转让具体的茂金属专利和专有技术。

在欧共体委员会接受的承诺文本中，没有提到专有技术，而只是提到美国当局审查的销售和购买协议。结果是，欧共体当局在法律上难于执行销售和购买协议的这一部分。

经验与教训

业务范围包括专有技术。欧共体委员会的承诺文本没有具体规定“专有技术”。即使许可方和被许可方在其销售和购买协议中同意转让专有技术，许可方没有100%转让其掌握的专有技术这一事实本身，也足以使被许可方处于相对于许可方严重不利的境地。在本案中，纯粹专利许可（bare patent licenses）（即不转让专有技术的专利许可），可能重大削弱许可承诺的范围和价值。

第三方对许可的限制。许可方与第三方签订的保密协议中，如果禁止许可方向被许可方转让专有技术，可能会是一个严重的问题。同样，许可方拥有先行者的优势或更高的技术/经济可信度，也会导致被许可方从第三方获得这些权利的劣势，第三方也可能没有兴趣授予它们许可。

与美国当局的合作。欧共体应该可以更早地利用与美国当局的协调，即在评估救济的调查阶段，而不仅仅是在救济的实施阶段。

□ 案例：南非麦迪威收购凯迪案例①

2001年4月，南非竞争委员会有条件地批准了麦迪威（Mediswitch）和凯迪（QEDI）的并购。由于这一合并被认为是小规模的合并，合并方最初没有向南非竞争委员会申报。合并实施后，南非竞争委员会指令合并方根据南非《竞争法》第13条第3款向其申报。

合并方的业务涉及医疗索赔电子发送服务。该服务提供了一种电子处理系统，允许在执业者和医疗保健之间传递账单信息。这些服务包括：第一，业务管理软件。这些服务使医生和其他医疗服务的提供者对其业务经营进行组织，为下一步的传递准备医疗计划账单。麦迪威控制了业务管理应用市场的重大部分。它开发、许可和维持医生和其他医疗服务提供者使用的软件，该软件称为业务管理软件。第二，传送市场。传送需要产业内熟知的一个界面，即应用项目界面。第三，为了确保竞争，合并实体的竞争者要求应用合并实体的业务管理应用软件。

康帕莱将其子公司凯迪经营的业务出售给了康帕莱的竞争者麦迪威公司。凯迪

① http://www.comptrib.co.za/list_judgement.asp?jid=121，last visited 8 October 2009；Also see *ICN Merger Remedies Review Project*，June 2005，Appendix K.

业务完全并入了麦迪威公司，并更名为数据医保公司。数据医保公司是数据医保母公司的子公司，康帕莱获得了数据医保母公司的股份，作为其出售凯迪的对价。

合并时，麦迪威是倍特科技集团的子公司，倍特科技集团是一家上市公司，同时它又是上市公司联合电子公司的子公司。

合并后，数据医保母公司为倍特科技集团和康帕莱公司联合拥有。数据医保母公司是一家投资公司，除经营另一子公司迈德玛外，还经营数据医保。迈德玛经营的业务包括开发、许可和维持一种软件，该软件为医生和其他医疗服务提供者所使用，被称为业务管理软件或业务管理应用软件。业务管理软件帮助医生和其他医疗服务提供者安排业务、准备进一步传送的医疗项目账单。在合并时，迈德玛已经存在和经营。

数据医保的业务，是电子传送病人账单信息的业务，将信息从医生和其他医疗服务提供者处传送给病人为其成员的医疗计划（基金）的管理者。这样账单可以很快得到处理，并由医疗计划基金予以清偿。以这种方式传送信息，是计算机时代的现象，取代了纸质文件传送和手工操作。

在类似医保数据这样的单位和医生使用的业务管理软件之间传送信息，需要一个界面，业界称为应用程序界面。传送单位负责设计和安装应用程序界面，为此它们需要获得业务管理软件的源代码。为此，获源代码的传送单位和拥有业务管理软件的单位之间需要签订合同，除其他事项外，应特别规定开发成本和成本分担。

本案产生的争议是两种形式的传送。第一种称为批量传送，在每一工作日结束时将一天的数量作为一批传送。这是早期技术形式。第二种传送，是最近发展起来的传送，为实时传送，在相关信息产生时即予以传送，另外几乎同时接收到医疗计划基金管理者的回复。两种形式的传送要求不同版本的相关技术。也存在混合版本的技术。

过去几年通过大量的投资，产生了传送技术。麦迪威和康帕莱是南非这一技术的领先者。

在麦迪威与凯迪合并前，凯迪控制了传送市场份额的大约95%，麦迪威占有3%的份额。该合并导致其在合并后拥有的市场份额超过95%。同时，麦迪威在业务管理软件市场占有约60%~65%的市场支配份额。合并的净效果是，数据医保母公司通过数据医保，成为传送市场中的市场支配者，并通过迈德玛在业务管理软件市场上享有市场支配地位。

赫伯是另一传送机构。3个主要股东中，其中2个每个拥有29%的股份，是医保计划基金的主要管理者。第三个股东持有类似份额，是信息技术服务的提供者。前两大股东是这一市场中最大的两家管理者。赫伯并不提供业务管理软件。

赫伯与其股东间的合同的特征是，其股东只允许赫伯向其实时传送账单信息，而不允许其他实体向其传送账单信息。

合并的情况是，数据医保母公司是业务管理软件占有市场支配地位的卖方，是占有市场支配地位的传送提供者。其在传送市场中的主要竞争对手赫伯，不经营业务管理软件，需与业务管理软件的卖方签订准入协议，即所谓的终端准入协议，进入这一市场。另外，赫伯享有实时准入两个占有市场支配地位的医疗计划基金管理者的优势，这两个基金管理者集体占有赫伯约60%的股份。这一所谓的后台准入，只有传送提供者与相关的医疗计划基金管理者存在协议时，才有可能。

竞争损害认定

拟实施的合并交易引起重大的竞争问题。合并方经营在医疗执业者和医保基金电子传送账单的业务。合并后，合并方的市场份额很高。另外，合并提出了纵向一体化的关注。

为了使电子传送医疗账单的程序运行，私人医疗执业者要求将具体的业务管理软件安装到他们的计算机系统中，并在该系统中以应用程序界面的形式增加一些功能。麦迪威的子公司迈德玛控制着业务管理软件的大部分。另外，麦迪威已经纵向一体化，并且麦迪威允许凯迪与其业务管理软件进行界面连接。

所有的独立的业务管理软件系统，在传送这一部分，与竞争者进行了全面一体化。该传送部分要求从私人医疗执业者向医保计划基金传送账单。麦迪威控制的业务管理软件，只被允许与麦迪威和凯迪纵向一体化。竞争委员会对这一交易的纵向一体化的关注是，在此之前，麦迪威已经引起封锁。如果这与凯迪提供的传送服务连在一起，可以相信该交易会引起私人医疗执业者的电子账单传送市场竞争的重大削弱竞争。这对最终消费者的选择会产生不利影响，消费者需要选择被允许进行哪一类型的电子传送，这对执业者尤其重要。

救济选择和设计的相关问题：促进对合并方相关软件应用的准入

南非竞争委员会认为，对相关软件应用的准入，可以解决重大削弱竞争问题。然而，为了实现这一点，有必要对提供准入的条件进行管制。这涉及设计与准入价格相关的行为性救济、规定缔结协议的时间以及确保竞争者业务管理软件系统的兼容性。

南非竞争委员会邀请了合并方提供解决竞争问题的措施。南非竞争委员会认为，合并方的建议没有充分解决其关注。通过与合并方的合作，南非竞争委员会建议可以救济其竞争关注的措施。

南非竞争委员会认为，促进准入的行为性救济可以解决重大削弱竞争的问题。竞争委员会批准合并的条件是：

第一，在医疗保健传送单位的书面请求合理时，合并实体应将其拥有或控制的适用的业务管理软件的最新版本，与提出要求的医疗保健传送单位的传送技术进行界面连接的应用程序界面结合在一起。

第二，根据这一合理的书面要求，合并实体应尽所有合理的努力，在收到要求的60天内与提出要求的医保传送单位签订协议，协议内容包括商业上、财务上和技术上合理的条款。

第三，合并实体被要求在批准合并后的12个月内向南非竞争委员会提供季报，该季报详细列出第三方医疗保健传送实体提出的所有要求，详细列出与该第三方达成的协议和时间框架。

市场测试的必要性

尽管南非竞争法没有规定延长合并审查的期限以对救济进行评估，但南非竞争委员会认为，有必要通过征求市场经营者的意见，对拟采取的救济措施的适当性和可行性进行测试。这一测试使南非竞争委员会做出决定，建议的救济措施是适当的，可用于解决其竞争关注。

临时保障措施的必要性

根据合理的书面请求，合并实体被要求在收到这一请求的60天内，尽合理的努力与提出要求的医疗保健传送单位达成书面协议，协议内容包括商业上、财务上和技术上合理的条款。

监督的必要性

合并实体被要求在批准合并后的12个月内向南非竞争委员会提供季报，该季报详细列出第三方医疗保健传送实体提出的所有要求，以及与该第三方达成的协议和时间框架。

实施和执行问题

南非竞争委员会负责确保救济条件的满足。虽然救济措施很容易理解和实施，但仅在批准合并1年后，南非竞争委员会发现合并实体违反了救济条件。南非竞争委员会只好花费很大的资源处理谈判中涉及的当事人之间的指控和反诉。

2002年5月，南非竞争委员会向合并实体发出了“明显违约通知”。“鉴于数据医保母公司没有在2002年5月23日之前签订合同，且其股东坚持提出要求的公司应提供与其系统的终端准入，以此作为达成协议的条件，这构成了对有条件批准的违反。”该通知受到了合并实体的指控，上诉到竞争审判庭。2004年2月，审判庭作出裁决，支持南非竞争委员会。更具体地说，审判庭认定合并实体基本上没有履行有条件批准合并的决定中所含的义务。

在批准合并的条件中，含有“合并实体尽所有合理的努力，在收到要求的60天内，以商业上合理的条件，与提出要求的医保传送单位签订协议”的要求。合并实体要求提出类似要求的医保传送单位就合并实体推动的市场份额给予补偿，如不能满足这一前提条件，合并实体拒绝签订相关协议。分歧点在于对合理性这一概念的理解和解释上。

数据医保母公司提出，竞争委员会采取的方法前后不一致。批准合并所附的条件是，合并实体应尽所有合理的努力签订协议，而违约通知则规定了绝对性义务，要求在60天内签订合同，而不考虑提出的要求是否合理。委员会有义务考虑三个不同阶段的合理性。第一阶段，当提出书面要求时，该要求须是合理的。如果该要求满足这一标准，则第二阶段要求合并实体在其收到要求后的60天内尽其合理努力签订协议。实践中并无严格的签订协议的要求，而只是要求努力签订协议。第三阶段，合理性仅对包含商业上、财务上和技术上合理的条件的协议适用。只有向数据医保母公司提出的要求含有商业上、财务上和技术上合理的条件时，才产生签订协议的义务。竞争委员会只是注意到了没有签订协议的事实，但没有考虑双方在每一阶段的合理性问题。

在进行调查后，审判庭不认为竞争委员会没有考虑谈判的合理性。委员会并没有将违约本身视为违约，而是将其与坚持提供终端准入联系在一起。

准入救济的目的，是确保传送市场在合并后仍然保持竞争性。换句话说，作为批准合并（该合并会削弱竞争）的条件，竞争委员会通过确保对数据医保母公司的业务管理软件的准入，来保存竞争的水平。这一要求默示的假定是，通过允许准入，数据医保母公司将被迫面对竞争，因而不能行使合并后的对传送市场的市场力量。由此得出，在评估准入意味的经济后果时，获得市场力量、现在通过允许准入被禁止行使市场力量的企业，其将变差，至少在放弃市场力量的溢价的范围内是如此。竞争委员会施加允许准入的条件，而这样的条件只有在合并企业对其损失的市场力量获得补偿时才能实施，否则委员会施加这样的条件毫无意义。而这正是数据医保公司提出的问题。虽然对条件的这样一种解释，在评估违反商业合同引起的损失的仲裁中可能是有道理的，但此处却不是一回事，此处的问题是竞争委员会为保护竞争而施加的指令，该委员会对管制合并的批准，尤其是制止合并企业合并后行使合并市场力量。对于竞争委员会所附条件的具体用语，根据这样的立法框架，与结合委员会批准合并的理由一起理解时，数据医保母公司提出的合理性概念是不适宜的。

委员会在其所附条件中明确指出，所附条件用于救济其认定合并会产生的反竞争效果。考虑到这一意图，看起来委员会意识到授予准入对救济这一问题的关键作用。由于准入所起的作用，委员会轻易地认为没有准入也会救济这一情形是不可能的。如果没有提供准入，则相当于合并获得无条件的批准。

但竞争委员会也预见到被要求提供准入的企业在无某种补偿时没有义务这样做。委员会似乎认可可以消除竞争关注而不会使合并企业处于获得准入的某些竞争者的竞争压力。这超出了竞争委员会确保传送市场中的竞争的意图，并导致利用合并企业的机会。

合并企业没有义务签订不符合市场规范的准入协议，或没有义务签订没有充分补偿提供准入所生成本的协议，这应是对合理性所赋予的含义。它并不允许合并企业寻求走出市场的价格获得补偿，或者施加与准入协议无关并使其不可能失去市场力量的条件。竞争委员会在其决定中通过合理性寻求保护的对合并企业的利用，并不扩大到竞争者准入可能导致的传送市场中的损失补偿。这相当于将条件解释为委员会只希望竞争的外表而非真实竞争。

救济的整个目的是创造传送市场中的竞争状态。提供准入的企业可能发现其市场地位变弱，除非其进行有力的竞争。这一结果与准入条件是一致的，与一般的准入条件也是一致的。数据医保母公司理解的竞争委员会决定的不利结果，事实上正是该决定所预期的。这正是所附条件存在的理由。

经验与教训

行为性救济的指控。行为性救济，就其性质来说，提供了实施和监督中不时出现的指控。这是南非竞争委员会更倾向于结构性救济的主要原因之一。

确保充分的监督。设计良好的有充分的保证机制是非常重要的，这可以防止滥用或操纵所附的条件。建议应采取主动的而非被动的监督。

不断出现的争端的解决。即使相对直接，持续性的承诺也可能引起当事人间的争端。可行时，竞争当局应提供独立的争端解决，而不是详细的审理和利用有限的资源。

10 经营者集中救济的国际协调

10.1 反垄断法的适用特点

10.1.1 以市场为基础

严格意义上说，无论是垄断协议、滥用市场支配地位，还是经营者集中，其管制都是以这些行为在一定市场中产生或可能产生的影响效果评估为基础的。排除市场这一因素，抽象地谈这些行为的竞争影响，无异于缘木求鱼。反垄断法是市场经济的法，就是对市场在反垄断法适用中的作用的证明。

但是，垄断协议、滥用市场支配地位和经营者集中，对相关市场的依赖程度并不完全相同。滥用市场支配地位和经营者集中，严格以相关市场的界定为基础。没有相关市场的存在，就谈不到市场支配地位，也谈不到集中前后市场份额的变化。垄断协议表面上没有对相关市场的严格要求，但仍以一定的市场为基础。固定价格、限制数量、限制购买或联合抵制交易，均发生于一定市场之内；而分割市场则直接对市场本身进行分割、划分势力范围。中国《反垄断法》第 15 条规定的垄断协议不被禁止的情形中，要求经营者证明所达成的协议不会严重限制“相关市场”的竞争。中国《反垄断法》第 2 条有关该法的适用范围的规定，也以相关市场为前提：“中华人民共和国境内经济活动中的垄断行为，适用本法；中华人民共和国境外的垄断行为，对境内市场竞争产生排除、限制影响的，适用本法。”

相关市场可大可小，基于具体案件所涉及的商品和地域范围而定。例如，波音和空中客车生产的干线民用飞机市场是全球市场，而某一特定的招投标市场可能局限于很小的范围内。有些市场可能限于某一国境内，有些市场可能跨越国界。跨越国界的市场，为反垄断法的域外适用提供了条件。

10.1.2 坚持效果原则

效果原则是反垄断法适用的一项基本原则。反垄断法的制裁对象是对相关市场的竞争造成排除、限制效果的反垄断行为。这一特点使反垄断法既有别于消费者权益保护法，有别于反不正当竞争法，同时也有别于商业侵权法。竞争的本质是优胜劣汰。一些企业在竞争中受到损害甚至被迫退出市场，是正常的。这些企业因其他竞争企业的行为受到损害本身，并不意味着这些行为违法。另外，对于某些企业行为，即使市场中的其他企业没有实际受到损害，也不表明这些企业行为本身合法。是否合法的判断标准是相关行为对市场竞争的影响或效果，即对市场竞争产生排除、限制影响。

反垄断法对垄断协议、滥用市场支配地位的事后控制模式和经营者集中的事先控制模式，并不否定反垄断法适用的效果原则。对垄断协议和滥用市场支配地位的制裁，是建立在对这些行为对市场竞争的实际效果进行权衡的基础之上的。中国《反垄断法》第15条体现了这种效果权衡。由于某些行为促进竞争的效果不明显，或几乎没有这种有利影响，这些行为更容易被认定为应受制裁的行为，而有些行为则可能相反。在欧盟委员会的做法中，有些行为被推定为具有反竞争的效果。例如，拥有市场支配地位的企业要求其客户不能试用其竞争者的产品。[①] 但这种推定并不等于彻底否定效果评估。经营者集中的事先控制，是对经营者集中可能产生的效果进行评估，这种评估是一种对潜在效果的评估。中国《反垄断法》第27条反映了这种效果评估。

遵循效果原则的一个必然结果是，将反垄断行为与垄断效果区别对待。这意味着，一方面，某些行为既具有反竞争效果，也具有促进竞争效果；另一方面，行为的发生和效果的产生可能并不出现在同一时间、同一地域。在侵权法上，有侵权行为发生地和侵权结果发生地之分。河流上游的污染可能导致下游居民受到侵害。反垄断法上的效果原则也遵循同样的逻辑。这种垄断行为与垄断结果的分离，在经济全球化这一框架中，可能导致行为发生地与效果发生地分处不同国家的事实。

---

① *Guidance on Commission's Enforcement Priorities in Applying Article 82 of the EC Treaty of Abusive Exclusionary Conduct by Dominant Undertakings*，C 45/7，24.2.2009，para.22.

10.1.3 国内市场为核心

反垄断法意义上的相关市场，与一国国内市场是两个不同的概念，体现在地域范围上，相关市场可能小于、等于或大于国内市场。在相关市场等于或小于国内市场的情况下，垄断行为对市场的反竞争效果仅限于一国属地管辖范围之内，该国对垄断行为、垄断效果及相关经营者拥有管辖权。

在相关市场超出一国地域范围、横跨多个国家甚至是全球市场时，就会涉及多个国家的国内市场，垄断行为对市场的反竞争效果不再局限于相关企业所在国家，还扩大到其他国家。多个国家的多个企业达成垄断协议、从事经营者集中时，本身就涉及多个国家。对于涉及多国市场的垄断行为，相关国家在执行自己的反垄断法时，主要考虑垄断行为对本国市场竞争、对本国消费者利益的影响，国内市场成为反垄断执法中起决定作用的相关市场。

10.2 反垄断法的域外适用协调

10.2.1 管辖权冲突

反垄断法的域外适用，是各国行使主权的结果。而经济主权是国家主权的组成部分。1974 年联合国大会通过了《各国经济权利和义务宪章》，更加明确了国家经济主权的内涵。"每一国家都享有独立自主和不容剥夺的权利，可以根据本国人民的意愿，不仅选择本国的政治、祭祀和文化制度，而且选择本国的经济制度，不受任何形式的外来干涉、压制和威胁。""每一国家对本国的全部财富、自然资源以及全部经济活动，都享有并且可以自由行使完整的、永久的主权，其中包括占有、使用和处置的权利。""各国在法律上一律平等；并且作为国际社会的平等成员，有权充分地和切实有效地参加解决世界性的经济、财政金融以及货币等重要问题的国际决策过程；特别是有权通过相应的国际组织，并遵循这些组织的现行规章或逐步改善中的规章，参加这些决策过程，并且公平地分享由此而来的各种效益。"

独立自主性和最高权威性，构成了国家主权的核心要素。[①] 国家在行使主权时，对

① 黄仁伟、刘杰:《国家主权新论》，时事出版社 2004 年版，第 142 页。

其管辖范围内的人或事享有管辖的权力。管辖权是一国行政机构或法院管制和处理相关人或事项的内在权力，是国家行使主权的内在组成部分。在国际法上，管辖权是国家依据国际法，对其领域内的一切人、物或所发生的事件以及对在其领域外的本国人行使管辖的权利。对其领域内的一切人、物或所发生的事件行使管辖，称为“属地管辖”；对其领域外的本国人行使管辖，称为“属人管辖”。对境外的犯罪进行管辖（保护性管辖）和对某些特定的国际罪行进行管辖（普遍性管辖），是国际法中常见的两种域外管辖形式。①

反垄断法的域外适用或管辖，不同于传统国际法上的保护性管辖和普遍性管辖。它是以企业反垄断行为对本国市场竞争的影响为依据而实施的一种管辖，其国际法规则上的依据是上述国家享有的经济权利，对本国的“全部经济活动”享有的完整主权。在经济全球化时代，一国经济与其他国家的经济更大程度上融为一体，企业市场或产品市场已经不再限于本国境内的特定地区或全部境内，而是扩大到其他国家境内，形成全球统一市场。企业越来越跨国化，某些企业在全球市场上拥有举足轻重的地位，从而能够对其他国家境内市场产生重大影响。跨国公司组成部分间的密切联系、组织结构、资本纽带和集中管理，削弱了公司国籍的作用。单一体论和效果论，成为跨国公司对反竞争行为承担责任的依据。② 这种生产过程多国化、多国市场一体化、境外公司境内化、行为效果外溢化，为调整市场竞争和市场秩序的反垄断法的域外适用提供了事实基础和经济基础。而国家对经济活动的主权为反垄断法的域外适用提供了权力基础。

与此同时，国家主权的平等、独立、至上，在赋予反垄断法域外适用效力的同时，也引起了各法域执法的冲突。首先，各国反垄断法的规定并不统一，立法宗旨、政策目标、实体标准等方面存在差异，法律传统、法律技巧和法律素质引发执法人员对同一问题的理解上的差异；其次，各国反垄断法的执法程序不统一，时间框架不同、提交文件不同、使用语言不同，使相关企业难于应付，成本增加，而一国执法的否定结果可能影响企业的全球布局和规划；第三，本国市场至上的执法理念与指导思想，不可避免地带有境内市场保护的因素，导致各法域执法机关可能得出相互矛盾的处理结果，企业不知所措。

10.2.2 反垄断法域外适用的协调

同世界贸易组织规定的贸易法那样，建立一套统一的反垄断规则，对于促进反垄断

---

① 程晓霞、余民才主编：《国际法》（第三版），中国人民大学出版社 2008 年版，第 52 页。

② 参见余劲松：《跨国公司法律问题专论》，法律出版社 2008 年版，第 155~161 页。

执法的协调与统一，是非常有利的。但这一目标，目前不被世界各国政府看好。国外学者曾提出过建立世界统一反垄断法的建议，并提交给当时的关税与贸易总协定，但没有获得回应。[①] 世界贸易组织1996年部长会议曾经确立了竞争议题，但在多哈回合谈判中被放弃。在美国和欧盟的倡导下，一些国家和地区的竞争机构组成了一个非正式的组织国际竞争网络，[②] 建立这一网络的目的是解决反垄断执法和政策问题，促进反垄断政策在世界范围内的协调，保护消费者和经营者的利益。国际竞争网络通过项目的形式，进行专题研究，旨在取得反垄断法实体和程序问题的共识。经济合作与发展组织多年来一直推动、倡导国际竞争政策的统一，并制定了《竞争示范法》供相关国家特别是发展中国家参考，但该组织并没有致力于法律意义上的反垄断法的统一。

就各国政府来说，由于各国的反垄断法本身、执法模式等存在不同，发展中国家大都面临着发展本国产业的任务和目标，作为反垄断法发源地的美国不想为了迎合一些国家的要求而降低自己的反垄断法标准，因此，各国政府缺乏制定统一反垄断法的意愿。反垄断法执法中的冲突主要通过政府自己或双边合作机制来解决。

10.2.2.1 维护国家利益、坚持管辖主权

坚持国家主权、维护国家利益，是处理反垄断法域外适用问题应遵循的最根本原则。是否行使域外管辖、如何行使域外管辖、与其他国家如何进行协调合作、如何处理境外企业反垄断行为给国内市场竞争造成的不利影响，均应考虑国家利益并将国家利益作为处理反垄断法域外管辖问题的指导原则。在国家主权赋予国家政府管理经济活动权力的前提下，由政府根据国家利益原则决定是否克制行使这一权力。迄今为止，在反垄断法领域，还不存在与各国反垄断法相适应的反垄断法体系，也不存在各国反垄断执法机构必须遵循的国际规范。国家主权和国家利益，要求国家反垄断执法机构对影响国内经济活动的反垄断行为行使管辖权。

与反垄断法域外适用有关的国家利益，主要体现为境外企业的行为对境内市场竞争造成了不利影响，也包括阻碍或排除境外产品或服务的进口，还包括阻碍或排除境内产品（包括服务）的出口。在进出口方面，存在相应的贸易救济制度，但这些制度并不替代反垄断法的适用。不过，在上述三个方面，境外反垄断行为的影响程度有所不同。境外反垄断行为如果影响到境内市场竞争或进口贸易，这种影响是直接的、其效果是明显的。但对出口贸易的影响，则可能没有那么直接。美国1982年《对外贸易反托拉斯修订

① 参见王晓晔:《欧共体竞争法》，中国法制出版社2001年版，第495页。

② http：//www.internationalcompetitionnetwork.org.

法》针对对外贸易提出了“直接、重大和可预期的影响”的要求。只有境外企业反竞争行为对美国企业出口的影响是“直接、重大和可预期时”，美国才会行使管辖权。[①] 因此，“直接、重大和可预期的影响”并非所有反垄断法域外适用所应遵循的规则，国内市场、进口贸易除外。

10.2.2.2 国际礼让

反垄断法的域外适用，必然涉及国与国之间的关系。“考虑国与国之间的关系主要应该从国家自身的战略利益出发。着眼于自身长远的战略利益，同时也尊重对方的利益，而不去计较历史的恩怨，不去计较社会制度和意识形态的差别，并且国家不分大小强弱都相互尊重，平等对待。这样，什么问题都可以妥善解决。”[②] 既考虑自己的利益，同时又尊重其他国家的利益。这一原则要求境内国家在决定是否实施反垄断法的域外适用时，不能完全只考虑自己的利益，毫无例外地、绝对性地行使反垄断法的域外管辖权，而是应在某些情形下克制行使域外管辖权。国际礼让就是避免管辖权冲突的一种方法。美国司法部和联邦贸易委员会在其发布的《反托拉斯法国际适用指南》中规定，在执行反垄断法中应考虑国际礼让。

根据上述《反托拉斯国际适用指南》，在确定是否主张管辖权或是否提起诉讼时，或寻求特别救济时，应考虑外国主权的重大利益是否受到影响。在进行礼让分析时，美国联邦机构应考虑所有相关因素，其中包括下列因素：（1）被指控的违法行为，与境外相比，在美国的相对重要性；（2）行为人或受该行为影响的人的国籍；（3）影响美国消费者、市场或出口商的目的存在与否；（4）该行为对美国的效果与在境外的效果相比的相对重要性及可预期性；（5）存在受该行为加强或阻止的合理预期；（6）与外国法或外国经济政策的冲突程度；（7）受另一国家对同样的人执法活动影响的程度，包括这些活动所导致的救济；（8）与美国执法措施相比，外国执法的有效性。上述每一因素的相对重要性依赖于每一案件的事实和情形。联邦机构也会考虑，主张适用美国法所寻求获得的目标，是否能够通过外国执法的某一特定程序（a particular instance）实现。联邦机构可能与有利害关系的外国主权国家通过适当的外交渠道进行磋商，以努力消除在美国的反竞争效果，代替提起执法诉讼。

---

① 这种补充措施，与世界贸易组织《补贴与反补贴协议》采取的方法是一致的。根据这一协议，任何成员均不得通过提供补贴对其他成员的利益造成不利影响。该不利影响包括三个方面：第一，损害另一成员的国内产业；第二，使其他成员根据关税与贸易总协定直接或间接获得的利益丧失或受损，特别是约束关税减让的利益；第三，严重侵害另一成员的利益（主要指在出口市场中的受损）。

②《邓小平文选》第三卷，人民出版社 1993 年版，第 330 页。

国际礼让既是对平等主权的尊重，又是国家利益考虑的结果。在国际民事诉讼制度中，不方便法院原则亦起到类似的作用。

□ **案例：特勒蒙陶购并罗斯福公司**[①]

德国苏兹克（Sudzucker）公司在比利时的子公司特勒蒙陶（Tirlemontoise），于2001年7月就其单独控制罗斯福公司提出申报。该交易间接影响在匈牙利糖市场三个集团中的两个。

特勒蒙陶是世界上最大的糖生产商，生产和经销食糖、食品添加剂等产品。罗斯福是法国第二大食糖生产商、欧洲第七大食糖生产商圣路易公司的母公司。圣路易与英国的泰勒公司设立了一家合营企业东糖合营公司，对前社会主义国家进行投资。该合营企业控制了匈牙利在Kaba的最大糖厂（东糖公司）。

在匈牙利,7家糖厂属于三个不同的集团。麦克（Magyar Cukor）拥有三家糖厂，由阿格瑞那（Agranna）控制，在Kaba的最大生产基地属于东糖公司，而另外三家糖厂构成了法国人拥有的比格塞（Eridania Beghin Say）集团。2000年糖的销售量为34万吨。其中，阿格瑞那/麦克占有37.1%的份额，东糖占有26.2%的份额，而比格塞占有36.7%的份额。

苏兹克公司通过奥地利公司阿格瑞那，早已间接控制了麦克公司。这一合并交易的结果将使苏兹克通过特勒蒙陶间接控制东糖的母公司。

匈牙利糖市场中的公司关系图如下：

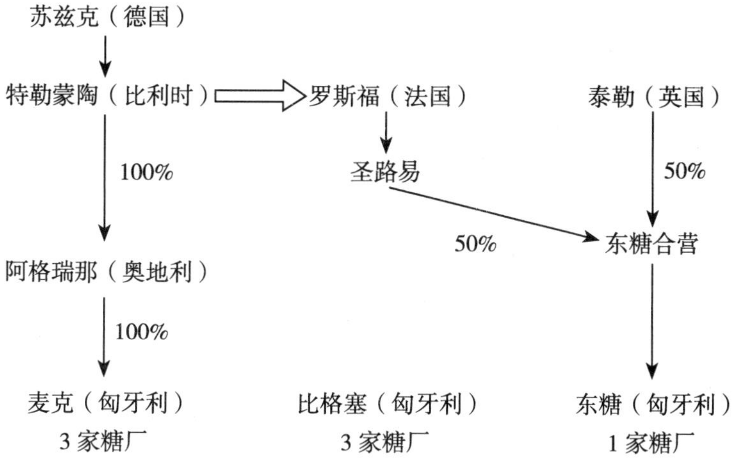

图10-1　匈牙利糖市场的关系图

① *ICN Merger Remedies Review Project*, June 2005, Appendix I. Also see http://www.gvh.hu/gvh/alpha?do=2&st=2&pg=113&m5_doc=3337, last visited 7 October 2009.

竞争损害的认定

匈牙利竞争局提出了集体享有支配地位的问题，即使现在的市场结构已经具有集体市场支配地位的特征。在这一交易之前，糖市场已经非常集中，HHI 系数达 3 414。合并后，市场经营者的数量将由 3 变 2。糖市场的进入壁垒很高：市场需求下降；现有的生产商即可满足供应；所有的生产商都存在产能过剩；新建工厂的资本要求极高，而回报期又相对较长；固定生产配额和对靠近生产场所的原材料的需要，也构成了很高的进入壁垒。同时，市场具有很大的透明度，极易监控其他厂家的价格和策略，而这是一致行为的前提条件。所有这三家集团都具有差不多的产能、利用水平或成本结构。

食糖是一种同质度极高的产品。需求的价格弹性很低，不存在来自于超市的具有抵消性力量的买方购买力。产业的经营者相互间存在其他的联系，这可能强化其集体市场支配地位。它们追求联合促销活动，针对进口威胁采取一致行动，所有这三家都是贸易协会成员，以前都从事卡特尔活动。

由于这一交易，剩余的两家竞争者的联系将更加紧密，竞争动机变弱。

该合并交易提出了严重的竞争问题。这些问题包括竞争者关系加强，竞争动机弱化。苏兹克除单独控制阿格瑞那 / 麦克外，还将获得对东糖的联合控制，因而，没有其同意，不可能采取对其不利的行为。

匈牙利竞争局认为，制止损害性市场结构的产生，或者如同本案中的情形，阻止损害性市场结构的加强，是匈牙利的竞争政策。匈牙利竞争当局需要保护剩余的竞争。

合并方提出，合并会产生一些利益，但是这些利益并不能为匈牙利竞争局所接受。其国际规模和合并方最初的合作寻求救济措施的意愿，避免了禁止性决定，而考虑可能的救济。

救济选择和设计中的相关问题

合并的国际性

本案中的一个具体问题是，导致匈牙利糖市场中的控制性权利变化的购并，是在外国完成的。虽然匈牙利竞争法提供了域外适用的空间，但在具体案件中，在没有满足决定中规定的条件时，不能采取措施阻止交易。如果交易被制止，或条件没有得到满足，基础合同的效力及匈牙利决定的执行都会出现问题。

一个可能的结果是整个合同无效。在一些法域中，某些合同需要政府的批准，没有这一批准，该合同自始不存在。产生的问题是，外国竞争当局的批准（在本案中，匈牙利竞争局的批准），是不是购并合同生效的必要条件。如果是这种情形，则整个合同无效。

另一种可能是，该合同在匈牙利无效。然而，这将提出另外的执行问题。一国竞争当局是否能够审查外国法域中控制权利的行使，匈牙利竞争局对相关公司是否有足够的谈判能力，都存在严重疑问。

合并救济的谈判

合并方提出了多种救济方案。首先，它们提出，对糖业协会中的投票权进行重新分配。在这一糖业协会中，所有的匈牙利糖生产商都是其会员。但这几乎不能解决促进共谋的竞争问题。其他可能的承诺包括，匈牙利工厂设定的价格不能超出其他欧洲工厂的价格，并且在未来 3 年中苏兹克不能关闭在匈牙利的任何工厂。考虑到价格管制的有限控制性以及维持大量的糖厂不能解决前述竞争问题，匈牙利竞争局均未接受这些承诺方案。合并方提出的第 4 种救济方案是将东糖拥有的糖厂的控制权转让给另一所有人，即泰勒公司。

2002 年 3 月，匈牙利竞争局作出了第一份决定，批准特勒蒙陶购并罗斯福公司，条件是对东糖的控制权剥离给泰勒公司集团。在满足这一条件后，申请人承诺在 3 年内向匈牙利竞争局提交东糖董事会作出的所有决定和会议纪要的义务。

实施问题：修改与灵活性

虽然泰勒公司被合并方建议为剥离的买方，但苏兹克与泰勒的谈判并没有产生任何结果。由此引起的结果是，匈牙利竞争局在之后的调查决定（2003 年 6 月，第 2 份决定）中规定，前一决定中规定的前提条件没有得到满足，但购并罗斯福公司的交易已经完成。考虑到交易的完成以及苏兹克与泰勒谈判的失败，匈牙利竞争局批准这一合并，但同时要求苏兹克集团放弃其在东糖中的控制权，出售给独立的买方。

在 2004 年 2 月的第 3 份决定中，匈牙利竞争局认定，通过向独立的尤利希糖厂出售在东糖母公司中的股份，苏兹克集团已不再能控制匈牙利东糖公司的活动。

经验与教训

多法域合并的执行。在评估国际合并时，有关救济的任何决定都是次优结果。违反外国竞争当局施加的救济所引起的法律后果，应予以澄清（合同的全部或部分无效，确保执行的其他方法）。

处以罚金确保执行决定的能力的必要性。如果条例所附的条件没有得到满足，匈牙利竞争规则不允许任何制裁。由于这类行为的法律后果在国际案件中具有高度的不确定性，国家竞争当局需要额外的权力是适当的。

预购方的法律承诺的必要性。虽然合并方明确指定泰勒公司作为剥离的潜在买方，但卖方与这一买方并未达成协议。在匈牙利竞争局批准之前，要求买方和合并方对剥离作出有法律约束力的承诺，或许可以避免这一情形。

修改救济的灵活性的价值。匈牙利竞争局使用其权力修改了救济。匈牙利竞争法在第32条第2款明确规定了这一修改的可能性："在义务方违反决定所附加的任何义务，或不能满足其中的任何条件，而义务人没有过失时，经济竞争办公室（即竞争局）可根据第30条修改其决定。"

10.2.2.3 国家行为与国家豁免

反垄断法主要规范企业的垄断行为。在少数国家的反垄断法中，也规范行政机关滥用行政权力排除、限制竞争的行为。例如，中国《反垄断法》第五章即规定了这方面的内容。"虽然从理论上和国际通行做法看，行政性限制竞争主要不是由反垄断法解决的问题，反垄断法也很难从根本上解决这个问题。但是，从我国实际出发，在反垄断法这一保护竞争的专门性、基础性法律中对禁止行政性限制竞争作出明确、具体的规定，既表明国家对行政性限制竞争的重视和坚决反对的态度，又能够进一步防止和制止行政性限制竞争的行为。"[①] 应当看到，一国反垄断法对本国行政机关行政性限制竞争行为的规范，并不等于一国反垄断法对其他国家行政机关行政行为的规范，即使该行为是限制竞争行为。国家主权赋予了政府管制经济活动的权力，包括禁止、限制贸易、限制竞争的权力。

一国对另一国实施贸易制裁或贸易禁运，直接影响被制裁或被禁运国境内的经济活动和市场竞争。这种行使政府主权的限制竞争行为，或称政府行为，在国际法上，享有不受其他国家管辖的豁免权。因此，反垄断法的域外适用原则上不应包括政府行为。

2004年联合国大会通过了《联合国国家及其财产管辖豁免公约》。该公约确立了限制豁免或相对豁免的原则。国家的非主权行为，不适用豁免。以国家的名义进行的商业交易，不适用豁免。国家可以通过明示或默示的方式放弃豁免权。

---

① 曹康泰:《关于〈中华人民共和国反垄断法（草案）〉的说明》，2006年6月24日在第十届全国人民代表大会常务委员会第二十二次会议上。

国有企业或国营企业，能否享有豁免权，关键是看其是否有权行使且实际行使国家的主权权力。《联合国国家及其财产管辖豁免公约》第2条规定了可以享有豁免的主体。除国家及政府机关外，有权行使且实际行使国家的主权权力的“其他实体”也包括在这一主体范围中。国有企业或国营企业如果仅是作为一个商业实体而存在，不享有类似颁发政府许可等权力，应无权享有豁免权。

10.2.2.4 国际协调与合作

反垄断法的域外适用、反垄断法的不统一，导致反垄断执法遇到了国际上的困难。特别是在执法程序、执法效率方面，迫切需要各国的相互合作与协调。而企业面临的多头监管、无所适从的窘境以及由此引起的成本负担和经营的不确定性，也需要保障企业利益的国家政府进行协调与合作。

OECD自1967年以来一直从事反垄断合作的推荐意见的制定工作，1995年进行了修订。各国反垄断执法机关通过双边或多边的形式进行合作，促进共识，提供帮助。1991年美国就与欧共体签订了合作协议，2002年又签订了新的合作协议。美国与其他有关国家、其他有关国家相互之间也签订了类似的合作协议。2001年7月，欧共体委员会禁止了美国竞争当局批准的GE/Honeywell的合并。这一结果引起了美国竞争当局的震惊和愤慨。美国由此得出教训“光有合作是不够的”，① 并加紧了对竞争政策共识的促进。在美国竞争当局的推动下，成立了促进竞争政策共识的国际竞争网。国际竞争网是没有永久办事机构的、非正式的、项目导向的基于共识的网络，解决共同感兴趣的反垄断执法和政策问题，通过以取得结果为目的的议程和结构，制定程序和实体共识建议。② 该网络由有关国家竞争机构轮流主持，成立专门工作组研究具体问题，是一个“就实质问题和程序问题达成共识的场所”。③

反垄断执法机关的合作，最初主要是通过执法机关间签订合作协议进行的。随着自由贸易协定纳入竞争内容，反垄断执法合作问题也成为自由贸易协定的组成部分。美国与澳大利亚分别于1982年和1999年签署了反垄断执法合作协议，并于2004年签署了自由贸易协定。④ 此处以美国与澳大利亚间反垄断合作为例进行说明。

---

① Charles A. James, *International Antitrust in the 21st Century: Cooperation and Convergence*, October 17, 2001, http://www.justice.gov/atr/public/speeches/9330.htm, last visited 10 November 2009.

② *Memorandum on the Establishment and Operation of the International Competition Network.*

③ Charles A. James, *International Antitrust in the 21st Century: Cooperation and Convergence*, October 17, 2001, http://www.justice.gov/atr/public/speeches/9330.htm, last visited 10 November 2009.

④ 相关文件见 http://www.usdoj.gov/atr/public/international/int_arrangements.htm, last visited 10 November 2009.

《1982年美澳反垄断合作协议》(以下简称1982年美澳合作协议),承认美国反垄断法和政策反映的利益和澳大利亚反垄断法和政策反映的利益存在着冲突,认为有必要在互相尊重主权、适当礼让的基础上解决这些冲突,政府间的磋商有助于解决这些冲突,希望建立一个适当的双边磋商框架,同时考虑在没有利益冲突的情况下进行执法合作。该协议规定了通知、磋商、保密、磋商后程序、反垄断执法合作以及在美国的私人反垄断诉讼六个方面。《1999年美澳反垄断执法互助协议》(以下简称1999年合作协议),旨在通过互惠基础上的合作与相互援助,提高反垄断执法效率。该协议包括定义、帮助对象和范围、帮助请求、拒绝帮助情形、请求的实施、保密、证据使用的限制、适用法律的法律通知、证言与书面证据、搜查和没收、反垄断证据的返还、成本、协议的生效和终止共十三个条款。

2004年签署、2005年生效的《美国与澳大利亚自由贸易协定》(以下简称美澳自由贸易协定)是一个内容广泛的协定,除包括了传统贸易的内容外,也包括了与竞争有关的事项。协定认为,在与竞争有关的事项方面进行合作,实施促进经济效率和消费者福利的政策,有助于保障整个协定所追求的利益。该协定在反垄断方面的内容主要包括下述几个方面:第一,竞争法和反竞争商业行为,主要规定各国均应维持反垄断机制,进行合作;第二,垄断机构的指定,认可各国的这一指定权利,同时要求该类机构在商业基础上运营;第三,国有企业及相关事项,不受政府行为原则保护的企业行为,受反垄断法调整;第四,允许地区差价;第五,政策透明度;第六,有关竞争方面的争议不得诉诸该协定规定的一般争端解决程序。

1982年美澳合作协议主要涉及政策的通知,而1999年合作协议则扩大到证据交换、帮助搜集证据等领域。美澳自由贸易协定规定,在合作方面,以前两项协定为基础加强合作,该合作可包括一方政府应另一方政府要求采取执法行为或扩大执法行动。同时,美澳自由贸易协定从更宏观的政策角度,规定了协定各方指定或维持垄断企业和国有企业的权力及对这些企业的要求。这样的规定,对于处于经济转型期的国家来说,更有意义。在维持反垄断法机制问题上,美澳自由贸易协定规定了国民待遇或不歧视待遇的要求。同时,该协定还规定了执法程序中的正当程序要求,包括提供证据的机会、听证的机会、质询证人的机会、司法审查等。这种反垄断执法机制的要求,远远超出双边执法合作协议许可的程度。

根据美国与澳大利亚签署的反垄断执法合作协议以及美国与欧共体签署的反垄断执法合作协议,反垄断执法合作的内容可以概括为下述几个主要方面:

政策、法律和执法行为通知。此类通知是双边执法协议的最主要内容。如果协定一方认为其反垄断政策、法律可能对另一方具有影响，该方应尽可能快地通知对方。

反垄断执法措施前的磋商。包括反垄断调查程序、反垄断诉讼程序发起之前的磋商。磋商是双边执法合作协议的重点。磋商主要是进一步明确可能受执法措施影响的方面，尽可能避免双方法律、政策和国家利益的冲突，并以此为目的适当尊重对方主权、适当给予礼让。美澳合作协议要求，双方磋商应考虑一方执法对另一方利益的损害，最大限度地考虑修改、克制、终止反垄断执法措施，对与澳大利亚自然资源出口有关的行为给予重点考虑。如果磋商后不能达成避免冲突的方法，每一方可自由保护其适当利益。

反垄断执法合作。如果一方的反垄断执法没有对另一方产生不利影响，各方应在各自法律许可的限度内提供信息、行政或司法协助，进行合作。单纯要求提供信息或文件不应视为产生不利影响。一方发现另一方境内存在的反竞争行为可能影响自己的利益，可以要求对方发起适当的反垄断执法程序。

证据方面的合作。在互惠基础上，进行证据搜集方面的合作，包括提供证言、获取文件、确定人物位置、进行搜查等。提供的证据仅可用于反垄断执法。超出合作协定的范围、超出国内法允许的范围、超越反垄断执法机构的权限或者违反公共利益的帮助请求，不予满足。

信息保密要求。通过通知或磋商提供的信息和文件，除非提供方同意披露，否则，均应予以保密。提供证据的要求及根据该要求提供的证据，均应予以保密。未经许可披露或使用保密信息，应及时通报，并可据此终止合作。

避免反垄断执法中的利益冲突。在反垄断执法中应考虑对方的重要利益。在对是否发起调查或程序、调查范围大小、救济或处罚性质等作出决定时，应考虑对方的重要利益。在一方执法活动可能影响对方重要利益时，应比较执法一方境内反竞争活动的不利影响与另一方境内反竞争活动的不利影响、一方执法活动与另一方法律政策一致性的程度以及另一方对同一反竞争活动执法的程度。一方可请求另一方发起反垄断调查、对反垄断行为予以救济；在被请求方采取反垄断执法措施期间，提出请求的一方可延缓或中止反垄断执法，但有权之后发起或恢复反垄断执法。

10.3 经营者集中救济的具体问题

如前所述，在经济全球化背景下，企业行为的影响、反垄断执法的范围，越来越超出了一国的地域范围，需要各国执法机构之间的协调与适用。例如，促进共识、相互通报、提供援助等。而这种协调与合作的最终落脚点是反垄断措施的实施，具体到经营者集中，就是经营者集中的救济措施。相互矛盾与冲突的、合并企业不能实施的救济措施，对于反垄断执法本身、对于企业和经济发展，都是有害的，应尽力避免的。

2001 年欧盟否决了 GE/Honeywell 的合并，美国司法部反垄断局、美国媒体责难有加。而实际上，这是过去 10 年中欧共体合并控制条例实施以来唯一反对美国公司合并的一个案件。[①] 美国急忙与欧盟建立工作组进行沟通、确立进一步的共识。经过一段磋商后，这年年底，美国联邦贸易委员会主席针对欧美的差异又说，“第一，不相信欧盟歧视美国公司；第二，不相信欧盟扭曲其竞争执法裁决以实现产业政策目标；第三，不相信执法结果中的重大差别必然是由于欧盟和美国合并控制法的实质性的条文标准的差别。”[②] 波音与麦道的合并，欧盟最初曾经提出反对意见，经过美国的工作，最后有条件地批准了这一合并。波音和麦道的合并，如果说美国没有考虑跨国市场，没有考虑交易方的国籍，怕是不可能的。

合并的多重管辖权决定了合并当事人须就同一合并事项向多个国家的竞争当局进行通知。合并审查的多重管辖带来三个基本危险。第一，必须遵循 15、20 或者 30 个不同的合并制度所带来的成本、复杂和不确定性，这些制度有不同的信息要求、不同的时间表，这些成本、复杂和不确定性会扼杀促进效率的全球性交易，阻碍其他交易，不利于全球的整个消费者。第二，不同的审查可能产生不同的结果。当不同法律制度中相关的经济事实不同时（毕竟存在区域的、国家的和当地市场），这种结果是合理的。但法律标准、分析程序和救济措施的重大不可能是不能接受的。同时，还应当看到，每一国家在执行自己的反垄断法时，都有自己的目标。因此，有人提醒说，某些法律制度在反垄断合并执法中，经济的国家主义（nationalism）会盛行，同时伴随着执法的政治化。[③]

---

① Timothy J. Muris, *Merger Enforcement in a World of Multiple Arbiters*, December 21, 2001, http://www.ftc.gov/speeches/muris/brookings.pdf, last visited 10 November 2009.

② Timothy J. Muris, *Merger Enforcement in a World of Multiple Arbiters*, December 21, 2001, http://www.ftc.gov/speeches/muris/brookings.pdf, last visited 10 November 2009.

③ Charles A. James, *Antitrust in the Early 21st Century: Core Values and Convergence*, May 15, 2002, http://www.justice.gov/atr/public/speeches/11148.htm, last visited 10 November 2009.

国际竞争网成立后即着手通知的问题。经过工作小组的努力,国际竞争网制定了《合并通知与审查指导原则》，各国据此原则制定相应的规则。《合并通知与审查指导原则》包括了八项原则：第一，主权原则。各国享有对合并适用其法律的主权。第二，透明原则。为了促进一致性、可预见性和公平，合并审查程序在审查涉及的政策、做法和具体程序、决策者的身份、审查的实体标准以及不利的执法决定的依据方面，应透明。第三，对国籍不歧视原则。在合并审查程序中，各国不应基于国籍歧视性适用竞争法和规章。第四，程序公正原则。在做出最终的不利决定之前，应通知合并当事人构成拟做出的不利决定依据的竞争性关注及这些关注的事实依据，合并当事人应有机会对这些关注表达意见。审查国应提供要求独立的司法机构审查的机会。应允许相信受到合并的潜在反竞争效果损害的第三方，在合并审查程序中表达其观点。第五，富有效率、及时和有效的审查。合并审查程序应向执法机构提供交易的竞争效果所需要的信息，不应对交易施加不必要的负担。对交易的审查以及由此做出任何执行决定结果，应在合理的可确定的时间框架内进行。第六，协调。审查同一交易的国家，在不损害执行国内法的前提下，应进行促进审查程序效率和有效性并降低交易成本的协调。第七，共识。各国应寻求以一致同意的最佳做法为目标的合并审查程序的共识。第八，信息保密。合并审查程序应保护秘密信息。①

在各法域执法机构公布的救济准则中，只有加拿大竞争局公布的《合并救济准则》具体涉及了经营者集中救济中的国际协调与合作。② 这一规定具有普遍性指导意义或借鉴意义。

对于世界范围的或跨法域的合并，当其在加拿大境内可能产生与在其他法域可能产生的类似的或相关的反竞争效果时，加拿大竞争局应与其他竞争执法机构就救济问题进行协调。相互通报情况，共同与合并方讨论，在加拿大设计一个与其他法域中类似的、平行的救济措施。

加拿大认定的竞争问题与其他法域中的竞争问题的类似程度越大，经协调达成的救济产生效力的可能性就越大。在全球合并中涉及加拿大资产时，救济的协调就具有特别的重要性,因为它提高了救济在不同法域间一致适用的可能性。一致性的、协调过的救济，有助于避免一个法域中的救济不被其他法域接受而产生的潜在摩擦。一致性的、协调过的救济，还可形成比单独执法更有效的解决办法。这种救济可以降低对企业的不确定性。

---

① *ICN Guiding Principles for Merger Notification and Review.*

② *CA Merger Remedies Bulletin*，Part Ⅶ.

为了解决加拿大境内的竞争问题，竞争局可以采取具体的措施，或者可以确定无需超出其他法域的措施之外另行采取措施。虽然执法决定是在个案基础上作出的，但当出现加拿大特有的问题时，或者当加拿大的影响特别重大、当被剥离的资产位于加拿大或者当对于执行和解条款非常关键时，竞争局更可能规范在加拿大境内的救济。相反，当拟剥离资产、需要采取的作为救济措施组成部分的行为主要位于加拿大境外时，竞争局可能依赖通过外国法域正式程序发起的救济。然而，只有竞争局相信外国当局采取的措施足以解决加拿大境内的竞争问题时，才会这样做。

协调跨境救济的主要目的是防止救济旨在解决不同法域的竞争问题时可能产生的冲突。例如，由于加拿大、美国和其他国家境内的集中度或市场份额不同，当北美或全球范围必须批准单独一个购买方时，就会出现潜在的冲突。另外，跨境救济经常要求竞争局与外国执法当局协调，确保任命单一的受托人或监督方来监督全球范围内的资产的剥离。了解每一法域的救济目的的共同受托人或监督人，会降低确定可接受的购买方时产生的潜在冲突。

虽然一致的、协调的救济是努力目标，但每一法域必须保留其权力和能力，确保在其自己境内的救济足够充分。重要的是，加拿大竞争当局的管辖权要求满足加拿大竞争法规定的竞争标准。因而，在本国法的法律框架内，在与其自己的利益相符的范围内，只有在外国法域的利益和政策不限制或阻碍加拿大竞争问题得到救济的限度内，竞争局才会考虑其他法域的利益和政策。

□ **案例：德国德尔格购并气盾热疗产品业务**①

2003 年 12 月，英国公平交易局将德国德尔格医疗公司（Draeger）收购希伦布兰德产业集团（Hil-rom）所属的气盾公司的业务一案，根据 2002 年企业法移交给英国竞争委员会审查。

这两个企业都供应旨在为新生婴儿提供可控环境的热疗产品。其产品范围包括：封闭式护理恒温箱，提供维持一定温度和湿度的封闭环境；开放式护理恒温箱，提供通过加热毯或加热器供暖的保暖床，不封闭；移动式恒温箱，安置在手推车上的恒温箱；光疗灯，用于治疗黄疸。这些产品基本上是定作产品。除基本设备外，客户还提出他们所需要的额外特征或构件，如盖子、屏幕或显示器等。

① http://www.competition-commission.org.uk/inquiries/completed/2004/dragair/index.htm. See also *ICN Merger Remedies Review Project*, June 2005, Appendix L; Competition Commission, *Understanding Past Merger Remedies: Report on Case Study Research*, updated August 2008, Appendix.

这一合并交易，根据供应份额标准，构成了相关的合并交易。2002 年，英国市场构成了热疗产品市场全球收入的近 10%。竞争委员会估计，合并后该实体的份额将超过 25%。由于已经满足供应份额标准，英国竞争委员会无需考虑是否满足了营业额标准。

德尔格是一家在德国设立的公司，在德国吕尔克制造婴儿热疗产品，而气盾在美国宾夕法尼亚制造热疗产品，产品均在全球经销。在某些国家，包括英国在内，这两家公司都有自己全资的经销部门，而在另一些国家，如葡萄牙，这两家公司则通过独立的经销商销售热疗产品。英国经销商只是这两家公司在英企业的一部分。

这一并购交易牵涉多个国家的竞争当局的审查。在大多数国家，合并实体所占的市场份额比在英国所占的市场份额要小得多。葡萄牙竞争当局是英国竞争委员会知道的唯一对这一交易提出竞争关注的当局。在审查过程中，英国竞争委员会与葡萄牙竞争当局进行了联络。葡萄牙决定允许这一合并，但附以行为性救济。

在英国，几乎所有热疗产品都由国民保健服务机构（NHS）内的医院信托机构购买。具体的信托机构则通常通过当地的招标程序独立购买。

竞争损害性的认定

每一类热疗产品及其配套服务，即封闭式护理恒温箱、开放式护理恒温箱、移动式恒温箱和热疗灯，都被认为存在不同的相关市场。对第一类产品，由于及时向客户提供服务和支持能力的要求，相关市场被认定为英国市场。在三类恒温箱中，合并实体拥有的市场份额超过了 60%。竞争者都相对较小，成功进入这一市场需要克服相当大的壁垒。来自客户的证据表明，客户对标准化和单一制造商的供应存在强烈的偏好：如果一家医院过去购买了某一特定供应商的设备，今后非常可能继续从这一家供应商购买设备。英国市场的成功与供应商在英国境内具有内部经销部门有着非常大的关系。经销商负责售后维护，售后维护对购买者、英国内部经销部门对于保障提供及时和标准维护，都很重要。购买方告诉竞争委员会，它们不考虑从在英国境内没有良好声誉的经销商的供应商处采购设备。这是造成市场中竞争者渗透有限的原因之一。虽然市场进入没有绝对的壁垒，但对英国内部经销商的需要，被认为是扩张的重大壁垒。

两家公司对外都公布有详细的价目表，但实际交易从未按这些价格支付，购买方通过谈判得到了相应的折扣。

国民保健服务机构占了整个购买的很大比例，有可能施加买方力量。但采购的分散性和共享信息的缺乏，则意味着这一潜在的买方力量不能实现。

英国竞争委员会认定，除热疗灯外，这一合并将构成对三类恒温箱供应市场竞争的重大削弱。这些重大削弱竞争可能导致受影响产品的价格上涨和选择减少。由于创新和产品开发主要受美国市场的推动，合并当事人没有阻止在英国市场销售新产品或改良产品的动机，竞争委员会认为创新和产品开发不会受到合并的不利影响。合并后产品或售后服务质量也不会降低，这是因为德尔格和气盾同时向英国医院销售受合并影响之外的其他产品，如果它们提供劣质的恒温产品或服务，将损害它们的声誉。

选择和设计救济措施的相关问题

1. 合并的国际性——对禁止和剥离的限制

在调查中，对于能够利用的救济方案存在着很大的限制。竞争委员会发布的命令，只有命令对象是英国人、在英国依法设立的机构或在英国从事业务的人时，才能约束该人在英国境外的行为。竞争委员会可以接受不符合上述标准的人的承诺，但这种承诺没有履行时，竞争委员会能否发布命令并不清楚。在考虑救济时，这些都是非常重要的问题。另外，严重依赖境外母公司的行为承诺，还存在着相关的执行风险。

通过剥离合并当事人现有的英国经销部门来设立独立的经销商的方案，得到了认真的考虑。这一救济的优势是至少能够得到保持零售层次的竞争，即经销商向医院的销售层次，能部分解决竞争的重大削弱问题。但为了促进这一竞争，需要合并实体 / 批发供应商继续按公平合理的非歧视条件向独立经销商供应产品。为了制止制造商 / 批发供应商获取上游垄断利润，有必要规定它们对其自己的经销商和独立经销商收到同样的高价、规定批发层次上的最高价格以及可能的零售层次上的最高价格。而这一结构性救济的运作，需要海外母公司提供大量的行为承诺，更准确地说，竞争委员会不能够对合并实体的一部分采取执行措施。同时，剥离英国的经销业务是否能够成功实施，并不清楚。考虑到剥离业务对最密切竞争者的上游部分的良好关系的依赖性（这是一个重要的考虑因素），剥离业务是否具有生命力，或能否找到购买方，或是否达成可以接受的商业条款，都不确定。因此，救济审查组拒绝了基于在零售层次引入竞争的救济。

英国竞争委员会可以有效禁止的唯一部分是两家的英国经销部门的合并。然而，要解决竞争关注，必然要求管制境外母公司对两家经销部门的供应条件，包括批发价格控制、非歧视条件和供应承诺。然而，有效地实施这些复杂的安排是有困难的，并且在英国管辖之外执法可能会存在问题。剥离英国业务，也会存在类似的问题。

救济审查组也考虑了在零售阶段进行价格控制是否适当，但产品的定作性质、价格谈判的方式以及创新和新产品开发，以致难于设计长时间有力的最高价格。

竞争委员会考虑了一系列可能的救济措施，包括合并实体提出的建议。考虑到有效禁止和剥离存在的障碍，竞争委员会选择了主要通过促进更有效的购买来解决重大削弱竞争问题的方案，伴之以临时价格控制和其他临时保障措施。

2. 通过国民保健服务机构采购供应单位促进有效购买

救济审查组非常想采取一种能够改善受影响的市场功能的救济，而不是只解决竞争重大削弱而引起的不利影响的救济。竞争委员会通常只对合并涉及的当事人施加救济。然而，竞争委员会可以向其他机构提出无约束力的建议。

在英格兰设有采购供应单位，旨在改善国民保健服务机构采购的效益。苏格兰、威尔士和北爱尔兰都设有类似机构。这些机构通过大量采购获得优势交易，有可能成为强有力的购买方，也有助于通过促进准入创造更具有竞争性的市场。在审查时，采购供应机构并没有过多地涉足热疗产品市场。

竞争委员会形成、并与采购供应机构讨论了对其提出的、帮助抵消合并产生的反竞争效果的建议。它向 4 个英国卫生部门及其采购部门提出一系列建议，旨在加强买方力量的行使和方便进入。救济审查小组建议卫生部门和采购部门应：第一，通过建立一系列的包括最高价格的框架协议，加强国民保健服务机构的买方力量。这样做时还应促进国民保健服务机构的信托机构间共享这些机构的谈判价格；第二，调查英国市场的潜在进入者，与这些企业分享英国市场信息，特别是提供潜在的英国经销商的信息；第三，促进利益相关者的网络的开发，允许专业协会、诊所和采购部门分享信息。

虽然这些建议与卫生部门及其机构采取的方法一致，但救济审查小组未能预期它们最终会得到实施。救济审查小组也非常担心这些建议作为救济的不确定性。为此，救济审查小组与卫生部门进行了广泛的讨论，小组收到的建设性反馈给小组很大的鼓励。此外，为了鼓励实施，对于诸如对谁、何时、采取什么措施这些救济因素，尽可能予以明确表述。报告也明确了这些建议是与卫生部门讨论的结果，得到了卫生部门的同意。

3. 临时保障措施：价格控制

虽然救济调查小组预期这些救济措施从长远看将对促进进入、鼓励行使买方力量方面发挥效力，但它也承认短期内保障客户的必要性。虽然采购供应单位同意采取步骤改善采购、促进竞争，但建议完全产生竞争力需要一段时间。因而，救济调查小组寻求德尔格的承诺，在2007年底之前：（1）继续向英国的医院供应全部的三类恒温箱及相关产品和支持性服务。（2）维持2003年的价格。（3）保证任何年度给予的平均折扣比例，不低于2003年的平均折扣比例。

以平均折扣比例来表示价格控制，反映了企业在这一市场中达成实际价格的方式。竞争委员会决定，临时保障措施至少应维持3年，到2007年年底。包括一个公开的到期日，对于最大程度上激励采购供应机构实施建议、控制保障措施产生的进入障碍或其他扭曲，是重要的。

4. 实施和执行问题

为方便监督，同意设置一个独立的监督人来监督价格控制和供应承诺。监督人由合并实体支付报酬，但独立于合并实体，且受英国公平交易局控制。这反映了这样一个事实：虽然最高价格控制是直接的，但其监督仍要求处理大量的信息，对公平交易局来说，这是一个重大负担。

经验与教训

1. ICN 项目组：经验与教训

海外合并的限制：这种限制排除了某些救济措施的选择，提高了执行的相关风险，这使得有必要考虑其他的替代性救济措施，以提供有效的解决办法。在类似案件中，亦有必要理解其他国家的竞争当局的情形和方法建议，避免方法的冲突。

行为性救济作为临时保障措施的使用：当使用结果控制的救济作为临时保障措施与其他意在促进长期竞争的救济措施一起使用时，有必要保证行为性救济不严重削弱市场进入机会或造成其他扭曲。

确保充分监督：当救济涉及持续性监督时，在选择和设计救济措施时应考虑实际的监督问题，必要时合并方应提供充分的资源，为监督过程提供便利。

建议的使用：在做出建议之前，与向其提出建议的那些负责机构就建议内容进行磋商并达成一致意见，是非常重要的。该建议也应当尽可能具体，包括建议的内容、实施主体和时间。

2. 英国竞争委员会的研究：经验与教训

本案中的救济包括向英国国民保健服务机构及其采购部门的建议以及时间有限的最高价格限制。这一价格限制由公平交易局在监督受托人的帮助下予以监督。

对英国国民保健服务机构及其采购部门的建议，由采购部门遵照实施。然而一个重要的经验教训是，在竞争委员会建议由其他机构采取措施的案件中，公平交易局宜进行持续性监督。从调研中看出，与设立国民保健服务机构供应链相关的职责的变化，对旨在刺激其他供应商的市场进入和市场扩大的活动，产生了不利影响。虽然公平交易局没有具体的义务了解采购部门的活动，并且与采购部门的讨论由竞争委员会进行，而非公平交易局进行，这一案件突出表明这一事实：这样的建议可能需要进一步促进和追踪，以便取得持续性的积极效果。

任命第三方监督人来监督德尔格的价格控制和相关措施，对于确保它们有效实施是必要的。由于产品的定作性质以及对不同客户提供不同的折扣这一事实，监督德尔格的价格非常复杂。对于分析德尔格的定价和折扣这一任务，第三方监督能够提供充分的适当的资源。第三方监督也能够调查违反承诺的产品撤回情况，而公平交易局事先对此并不知悉。

另一重要的经验是，在任命监督受托人时，竞争委员会应确保合并当事人建议的费用足以使监督人履行其职责，监督受托人应有充分的资源可以利用。作为监督人进行日常监督的小组应具有适当的经验，小组成员可以从企业的相关领域中调用。

11 中国经营者集中救济案例评析

11.1 中国经营者集中执法概述

中国《反垄断法》于2007年8月30日第十届全国人民代表大会常务委员会第二十九次会议通过，于2008年8月1日起施行。根据《反垄断法》的规定，国务院设立反垄断委员会，负责组织、协调、指导反垄断工作，履行下列职责：（1）研究拟订有关竞争政策；（2）组织调查、评估市场总体竞争状况，发布评估报告；（3）制定、发布反垄断指南；（4）协调反垄断行政执法工作；（5）国务院规定的其他职责。国务院反垄断委员会的组成和工作规则由国务院规定。国务院规定的承担反垄断执法职责的机构（以下统称国务院反垄断执法机构）依照本法规定，负责反垄断执法工作。国务院反垄断执法机构根据工作需要，可以授权省、自治区、直辖市人民政府相应的机构，依照本法规定负责有关反垄断执法工作。

根据国务院对各部委的三定方案，发改委负责垄断协议的执法，工商总局负责滥用市场支配地位的执法，商务部负责经营者集中的执法。具体说来，商务部反垄断局负责下述职责：（1）起草经营者集中相关法规，拟订配套规章及规范性文件。（2）依法对经营者集中行为进行反垄断审查；负责受理经营者集中反垄断磋商和申报，并开展相应的反垄断听证、调查和审查工作。（3）负责受理并调查向反垄断执法机构举报的经营者集中事项，查处违法行为。（4）负责依法调查对外贸易中的垄断行为，并采取必要措施消除危害。（5）负责指导我国企业在国外的反垄断应诉工作。（6）牵头组织多双边协定中的竞争条款磋商和谈判。(7)负责开展多双边竞争政策国际交流与合作。(8)承担国务院反垄断委员会的具体工作。(9)承担部领导交办的其他事项。① 发改委价格监督检查司负责反价格垄断执法工作，调查、认定和处理重大的价格垄断行为和案件。② 工商总局反垄断与反不正当竞争执法局负责垄断协议、滥用市场支配地位、滥用行政权力排除限制竞争方面的反垄断执法工作(价格垄断行为除外)。③

在反垄断法施行的一年多里，国务院反垄断委员会于2009年5月24日发布了《国务院反垄断委员会关于相关市场办公室的指南》，中国三个反垄断执法部门都在制定相应的反垄断执法规则。就具体执法来说，商务部反垄断局负责的经营者集中执法成果最大。根据商务部反垄断局自己的统计，自反垄断法实施以来至2009年6月底，商务部收到58起经营者集中申报，已审结46起，其中无条件批准43起，附条件批准2起，禁止集中1起。④ 而截至2009年11月中旬，商务部反垄断局附条件批准经营者集中案件5起，禁止经营者集中案件1起。这些附条件批准案件和禁止案件，集中表现了中国经营者集中执法部门的理念、做法和思路，对于了解今后的经营者集中执法具有很大的指导性。因此，有必要对这些案件进行深入的研究。

中国《反垄断法》的施行时间较短，中国反垄断执法部门执法经验不足，仍然处于摸索执法、积累经验的阶段。因此，迄今为止商务部反垄断局附条件批准和禁止的经营者集中案件，或许还会存在不足之处，不同的人从不同的角度会产生不同的理解和看法，存在分歧甚至截然对立的观点。但是，从发布的决定形式和内容看，商务部反垄断局经营者集中执法的水平在不断提高，而且是迅速提高。以发展的眼光看，可以相信中国经营者集中执法的水平会越来越高。

另外，这些附条件批准的经营者集中决定做出的时间不长，这些决定的实际实施效果还无法判定。因此，此处的评析只是对决定内容本身进行简明扼要的点评，不进行深入分析，以免与本书其他部分重复。

---

① http：//fldj.mofcom.gov.cn/aarticle/gywm/200809/20080905756026.html，2009年11月14日访问。

② http：//jjs.ndrc.gov.cn/jgsz/default.html，2009年11月14日访问。

③ http：//www.saic.gov.cn/zzjg/zyzz/，2009年11月14日访问。

④ http：//fldj.mofcom.gov.cn/aarticle/zcfb/200907/20090706409831.html，2009年11月14日访问。

11.2 英博集团收购 AB 公司案

一、决定文本

中华人民共和国商务部公告 [2008] 第 95 号[①]

中华人民共和国商务部收到英博集团公司（INBEV N.V./S.A.）收购 AB 公司（ANHEUSER–BUSCH COMPANIES INC.）的反垄断申报材料，经审查，决定如下：

一、审查程序。2008 年 9 月 10 日，英博公司向商务部递交了申报材料。10 月 17 日和 10 月 23 日，英博公司对申报材料进行了补充。10 月 27 日，商务部对此项申报进行立案审查，并发出了立案通知。

二、审查决定。立案后，商务部对申报材料进行了审查，并征求了政府有关部门的意见，听取了相关啤酒行业协会、国内主要啤酒生产企业、啤酒原料生产企业以及啤酒产品销售商的意见，根据《反垄断法》第二十八条的规定，决定对此项并购不予禁止。

三、附加的限制性条件。鉴于此项并购规模巨大，合并后新企业市场份额较大，竞争实力明显增强，为了减少可能对中国啤酒未来市场竞争产生的不利影响，商务部对审查决定附加限制性条件，要求英博公司履行如下义务：

1. 不得增加 AB 公司在青岛啤酒股份有限公司现有 27% 的持股比例；

2. 如果英博公司的控股股东或控股股东的股东发生变化，必须及时通报商务部；

3. 不得增加英博公司在珠江啤酒股份有限公司现有 28.56% 的持股比例；

4. 不得寻求持有华润雪花啤酒（中国）有限公司和北京燕京啤酒有限公司的股份。

如果违反上述任何一项承诺，英博公司必须事先向商务部及时进行申报，商务部批准前，不得实施。

本决定自公告之日起生效。

中华人民共和国商务部

二〇〇八年十一月十八日

---

① http：//fldj.mofcom.gov.cn/aarticle/ztxx/200811/20081105899216.html，2009 年 10 月 2 日访问。

二、点评

这是商务部发布的第一个附条件批准经营者集中的案件。决定简单到极致，连经营者集中的双方当事人都没有介绍，更不用提市场界定和反竞争效果评估了。决定本身并没有提到这起经营者集中可能产生的反竞争效果，而直接决定对这项并购不予禁止。但接下来却又对批准这起合并附加了条件，逻辑上有些突然。

中国《反垄断法》第28条规定："经营者集中具有或者可能具有排除、限制竞争效果的，国务院反垄断执法机构应当作出禁止经营者集中的决定。但是，经营者能够证明该集中对竞争产生的有利影响明显大于不利影响，或者符合社会公共利益的，国务院反垄断执法机构可以作出对经营者集中不予禁止的决定。"第29条规定："对不予禁止的经营者集中，国务院反垄断执法机构可以决定附加减少集中对竞争产生不利影响的限制性条件。"第30条进一步规定："国务院反垄断执法机构应当将禁止经营者集中的决定或者对经营者集中附加限制性条件的决定，及时向社会公布。"

这一决定附条件的理由是"此项并购规模巨大，合并后新企业市场份额较大，竞争实力明显增强"。这样的情形几乎可以适用于任何一起经营者集中案件。"为了减少可能对中国啤酒未来市场竞争产生的不利影响，商务部对审查决定附加限制性条件。"这种附加限制性条件的目的或原因确实有些牵强。在没有指出合并带来的反竞争效果的情形下，谈不到减少不利影响的问题。如果泛泛地说为了防止未来对竞争产生不利影响，则失去了经营者集中审查的目的和作用。

本案附加了四项限制性条件。这四项条件对不了解合并方情形的人来说，简直是一头雾水。多方搜索和调查，才知这些附加限制性条件的意义和作用。

原来英博集团公司是一家以比利时为基地的跨国公司，在中国多个啤酒厂都有投资。根据其投资公司之一湖北金龙泉集团股份有限公司 / 英博金龙泉啤酒（湖北）有限公司网站对"今日英博"的介绍，英博啤酒集团是一家世界财富500强企业，总部设在比利时。全球员工8万余名，是世界最大的啤酒生产商。2006年全球总销量达247亿升，实现总营业收入133亿欧元。在30多个国家拥有酿造厂，运营范围横跨欧美亚三大洲，在全球20个关键市场保持着第一或第二的位置。英博全球共有200多个啤酒品牌，包括四大全球旗舰品牌：时代（stella artois），贝克（beck's），博浪（brahma）和力夫（leffe）以及众多的跨地域专门品牌和本地品牌。1984年英博通过向珠江啤酒厂进行技术转让，开始了对中国市场的探索。自1997年起，英博先后收购或入股金陵啤酒、珠江啤酒、浙江KK啤酒、温州双鹿啤酒、浙江石梁啤酒、湖南白沙啤酒和湖北金龙泉啤酒。2006 年 1 月，英博全资收购了福建雪津啤酒有限公司。今天，英博已在中国拥有 38 家啤酒酿造厂，分布于福建、江西、江苏、浙江、广东、湖北、湖南和河北等 8 个省份，雇员 18 000 人，中国市场总销量达到 400 万吨，成为中国最大的啤酒集团之一。[①] 在华相关企业包括：福建雪津啤酒有限公司、湖北金龙泉集团股份有限公司 / 英博金龙泉啤酒（湖北）有限公司、英博双鹿啤酒集团、[②] 浙江英博石梁啤酒有限公司、浙江英博浙东啤酒有限公司、湖南英博白沙啤酒有限公司、南京英博金陵啤酒有限公司、衢州英博国光啤酒有限公司。另与珠江啤酒集团共同发起设立了广东珠江啤酒股份有限公司，是英博在华企业中唯一不控股的企业。

以下是英博与世界其他知名品牌啤酒市场占有率的比较图和在华市场占有率的比较图：

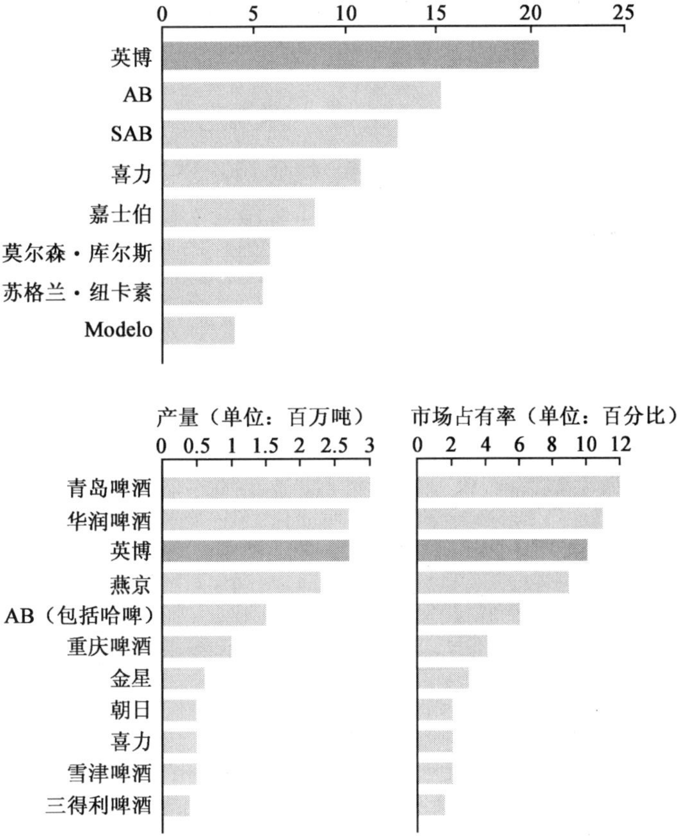

（图片来源：智库百科网 http：//wiki.mbalib.com/wiki/%E5%AE%89%E6%B5%B7%E6%96%AF-%E5%B8%83%E5%B8%8C%E8%8B%B1%E5%8D%9A,2009 年 11 月 14 日访问。值得注意的是，上面图表日期不明，英博已经收购了雪津啤酒，而图表中仍视为独立啤酒商。同时，AB 在青岛啤酒中持有股份，是青岛啤酒的第二大股东）

图 11-1　比较图

① http：//mnc.people.com.cn/GB/7233869.html，2009 年 11 月 14 日访问。

② 英博双鹿啤酒集团为世界 500 强企业英博啤酒集团旗下的一员，下辖温州英博双鹿啤酒有限公司、平阳英博双鹿啤酒有限公司、金华英博双鹿啤酒有限公司、浙江英博雁荡山啤酒有限公司和英博双鹿啤酒技术中心开发有限公司。在温州市区、金华、乐清、平阳四地建有 4 个生产基地和一个省级研发技术中心，总资产近八亿，员工 3 000 多人。http：//www.doubledeer.com/about/index.html，2009 年 11 月 14 日访问。

美国AB集团（安海斯－布希，Anhenuser-Busch），是与比利时英博集团并列的世界最大啤酒集团。美国AB集团，在中国成功进行了品牌建设和业务拓展，不仅积极建设百威品牌，而且同青岛啤酒股份有限公司达成了战略合作，2002年10月21日，美国AB公司和青啤公司在美国纽约正式签署《战略性投资协议》，AB公司成为青啤公司战略投资者。①AB集团完成了对哈尔滨啤酒集团的收购。2005年百威（武汉）国际啤酒有限公司实施扩建，AB集团拥有百威（武汉）国际啤酒有限公司97%的股份。2007年，AB在佛山开始建立新厂。②2009年佛山百威正式投产，而同时唐山百威正式开工建设。美国AB集团的统一战略，可以从青岛啤酒、哈尔滨啤酒、百威啤酒的网站显示出来。

华润雪花啤酒（中国）有限公司成立于1994年，是一家生产、经营啤酒、饮料的外商独资企业。总部设于中国北京。其股东是华润创业有限公司和SABMiller啤酒集团。2007年华润雪花啤酒产销量超过690万千升，公司总产销量再度超越国内其他啤酒企业，成为中国销量最大的啤酒企业。其股东华润创业有限公司于香港联合交易所挂牌，其最终控股公司为中国华润总公司，截至2004年12月底，该公司拥有华润创业54.91%股权。另一股东SABMiller是世界上最大的啤酒公司之一，在伦敦和约翰内斯堡股票市场分别上市，总部设在英国伦敦。SABMiller从事着大规模的啤酒和其他饮料的生产和销售，业务遍及世界五大洲，在40多个国家里拥有一百多个啤酒厂，一百五十多个啤酒品牌，年啤酒销量达1 890万吨。SABMiller的生产管理在国际上享有很高的声誉，并被认为是非常善于在新兴市场运作的公司。在许多新进入的国家中，SABMiller的品牌组合和市场份额都处于领导地位。SABMiller于2002年5月收购了美国Miller公司，从此进入这个世界上最大的啤酒市场和利润中心。③

此外，2004年，重庆啤酒集团与苏格兰纽卡斯尔啤酒酿造公司成功结为战略合作伙伴关系。④ 燕京啤酒一直保持内资发展的状况。⑤

了解了上述有关公司的情况，再回头看商务部作出的有关英博与AB合并的决定，就会发现商务部对这一合并所产生的竞争关注：如果不对这一合并附加限制性条件，中国啤酒行业将形成非常集中的产业结构，而且必将为国外最大国际啤酒集团所控制。这一状况对中国啤酒市场的竞争势必产生不利影响。即使不形成垄断，也会形成寡占，方

---

① http：//www.tsingtao.com.cn，2009年11月15日访问。

② http：//www.bud.cn/main.html?id=budchina，2009年11月15日访问。

③ http：//www.snowbeer.com.cn/company.asp，2009年11月15日访问。

④ http：//www.chongqingbeer.com/jianjie2.asp，2009年11月14日访问。

⑤ http：//www.yanjing.com.cn/Content.asp?MainId=1&BigClassId=2&SmallClassId=#，2009年11月15日访问。

便协同行为。在中国不能禁止这一合并的情形下（两家中国境外公司合并，资产主要在中国境外，中国市场仅是其中一部分），附条件批准合同是最佳选择。

AB和英博分别持有青岛啤酒和珠江啤酒27%和28.56%的股份。如果允许合并后的企业提高持股比例，青岛啤酒和珠江啤酒将进一步沦落为合并企业整体战备的一部分，是整个市场安排的一个棋子。同时，禁止合并企业寻求持有雪花啤酒和燕京啤酒的股份，是为了尽可能保持一定的市场结构，保持一定的竞争度。

商务部的决定发布后，有人认为这一决定是为了保护中国的内资企业，是对外商投资的限制。实际上几家大的啤酒企业中，只有燕京啤酒是中国内资企业。在经营者集中的救济措施类型中，结构性救济是最有效的救济方式。剥离资产、限制股份、退出投资，是常见的救济形式。在这一点上，中国商务部的决定是合理的、适当的、必要的。

11.3 可口可乐公司收购汇源公司

一、决定文本

中华人民共和国商务部公告［2009年］第22号

（商务部关于禁止可口可乐公司收购中国汇源公司审查决定的公告）①

中华人民共和国商务部收到美国可口可乐公司（简称可口可乐公司）与中国汇源果汁集团有限公司（简称中国汇源公司）的经营者集中反垄断申报，根据《反垄断法》第三十条，现公告如下：

一、立案和审查过程。2008年9月18日，可口可乐公司向商务部递交了申报材料。9月25日、10月9日、10月16日和11月19日，可口可乐公司根据商务部要求对申报材料进行了补充。11月20日，商务部认为可口可乐公司提交的申报材料达到了《反垄断法》第二十三条规定的标准，对此项申报进行立案审查，并通知了可口可乐公司。由于此项集中规模较大、影响复杂，2008年12月20日，初步阶段审查工作结束后，商务部决定实施进一步审查，书面通知了可口可乐公司。在进

① http：//fldj.mofcom.gov.cn/aarticle/ztxx/200903/20090306108494.html，2009年10月2日访问。

一步审查过程中，商务部对集中造成的各种影响进行了评估，并于2009年3月20日前完成了审查工作。

二、审查内容。根据《反垄断法》第二十七条，商务部从如下几个方面对此项经营者集中进行了全面审查：

（一）参与集中的经营者在相关市场的市场份额及其对市场的控制力；

（二）相关市场的市场集中度；

（三）经营者集中对市场进入、技术进步的影响；

（四）经营者集中对消费者和其他有关经营者的影响；

（五）经营者集中对国民经济发展的影响；

（六）汇源品牌对果汁饮料市场竞争产生的影响。

三、审查工作。立案后，商务部对此项申报依法进行了审查，对申报材料进行了认真核实，对此项申报涉及的重要问题进行了深入分析，并通过书面征求意见、论证会、座谈会、听证会、实地调查、委托调查以及约谈当事人等方式，先后征求了相关政府部门、相关行业协会、果汁饮料企业、上游果汁浓缩汁供应商、下游果汁饮料销售商、集中交易双方、可口可乐公司中方合作伙伴以及相关法律、经济和农业专家等方面意见。

四、竞争问题。审查工作结束后，商务部依法对此项集中进行了全面评估，确认集中将产生如下不利影响：

1. 集中完成后，可口可乐公司有能力将其在碳酸软饮料市场上的支配地位传导到果汁饮料市场，对现有果汁饮料企业产生排除、限制竞争效果，进而损害饮料消费者的合法权益。

2. 品牌是影响饮料市场有效竞争的关键因素，集中完成后，可口可乐公司通过控制“美汁源”和“汇源”两个知名果汁品牌，对果汁市场控制力将明显增强，加之其在碳酸饮料市场已有的支配地位以及相应的传导效应，集中将使潜在竞争对手进入果汁饮料市场的障碍明显提高。

3. 集中挤压了国内中小型果汁企业生存空间，抑制了国内企业在果汁饮料市场参与竞争和自主创新的能力，给中国果汁饮料市场有效竞争格局造成不良影响，不利于中国果汁行业的持续健康发展。

五、附加限制性条件的商谈。为了减少审查中发现的不利影响，商务部与可口可乐公司就附加限制性条件进行了商谈。商谈中，商务部就审查中发现的问题，要求可口可乐公司提出可行解决方案。可口可乐公司对商务部提出的问题表述自己的看法，并先后提出了初步解决方案及其修改方案。经过评估，商务部认为可口可乐公司针对影响竞争问题提出的救济方案，仍不能有效减少此项集中产生的不利影响。

六、审查决定。鉴于上述原因，根据《反垄断法》第二十八条和第二十九条，商务部认为，此项经营者集中具有排除、限制竞争效果，将对中国果汁饮料市场有效竞争和果汁产业健康发展产生不利影响。鉴于参与集中的经营者没有提供充足的证据证明集中对竞争产生的有利影响明显大于不利影响或者符合社会公共利益，在规定的时间内，可口可乐公司也没有提出可行的减少不利影响的解决方案，因此，决定禁止此项经营者集中。

本决定自公告之日起生效。

中华人民共和国商务部

二〇〇九年三月十八日

二、点评

可口可乐收购汇源案，是一起禁止合并案，也是中国商务部迄今为止唯一的禁止合并案。该案决定公布时，一时引起轩然大波。有人替汇源抱不平，认为汇源有权卖；有人替可口可乐抱不平，认为是对外商投资的限制。

法律关系是社会关系中的一种关系，是可以用法律调整的社会关系。而法律关系又存在不同的类型和方面，同一事件可能需要不同的法律去调整。比如说，企业的买卖，既适用商法，也可能适用反垄断法，涉及外资的，还需要适用外商投资法。

禁止合并，属于广义上的经营者集中的救济。从这一角度说，这起案件是中国商务部的第二起救济案件。与第一件相比，水平明显提高了。

可口可乐生产销售碳酸饮料，汇源生产销售果汁饮料。这起案件虽涉及两个不同的产品及市场，但仍然属于反垄断法意义上的“相关市场”的范围。从合并的种类上说，这是一起混合合并。

毋庸置疑，可口可乐在碳酸饮料市场中拥有重要的市场地位。商务部的决定认定其具有市场支配地位。相信这一认定具有证据和数据的支持。可口可乐想通过购并汇源，进入果汁饮料市场，实现产品扩张。那么，其在碳酸饮料市场中的市场支配地位，是否会对这一产品扩张产生影响呢?

在混合合并的反竞争效果分析中，存在着封锁理论、杠杆效应或传导效应的分析。美国更侧重从消除潜在竞争者的角度考虑。中国商务部的决定采用了“传导理论”，即碳酸饮料市场中的实力会传导给果汁饮料市场。这一实力如何传导，中国商务部的决定没有解释。搭售、捆售、互惠购买、消除潜在竞争、掠夺性定价，都可能成为实现这一传导的方法。果汁饮料市场这一“瓷器店”，进来了可口可乐这一“大象”，可以想象，瓷器店中会出现什么样的情形。那些原计划想进入瓷器店摆放瓷器的企业,可能不想进入了。如果仍想进入，就需要具备防止大象破坏的设施，这样，进入成本就大大提高了。用反垄断法的术语说，进入壁垒提高了，潜在竞争对手被消除了。

商务部的这一决定使用了品牌这一竞争性因素来分析合并对竞争的影响。品牌不仅具有一定的知名度，而且还具有很高的信誉，有大量的“粉丝”存在。这种品牌忠诚会阻碍潜在竞争者进入市场。

中国《反垄断法》第 28 条规定:“经营者集中具有或者可能具有排除、限制竞争效果的，国务院反垄断执法机构应当作出禁止经营者集中的决定。”由此看出，禁止经营者集中，不需要排除、限制竞争效果的实际存在或发生，具有这种可能性即可以成为禁止合并的有效理由。因此，我们不能说商务部决定中指出的问题是杞人忧天。

根据《反垄断法》第 28 条的规定:“经营者能够证明该集中对竞争产生的有利影响明显大于不利影响，或者符合社会公共利益的，国务院反垄断执法机构可以作出对经营者集中不予禁止的决定。”而第 29 条进一步规定:“对不予禁止的经营者集中，国务院反垄断执法机构可以决定附加减少集中对竞争产生不利影响的限制性条件。”正是根据法律的这一规定，商务部就其认为存在的竞争问题与可口可乐进行商谈，但可口可乐没有提出可以消除这些竞争关注的有效措施，没有证明合并引起的促进竞争的效果大于反竞争的效果。这一案件的最后结果就比较清楚了。

商务部的决定还使用了消费者福利这一根本性要求来论证反竞争效果。一个行为，一项措施，其反竞争效果的最直接标准是什么?其实很简单，那就是看产品价格是否上涨了，产品数量是否下降了，产品花样是否减少了。这些都是消费者实际关心的问题。这就是消费者福利标准。可口可乐并购汇源案的决定，表明经营者集中执法机构认可并采纳了消费者福利标准。

当然，任何一部法律的立法宗旨和目标都不可能是单一的,《反垄断法》亦是如此。

保护市场竞争是最直接的目标，保护消费者利益是终极目标。这两个目标，可以视为手段与目的、近期利益与长远利益的关系。有些时候，它们并不能很好地统一起来。但在经营者集中的反竞争效果分析中，都要予以考虑，并进行权衡。如果没有了健康发展的市场，消费者的利益也就谈不上了。在美国有人提出“竞争是手段，效率是目的”、“反垄断法不保护具体竞争者而保护竞争”的说法。实际上，如果没有了具体竞争者，竞争就谈不上了；如果没有作为对抗的竞争，效率也就谈不上了。二者之间是一个辩证统一的关系，具体到个案中需要很好的协调。

可口可乐并购汇源案中，由于合并当事人没有提出执法当局可以接受的条件，也就免除了对“附条件”的分析。

11.4 日本三菱丽阳收购璐彩特公司

一、决定文本

中华人民共和国商务部公告（2009 年第 28 号）①

中华人民共和国商务部收到日本三菱丽阳公司（简称三菱丽阳公司）拟收购璐彩特国际公司（简称璐彩特公司）的经营者集中反垄断申报，根据《反垄断法》第三十条，现公告如下：

一、立案和审查过程。2008 年 12 月 22 日，日本三菱丽阳公司向商务部提交了申报材料。三菱丽阳公司根据商务部要求对申报材料进行了补充，2009 年 1 月 20 日，商务部认为申报材料达到了《反垄断法》第二十三条规定的标准，对此项申报进行立案审查，并通知了三菱丽阳公司。鉴于双方在甲基丙烯酸甲酯（Methylmethacrylate，简称“MMA”）市场份额较高，合并后导致的市场集中度变化幅度较大，且收购方因并购在 MMA 市场取得的市场支配力将产生纵向封锁效应，2009 年 2 月 20 日，初步阶段审查工作结束后，商务部决定实施进一步审查，书面通知了三菱丽阳公司，进一步审查截止日为 2009 年 5 月 20 日。在进一步审查过程中，商务部对集中造成的各种影响进行了评估，并于 2009 年 5 月 20 日前完成了审查工作。

① http：//fldj.mofcom.gov.cn/aarticle/ztxx/200904/20090406198805.html，2009 年 11 月 14 日访问。

二、审查内容。根据《反垄断法》第二十七条，商务部从如下几个方面对此项经营者集中进行了全面审查：

（一）参与集中的经营者在相关市场的市场份额及其对市场的控制力；

（二）相关市场的市场集中度；

（三）经营者集中对市场进入、技术进步的影响；

（四）经营者集中对消费者和其他有关经营者的影响；

（五）经营者集中对国民经济发展的影响；

（六）其他因素对市场竞争产生的影响。

三、审查工作。立案后，商务部对此项申报依法进行了审查，对申报材料进行了认真核实，对此项申报涉及的重要问题进行了深入分析，并通过书面征求意见、论证会和座谈会以及约谈当事人等方式，先后征求了相关行业协会、MMA 生产商、PMMA 粒子生产商、PMMA 板材生产商和集中交易双方等方面意见。

四、相关市场。三菱丽阳公司和璐彩特公司的业务重叠主要是在 MMA 的生产和销售上。除 MMA 外，两家公司在某些特种甲基丙烯酸酯单体（SpMAs）、PMMA 粒子和 PMMA 板材产品上也有少量重叠。因此，相关产品市场为 MMA、SpMAs、PMMA 粒子和 PMMA 板材。本项集中对除 MMA 外的其他三类产品市场影响很小。本项集中的相关地域市场为中国市场。

五、竞争问题。经审查，商务部依法对此项集中进行了全面评估，确认集中将产生如下不利影响：

从横向看，此次交易很可能会对中国 MMA 市场的有效竞争格局产生负面影响。双方合并后的市场份额达到 64%，远远高于位于第二的吉林石化和位于第三的黑龙江龙新公司。凭借在 MMA 市场取得的支配地位，合并后三菱丽阳公司有能力在中国 MMA 市场排除和限制竞争对手。

从纵向看，由于三菱丽阳公司在 MMA 及其下游两个市场均有业务，交易完成后，凭借在上游 MMA 市场取得的支配地位，合并后三菱丽阳公司有能力对其下游竞争者产生封锁效应。

六、附加限制性条件的商谈。为了减少审查中发现的不利影响，商务部与集中双方就附加限制性条件进行了商谈。商谈中，商务部就审查中发现的问题，要求集中双方提出可行解决方案。集中双方对商务部提出的问题表述了自己的看法，并先后提出了初步解决方案及其修改方案。经过评估，商务部认为集中双方针对影响竞争问题提出的救济方案，可以减少此项集中产生的不利影响。

七、审查决定。鉴于上述原因，根据《反垄断法》第二十八条和第二十九条，商务部认为，此项经营者集中具有排除、限制竞争效果，将对中国MMA市场及其下游市场有效竞争产生不利影响。鉴于在规定的时间内，集中双方提出了足以消除不利影响的解决方案，商务部决定接受集中双方所做承诺，附加限制性条件批准此项经营者集中，具体条件如下：

（一）产能剥离

璐彩特国际（中国）化工有限公司（简称璐彩特中国公司）将其年产能中的50%剥离出来，一次性出售给一家或多家非关联的第三方购买人（“产能剥离”），剥离的期间为五年。第三方购买人将有权在五年内以生产成本和管理成本（即成本价格，不附加任何利润）购买璐彩特中国公司生产的MMA产品，该成本价由独立审计师作年度核实。

如果在剥离期限内产能剥离未能完成，集中双方同意商务部有权指派独立的受托人将璐彩特中国公司的100%股权出售给独立第三方（“全部剥离”）。

剥离应在拟议交易完成后的六个月内完成。如果璐彩特公司有合理理由提出延期申请，商务部有权将以上期限延长六个月（“剥离期限”）。

（二）独立运营璐彩特中国公司直至完成产能剥离

在自拟议交易完成至完成产能剥离或完成全部剥离期间内（“独立运营期”），璐彩特中国公司与三菱丽阳公司在中国的MMA单体业务将独立运营，分别拥有各自的管理层和董事会成员。

在独立运营期内，集中双方将继续在相互竞争的基础上分别在中国销售MMA，两家公司不得相互交换有关中国市场的定价、客户及其他竞争性信息。

独立运营期内，集中双方违反承诺发生重大违反行为，应支付总金额介于人民币25万元和人民币50万元之间的罚款，具体金额由商务部根据相关重大违反行为的性质及其对中国市场竞争的影响决定。

（三）未来五年不再收购也不再建新厂

未经商务部事先批准，合并后三菱丽阳公司在拟议交易交割后五年内不得从事下列行为：

1. 在中国收购MMA单体、PMMA聚合物或铸塑板生产商。

2. 在中国新建生产MMA单体、PMMA聚合物或铸塑板的工厂。

本决定自公告之日起生效。

中华人民共和国商务部

二〇〇九年四月二十四日

二、点评

这是中国商务部公布的第2起附条件批准经营者集中的案件。

本案的合并双方，一为日本三菱丽阳公司，另一为璐彩特国际公司，源于杜邦公司和英国帝国化学工业公司的丙烯酸塑料业务。二者均为跨国公司。三菱丽阳公司收购璐彩特国际公司，璐彩特国际公司成为三菱丽阳公司的合资子公司。

本案的合并双方均在中国有投资。合并后，合并实体在中国MMA市场中占据64%的份额，远远高于位于第二位的企业和第三位的企业，在中国形成了市场支配地位。根据欧美的反垄断法，原则上不允许产生市场支配地位的并购。中国商务部在这一决定中指出，这一市场支配地位排除和限制竞争对手。

本案中，日本三菱丽阳公司在中国市场是纵向一体化公司。因而本案在涉及竞争者之间的横向合并的同时，亦涉及纵向合并的问题。由于两公司在上游MMA生产中的市场支配地位，合并后这一地位的力量后延到下游市场。这就是反竞争效果理论中的纵向合并的封锁理论。下游的其他企业，本来可以向原先独立的璐彩特公司采购货物，与三菱丽阳形成竞争关系。合并后，由于三菱丽阳与璐彩特成为一家，控制了大多数的货源，导致封锁了下游企业的投入（即投入封锁）。下游企业可能面临着被拒绝供货、减少供货或以比以前差的条件供货的境况。这也提高了进入下游市场的壁垒。

本案的特点除了既涉及横向合并又涉及纵向合并外，还在于该案的救济措施，即决定中附加的限制性条件。这包括产能剥离、第三方购买人、独立运营、剥离受托人等。

产能剥离，主要适用于合并双方业务重叠的合并情形，也是降低合并实体市场份额的一种措施。从本案决定看，产能剥离实际上是产能出售，是产量出售，即合并实体将其生产出的产品的50%以成本价出售给独立第三方，由第三方经销。这一措施一方面降低了合并实体的利润，另一方面又保持了下游市场的竞争。本案中，产能剥离是临时措施，其实施期限为5年。5年后这一产能重新由合并实体支配。

产能剥离与资产剥离有着根本性不同。资产剥离是将相关资产（包括设备、知识产权、人员、经销渠道等）出售给独立第三方，被剥离的这一部分资产彻底地永久性地脱离合并实体，购买方利用这一资产自己生产和销售相关产品，与合并实体进行独立竞争。而本案中的产能剥离，只是增加下游市场中的竞争，并不能彻底改变合并实体的相关产品的市场支配地位。这一措施是短期措施，在这一期限内，如果没有独立的竞争力量兴起或现有竞争力量得到强化，这一措施的效力如何并不确定。

产能剥离的实施，需要独立第三方的监督。本案中，由独立审计师对产品价格进行独立审计。但如果璐彩特中国公司的产能不能充分利用，比方说其降低生产，三菱丽阳增加生产，可能影响该救济措施的有效实施。

本案中商务部决定在剥离产能 50% 的同时，还规定了追加性救济，或备用性救济。即如果合并实体不能在规定期限内剥离产能，商务部将指定独立受托人对璐彩特中国公司的股权进行 100% 的出售。这是一种资产剥离，完全、一次性出售璐彩特中国公司。这种做法符合国际上通行的资产剥离的做法。但本案中，这种全部剥离的出售条件、购买方的资质条件、独立受托人的权利与职责等重要条款，商务部的决定都没有涉及。这可能增加将来剥离的难度。

产能剥离本身应不存在困难，不过是将生产出的产品以成本价卖给第三方，由第三方经销。这对第三方来说是一件好事。在欧洲和荷兰，存在着类似本案产能剥离的产能拍卖。由第三方去竞买产能，同时又对第三方提出要求，以避免形成新的竞争阻碍。

基于上述理解，商务部这一决定规定的独立运营要求似乎对产能剥离并不完全适用。对产能剥离独立运营要求，防止合并实体最终剥离的资产丧失活力和竞争性，不能成为独立的有效的竞争力量来源。本案规定了产能剥离的期限，初期为 6 个月，经申请可再延长 6 个月，但对可能发生的资产剥离却没有规定具体的剥离期限，只是笼统地规定了独立运营期。本案规定了独立运营期间合并双方的义务，但对违反这些义务的惩罚太轻。试想，对于产品遍及全球的跨国公司来说，50 万元人民币的罚款，根本不算什么制裁。

对合并实体未来 5 年不再收购或不再新建工厂的要求，似乎并不能阻止合并实体扩大产能。

另外，本案的救济措施是一种准结构性救济，带有结构性救济和行为性救济的双重特征。

11.5 通用汽车收购德尔福公司

一、决定文本

中华人民共和国商务部公告（2009年第76号）[①]

中华人民共和国商务部收到美国通用汽车有限公司（简称通用汽车）拟收购美国德尔福公司（简称德尔福）的经营者集中反垄断申报，根据《反垄断法》第三十条，现公告如下：

一、立案和审查过程。2009年8月18日，通用汽车向商务部提交了申报材料，并于8月28日、31日根据商务部要求对申报材料进行了补充。8月31日，商务部认为申报材料符合《反垄断法》第二十三条规定的标准，对此项申报进行初步审查，并通知通用汽车。在审查过程中，商务部对集中对市场竞争造成的各种影响进行了评估，并于2009年9月28日前完成审查工作。

二、审查内容。根据《反垄断法》第二十七条，商务部从如下几个方面对此项经营者集中进行了全面审查：

（一）参与集中的经营者在相关市场的市场份额及其对市场的控制力；

（二）相关市场的市场集中度；

（三）经营者集中对市场进入、技术进步的影响；

（四）经营者集中对消费者和其他有关经营者的影响；

（五）经营者集中对国民经济发展的影响；

（六）其他因素对市场竞争产生的影响。

三、审查工作。立案后，商务部对此项申报依法进行了审查，对申报材料进行了认真核实，对此项申报涉及的重要问题进行了深入分析，并通过书面征求意见、召开座谈会以及约谈当事人等方式，先后征求了有关政府部门、相关行业协会、汽车生产商以及集中交易双方等方面意见。

四、相关市场。集中交易双方的产品和业务没有横向重叠，但在上下游市场中存在纵向关系。因此，本案中根据交易双方各自的产品分别界定相关市场。就通用汽车的产品而言，相关产品市场界定为汽车乘用车市场和汽车商用车市场；两个相

① http：//fldj.mofcom.gov.cn/aarticle/ztxx/200909/20090906540211.html，2009年11月14日访问。

关产品市场的相关地域市场均为中国市场。就德尔福的产品而言，相关产品市场界定为10个独立的汽车零部件市场，它们分别是汽车电子电气传输系统市场、汽车连接系统市场、汽车电气中心市场、汽车热能系统市场、汽车娱乐和通信市场、汽车控制和安全市场、汽车安全系统市场、汽车汽油发动机管理系统市场、汽车柴油发动机管理系统市场、汽车燃料供给和蒸发产品市场；以上10个相关产品市场的相关地域市场均为中国市场。

五、竞争问题。商务部依法对此项集中进行了全面评估，初步确认集中存在如下竞争关注：鉴于通用汽车在全球和中国汽车市场的领先地位，以及德尔福在全球和中国汽车零部件市场的领先地位和增长态势，考虑到中国相关市场的竞争状况，此项集中可能具有以下排除、限制竞争的效果：

（一）德尔福是国内多家整车厂的独家供应商，鉴于集中实施后双方的控股关系和利益一致性，有必要消除集中对德尔福对国内其他汽车制造企业的供货稳定性、价格和质量可能带来的不利影响，从而避免因此排除、限制国内汽车市场的竞争；

（二）鉴于集中实施后双方的控股关系和利益一致性以及通用汽车对德尔福董事会的介入，有必要确保通用汽车不获得德尔福掌握的国内其他汽车制造企业的研发技术、车型资料等竞争信息，从而避免因此排除、限制国内汽车市场的竞争；

（三）鉴于集中实施后双方的控股关系和利益一致性，国内其他汽车制造企业在转换零部件供应商时，有必要确保德尔福不会采取拖延和不配合策略，提高转换成本，从而避免因此排除、限制国内汽车市场的竞争；

（四）基于集中实施后双方的控股关系和利益一致性，通用汽车可能未来增加自德尔福的汽车零部件采购，提高国内其他零部件企业进入通用汽车采购渠道的难度，使国内其他零部件企业和德尔福相比处于不利地位，从而排除、限制国内汽车零部件市场的竞争。

六、附加限制性条件的商谈。为了消除审查中确认的竞争关注，商务部与集中双方就附加限制性条件进行了商谈。商谈中，商务部就集中存在的竞争关注，要求集中双方提出可行的解决方案。集中双方对商务部提出的竞争关注陈述了自己的看法，并先后提出了初步解决方案及其修改方案。经过评估，商务部认为集中双方针对竞争关注提出的解决方案，可以消除此项集中可能产生的排除、限制竞争效果。

七、审查决定。鉴于上述原因，根据《反垄断法》第二十八条和第二十九条，商务部认为，此项经营者集中可能具有排除、限制竞争的效果，对中国汽车整车市场及其上游汽车零部件市场的竞争产生不利影响。鉴于在规定时间内，集中双方提出了足以减少集中对竞争产生不利影响的解决方案，基本消除了商务部的竞争关注，商务部决定接受集中双方提出的解决方案，附加限制性条件批准此项经营者集中，具体条件如下：

（一）集中交易完成后，通用汽车、德尔福应当保证德尔福及其控股和实际控制的关联企业将继续对国内汽车厂商无歧视性地供货，并且承诺将一如既往地确保供货的及时性、可靠性及产品质量，确保在供货的价格和数量上依据市场规则和已达成的协议而定，不应附加会直接或间接排除、限制竞争的不合理条件；

（二）集中交易完成后，通用汽车不得非法寻求获得德尔福掌握的国内其他汽车厂商的竞争性保密信息，德尔福不得非法向通用汽车披露其掌握的国内其他汽车厂商的竞争性保密信息，双方不得以正式或非正式的方式非法相互交换和沟通第三方的竞争性保密信息；

（三）集中交易完成后，通用汽车、德尔福应当保证德尔福及其控股和实际控制的关联企业应客户的合法要求，配合客户平稳转换供应商，不得故意拖延或设置、主张限制性条件，以提高其他整车厂商的转换成本，从而达到限制竞争的效果；

（四）集中交易完成后，通用汽车应当对其所有汽车零部件的采购继续遵循多源供应和非歧视原则，在符合通用公司相关要求的条件下无歧视性地采购，不得专门制定对德尔福有利而对其他供应商不利的不合理条件。

自本决定生效之日起，通用汽车、德尔福应当定期向商务部报告其遵守上述限制性条件的情况，双方如有任何违反上述限制性条件的行为，商务部将依法予以处罚。

本决定自公告之日起生效。

中华人民共和国商务部

二〇〇九年九月二十八日

二、点评

本案是一起纵向合并。合并者是两家美国公司。一家是整车的大生产商通用，另一家是零部件的大供应商德尔福。通用和德尔福存在上下游关系。通用从包括德尔福的多家零部件供应商采购零部件，德尔福向包括通用在内的多家整车制造商供应零部件。通用和德尔福的合并，是涉及上下游市场中均是领先企业的合并，存在着很大的审查难度和救济难度。这对商务部是一个挑战。

设想一下，如果通用有了德尔福提供的零部件，不再向其他零部件供应商采购零部件，其他零部件供应商的供应机会丧失，零部件供应市场中的竞争受到削弱，德尔福在下游市场中的力量得到了强化，而原准备进入零部件供应市场的企业可能打起退堂鼓。如果德尔福有了通用这一供应对象，不再向其他整车制造商提供零部件，其他整车制造商面临着投入短缺的困难，整车市场的竞争受到了不利影响。前者称为封锁客户，后者称为封锁投入。

再设想一下，如果通用购并了德尔福，则德尔福原先供应零部件的加价就由通用分享，整车的价格会降低。德尔福供应通用零部件的效率也会提高。因此，泛泛来说，纵向一体化是有利的。

本案中，通用和德尔福分别是上下游市场中的领先企业，二者的合并可能造成上下游市场的封锁效应。商务部作出的决定也指出了这些竞争关注：零部件的供应不稳定影响上游汽车市场；零部件供应受影响，影响零部件市场；上游企业通过下游企业了解上游竞争对手的商业秘密，造成竞争对手的竞争劣势；下游企业通过上游企业了解下游竞争对手的商业秘密，造成竞争对手的竞争劣势。

针对上述反竞争效果，合并企业提出、商务部接受了下述条件：供货的非歧视性、采购的非歧视性、保护商业秘密的隔离墙措施、方便客户转换的措施。这些措施是持续性的，没有时间上的限制。

从性质上说，上述四项救济措施都是持续性的行为性救济措施。与结构性救济措施相比，行为性救济措施的实施一般需要一定时间的监督，并产生一定的监督成本。根据欧美等其他国家或地区的执法经验，在规定行为性救济措施的同时，应规定相应的监督机构，并规定相应的违反承诺的制裁措施。本案中，商务部要求合并实体自行定期向商务部报告，如有违反，商务部依法予以处罚。该决定对报告的期限和处罚的形式，都没有规定。另外，商务部反垄断局主要负责经营者集中的反垄断审查，这种审查是一种针对申报的被动审查，是一种非常态的竞争效果审查。对汽车及零部件市场中企业的日常经营行为的监督与审查，将是一项复杂的艰难的任务。商务部反垄断局是否有这样的人力、能力和精力进行审查，将是一个未知数。

11.6 辉瑞公司收购惠氏公司

一、决定文本

中华人民共和国商务部公告［2009］第77号

（关于附条件批准辉瑞公司收购惠氏公司反垄断审查决定的公告）①

中华人民共和国商务部收到美国辉瑞公司（简称“辉瑞公司”）收购美国惠氏公司（简称“惠氏公司”）的经营者集中反垄断申报。经过审查，商务部决定附条件批准此项经营者集中。根据《中华人民共和国反垄断法》第三十条，现公告如下：

一、立案和审查过程

2009年6月9日，商务部收到美国辉瑞公司收购惠氏公司经营者集中申报申请，6月11日和14日收到补充材料，6月15日予以立案。根据《中华人民共和国反垄断法》和商务部有关经营者集中反垄断审查的相关规定，商务部对该案实施初步审查，初步审查工作截止日为7月15日。审查过程中，商务部发现此项集中在动物保健品领域存在限制或排除竞争问题，初步审查期满前，决定对该案实施进一步审查，该阶段审查工作截止日为2009年10月13日。

二、审查内容

根据《中华人民共和国反垄断法》第二十七条，商务部从以下几个方面对此项经营者集中进行了全面审查：

（一）参与集中的经营者在相关市场的市场份额及其对市场的控制力；

（二）相关市场的市场集中度；

（三）经营者集中对市场进入、技术进步的影响；

（四）经营者集中对消费者和其他有关经营者的影响；

（五）经营者集中对国民经济发展的影响。

三、审查工作

立案后，商务部对申报材料进行了认真核实，对此项申报涉及的重要问题进行了深入分析，并通过召开论证会、座谈会、听证会和书面征求意见、实地调查以及约谈当事人等方式，先后征求了相关政府部门、行业协会、同业竞争者、上下游企

① http：//fldj.mofcom.gov.cn/aarticle/ztxx/200909/20090906541443.html，2009年11月14日访问。

业等方面意见。针对审查中发现的个别产品存在的限制或排除竞争问题，商务部与申报方进行了充分磋商，并就消除不利竞争影响的解决方案达成共识。

四、竞争问题

（一）相关市场。本交易所涉及的相关地域市场是中国境内市场（指中国大陆地区，不包括香港、澳门及台湾地区）。本交易所涉及的相关产品是人类药品和动物保健品，交易双方在中国境内市场存在如下重合产品：一是人类药品，具体包括广谱青霉素和抗抑郁和情绪稳定剂；二是动物保健产品，具体包括猪支原体肺炎疫苗、猪伪狂犬病疫苗以及犬用联苗。

（二）竞争影响。调查表明，在上述两种人类药品领域以及猪伪狂犬病疫苗和犬用联苗两种动物保健品领域，合并后市场竞争结构没有发生实质性改变。但是，对于猪支原体肺炎疫苗而言，辉瑞和惠氏合并后市场竞争结构发生实质性改变，将产生限制或排除竞争的效果。

1. 市场份额明显增加。根据商务部掌握的数据，双方合并后在该市场的份额为49.4%（其中辉瑞为38%，惠氏为11.4%），远高于其他竞争对手，排名第二位的英特威市场份额只有18.35%，其他竞争者的市场份额均低于10%。合并后实体将有能力利用其规模效应扩大市场，进而控制产品价格。

2. 市场集中度明显提高。根据商务部掌握的数据，本项集中完成后的赫氏指数为2 182，增量为336。鉴于中国猪支原体肺炎疫苗市场属于高度集中的市场，此项集中将产生限制或排除竞争效果。

3. 市场进入将更加困难。药品研发的特点是成本高和周期长。据统计，开发一种新产品大约需要3年到10年的时间和250万到1 000万美元的投资。市场调查显示，进入猪支原体肺炎疫苗市场的技术壁垒更高。辉瑞收购惠氏后，很可能利用其规模优势进一步在中国扩张市场，打压其他竞争者，限制其他企业在该领域的发展。

五、审查决定

鉴于辉瑞公司收购惠氏公司后将对中国猪支原体肺炎疫苗市场产生限制竞争的效果，为了减少对该市场竞争产生的不利影响，商务部决定附条件批准此项集中，要求辉瑞公司履行如下义务：

（一）剥离在中国境内（指中国大陆地区，不包括香港、澳门及台湾地区）辉瑞旗下品牌为瑞倍适（Respisure）及瑞倍适－旺（Respisure One）的猪支原体肺炎疫苗业务。

（二）被剥离业务包括确保其存活性和竞争性所需的有形资产和无形资产（包括知识产权）。

（三）辉瑞公司必须在商务部批准此项集中后六个月内通过受托人为被剥离业务找到购买人并与之签订买卖协议。

（四）购买人应独立于集中双方，必须符合预先设定的资格标准，并需经商务部批准。

（五）如果辉瑞公司在商务部批准此项集中后六个月内未能找到购买人，商务部有权指定新的受托人以无底价方式处置被剥离业务。

（六）在六个月剥离期内，辉瑞公司应任命一名过渡期间经理，负责管理拟剥离业务。管理应以拟剥离业务利益最大化为原则，确保业务具有持续的可存活性、适销性和竞争力，并独立于双方保留的其他业务。

（七）剥离后三年内，根据购买人的请求，辉瑞公司有义务向购买人提供合理的技术支持，协助其采购生产猪支原体肺炎疫苗所需的原材料，并对购买人的相关人员提供技术培训和咨询服务。

本决定自公告之日起生效。

中华人民共和国商务部

二〇〇九年九月二十九日

二、点评

本案是商务部作出的第 4 起附条件批准的经营者集中案件。距离第 1 起附条件批准案件约 10 个月，距中国《反垄断法》施行约 14 个月。从这一案件的决定中可以明显看出，商务部反垄断局的执法经验、执法水平都有了明显的提高。

本起案件中，合并双方辉瑞公司和惠氏公司都是美国公司，在中国有投资业务，生产销售人畜药品。本案中虽然涉及多种产品，但商务部最终认定产生竞争关注的产品是猪支原体肺炎疫苗（以下简称肺炎疫苗）。

根据商务部反垄断局这一决定，合并后合并实体的肺炎疫苗在中国市场中的份额为 49.4%（其中辉瑞为 38%，惠氏为 11.4%），远高于排在第二位的竞争对手（市场份额为 18.35%），其他竞争对手的市场份额均不高于 10%。这样的市场结构造成了合并实体的市场力量（即使没有达到市场支配地位的程度），为其他竞争对手所不及。与合并前相比，其他竞争对手分散的弱小的竞争力量产生的竞争约束力量明显降低。

在本案中，商务部不仅像以前案件一样，从市场份额的变化这一因素来分析，而且在本案中还首次使用赫氏指数来分析市场集中度的变化。赫氏指数（HHI）是美国反垄断当局首先采用、后被其他反垄断执法机构纷纷接受的一种衡量市场集中度及其变化的方法。赫氏指数低于 1 000，表示市场不存在集中；赫氏指数位于 1 000 和 1 800 之间，为中度集中；赫氏指数高于 1 800，为高度集中。同时，在这三种集中度分类的基础上，结合合并后赫氏指数的变化增加值，来确定是否对经营者集中进行干预。本案中，集中完成后的赫氏指数为 2 182，增量为 336，符合欧美干预并购的标准。

实际上，市场份额增加、集中度提高本身，并不一定导致对经营者集中的干预。如果相关市场的准入非常容易，或者现有其他竞争者的市场扩张非常容易，这样的经营者集中也不会对市场竞争产生什么不利影响。反之，在已经形成高市场份额、高市场集中度的情形下，如果近期内不能产生新的竞争源，例如新的市场进入者或原有竞争者市场扩张，就会产生不利竞争影响。药品行业是一个研发成本高、研发周期长、投资回收迟的行业。药品生产商强调药品的知识产权保护，也是基于这样的行业特点。在近期产生新的替代品，产生新的抑制合并实体力量的竞争力量，存在着很大的困难。基于此，维持竞争的希望就不能寄托在不确定的新竞争源身上，而须对合并实体进行一定的限制。让合并实体瘦身，就是一种好办法。

为了减少对该市场竞争产生的不利影响，商务部决定附条件批准此项集中，辉瑞公司承担了资产剥离的义务：一定期限内出售其部分相关资产，使合适的购买方形成新的竞争源。

鉴于辉瑞公司和惠氏公司存在肺炎疫苗业务的重叠，又是在肺炎疫苗市场上产生了竞争关注，辉瑞公司做出了出售其在中国境内的两种品牌的肺炎疫苗业务的资产剥离承诺。由于这一承诺的目的是再造一个竞争对手，相关资产是什么、能否及时出售、相关买主是否有能力有意愿独立经营这一业务、不能及时出售时该如何采取进一步的措施，就成为资产剥离所关注的关键因素。在这些问题上，商务部的决定都作出了相应的规定。

本案予以剥离的资产是辉瑞在中国大陆的两个品牌的肺炎疫苗业务。这一资产，既包括有形的厂房、机器设备等，也包括无形的知识产权等，如品牌、商标、专利技术、专有技术等。资产范围的大小及具体构成，以保持资产的活力、适销性和竞争力为原则。例如，不存在生产该产品的技术，或生产出的产品无法销售，都实现不了资产剥离的预期目的。商务部的这一决定只是笼统地规定了拟剥离的资产要求。相信商务部接受的辉瑞公司的承诺中具体包括了拟剥离的资产范围和构成，否则将会产生很大的麻烦，资产剥离的效力会大大降低。

拟剥离的资产，如果得不到适当的照管和使用，其价值将很快贬低甚至丧失，如同一堆新鲜的水果，如不及时出售将会腐烂。这隐含着两项义务：保管和快售。商务部的决定规定了6个月的出售期（剥离期），在剥离期内应保管好该资产，并规定通过受托人出售该资产。商务部的决定还进一步规定，如果不能在这6个月期限内出售资产，商务部将任命新的受托人无底价出售该资产。商务部规定在剥离期内通过受托人出售资产的做法，与欧美等反垄断执法机构的做法不同。一方面，剥离期内出售资产通常是合并实体自己实施的，自己不能按期完成才会产生使用剥离受托人完成剥离的情形；另一方面，商务部规定的剥离期内通过受托人出售资产，该受托人性质和地位不明，如何任命、是否需要商务部批准、与合并实体的关系，都不清楚。商务部指定新的受托人的做法，与欧美的做法一致，该受托人属于剥离期后强制剥离意义上的受托人。只有这样的受托人才可以无底价处分剥离资产。作为救济措施的资产剥离，其目的是保持竞争，而非通过出售资产获得利润最大化。如果合并当事人不能在剥离期内完成剥离，将面临受托人无底价剥离资产的结果，这对合并当事人及时完成剥离是一个促进和刺激。反垄断执法机构任命的剥离受托人对反垄断执法机构负责，资产出售价格的高低不是其关注的问题，只要将资产出售给合适的买方，就履行了职责。

剥离期内的拟剥离资产的保管，非常关键。如前所述，如果该资产失去了价值，就起不到维持或恢复竞争的作用。财产保管人对该资产的保管与经营，应与合并实体的其他资产分开，保持其独立性，并保持其活力、适销性和竞争性。

商务部在这一决定中还规定了合并当事人辉瑞公司对剥离资产购买方的技术支持义务、协助采购原材料义务和技术培训与咨询义务。总的来说，这样的规定是必要的，但从有效实施的角度看，所有的这些义务都需要具体细化。什么是合理的技术支持，什么程度上的协助，哪些方面的技术培训与咨询，都是需要明确的问题。

回头再说商务部这一决定中使用的赫氏指数。该决定指出，集中完成后的赫氏指数为2 182，增量为336，由此得出集中度明显提高，可能排除或削弱竞争。商务部借鉴其他国家的反垄断执法经验是值得称道的，但问题是，中国官方从来没有公布过有关赫氏指数的规范性文件，也没有利用赫氏指数区分市场集中度的分类。直接引用具体的赫氏指数来证明集中度提高、引发排除或削弱竞争可能，缺乏法律上的依据，缺乏说服力。

11.7 松下公司收购三洋公司

一、决定文本

中华人民共和国商务部［2009年］第82号公告

（关于附条件批准松下公司收购三洋公司反垄断审查决定的公告）①

中华人民共和国商务部收到松下株式会社（简称松下公司）与三洋电机株式会社（简称三洋公司）的经营者集中反垄断申报。经过审查，商务部决定附条件批准此项经营者集中。根据《中华人民共和国反垄断法》第三十条，现公告如下：

一、立案和审查程序

2009年1月21日，商务部收到松下公司收购三洋公司的经营者集中申报申请。经审查，商务部认为该申报材料不完整，要求申报方进一步补充完善。4月30日，申报方提交了补充材料。经审核，商务部认为经补充后的申报材料达到了法定标准，5月4日予以立案，开始初步审查。初步审查过程中，商务部认为此项收购导致合并后新企业在某些重合产品市场的份额明显增高，市场结构发生实质性改变，初步审查工作结束后，决定实施进一步审查，进一步审查截止日为9月3日。8月14日，商务部向申报方指出了审查发现的竞争问题，并要求其限期提出相应的解决方案。8月26日，申报方向商务部提出申请，请求延长进一步审查期限，以便准备解决上述竞争问题的具体方案。根据《中华人民共和国反垄断法》第二十六条，商务部决定将进一步审查期限延长60日，截止日为2009年11月3日。

二、审查内容

根据《中华人民共和国反垄断法》第二十七条，商务部从如下几个方面对此项经营者集中进行了全面审查：

（一）参与集中的经营者在相关市场的市场份额及其对市场的控制力；

（二）相关市场的市场集中度；

（三）经营者集中对市场进入、技术进步的影响；

（四）经营者集中对消费者和其他有关经营者的影响；

（五）经营者集中对国民经济发展的影响。

① http：//fldj.mofcom.gov.cn/aarticle/ztxx/200910/20091006593175.html，2009年11月5日访问。

三、审查工作

立案后，商务部书面征求了相关政府部门、行业商会和协会的意见，对申报材料及相关补充材料的真实性、完整性进行了审核，要求申报方对特定问题进行了补充和澄清。审查中，商务部要求申报方就申报双方的重叠产品种类、销售数据、产品差异性、产品的定价方式与策略、分销模式、与下游用户的谈判、产能变化以及可能存在的纵向关系等问题提供相关文件与证据。为了解相关方面意见，商务部还向涉及不同产品的39家同行竞争者和下游用户发放了调查问卷，对个别企业进行了电话采访，并赴深圳等地进行了实地调查。针对审查中发现的限制或排除竞争问题，商务部与申报方进行了充分磋商，并就消除不利影响的解决方案达成共识。

四、竞争问题

经审查，商务部确认此项集中将在以下三个产品市场产生限制或排除竞争影响：

（一）硬币型锂二次电池

硬币型锂二次电池是用于手机、摄像机等电器的后备电源。经审查，该产品构成独立的产品市场，地域市场界定为世界市场。此项集中将在该产品市场产生限制或排除竞争影响，理由是：

第一，硬币型锂二次电池市场高度集中。申报双方分别是该市场的第一和第二大生产商，合并后松下公司占据61.6%的市场份额，导致下游用户的选择权受到很大限制。由于多数下游用户有从两家以上供应商采购产品的策略，合并导致的限制竞争效果将更为显著。

第二，合并后松下公司将具有单方面提价的能力。一方面，由于市场上竞争者非常有限，合并后松下公司的提价行为难以受到有效的竞争约束；另一方面，由于合并后松下提高价格行为对其他竞争者也可能是有利的，其他竞争者缺乏与松下进行有效竞争的动力。

第三，买方力量不足以消除上述限制竞争效果。虽然部分下游大型用户具有与合并后实体抗衡的买方力量，但此种买方力量并不能扩展至其他不具备同等议价能力的中小型用户。

（二）民用镍氢电池

民用镍氢电池主要用于电动工具等电器的主电源。该产品构成独立的产品市场，相关地域市场为世界市场。此项集中将在该产品市场产生限制或排除竞争影响，理由是：

第一，民用镍氢电池市场是一个集中度较高的市场，且竞争者数量有限，合并后松下公司市场份额达46.3%，远高于其他竞争者，合并可能导致松下公司具有单方面提价的能力。

第二，指定交易可能损害市场竞争。在调查中，商务部发现部分民用镍氢电池下游用户的需求方指定要求该下游用户使用三洋或松下品牌的电池产品。此种指定交易方式抑制了市场竞争，导致其他品牌的电池产品受到排挤，合并将进一步加剧此种限制竞争的效果。

第三，镍氢电池市场发展趋缓，较难吸引充分的市场进入抵消上述限制和排除竞争效果。

（三）车用镍氢电池

车用镍氢电池是为混合动力汽车或纯电动汽车提供驱动动力的电池。此项集中将在该产品市场产生限制或排除竞争的影响，理由是：

该市场高度集中，其中松下公司和丰田公司合资设立的企业——松下EV能源株式会社（简称PEVE公司）在该市场占77%的市场份额，具有绝对优势地位，加之市场上其他竞争者仅限于申报双方。合并将导致该市场竞争者数量进一步减少，松下公司很可能利用其在PEVE公司的影响力进一步削弱市场竞争。

五、附加限制性条件的商谈

为了解决上述竞争问题，根据《反垄断法》第二十九条的规定，2009年8月20日、8月26日、9月10日、9月24日、10月20日，商务部与申报方就救济方案进行了多次商谈。2009年10月22日，申报方提出了最终救济方案。经过评估，商务部确认该救济方案足以消除此项集中对中国市场造成的不利影响。

六、审查决定

鉴于松下公司与三洋公司的经营者集中将对硬币型锂二次电池、民用镍氢电池和车用镍氢电池等相关产品市场产生限制或排除竞争效果，为了减少集中对市场竞争产生的不利影响，商务部决定附条件批准此项集中，要求松下公司和三洋公司履行如下义务：

（一）关于硬币型锂二次电池

1. 剥离三洋公司目前全部的硬币型锂二次电池业务，即将三洋公司位于日本鸟取县岩见町的鸟取工厂的硬币型锂二次电池业务全部转让给独立第三方（购买人）。遴选购买人应按照有利于被剥离业务的发展和有利于市场竞争的原则进行，并需经商务部批准。三洋公司根据该购买人的需求，向购买人转让包括经营硬币型锂二次电池业务所需的生产设备、销售、研发部门及客户资源在内的相关资产；同时，三洋公司将许可购买人使用其所拥有的硬币型锂二次电池生产相关的专用知识产权。

2. 松下公司和三洋公司应在本次经营者集中完成日之后6个月内完成上述消除影响措施。如在该期限内未能实施完毕，可再延长6个月，但事前必须取得商务部批准。如果集中双方在该延长期内仍未能完成前述消除影响措施，则商务部有权指定独立受托人将前述拟剥离业务转让给独立第三方。

3. 从本次经营者集中完成之日至前述措施实施完毕之日的期间内，松下公司与三洋公司的相关事业主体独立运营，不得向对方披露有关价格、客户信息及其他竞争性信息，为履行法定义务而披露的信息不在此限。

（二）关于民用镍氢电池

剥离三洋公司或松下公司其中一方的民用镍氢电池业务，具体剥离对象可由集中双方确定，具体剥离方案确定前须取得商务部批准。

1. 三洋将其在日本群马县高崎市的高崎工厂的民用镍氢电池业务转让给独立的第三方（购买人）；三洋将其在中国江苏省的苏州工厂生产的Sub-C·D型电池通过OEM形式供应给该购买人。三洋根据该购买人的需求，向购买人转让包括经营民用镍氢电池业务所需的生产设备、销售、研发部门及客户资源在内的资产，并许可该购买人使用其拥有的民用镍氢电池生产相关的知识产权。或者松下公司将其在江苏省无锡工厂的民用镍氢电池业务转让给购买人。松下公司根据该购买人的需求，向购买人转让包括经营民用镍氢电池事业所需的生产设备、销售、研发部门及客户资源在内的资产，并许可该购买人使用其拥有的民用镍氢电池生产相关的知识产权。

遴选购买人应按照有利于被剥离业务的发展和有利于市场竞争的原则进行，并需经商务部批准。

2. 集中双方应在本次经营者集中完成日之后6个月内实施前述消除影响措施，如在该期限内未能实施，在取得商务部认可后，可再延长6个月。集中双方如果在该延长期内仍未能实施完毕前述消除影响措施，则商务部有权指定独立的受托人将前述拟剥离事业转让给独立第三方。

3. 从本次经营者集中完成至前述措施实施完毕的期间内，松下公司与三洋公司的相关事业主体独立运营，不得向对方披露有关价格、客户的信息及其他竞争性信息，为履行法定义务而披露的信息不在此限。

（三）关于车用镍氢电池

1. 关于松下公司剥离其车用镍氢电池业务

第一，松下公司将其在日本神奈川县茅崎市的湘南工厂的HEV用镍氢电池业务转让给独立第三方（购买人）。遴选购买人应按照有利于被剥离业务的发展和有利于市场竞争的原则进行，并需经商务部批准。松下公司根据该购买人的需求，向购买人转让包括经营车用镍氢电池事业所需的生产设备、销售、研发部门及客户资源在内的资产，并许可该购买人使用其拥有的HEV用镍氢电池生产相关的知识产权。

第二，集中双方应在本次经营者集中完成日之后6个月内实施前述消除影响措施，如在该期限内未能实施完毕，在取得商务部认可后，可再延长6个月。集中双方如果在该延长期内仍未能实施完毕前述消除影响措施，则商务部有权指定独立的受托人将前述拟剥离事业转让给独立第三方。

第三，从本次经营者集中完成至前述措施实施完毕的期间内，松下公司与三洋公司的相关事业主体独立运营，不得向对方披露有关价格、客户的信息及其他竞争性信息，为履行法定义务而披露的信息不在此限。

2. 关于PEVE公司

第一，松下公司对PEVE的出资比例从目前的40%降到19.5%；

第二，松下公司放弃在PEVE股东大会的表决权；

第三，松下公司放弃对PEVE的董事委派权；

第四，松下公司放弃与PEVE的母公司丰田汽车的合资合同中关于车用镍氢电池业务的否决权；

第五，PEVE公司名称变更为不含“Panasonic”字样的公司名称。

前述措施应在本次经营者集中完成日之后6个月以内实施完毕，且在三年内对该措施内容不进行任何变更。终止该消除影响措施时，须获得商务部的认可。

本决定自公告之日起生效。

中华人民共和国商务部

二〇〇九年十月三十日

二、点评

这是商务部发布的第5起附条件批准经营者集中的案件。经验增多，挑战更大。

与前几起案件相比，本起案件的最大特点是其相关地域市场是世界市场，拟剥离的业务、拟实施的行为都在中国境外。中国反垄断执法机构如何保证这些承诺得到有效实施，是这一起案件最大的问题。

本案涉及三种不同产品，硬币型锂二次电池、民用镍氢电池和车用镍氢电池。与每种产品相关的反竞争效果基本类似，市场集中度高，合并企业占有很高的市场份额，市场进入难度大，或买方力量不足以抵消反竞争效果。这些认定，足以得出这一经营者集中产生反竞争效果。

在这一案件中，商务部的决定主要采取了资产剥离的救济措施。无论是硬币型锂二次电池市场，还是民用镍氢电池市场，或车用镍氢电池市场，商务部都接受了合并当事人提出的资产剥离的救济方案。对于硬币型锂二次电池，剥离合并一方日本三洋公司在日本境内鸟取县岩见町的鸟取工厂的硬币型锂二次电池业务。对于民用镍氢电池，剥离合并双方中任一方的业务，具体剥离哪一方的业务，由双方协商而定。如剥离三洋业务，则剥离三洋公司在日本境内群马县高崎市的高崎工厂的民用镍氢电池业务，及三洋公司在中国江苏苏州的相关业务；如剥离松下公司的业务，则剥离松下公司在中国江苏无锡的相关业务。对于车用镍氢电池，剥离松下公司在日本神奈川县茅崎市的湘南工厂的相关业务，同时要求松下公司降低在与丰田公司的合资公司 PEVE 公司中的股份，并放弃在股东大会中的表决权，放弃董事委派权，放弃与 PEVE 的母公司丰田汽车的合资合同中关于车用镍氢电池业务的否决权，PEVE 公司名称变更为不含“Panasonic”（松下）字样的公司名称。

上述这些救济措施，除剥离合并当事人在中国的相关业务外，其余都是在日本实施的措施。这就涉及商务部的决定能否在日本境内得到实施的根本性问题。虽然这些承诺是合并当事人自己提出的，似乎表明它们愿意改造这些承诺，但如果它们改变意愿，或者出现了困难或变化，这些承诺能否得到切实的、有效的履行，是一个未知数。

非常清楚的一点是，中国商务部不可能到日本执行这一决定。迄今为止，中国和日本政府之间也没有就反垄断执法的合作问题签订双边协定。如果说合并当事人给中国商务部画了一个充饥的饼，似乎并不夸张。

实事求是来说，在缺乏监督、保障相关承诺得到执行的有效手段的情况下，中国商务部接受这样的承诺，有一定的冒险。这也表明，对于跨境或境外的经营者集中，反竞争效果的救济面临着非常复杂的情形和很大的困难。要很好地解决这一问题，既需要当事人善意履行承诺，也需要反垄断执法当局密切的良好合作。这将是中国反垄断执法机构下一步需解决的重大问题。

11.8 诺华股份公司收购爱尔康公司

一、决定文本

中华人民共和国商务部公告［2010 年］第 53 号

（关于附条件批准诺华股份公司收购爱尔康公司反垄断审查决定的公告）①

中华人民共和国商务部收到诺华股份公司（简称诺华）收购爱尔康公司（简称爱尔康）的经营者集中反垄断申报。经过审查，商务部决定附条件批准此项经营者集中。根据《中华人民共和国反垄断法》第三十条，现公告如下：

一、立案和审查程序

2010 年 4 月 20 日，商务部收到诺华收购爱尔康的经营者集中申报申请，经审核，商务部认为申报材料达到了法定标准，予以立案，开始初步审查。初步审查过程中，商务部认为此项集中可能存在排除、限制竞争的问题，于 5 月 17 日决定实施进一步审查，进一步审查截止日期为 8 月 14 日。

二、审查内容

根据《中华人民共和国反垄断法》第二十七条，商务部从如下几个方面对此项经营者集中进行了全面审查：

（一）参与集中的经营者在相关市场的市场份额及其对市场的控制力；

（二）相关市场的市场集中度；

（三）经营者集中对市场进入、技术进步的影响；

（四）经营者集中对消费者和其他有关经营者的影响；

（五）经营者集中对国民经济发展的影响。

三、审查工作

立案后，商务部书面征求了相关政府部门、行业协会的意见，对申报材料及相

① http：//fldj.mofcom.gov.cn/aarticle/ztxx/201008/20100807080639.html，2011 年 1 月 4 日访问。

关补充材料的真实性、完整性进行了审核，要求申报方对特定问题进行了补充和澄清。审查中，商务部要求申报方就集中双方的重叠产品在中国和全球的市场份额情况、产品定价机制与销售模式、产品的性能和品质、行业监管政策以及市场参与者与申报方的关联关系等问题提供相关文件与证据。为了解相关方面意见，商务部还就关注问题向同行竞争者征求意见，对个别企业进行了电话调查。针对审查中发现的排除、限制竞争问题，商务部与申报方进行了充分磋商，并就消除不利影响的解决方案达成共识。

四、竞争问题

经审查，商务部认为此项集中可能在以下两个商品市场产生排除、限制竞争的不利影响：

（一）眼科抗炎/抗感染化合物

眼科抗炎/抗感染化合物适应证为抗炎和抗细菌，用于治疗眼睛发炎/眼部感染，特别适用于眼科手术后的眼睛发炎/眼部感染。经审查，该类产品构成独立的相关商品市场，诺华和爱尔康在中国销售的品牌分别为易妥芬和典必殊。申报材料表明，交易双方集中后在全球的市场份额超过55%，在中国的市场份额超过60%。目前，爱尔康在中国的市场份额超过60%，诺华在中国的市场份额不足1%。根据申报材料，诺华已经作出决策，将策略性地退出全球和中国市场。分析表明，诺华仍是中国市场竞争的参与者，如果诺华仅是为本次交易做出的策略性退出，在交易后有能力重新加大该产品在中国的投放，达到一定程度后，可能会在中国范围内会产生排除、限制竞争的效果。

（二）关于隐形眼镜护理产品

申报材料表明，交易双方集中后在全球的市场份额接近60%，远高于其他竞争对手。在中国境内双方的市场份额接近20%，集中后的企业将成为中国市场中第二大企业。海昌隐形眼镜有限公司（简称海昌）为中国市场中第一大生产和销售企业，市场份额超过30%。

审查查明，2008年，诺华的全资子公司上海视康贸易有限公司（简称上海视康）与海昌签署了《销售和分销协议》，海昌成为上海视康在中国境内唯一的经销商。通过该协议双方建立了战略性合作伙伴关联关系。

该协议有可能导致集中后的企业和海昌在销售此类产品时，在产品价格、数量、销售区域等方面进行协调，从而可能具有排除、限制竞争的效果。

五、附加限制性条件的商谈

为了解决上述竞争问题,根据《反垄断法》第二十九条的规定,2010年8月6日、8月9日,商务部与申报方就限制性条件进行了多次商谈。2010年8月9日,申报方提出了减少集中对竞争产生不利影响的最终救济措施。经过评估,商务部认为该最终救济措施可以减少此项集中对中国市场可能造成的不利影响。

六、审查决定

鉴于诺华与爱尔康的经营者集中可能对眼科抗炎/抗感染化合物和隐形眼镜护理商品市场产生排除、限制竞争效果,为了减少集中对市场竞争产生的不利影响,商务部决定附条件批准此项集中,要求诺华和爱尔康履行如下义务:

(一)关于眼科抗炎/抗感染化合物。

截至2010年底,诺华全面停止向中国销售易妥芬产品;同时,在商务部审查决定生效之日起5年内,诺华不得重新将易妥芬产品或以新名称出现的同样产品投放中国市场,不得将其在本交易交割前所拥有的,诺华在中国之外的其他国家销售的眼科抗炎/抗感染化合物产品投放中国市场。在此5年期内,自审查决定生效之日起的每一周年,诺华应向商务部汇报履行承诺的情况。

(二)关于隐形眼镜护理产品。

在商务部审查决定生效之日起12个月内,诺华终止上海视康与海昌隐形眼镜公司之间的《销售和分销协议》。诺华应在终止《销售和分销协议》一周之内向商务部汇报履行承诺的情况。

自本决定生效之日起,商务部有权对上述限制性条件的实施进行监督检查;诺华应当根据商务部《关于实施经营者集中资产或业务剥离的暂行规定》,委托监督受托人对其履行义务的情况进行监督。

本决定自公告之日起生效。

中华人民共和国商务部

二〇一〇年八月十三日

二、点评

这是迄今为止中国商务部反垄断局附条件批准的第6起案件,也是2010年唯一的一起附条件批准并购案件。

本案涉及两种产品，一是眼科抗炎/抗感染化合物，另一是隐形眼镜护理产品。诺华收购爱尔康后，这两种产品在世界市场的市场份额都超过55%以上，但在中国的市场份额却存在很大差异：前者占60%以上，后者占20%左右。前一种情形下，很明显涉及市场份额过高的问题，而且诺华在申报中只是表明暂时性的退却，让人不禁产生“胡汉三又回来”的担忧。后一种情形下，虽然就市场份额看不存在竞争问题，合并后合并企业在中国既不是中国市场老大，市场份额也较低，但合并前合并企业之一诺华与中国境内其他企业的关系，却引起竞争担忧：诺华与中国市场最大企业海昌公司结成了战略性合作伙伴关系，如果任其自然发展，相当于合并后中国市场上只剩下了一家企业。套用合并效果评估的反竞争效果理论，前一种情形属于单方效果理论，两家企业规模重叠，形成过大规模；后一种情形属于非单方效果理论，消除竞争者或形成协同效应。

正是针对上述两种不同情形，商务部反垄断局“量身定做”，设计了解决具体竞争问题的方案。针对市场份额过大问题，采取了禁止诺华5年内在中国市场投放同类产品的措施。这一措施，可谓符合我们前文中分析过的救济措施要求：救济需要、措施需要、程度需要。将救济限制限制在有理、有利、有节的限度内。

针对诺华与非合并企业海昌之间通过签署《销售和分销协议》形成的战略性合作伙伴关联关系，最好的方法当然是切断这一联系，使它们形成直接独立的竞争关系，激活市场竞争。商务部反垄断局也正是基于这一考虑，要求诺华与海昌近期终止这一协议。这种救济方式，既简便易行，又富有效果，还便于监督。

结合前几起附条件批准的案件看，商务部反垄断局处理附条件问题，有点得心应手了。

附录一　中华人民共和国反垄断法及相关规章

中华人民共和国反垄断法

（2007年8月30日第十届全国人民代表大会常务委员会第二十九次会议通过）

目　　录

第一章　总　　则

第一条　为了预防和制止垄断行为，保护市场公平竞争，提高经济运行效率，维护消费者利益和社会公共利益，促进社会主义市场经济健康发展，制定本法。

第二条 中华人民共和国境内经济活动中的垄断行为，适用本法；中华人民共和国境外的垄断行为，对境内市场竞争产生排除、限制影响的，适用本法。

第三条 本法规定的垄断行为包括：

（一）经营者达成垄断协议；

（二）经营者滥用市场支配地位；

（三）具有或者可能具有排除、限制竞争效果的经营者集中。

第四条 国家制定和实施与社会主义市场经济相适应的竞争规则，完善宏观调控，健全统一、开放、竞争、有序的市场体系。

第五条 经营者可以通过公平竞争、自愿联合，依法实施集中，扩大经营规模，提高市场竞争能力。

第六条 具有市场支配地位的经营者，不得滥用市场支配地位，排除、限制竞争。

第七条 国有经济占控制地位的关系国民经济命脉和国家安全的行业以及依法实行专营专卖的行业，国家对其经营者的合法经营活动予以保护，并对经营者的经营行为及其商品和服务的价格依法实施监管和调控，维护消费者利益，促进技术进步。

前款规定行业的经营者应当依法经营，诚实守信，严格自律，接受社会公众的监督，不得利用其控制地位或者专营专卖地位损害消费者利益。

第八条 行政机关和法律、法规授权的具有管理公共事务职能的组织不得滥用行政权力，排除、限制竞争。

第九条 国务院设立反垄断委员会，负责组织、协调、指导反垄断工作，履行下列职责：

（一）研究拟订有关竞争政策；

（二）组织调查、评估市场总体竞争状况，发布评估报告；

（三）制定、发布反垄断指南；

（四）协调反垄断行政执法工作；

（五）国务院规定的其他职责。

国务院反垄断委员会的组成和工作规则由国务院规定。

第十条 国务院规定的承担反垄断执法职责的机构（以下统称国务院反垄断执法机构）依照本法规定，负责反垄断执法工作。

国务院反垄断执法机构根据工作需要，可以授权省、自治区、直辖市人民政府相应的机构，依照本法规定负责有关反垄断执法工作。

第十一条 行业协会应当加强行业自律，引导本行业的经营者依法竞争，维护市场竞争秩序。

第十二条 本法所称经营者，是指从事商品生产、经营或者提供服务的自然人、法人和其他组织。

本法所称相关市场，是指经营者在一定时期内就特定商品或者服务（以下统称商品）进行竞争的商品范围和地域范围。

第二章 垄断协议

第十三条 禁止具有竞争关系的经营者达成下列垄断协议：

（一）固定或者变更商品价格；

（二）限制商品的生产数量或者销售数量；

（三）分割销售市场或者原材料采购市场；

（四）限制购买新技术、新设备或者限制开发新技术、新产品；

（五）联合抵制交易；

（六）国务院反垄断执法机构认定的其他垄断协议。

本法所称垄断协议，是指排除、限制竞争的协议、决定或者其他协同行为。

第十四条 禁止经营者与交易相对人达成下列垄断协议：

（一）固定向第三人转售商品的价格；

（二）限定向第三人转售商品的最低价格；

（三）国务院反垄断执法机构认定的其他垄断协议。

第十五条 经营者能够证明所达成的协议属于下列情形之一的，不适用本法第十三条、第十四条的规定：

（一）为改进技术、研究开发新产品的；

（二）为提高产品质量、降低成本、增进效率，统一产品规格、标准或者实行专业化分工的；

（三）为提高中小经营者经营效率，增强中小经营者竞争力的；

（四）为实现节约能源、保护环境、救灾救助等社会公共利益的；

（五）因经济不景气，为缓解销售量严重下降或者生产明显过剩的；

（六）为保障对外贸易和对外经济合作中的正当利益的；

（七）法律和国务院规定的其他情形。

属于前款第一项至第五项情形，不适用本法第十三条、第十四条规定的，经营者还应当证明所达成的协议不会严重限制相关市场的竞争，并且能够使消费者分享由此产生的利益。

第十六条 行业协会不得组织本行业的经营者从事本章禁止的垄断行为。

第三章 滥用市场支配地位

第十七条 禁止具有市场支配地位的经营者从事下列滥用市场支配地位的行为：

（一）以不公平的高价销售商品或者以不公平的低价购买商品；

（二）没有正当理由，以低于成本的价格销售商品；

（三）没有正当理由，拒绝与交易相对人进行交易；

（四）没有正当理由，限定交易相对人只能与其进行交易或者只能与其指定的经营者进行交易；

（五）没有正当理由搭售商品，或者在交易时附加其他不合理的交易条件；

（六）没有正当理由，对条件相同的交易相对人在交易价格等交易条件上实行差别待遇；

（七）国务院反垄断执法机构认定的其他滥用市场支配地位的行为。

本法所称市场支配地位，是指经营者在相关市场内具有能够控制商品价格、数量或者其他交易条件，或者能够阻碍、影响其他经营者进入相关市场能力的市场地位。

第十八条 认定经营者具有市场支配地位，应当依据下列因素：

（一）该经营者在相关市场的市场份额，以及相关市场的竞争状况；

（二）该经营者控制销售市场或者原材料采购市场的能力；

（三）该经营者的财力和技术条件；

（四）其他经营者对该经营者在交易上的依赖程度；

（五）其他经营者进入相关市场的难易程度；

（六）与认定该经营者市场支配地位有关的其他因素。

第十九条 有下列情形之一的，可以推定经营者具有市场支配地位：

（一）一个经营者在相关市场的市场份额达到二分之一的；

（二）两个经营者在相关市场的市场份额合计达到三分之二的；

（三）三个经营者在相关市场的市场份额合计达到四分之三的。

有前款第二项、第三项规定的情形，其中有的经营者市场份额不足十分之一的，不应当推定该经营者具有市场支配地位。

被推定具有市场支配地位的经营者，有证据证明不具有市场支配地位的，不应当认定其具有市场支配地位。

第四章　经营者集中

第二十条　经营者集中是指下列情形：

（一）经营者合并；

（二）经营者通过取得股权或者资产的方式取得对其他经营者的控制权；

（三）经营者通过合同等方式取得对其他经营者的控制权或者能够对其他经营者施加决定性影响。

第二十一条　经营者集中达到国务院规定的申报标准的，经营者应当事先向国务院反垄断执法机构申报，未申报的不得实施集中。

第二十二条　经营者集中有下列情形之一的,可以不向国务院反垄断执法机构申报：

（一）参与集中的一个经营者拥有其他每个经营者百分之五十以上有表决权的股份或者资产的；

（二）参与集中的每个经营者百分之五十以上有表决权的股份或者资产被同一个未参与集中的经营者拥有的。

第二十三条　经营者向国务院反垄断执法机构申报集中，应当提交下列文件、资料：

（一）申报书；

（二）集中对相关市场竞争状况影响的说明；

（三）集中协议；

（四）参与集中的经营者经会计师事务所审计的上一会计年度财务会计报告；

（五）国务院反垄断执法机构规定的其他文件、资料。

申报书应当载明参与集中的经营者的名称、住所、经营范围、预定实施集中的日期和国务院反垄断执法机构规定的其他事项。

第二十四条　经营者提交的文件、资料不完备的，应当在国务院反垄断执法机构规定的期限内补交文件、资料。经营者逾期未补交文件、资料的，视为未申报。

第二十五条 国务院反垄断执法机构应当自收到经营者提交的符合本法第二十三条规定的文件、资料之日起三十日内，对申报的经营者集中进行初步审查，作出是否实施进一步审查的决定，并书面通知经营者。国务院反垄断执法机构作出决定前，经营者不得实施集中。

国务院反垄断执法机构作出不实施进一步审查的决定或者逾期未作出决定的，经营者可以实施集中。

第二十六条 国务院反垄断执法机构决定实施进一步审查的，应当自决定之日起九十日内审查完毕，作出是否禁止经营者集中的决定，并书面通知经营者。作出禁止经营者集中的决定，应当说明理由。审查期间，经营者不得实施集中。

有下列情形之一的，国务院反垄断执法机构经书面通知经营者，可以延长前款规定的审查期限，但最长不得超过六十日：

（一）经营者同意延长审查期限的；

（二）经营者提交的文件、资料不准确，需要进一步核实的；

（三）经营者申报后有关情况发生重大变化的。

国务院反垄断执法机构逾期未作出决定的，经营者可以实施集中。

第二十七条 审查经营者集中，应当考虑下列因素：

（一）参与集中的经营者在相关市场的市场份额及其对市场的控制力；

（二）相关市场的市场集中度；

（三）经营者集中对市场进入、技术进步的影响；

（四）经营者集中对消费者和其他有关经营者的影响；

（五）经营者集中对国民经济发展的影响；

（六）国务院反垄断执法机构认为应当考虑的影响市场竞争的其他因素。

第二十八条 经营者集中具有或者可能具有排除、限制竞争效果的，国务院反垄断执法机构应当作出禁止经营者集中的决定。但是，经营者能够证明该集中对竞争产生的有利影响明显大于不利影响，或者符合社会公共利益的，国务院反垄断执法机构可以作出对经营者集中不予禁止的决定。

第二十九条 对不予禁止的经营者集中，国务院反垄断执法机构可以决定附加减少集中对竞争产生不利影响的限制性条件。

第三十条 国务院反垄断执法机构应当将禁止经营者集中的决定或者对经营者集中附加限制性条件的决定，及时向社会公布。

第三十一条 对外资并购境内企业或者以其他方式参与经营者集中，涉及国家安全的，除依照本法规定进行经营者集中审查外，还应当按照国家有关规定进行国家安全审查。

第五章 滥用行政权力排除、限制竞争

第三十二条 行政机关和法律、法规授权的具有管理公共事务职能的组织不得滥用行政权力，限定或者变相限定单位或者个人经营、购买、使用其指定的经营者提供的商品。

第三十三条 行政机关和法律、法规授权的具有管理公共事务职能的组织不得滥用行政权力，实施下列行为，妨碍商品在地区之间的自由流通：

（一）对外地商品设定歧视性收费项目、实行歧视性收费标准，或者规定歧视性价格；

（二）对外地商品规定与本地同类商品不同的技术要求、检验标准，或者对外地商品采取重复检验、重复认证等歧视性技术措施，限制外地商品进入本地市场；

（三）采取专门针对外地商品的行政许可，限制外地商品进入本地市场；

（四）设置关卡或者采取其他手段，阻碍外地商品进入或者本地商品运出；

（五）妨碍商品在地区之间自由流通的其他行为。

第三十四条 行政机关和法律、法规授权的具有管理公共事务职能的组织不得滥用行政权力，以设定歧视性资质要求、评审标准或者不依法发布信息等方式，排斥或者限制外地经营者参加本地的招标投标活动。

第三十五条 行政机关和法律、法规授权的具有管理公共事务职能的组织不得滥用行政权力，采取与本地经营者不平等待遇等方式，排斥或者限制外地经营者在本地投资或者设立分支机构。

第三十六条 行政机关和法律、法规授权的具有管理公共事务职能的组织不得滥用行政权力，强制经营者从事本法规定的垄断行为。

第三十七条 行政机关不得滥用行政权力，制定含有排除、限制竞争内容的规定。

第六章 对涉嫌垄断行为的调查

第三十八条 反垄断执法机构依法对涉嫌垄断行为进行调查。

对涉嫌垄断行为，任何单位和个人有权向反垄断执法机构举报。反垄断执法机构应当为举报人保密。

举报采用书面形式并提供相关事实和证据的，反垄断执法机构应当进行必要的调查。

第三十九条 反垄断执法机构调查涉嫌垄断行为，可以采取下列措施：

（一）进入被调查的经营者的营业场所或者其他有关场所进行检查；

（二）询问被调查的经营者、利害关系人或者其他有关单位或者个人，要求其说明有关情况；

（三）查阅、复制被调查的经营者、利害关系人或者其他有关单位或者个人的有关单证、协议、会计账簿、业务函电、电子数据等文件、资料；

（四）查封、扣押相关证据；

（五）查询经营者的银行账户。

采取前款规定的措施，应当向反垄断执法机构主要负责人书面报告，并经批准。

第四十条 反垄断执法机构调查涉嫌垄断行为，执法人员不得少于二人，并应当出示执法证件。

执法人员进行询问和调查，应当制作笔录，并由被询问人或者被调查人签字。

第四十一条 反垄断执法机构及其工作人员对执法过程中知悉的商业秘密负有保密义务。

第四十二条 被调查的经营者、利害关系人或者其他有关单位或者个人应当配合反垄断执法机构依法履行职责，不得拒绝、阻碍反垄断执法机构的调查。

第四十三条 被调查的经营者、利害关系人有权陈述意见。反垄断执法机构应当对被调查的经营者、利害关系人提出的事实、理由和证据进行核实。

第四十四条 反垄断执法机构对涉嫌垄断行为调查核实后，认为构成垄断行为的，应当依法作出处理决定，并可以向社会公布。

第四十五条 对反垄断执法机构调查的涉嫌垄断行为，被调查的经营者承诺在反垄断执法机构认可的期限内采取具体措施消除该行为后果的，反垄断执法机构可以决定中止调查。中止调查的决定应当载明被调查的经营者承诺的具体内容。

反垄断执法机构决定中止调查的，应当对经营者履行承诺的情况进行监督。经营者履行承诺的，反垄断执法机构可以决定终止调查。

有下列情形之一的，反垄断执法机构应当恢复调查：

（一）经营者未履行承诺的；

（二）作出中止调查决定所依据的事实发生重大变化的；

（三）中止调查的决定是基于经营者提供的不完整或者不真实的信息作出的。

第七章 法律责任

第四十六条 经营者违反本法规定，达成并实施垄断协议的，由反垄断执法机构责令停止违法行为，没收违法所得，并处上一年度销售额百分之一以上百分之十以下的罚款；尚未实施所达成的垄断协议的，可以处五十万元以下的罚款。

经营者主动向反垄断执法机构报告达成垄断协议的有关情况并提供重要证据的，反垄断执法机构可以酌情减轻或者免除对该经营者的处罚。

行业协会违反本法规定，组织本行业的经营者达成垄断协议的，反垄断执法机构可以处五十万元以下的罚款；情节严重的，社会团体登记管理机关可以依法撤销登记。

第四十七条 经营者违反本法规定，滥用市场支配地位的，由反垄断执法机构责令停止违法行为，没收违法所得，并处上一年度销售额百分之一以上百分之十以下的罚款。

第四十八条 经营者违反本法规定实施集中的，由国务院反垄断执法机构责令停止实施集中、限期处分股份或者资产、限期转让营业以及采取其他必要措施恢复到集中前的状态，可以处五十万元以下的罚款。

第四十九条 对本法第四十六条、第四十七条、第四十八条规定的罚款，反垄断执法机构确定具体罚款数额时，应当考虑违法行为的性质、程度和持续的时间等因素。

第五十条 经营者实施垄断行为，给他人造成损失的，依法承担民事责任。

第五十一条 行政机关和法律、法规授权的具有管理公共事务职能的组织滥用行政权力，实施排除、限制竞争行为的，由上级机关责令改正；对直接负责的主管人员和其他直接责任人员依法给予处分。反垄断执法机构可以向有关上级机关提出依法处理的建议。

法律、行政法规对行政机关和法律、法规授权的具有管理公共事务职能的组织滥用行政权力实施排除、限制竞争行为的处理另有规定的，依照其规定。

第五十二条 对反垄断执法机构依法实施的审查和调查，拒绝提供有关材料、信息，或者提供虚假材料、信息，或者隐匿、销毁、转移证据，或者有其他拒绝、阻碍调查行为的，由反垄断执法机构责令改正，对个人可以处二万元以下的罚款，对单位可以处二十万元以下的罚款；情节严重的，对个人处二万元以上十万元以下的罚款，对单位处二十万元以上一百万元以下的罚款；构成犯罪的，依法追究刑事责任。

第五十三条 对反垄断执法机构依据本法第二十八条、第二十九条作出的决定不服的，可以先依法申请行政复议；对行政复议决定不服的，可以依法提起行政诉讼。

对反垄断执法机构作出的前款规定以外的决定不服的，可以依法申请行政复议或者提起行政诉讼。

第五十四条 反垄断执法机构工作人员滥用职权、玩忽职守、徇私舞弊或者泄露执法过程中知悉的商业秘密，构成犯罪的，依法追究刑事责任；尚不构成犯罪的，依法给予处分。

第八章 附 则

第五十五条 经营者依照有关知识产权的法律、行政法规规定行使知识产权的行为，不适用本法；但是，经营者滥用知识产权，排除、限制竞争的行为，适用本法。

第五十六条 农业生产者及农村经济组织在农产品生产、加工、销售、运输、储存等经营活动中实施的联合或者协同行为，不适用本法。

第五十七条 本法自 2008 年 8 月 1 日起施行。

国务院关于经营者集中申报标准的规定

（2008 年 8 月 1 日国务院第 20 次常务会议通过）

第一条 为了明确经营者集中的申报标准，根据《中华人民共和国反垄断法》，制定本规定。

第二条 经营者集中是指下列情形：

（一）经营者合并；

（二）经营者通过取得股权或者资产的方式取得对其他经营者的控制权；

（三）经营者通过合同等方式取得对其他经营者的控制权或者能够对其他经营者施加决定性影响。

第三条 经营者集中达到下列标准之一的，经营者应当事先向国务院商务主管部门申报，未申报的不得实施集中：

（一）参与集中的所有经营者上一会计年度在全球范围内的营业额合计超过 100 亿元人民币，并且其中至少两个经营者上一会计年度在中国境内的营业额均超过 4 亿元人民币；

（二）参与集中的所有经营者上一会计年度在中国境内的营业额合计超过20亿元人民币，并且其中至少两个经营者上一会计年度在中国境内的营业额均超过4亿元人民币。

营业额的计算，应当考虑银行、保险、证券、期货等特殊行业、领域的实际情况，具体办法由国务院商务主管部门会同国务院有关部门制定。

第四条 经营者集中未达到本规定第三条规定的申报标准，但按照规定程序收集的事实和证据表明该经营者集中具有或者可能具有排除、限制竞争效果的，国务院商务主管部门应当依法进行调查。

第五条 本规定自公布之日起施行。

国务院反垄断委员会关于相关市场界定的指南

（二〇〇九年五月二十四日）

第一章 总 则

第一条 指南的目的和依据

为了给相关市场界定提供指导，提高国务院反垄断执法机构执法工作的透明度，根据《中华人民共和国反垄断法》（以下称《反垄断法》），制定本指南。

第二条 界定相关市场的作用

任何竞争行为（包括具有或可能具有排除、限制竞争效果的行为）均发生在一定的市场范围内。界定相关市场就是明确经营者竞争的市场范围。在禁止经营者达成垄断协议、禁止经营者滥用市场支配地位、控制具有或者可能具有排除、限制竞争效果的经营者集中等反垄断执法工作中，均可能涉及相关市场的界定问题。

科学合理地界定相关市场，对识别竞争者和潜在竞争者、判定经营者市场份额和市场集中度、认定经营者的市场地位、分析经营者的行为对市场竞争的影响、判断经营者行为是否违法以及在违法情况下需承担的法律责任等关键问题，具有重要的作用。因此，相关市场的界定通常是对竞争行为进行分析的起点，是反垄断执法工作的重要步骤。

第三条 相关市场的含义

相关市场是指经营者在一定时期内就特定商品或者服务（以下统称商品）进行竞争的商品范围和地域范围。在反垄断执法实践中，通常需要界定相关商品市场和相关地域市场。

相关商品市场，是根据商品的特性、用途及价格等因素，由需求者认为具有较为紧密替代关系的一组或一类商品所构成的市场。这些商品表现出较强的竞争关系，在反垄断执法中可以作为经营者进行竞争的商品范围。

相关地域市场，是指需求者获取具有较为紧密替代关系的商品的地理区域。这些地域表现出较强的竞争关系，在反垄断执法中可以作为经营者进行竞争的地域范围。

当生产周期、使用期限、季节性、流行时尚性或知识产权保护期限等已构成商品不可忽视的特征时，界定相关市场还应考虑时间性。

在技术贸易、许可协议等涉及知识产权的反垄断执法工作中，可能还需要界定相关技术市场，考虑知识产权、创新等因素的影响。

第二章　界定相关市场的基本依据

第四条　替代性分析

在反垄断执法实践中，相关市场范围的大小主要取决于商品（地域）的可替代程度。

在市场竞争中对经营者行为构成直接和有效竞争约束的，是市场里存在需求者认为具有较强替代关系的商品或能够提供这些商品的地域，因此，界定相关市场主要从需求者角度进行需求替代分析。当供给替代对经营者行为产生的竞争约束类似于需求替代时，也应考虑供给替代。

第五条　需求替代

需求替代是根据需求者对商品功能用途的需求、质量的认可、价格的接受以及获取的难易程度等因素，从需求者的角度确定不同商品之间的替代程度。

原则上，从需求者角度来看，商品之间的替代程度越高，竞争关系就越强，就越可能属于同一相关市场。

第六条　供给替代

供给替代是根据其他经营者改造生产设施的投入、承担的风险、进入目标市场的时间等因素，从经营者的角度确定不同商品之间的替代程度。

原则上，其他经营者生产设施改造的投入越少，承担的额外风险越小，提供紧密替代商品越迅速，则供给替代程度就越高，界定相关市场尤其在识别相关市场参与者时就应考虑供给替代。

第三章　界定相关市场的一般方法

第七条　界定相关市场的方法概述

界定相关市场的方法不是唯一的。在反垄断执法实践中，根据实际情况，可能使用不同的方法。界定相关市场时，可以基于商品的特征、用途、价格等因素进行需求替代分析，必要时进行供给替代分析。在经营者竞争的市场范围不够清晰或不易确定时，可以按照“假定垄断者测试”的分析思路（具体见第十条）来界定相关市场。

反垄断执法机构鼓励经营者根据案件具体情况运用客观、真实的数据，借助经济学分析方法来界定相关市场。

无论采用何种方法界定相关市场，都要始终把握商品满足消费者需求的基本属性，并以此作为对相关市场界定中出现明显偏差时进行校正的依据。

第八条　界定相关商品市场考虑的主要因素

从需求替代角度界定相关商品市场，可以考虑的因素包括但不限于以下各方面：

（一）需求者因商品价格或其他竞争因素变化，转向或考虑转向购买其他商品的证据。

（二）商品的外形、特性、质量和技术特点等总体特征和用途。商品可能在特征上表现出某些差异，但需求者仍可以基于商品相同或相似的用途将其视为紧密替代品。

（三）商品之间的价格差异。通常情况下，替代性较强的商品价格比较接近，而且在价格变化时表现出同向变化趋势。在分析价格时，应排除与竞争无关的因素引起价格变化的情况。

（四）商品的销售渠道。销售渠道不同的商品面对的需求者可能不同，相互之间难以构成竞争关系，则成为相关商品的可能性较小。

（五）其他重要因素。如，需求者偏好或需求者对商品的依赖程度；可能阻碍大量需求者转向某些紧密替代商品的障碍、风险和成本；是否存在区别定价等。

从供给角度界定相关商品市场，一般考虑的因素包括：其他经营者对商品价格等竞争因素的变化做出反应的证据；其他经营者的生产流程和工艺，转产的难易程度，转产需要的时间，转产的额外费用和风险，转产后所提供商品的市场竞争力，营销渠道等。

任何因素在界定相关商品市场时的作用都不是绝对的，可以根据案件的不同情况有所侧重。

第九条 界定相关地域市场考虑的主要因素

从需求替代角度界定相关地域市场，可以考虑的因素包括但不限于以下各方面：

（一）需求者因商品价格或其他竞争因素变化，转向或考虑转向其他地域购买商品的证据。

（二）商品的运输成本和运输特征。相对于商品价格来说，运输成本越高，相关地域市场的范围越小，如水泥等商品；商品的运输特征也决定了商品的销售地域，如需要管道运输的工业气体等商品。

（三）多数需求者选择商品的实际区域和主要经营者商品的销售分布。

（四）地域间的贸易壁垒，包括关税、地方性法规、环保因素、技术因素等。如关税相对商品的价格来说比较高时，则相关地域市场很可能是一个区域性市场。

（五）其他重要因素。如，特定区域需求者偏好；商品运进和运出该地域的数量。

从供给角度界定相关地域市场时，一般考虑的因素包括：其他地域的经营者对商品价格等竞争因素的变化做出反应的证据；其他地域的经营者供应或销售相关商品的即时性和可行性，如将订单转向其他地域经营者的转换成本等。

第四章　关于假定垄断者测试分析思路的说明

第十条 假定垄断者测试的基本思路

假定垄断者测试是界定相关市场的一种分析思路，可以帮助解决相关市场界定中可能出现的不确定性，目前为各国和地区制定反垄断指南时普遍采用。依据这种思路，人们可以借助经济学工具分析所获取的相关数据，确定假定垄断者可以将价格维持在高于竞争价格水平的最小商品集合和地域范围，从而界定相关市场。

假定垄断者测试一般先界定相关商品市场。首先从反垄断审查关注的经营者提供的商品（目标商品）开始考虑，假设该经营者是以利润最大化为经营目标的垄断者（假定垄断者），那么要分析的问题是，在其他商品的销售条件保持不变的情况下，假定垄断者能否持久地（一般为 1 年）小幅（一般为 5%~10%）提高目标商品的价格。目标商品涨价会导致需求者转向购买具有紧密替代关系的其他商品，从而引起假定垄断者销售量下降。如果目标商品涨价后，即使假定垄断者销售量下降，但其仍然有利可图，则目标商品就构成相关商品市场。

如果涨价引起需求者转向具有紧密替代关系的其他商品，使假定垄断者的涨价行为无利可图，则需要把该替代商品增加到相关商品市场中，该替代商品与目标商品形成商品集合。接下来分析如果该商品集合涨价，假定垄断者是否仍有利可图。如果答案是肯定的，那么该商品集合就构成相关商品市场；否则还需要继续进行上述分析过程。

随着商品集合越来越大，集合内商品与集合外商品的替代性越来越小，最终会出现某一商品集合，假定垄断者可以通过涨价实现盈利，由此便界定出相关商品市场。

界定相关地域市场与界定相关商品市场的思路相同。首先从反垄断审查关注的经营者经营活动的地域（目标地域）开始，要分析的问题是，在其他地域的销售条件不变的情况下，假定垄断者对目标地域内的相关商品进行持久（一般为 1 年）小幅涨价（一般为 5%~10%）是否有利可图。如果答案是肯定的，目标地域就构成相关地域市场；如果其他地域市场的强烈替代使得涨价无利可图，就需要扩大地域范围，直到涨价最终有利可图，该地域就是相关地域市场。

第十一条 假定垄断者测试的几个实际问题

原则上，在使用假定垄断者测试界定相关市场时，选取的基准价格应为充分竞争的当前市场价格。但在滥用市场支配地位、共谋行为和已经存在共谋行为的经营者集中案件中，当前价格明显偏离竞争价格，选择当前价格作为基准价格会使相关市场界定的结果不合理。在此情况下，应该对当前价格进行调整，使用更具有竞争性的价格。

此外，一般情况下，价格上涨幅度为 5%~10%，但在执法实践中，可以根据案件涉及行业的不同情况，对价格小幅上涨的幅度进行分析确定。

在经营者小幅提价时，并不是所有需求者（或地域）的替代反应都是相同的。在替代反应不同的情况下，可以对不同需求者群体（或地域）进行不同幅度的测试。此时，相关市场界定还需要考虑需求者群体和特定地域的情况。

经营者集中申报办法

（2009 年 7 月 15 日商务部第 26 次部务会议审议通过，自 2010 年 1 月 1 日起施行）

第一条 为规范经营者集中申报和反垄断执法机构受理申报，根据《中华人民共和国反垄断法》（以下简称《反垄断法》）和《国务院关于经营者集中申报标准的规定》（以下简称《规定》），制定本办法。

第二条 商务部是经营者集中反垄断审查执法机构，承担受理和审查经营者集中申报的具体执法工作。

第三条 本办法所称经营者集中，系指《反垄断法》第二十条所规定的下列情形：

（一）经营者合并；

（二）经营者通过取得股权或者资产的方式取得对其他经营者的控制权；

（三）经营者通过合同等方式取得对其他经营者的控制权或者能够对其他经营者施加决定性影响。

第四条 营业额包括相关经营者上一会计年度内销售产品和提供服务所获得的收入，扣除相关税金及其附加。

《规定》第三条所称“在中国境内”是指经营者提供产品或服务的买方所在地在中国境内。

第五条 参与集中的单个经营者的营业额应当为下述经营者的营业额总和：

（一）该单个经营者；

（二）第（一）项所指经营者直接或间接控制的其他经营者；

（三）直接或间接控制第（一）项所指经营者的其他经营者；

（四）第（三）项所指经营者直接或间接控制的其他经营者；

（五）第（一）至（四）项所指经营者中两个或两个以上经营者共同控制的其他经营者。

参与集中的单个经营者的营业额不包括上述（一）至（五）项所列经营者之间发生的营业额。

如果参与集中的单个经营者之间或者参与集中的单个经营者和未参与集中的经营者之间有共同控制的其他经营者，参与集中的单个经营者的营业额应当包括被共同控制的经营者与第三方经营者之间的营业额，且此营业额只计算一次。

第六条 如果参与集中的单个经营者之间有共同控制的其他经营者，则参与集中的所有经营者的合计营业额不应包括被共同控制的经营者与任何一个共同控制他的参与集中的经营者，或与后者有控制关系的经营者之间发生的营业额。

第七条 在一项经营者集中包括收购一个或多个经营者的一部分时：

（一）对于卖方而言，只计算集中涉及部分的营业额；

（二）相同经营者之间在两年内多次实施的未达到《规定》第三条规定的申报标准的经营者集中，应当视为一次集中交易，集中发生时间从最后一次交易算起，该经营者集中的营业额应当将多次交易合并计算。经营者通过与其有控制关系的其他经营者实施的上述行为，依照本项规定处理。

前款第（二）项所称“两年内”是指从第一次集中交易完成之日起至最后一次集中交易签订协议之日止的期间。

第八条 在正式申报前，参与集中的经营者可以就集中申报的相关问题向商务部申请商谈。商谈申请应当以书面方式提出。

第九条 通过合并方式实施的经营者集中，由参与合并的各方经营者申报；其他方式的经营者集中，由取得控制权或能够施加决定性影响的经营者申报，其他经营者予以配合。

申报义务人未进行集中申报的，其他参与集中的经营者可以提出申报。

申报义务人可以自行申报，也可以依法委托他人代理申报。

第十条 申报文件、材料应当包括如下内容：

（一）申报书。申报书应当载明参与集中的经营者的名称、住所、经营范围、预定实施集中的日期。申报人的身份证明或注册登记证明，境外申报人还须提交当地公证机关的公证文件和相关的认证文件。委托代理人申报的，应当提交经申报人签字的授权委托书。

（二）集中对相关市场竞争状况影响的说明。具体包括：集中交易概况；相关市场界定；参与集中的经营者在相关市场的市场份额及其对市场的控制力；主要竞争者及其市场份额；市场集中度；市场进入；行业发展现状；集中对市场竞争结构、行业发展、技术进步、国民经济发展、消费者以及其他经营者的影响；集中对相关市场竞争影响的效果评估及依据。

（三）集中协议及相关文件。具体包括：各种形式的集中协议文件，如协议书、合同以及相应的补充文件等。

（四）参与集中的经营者经会计师事务所审计的上一会计年度财务会计报告。

（五）商务部要求提交的其他文件、资料。

第十一条 除本规定第十条要求提供的文件、资料外，申报人可以自愿提供有助于商务部对该集中进行审查和做出决定的其他文件、资料，如地方人民政府和主管部门等有关方面的意见，支持集中协议的各类报告等。

第十二条 申报人提交纸质申报文件、资料的同时，应当提交内容相同的光盘电子文档。申报文件、资料应当合理编排以方便查阅。

申报人应当提交中文撰写的文件、资料。文件、资料的原件是外文书写的，应当提交中文翻译件并附外文原件。文件、资料为副本、复印件或传真件的，应当根据商务部的要求出示原件供验证。

申报人应当同时提交申报文件、资料的公开版本和保密版本。申报人应当对申报文件、资料中的商业秘密和其他需要保密的信息进行标注。

第十三条 申报人应当提交完备的文件、资料，商务部应对申报人提交的文件、资料进行核查。商务部发现申报的文件、资料不完备的，可以要求申报人在规定期限内补交。申报人逾期未补交的，视为未申报。

第十四条 商务部经核查认为申报文件、资料符合法定要求的，应当自收到完备的申报文件、资料之日予以立案并书面通知申报人。

第十五条 申报人故意隐瞒重要情况或者提供虚假信息的，商务部不予立案。

第十六条 经营者集中未达到《规定》第三条规定的申报标准，参与集中的经营者自愿提出经营者集中申报，商务部收到申报文件、资料后经审查认为有必要立案的，应当按照《反垄断法》的规定进行立案审查并作出决定。

在前款所述申报和立案审查期间，参与集中的经营者可以自行决定是否暂停实施其集中交易，并承担相应的后果。

第十七条 商务部和申报人对在经营者集中申报前商谈和申报审查工作中知悉的商业秘密和其他需要保密的信息承担保密义务。

第十八条 本办法自 2010 年 1 月 1 日起施行。

经营者集中审查办法

（2009 年 7 月 15 日商务部第 26 次部务会议审议通过，自 2010 年 1 月 1 日起施行）

第一条 为规范经营者集中反垄断审查工作，明确经营者集中反垄断审查程序，根据《中华人民共和国反垄断法》（以下简称《反垄断法》），制定本办法。

第二条 商务部是经营者集中反垄断审查执法机构，承担受理和审查经营者集中申报的具体执法工作。

第三条 在商务部立案之后、做出审查决定之前，申报人要求撤回经营者集中申报的，应当提交书面申请并说明理由。除放弃集中交易的情形外，申报的撤回应当经商务部部同意。

撤回经营者集中申报的，审查程序终止。商务部同意撤回申报不视为对集中的批准。

第四条 在审查过程中，商务部鼓励申报人尽早主动提供有助于对经营者集中进行审查和做出决定的有关文件、资料。

第五条 在审查过程中，参与集中的经营者可以通过信函、传真等方式向商务部就有关申报事项进行书面陈述、申辩，商务部应当听取当事人的陈述和申辩。

第六条 在审查过程中，商务部可以根据需要征求有关政府部门、行业协会、经营者、消费者等单位或个人的意见。

第七条 在审查过程中，商务部可以主动或应有关方面的请求决定召开听证会，调查取证，听取有关各方的意见。商务部召开听证会，应当提前书面通知听证会参加方。听证会参加方提出书面意见的，应当在听证会举办前向商务部提交。

商务部举行听证会，可以通知参与集中的经营者及其竞争者、上下游企业及其他相关企业的代表参加，并可以酌情邀请有关专家、行业协会代表、有关政府部门的代表以及消费者代表参加。

听证会参加方应当按时出席听证会，遵守听证会程序，服从听证会主持人安排。

听证会参加方出于商业秘密等保密因素考虑，希望单独陈述的，可以安排单独听证；安排单独听证的，听证内容应当按有关保密规定处理。

第八条 听证会按照以下程序进行：

（一）听证会主持人宣布听证会开始，宣读听证会纪律；

（二）核对听证会参加方；

（三）参加方就听证内容进行陈述；

（四）听证会主持人就听证内容询问有关参加方；

（五）听证会主持人宣布听证会结束。

第九条 在初步审查阶段，商务部应当在《反垄断法》第二十五条规定的期限内做出是否实施进一步审查的决定。商务部做出不实施进一步审查决定的，应当书面通知申报人；认为有必要实施进一步审查的，应当做出实施进一步审查的决定，并书面通知申报人。

商务部做出不实施进一步审查的决定或者逾期未做出决定的，参与集中的经营者可以实施集中。

第十条 在进一步审查阶段，商务部认为经营者集中具有或者可能具有排除、限制竞争效果的，应当将其反对意见告知参与集中的经营者，并设定一个允许参与集中的经营者提交书面抗辩意见的合理期限。

参与集中的经营者的书面抗辩意见应当包括相关的事实和理由，并提供相应的证据。参与集中的经营者逾期未提交书面抗辩意见的，视为对反对意见无异议。

第十一条 在审查过程中，为消除或减少经营者集中具有或者可能具有的排除、限制竞争的效果，参与集中的经营者可以提出对集中交易方案进行调整的限制性条件。

根据经营者集中交易具体情况，限制性条件可以包括如下种类：

（一）剥离参与集中的经营者的部分资产或业务等结构性条件；

（二）参与集中的经营者开放其网络或平台等基础设施、许可关键技术（包括专利、专有技术或其他知识产权）、终止排他性协议等行为性条件；

（三）结构性条件和行为性条件相结合的综合性条件。

第十二条 参与集中的经营者提出的限制性条件应当能够消除或减少经营者集中具有或者可能具有的排除、限制竞争效果，并具有现实的可操作性。限制性条件的书面文本应当清晰明确，以便于能够充分评价其有效性和可行性。

第十三条 在审查过程中，为消除或减少经营者集中具有或者可能具有的排除、限制竞争效果，商务部和参与集中的经营者均可以提出对限制性条件进行修改的意见和建议。

第十四条 商务部应当在《反垄断法》第二十六条规定的期限内做出禁止或不予禁止经营者集中的决定，并书面通知申报人。对不予禁止的经营者集中，商务部可以决定附加减少集中对竞争产生不利影响的限制性条件。商务部做出进一步审查决定前，参与集中的经营者不得实施集中。

商务部做出对经营者集中不予禁止的决定或逾期未做出决定的，参与集中的经营者可以实施集中。

第十五条 对于附加限制性条件批准的经营者集中，商务部应当对参与集中的经营者履行限制性条件的行为进行监督检查，参与集中的经营者应当按指定期限向商务部报告限制性条件的执行情况。

参与集中的经营者未依限制性条件履行规定义务的，商务部可以责令其限期改正；参与集中的经营者在规定期限内未改正的，商务部可以依照《反垄断法》相关规定予以处理。

第十六条 商务部、申报人以及其他单位和个人对于在经营者集中审查中知悉的商业秘密和其他需要保密的信息承担保密义务。

第十七条 本办法自2010年1月1日起施行。

关于实施经营者集中资产或业务剥离的暂行规定

（2010年7月5日商务部第41号公告公布，同日起施行）

第一条 为规范经营者集中附加资产或业务剥离限制性条件决定的实施，确保资产或业务剥离的顺利完成，根据《经营者集中审查办法》，制定本规定。

第二条 本规定所称资产或业务剥离是指根据商务部经营者集中审查决定（下称审查决定），负有资产或业务剥离义务的参与集中的经营者（下称剥离义务人）剥离其部分资产或业务及与之有关的行为（下称剥离）。

剥离义务人被剥离的部分资产或业务称为剥离业务。

第三条 剥离义务人应当在审查决定规定的期限内，找到适当的买方并签订出售协议及其他相关协议（下称自行剥离）；如果剥离义务人未能如期完成自行剥离，则由剥离受托人按照审查决定规定的期限和方式找到适当的买方，并达成出售协议及其他相关协议（下称受托剥离）。

剥离义务人应当在出售协议及其他相关协议签订之日起3个月内将剥离业务转移给买方，并完成所有权转移等相关法律程序。根据案件具体情况，经剥离义务人申请并说明理由，商务部可酌情延长业务转移的期限。

第四条 剥离义务人应当根据审查决定的要求委托监督受托人，并在受托剥离阶段委托剥离受托人。

监督受托人是指受剥离义务人委托，负责对业务剥离进行全程监督的自然人、法人或其他组织。

剥离受托人是指在受托剥离阶段，受剥离义务人委托，负责找到适当的买方并达成出售协议及其他相关协议的自然人、法人或其他组织。

剥离义务人应当在商务部做出审查决定之日起15日内向商务部提交监督受托人人选，在进入受托剥离阶段30日前向商务部提交剥离受托人人选。

第五条 监督受托人和剥离受托人必须是具有从事受托业务的必要资源和能力的自然人、法人或其他组织，并且应独立于参与集中的经营者和剥离业务的买方，与其不存在实质性利害关系。监督受托人和剥离受托人可以是相同的自然人、法人或其他组织。

监督受托人和剥离受托人应当向商务部负责并报告工作。非经商务部同意，剥离义务人不得对监督受托人和剥离受托人发出指示。

第六条 剥离义务人应当与监督受托人和剥离受托人签订书面委托协议，明确双方的职责和义务。

监督受托人应当在自委托协议生效之日起，至业务剥离完成之日止的期间内履行职责；剥离受托人应当在自委托协议生效之日起，至受托剥离阶段结束之日止的期间内履行职责。非经商务部同意，剥离义务人不得解除、变更与监督受托人和剥离受托人的委托协议。

监督受托人和剥离受托人的报酬由剥离义务人支付，报酬数量及其支付方式不得损害监督受托人和剥离受托人履行受托职责的独立性及工作效率。

第七条 监督受托人应当在商务部监督下，本着勤勉、尽职的原则，独立于剥离义务人履行下列职责：

（一）监督剥离义务人履行本规定第十二条规定的义务，并定期向商务部提交监督报告；

（二）对剥离义务人推荐的买方人选、拟签订的出售协议及其他相关协议等进行评估，并向商务部提交评估报告；

（三）监督出售协议及其他相关协议的执行，并定期向商务部提交监督报告；

（四）负责协调剥离义务人与潜在买方就剥离事项产生的争议，并向商务部报告；

（五）应商务部要求提交其他与业务剥离有关的报告。

监督受托人委托协议中应当明确规定监督受托人的上述职责。

剥离义务人应当对监督受托人履行上述职责提供必要的支持和便利，包括向监督受托人提供剥离业务相关当事方的信息，剥离业务的账簿和记录，剥离义务人提供给潜在买方的信息，潜在买方的信息，剥离过程的进展以及监督受托人为履行职责需要的其他信息和支持等。

潜在买方是指符合本规定第九条所规定的标准，并向剥离义务人提出购买剥离业务意愿的经营者。

未经商务部同意，监督受托人不得向剥离义务人披露其在履行职责过程中向商务部提交的各种报告。监督受托人应当保守在履行职责过程中获悉的商业秘密和其他保密信息。

第八条 剥离受托人应当在商务部监督下，按照审查决定规定的期限和方式，找到适当的买方并达成出售协议和其他相关协议。

剥离义务人在委托协议中应当给予剥离受托人独立处理剥离业务的书面授权，并应当为剥离受托人履行职责提供必要的支持和便利。

未经商务部同意，剥离受托人不得向剥离义务人披露其履行职责过程中的信息；剥离受托人应当向商务部定期报告其履行职责的进展情况，并保守在履行职责过程中获悉的商业秘密和其他保密信息。

第九条 剥离业务的买方应当符合下列要求：

（一）独立于参与集中的经营者，与其不存在实质性利害关系；

（二）拥有必要的资源、能力并有意愿维护和发展被剥离业务；

（三）购买剥离业务不会产生排除、限制竞争的问题；

（四）如果购买剥离业务需要其他有关部门的批准，买方应当具备取得其他监管机构批准的必要条件。

第十条 剥离义务人与买方之间签署的任何协议，包括剥离业务出售协议、过渡期协议等，不得含有与审查决定相违背的条款。

第十一条 商务部将根据本规定第五条、第九条、第十条的规定，对剥离义务人提交的监督受托人、剥离受托人、剥离业务买方人选、委托协议和拟签订的剥离业务出售协议及相关协议等进行评估，以确保其符合审查决定的要求。商务部在上述评估过程中所用时间不计入剥离期限之内。

商务部应当对监督受托人和剥离受托人履行职责的情况进行监督和评估。

第十二条 在剥离完成之前，参与集中的经营者应当履行下列义务，以确保剥离业务的价值：

（一）保持剥离业务与其他业务之间相互独立，并以最符合剥离业务利益的方式进行管理；

（二）不得实施任何可能对剥离业务有不利影响的行为，包括聘用被剥离业务的员工，获得剥离业务的商业秘密和其他保密信息等；

（三）指定专门的管理人，负责管理剥离业务并履行第（一）、（二）项规定的义务。管理人在监督受托人的监督下履行职责，其任命和更换应得到监督受托人的同意；

（四）确保潜在买方能够以公平合理的方式获得有关剥离业务的充分信息，使得潜在买方能够评估剥离业务的价值、范围和商业潜力；

（五）根据买方的要求向其提供必要的支持和帮助，确保剥离业务的顺利交接和稳定经营；

（六）向买方及时移交剥离业务并履行相关法律程序。

第十三条 《经营者集中审查办法》第十一条规定的其他限制性条件的实施，可以参照适用本规定中的有关规定。

附录二　常用缩略语

1. 澳大利亚合并评估指南，ACCC Merger Guidelines

ACCC，Merger Guidelines，November 2008

2. 加拿大合并执法指南，CA Merger Enforcement Guidelines

Competition Bureau，Canada，Merger Enforcement Guidelines，September 2004

3. 加拿大救济指南，CA Remedies Bulletin

Competition Bureau，Canada，Information Bulletin on Merger Remedies in Canada，September 2006

4. 美国合并评估指南，US Horizontal Merger Guidelines 1997

US Department of Justice and Federal Trade Commission，Horizontal Merger Guidelines（1997 Revision）

5. 美国联邦贸易委员会救济指南，US FTC Remedies

Statement of the Bureau of Competition of the Federal Trade Commission，Negotiating merger Remedies，April 2003

6. 美国联邦贸易委员会剥离研究报告，US FTC Divestiture Study

A Study of the Commission's Divestiture Process，Prepared by the Staff of the Bureau of Competition of the Federal Trade Commission，1999

7. 美国联邦贸易委员会救济问题解答，US FTC Questions

FTC，Frequently Asked Questions about merger Consent Order Provisions，available at http：//www.ftc.gov/bc/bergerfaq.shtm，visited 2008-8-5.

8. 美国司法部救济指南，US DOJ Remedies Guide

US Department of Justice，Antitrust Division，Antitrust Division Policy Guide to Merger Remedies，October 2004

9. 欧共体合并控制条例，ECMR 2004

Council Regulation（EC）No 139/2004 of 20 January 2004 on the Control of Concentrations between Undertakings（the EC Merger Regulation），Official Journal of European Union，L 24，29.1.2004.

10. 欧共体合并控制条例 1989，ECMR 1989

Council Regulation（EEC）No. 4064/89 of 21 December 1989 on the Control of Concentrations between Undertakings，OJ L 395，30.12.1989.

11. 欧共体横向合并评估指南草案，EC Horizontal Mergers Appraisal Draft 2002

Draft Commission Notice on the Appraisal of Horizontal Mergers under the Council regulation on the Control of Concentrations between Undertakings，§5，OJ C 31/18，31.12.2002.

12. 欧共体合并控制条例建议，ECMR Proposal 2003

Commission，Proposal for Council Regulation on the Control of Concentrations between Undertakings，Article 2（2），OJ C 20/4，28.1.2003

13. 欧共体合并控制条例审查绿皮书，EC Green Paper 2001

Commission of the European Communities，Green Paper on the Review of Council Regulation（EEC）No. 4064/89，Brussels，11.12.2001，Com（2001）745/6 final

14. 欧共体横向合并评估指南，EC Horizontal Merger Guidelines

Guidelines on the Assessment of Horizontal Mergers under the Council Regulation on the Control of Concentrations between Undertakings，Official Journal of the European Union，C 31/5，5.2.2004

15. 欧共体非横向合并评估指南，EC Non-Horizontal Merger Guidelines

Guidelines on the Assessment of Non-Horizontal Mergers under the Council Regulation on the Control of Concentrations between Undertakings 2008/C 265/07 Official Journal of the European Union，C 265/6，18.10.2008

16. 欧共体相关市场界定指南，EC Market Definition Notice 1997

Commission Notice on the Definition of the Relevant Market for the Purposes of Community Competition Law，OJ C 372，9.11.1997

17. 欧共体救济指南 2008，EC Remedies Notice 2008

Commission Notice on Remedies Acceptable under Council Regulation（EC）No 139/2004 and Under Commission Regulation（EC）No 802/2004，2008/C 267/01，22.10.2008

18. 欧共体救济指南草案 2007，EC Remedies Notice Draft 2007

Commission Notice on Remedies Acceptable under Council Regulation（EC）No 139/2004 and Under Commission Regulation（EC）No 802/2004，2007

19. 欧共体救济指南 2001，EC Remedies Notice 2001

Commission Notice on Remedies Acceptable under Council Regulation（EEC）No 4064/89 and under Commission Regulation（EC）No 447/98，2001/C 68/03，2.3.2001

20. 欧共体救济研究报告，EC Remedies Study

DG COMP，European Commission，Merger Remedies Study，Public Version，October 2005

21. 欧共体合并实施条例，EC Merger Implementing Regulation

Commission Regulation（EC）No 802/2004 of 7 April 2004 Implementing Council Regulation（EC）No 139/2004 on the Control of Concentrations between Undertakings，Official Journal of the European Union，L133/1，40.4.2004

22. 欧共体竞争规则实施条例，EC Competition Implementation Regulation 2003

Council Regulation（EC）No 1/2003 on the implementation of the rules on competition laid down in Articles 81 and 82 of the Treaty，OJ C 1，4. 1. 2003

23. 英国救济指南，UK Remedies Guidelines

Merger Remedies：Competition Commission Guidelines，November 2008

24. 英国合并救济案例研究报告，UK Merger Remedies Case Study

Competition Commission，Understanding Past Merger Remedies：Report on Case Study Research，Updated August 2008

25. 国际竞争网合并分析建议，ICN Recommended Practices for Merger Analysis

ICN Recommended Practices for Merger Analysis

26. 国际竞争网合并救济审查报告，ICN Merger Remedies Review Project

ICN Merger Working Group：Analytical Framework Subgroup，Merger Remedies Review Project，Report for the fourth ICN Annual Conference，Bonn –June 2005

27. 国际竞争网通知程序建议，ICN Recommendation for Notification

ICN Recommended Practices for Merger Notification Procedures，2008

参考文献

中文材料

[1] 王晓晔．企业合并中的反垄断问题．北京：法律出版社，1996.

[2] 王晓晔．欧共体竞争法．北京：中国法制出版社，2001.

[3] 王晓晔．竞争法．北京：社会科学文献出版社，2007.

[4] 卫新江．欧盟、美国企业合并反垄断规制比较研究．北京：北京大学出版社，2005.

[5] 黄勇，董灵．反垄断法判例解析．北京：人民法院出版社，2002.

[6] 徐士英．竞争法新论．北京：北京大学出版社，2006.

[7] 沈四宝，刘彤．美国反垄断法原理及典型案例研究．北京：法律出版社，2006.

[8] 吴振国．《中华人民共和国反垄断法》解读．北京：人民法院出版社，2007.

[9] 全国人大常委会法制工作委员会经济法室．中华人民共和国反垄断法条文说明、立法理由及相关规定．北京：北京大学出版社，2007.

[10] 尚明．企业并购反垄断控制——欧盟及部分成员国立法执法经验．北京：法律出版社，2009.

外文材料

[1] Francois Leveque，Howard Shelanski (ed.)，Merger Remedies in American and

European Uinon Competition Law, Edward Elgar 2003.

[2] Robert Pitofsky, Harvey J. Goldschmid, Diane P. Wood, Trade Regulation, 5th edition, Foundation Press 2003.

[3] Herbert Hovenkamp, The Antitrust Enterprise: Principle and Execution, Harvard University Press 2005.

[4] Herbert Hovenkamp, Antitrust, 4th edition, Thomson/West 2005.

[5] ACCC, Merger Guidelines, November 2008.

[6] Competition Bureau, Canada, Merger Enforcement Guidelines, September 2004.

[7] Competition Bureau, Canada, Information Bulletin on Merger Remedies in Canada, September 2006.

[8] US Department of Justice and Federal Trade Commission, Horizontal Merger Guidelines (1997 Revision).

[9] Statement of the Bureau of Competition of the Federal Trade Commission, Negotiating Merger Remedies, April 2003.

[10] FTC, A Study of the Commission's Divestiture Process [R], Prepared by the Staff of the Bureau of Competition of the Federal Trade Commission, 1999.

[11] FTC, Frequently Asked Questions about merger Consent Order Provisions, available at http://www.ftc.gov/bc/bergerfaq.shtm, last visited 5 August 2008.

[12] US Department of Justice, Antitrust Division, Antitrust Division Policy Guide to Merger Remedies, October 2004.

[13] Council Regulation (EC) No. 139/2004 of 20 January 2004 on the Control of Concentrations between Undertakings (the EC Merger Regulation), Official Journal of European Union, L 24, 29.1.2004.

[14] Council Regulation (EEC) No. 4064/89 of 21 December 1989 on the Control of Concentrations between Undertakings, OJ L 395, 30.12.1989.

[15] Draft Commission Notice on the Appraisal of Horizontal Mergers under the Council regulation on the Control of Concentrations between Undertakings, §5, OJ C 31/18, 31.12.2002.

[16] Commission, Proposal for Council Regulation on the Control of Concentrations between Undertakings, Article 2 (2), OJ C 20/4, 28.1.2003.

[17] Commission of the European Communities, Green Paper on the Review of Council Regulation (EEC) No. 4064/89, Brussels, 11.12.2001, Com (2001) 745/6 final.
[18] Guidelines on the Assessment of Horizontal Mergers under the Council Regulation on the Control of Concentrations between Undertakings, Official Journal of the European Union, C 31/5, 5.2.2004.
[19] Guidelines on the Assessment of Non–Horizontal Mergers under the Council Regulation on the Control of Concentrations between Undertakings 2008/C 265/07 Official Journal of the European Union, C 265/6, 18.10.2008.
[20] Commission Notice on the Definition of the Relevant Market for the Purposes of Community Competition Law, OJ C 372, 9.11.1997.
[21] Commission Notice on Remedies Acceptable under Council Regulation (EC) No. 139/2004 and Under Commission Regulation (EC) No 802/2004, 2008/C 267/01, 22.10.2008.
[22] Commission Notice on Remedies Acceptable under Council Regulation (EC) No. 139/2004 and Under Commission Regulation (EC) No.802/2004, 2007.
[23] Commission Notice on Remedies Acceptable under Council Regulation (EEC) No. 4064/89 and under Commission Regulation (EC) No. 447/98, 2001/C 68/03, 2.3.2001.
[24] DG COMP, European Commission, Merger Remedies Study, Public Version, October 2005.
[25] Commission Regulation (EC) No. 802/2004 of 7 April 2004 Implementing Council.
[26] Regulation (EC) No. 139/2004 on the Control of Concentrations between Undertakings, Official Journal of the European Union, L133/1, 40.4.2004.
[27] Council Regulation (EC) No. 1/2003 on the implementation of the rules on competition laid down in Articles 81 and 82 of the Treaty, OJ C 1, 4. 1. 2003.
[28] Merger Remedies: Competition Commission Guidelines, November 2008.
[29] Competition Commission, Understanding Past Merger Remedies: Report on Case Study Research [R], Updated August 2008.
[30] ICN Recommended Practices for Merger Analysis.
[31] ICN Merger Working Group: Analytical Framework Subgroup, Merger Remedies

Review Project [R]，Report for the fourth ICN Annual Conference，Bonn June 2005.

[32] ICN Recommended Practices for Merger Notification Procedures，2008.

[33] Antitrust Modernization Commission，Report and Recommendations，April 2007.

后　记

回头算一下自己对经营者集中的研究，不觉已是8年。

2003年春季“非典”期间，自己正忙于外资并购法律问题的博士论文写作。从反垄断法的角度对企业并购进行规范，成为自己关注的重点。而一次大型并购研讨会上与会老总认为引入反垄断法规范又是多了婆婆的观点，更激发了自己研究下去的意志。借“非典”期间不用上班、无法外出的机会，自己窝在家中对大量的反垄断法材料猛啃。2004年春季有机会去欧洲，正好近距离地接触了欧盟反垄断法的变革。自己对反垄断法的研究兴趣正处于高涨期，以至于2005年学校安排外派教师出国访学时，我毅然决然地选择了我曾经去过的学校，美国艾奥瓦大学法学院。

美国艾奥瓦大学（又名爱荷华大学、依阿华大学），地处美国中部，其所在的艾奥瓦城是一个大学城，人口不是很多，曾是艾奥瓦州的州府。艾奥瓦大学建校的时间并不晚，但其所处的地理位置不利于其影响的进一步发挥。许多国内人可能不太了解艾奥瓦大学，国内对IOWA的多个译名，更加重了这一情形。但对于中国人来说，艾奥瓦大学不应当是陌生的。著名作家聂华苓作为创办者之一在艾奥瓦大学设立了国际写作计划（中国作家写作中心），邀请中国作家进行创作体验。长长的华人作家名单[①]见证着艾奥瓦与华人的联系。据说，余光中的《乡愁》就是在那里创作的，柏杨的《丑陋的中国人》就是在那里演讲的。我还特意在据说是余光中吟诗踱步的艾奥瓦桥上走了走，体会《乡愁》其中的滋味。另外，中国留学生卢刚在美杀人案，也发生在艾奥瓦大学。艾奥瓦州还是美国总统选举中标杆性的州。现任美国国务卿希拉里开始时势如破竹，但在艾奥瓦遭遇滑铁卢，最终没有赢得总统选举的胜利。

吸引我二次去艾奥瓦的当然不是这些。当我第一次在艾奥瓦度过了一年离开艾奥瓦时，我想：别了，IOWA！今后还会有来美国的机会，但美国之大，我会选择去其他地方看看。但当我在搜索反垄断法资料时，一个名字印入脑海，那就是 Herbert Hovenkamp，一个在艾奥瓦大学法学院任教的教授。他与美国著名反垄断法专家 Phillip Areeda 一起撰写了多达十几卷的反垄断法著作，是 Phillip Areeda 去世之后最具影响的美国反垄断法专家之一。于是决定利用这次访问学者的机会，跟 Herbert Hovenkamp 学习反垄断法。基于之前与艾奥瓦大学法学院教师建立的联系，并与 Herbert Hovenkamp 协商，我很快就敲定了重访 IOWA 的事宜。

一年的时间很快过去了。很难判断我从 Herbert Hovenkamp 那里学到了多少，但听他的课，读他的书，加深了自己对反垄断法的理解。再次离开 IOWA 时，我请他在我买的他的书上签名留念，并表示希望能够将其译成中文。他很高兴地为我签名，但表示版权在出版社、商谈版权可能有难度。回国后与一家我熟悉的出版社谈起翻译之事，出版社似乎兴趣不大，这事就一直放了下来。后来听说许光耀教授翻译他的另一巨著，我既感钦佩，又感高兴。

国内对经营者集中制度的研究，大多忽视了经营者集中的救济制度，只是提到违法集中时的罚款、勒令解散等。实际上，经营者集中救济制度应是集中审查这一“因”的“果”。在直接批准集中和禁止集中之间，还存在一个中间地带。进入 21 世纪以来，美国、欧盟、英国、加拿大、澳大利亚等，更加重视经营者集中救济制度，实证调查、理论研讨、

---

① 聂华苓、丁玲、艾青、王蒙、吴祖光、余光中、白先勇、叶维廉、林怀民、萧乾、杨牧、戴天、欧阳子、痖弦、水晶、王文兴、王玫（新加坡）、汪曾祺、舒巷城、王祯和、古苍梧、郑愁予、商禽、李怡、蒋勋、陈映真、吴晟、向阳、茹志鹃、王安忆、刘宾雁、潘耀明、谌容、阿城、邵燕祥、王拓、七等生、何达、李昂、宋泽来、司马桑敦、东年、季季、白桦、胡梅子、姚一苇、柏杨、乌热尔图、秦松、毕朔望、徐迟、北岛、陈白尘、高信疆、高准、古华、张一弓、张大春、张错、冯骥才、张贤亮、尉天骢、张香华、李昂、方梓、杨逵、蓉子、罗门、王润华（新加坡）、淡莹（新加坡）、陈蕴文、夏易、温健骝、黄凡、黄孟文（新加坡）、杨青矗、管管、袁琼琼、谢馨（菲律宾）、钟晓阳、萧飒、蓝菱、刘索拉、残雪、苏童、李锐、西川、蒋韵、孟京辉、廖一梅、余华、严力、莫言、陈丹燕、唐颖、张献、刘恒、迟子建、毕飞宇、娄烨。http：//www.lib.uiowa.edu/eac/china/writers.pdf，2010-2-4 最后访问。

规章完善，可谓如火如荼。这一制度对中国尤其重要：发生在中国境外的企业合并，中国是很难完全禁止的，而经营者集中救济制度就为中国趋利避害提供了一个很好的方法。这些考虑引发我从经营者集中救济的角度研究经营者集中，遂有了摆在面前的东西。

自己研究经营者集中进而研究反垄断法，还有一个想法。在世界贸易组织新加坡部长会议上，竞争问题被列入谈判议题。后来由于这一议题的难度和一些国家的反对，2004 年世界贸易组织总理事会决定将这一议题不再作为多哈回合的谈判议题。竞争问题不再列入多哈回合谈判议题，并不表示贸易与竞争的关系问题也随着消失了。我相信，总有一天，大家还会重新捡起这一议题。趁重新捡起这一议题前的机会，抓紧将反垄断法的课补上。而在对反垄断法的研究过程中，自己对贸易法的认识又有了新的感受。我提议国际经济法应正式将国际反垄断法纳入自己的研究范畴。

中国是反垄断法的后来者，在很长的时间内还要继续借鉴欧美等的立法、执法经验。美国反垄断法简短的立法条文、庞杂的司法案例，加重了我们学习的困难。但美国是反垄断法的领先者和输出者，其经验值得我们学习。欧盟的立法形式与中国相近，其反垄断法更易为中国学者所接受。鉴于美国的领先经验和欧盟的立法形式，我主张反垄断法精神学美国、规章制定形式学欧盟。

反垄断法博大精深，自己很难在较短的时间内充分掌握。在学习的过程中，得到了许多反垄断法前辈和大家的指点和帮助。王晓晔教授和赵秀文教授为我申请教育部后期资助项目热忱推荐，史际春教授为本书出版欣然作序，都让我感动不已。教育部后期资助项目的资助和高等教育出版社的大力支持，都使本书得以早日与读者见面，在此表示诚挚的谢意。

韩立余

2010 年立春日

郑重声明